유비쿼터스 시대의
# 신문편집

유비쿼터스 시대의
# 신문편집

2007년 9월 15일 초판 1쇄 펴냄

지은이 | 전동성
펴낸이 | 서용순

펴낸곳 | **이지출판**
출판등록 | 1997년 9월 10일 제300-2005-156호
주소 | 110-350 서울시 종로구 운니동 65-1 월드오피스텔 903호
전화 | 743-7661 · 7668
팩스 | 743-7621
이메일 | easybook@paran.com
ⓒ 2007 전동성

저 자 와 의
협 약 으 로
인 지 생 략

값 15,000원
ISBN 978-89-92822-00-8  03070
※ 잘못된 책은 바꿔 드립니다.

이 도서의 국립중앙도서관 출판시도서목록(CIP)은 e-CIP 홈페이지(http://www.nl.go.kr/cip.php)에서 이용하실 수 있습니다. (CIP 제어번호: 2007002773)


* 이 책은 관훈클럽 신영연구기금의 지원을 받아 저술 · 출판되었습니다.

# 유비쿼터스 시대의
# 신문편집

전동성 지음

책으로 여는 세상

이지출판

# 이 책을 쓰면서

　요즘 신문을 읽지 않는다고 종이매체들이 비명을 지른다. 세상의 변화는 과거 세상의 변화보다 몇 배의 속도로 진행되고 있는데 신문은 점점 독자의 곁에서 멀어지고 있다는 조사가 이어진다. 뉴스의 형태도 인터넷시대로 들어서면서 다양해지고 또 인포테인먼트(Infotainment)의 기능을 최대한 발휘하고 있다. 그만큼 활자미디어의 영역은 좁아지고 신문미디어, 활자미디어는 생존의 기로에 몰리고 있는 셈이다.

　왜 이렇게 되었을까? 변화의 결과인지 변혁의 진행인지는 몰라도 신문의 영토는 너무 좁아져 초라해진 느낌마저 든다. 신뢰도 문제에서도 방송에 뒤지는 것으로 나타났다. 어느 언론인은 신문의 신뢰가 떨어진 것이 가장 큰 요인이라고 탄식하며 신문 간의 무리한 과열경쟁보다 이 신뢰도의 회복이 급선무라고 지적했다.

　방송의 사정도 여의치는 않은 것 같다. 2007년 5월에 열린 서울미디어포럼에서도 그 같은 지적이 나왔다. 사실 언론이 너무 정치적으로 치우친다는 독자들의 항변도 이 같은 언론의 내리막에 한 역할을 하는 것 같다.

　또 다른 변화도 있다. 'TV로 신문보기'가 서서히 몸을 움직이기 시작했다. 어떤 결과를 가져올지는 지금 예측할 수 없지만, 방송과 통신의 융합이라는 큰 물결에 이은 변화라고 생각된다. 현재 참여 의사를 보이고 있는 곳은 이른바 '잘 나가는' 신문들이 한국통신의 '메가패스 TV'와 협상을 벌이고 있다는 뉴스가 나온 지 여러 달이 지났어도 아직 뚜렷한 결과는 나오지 않고 있다. 생각보다는 쉽지 않은 모양이다.

이런 상황 속에 이미 시간대를 넓힌 방송들은 겉보기엔 많은 콘텐츠로 시청자들을 유인하고 정보인포테인먼트의 가능성을 보여주고 있다. 그 콘텐츠 가운데 눈길을 끄는 것은 바로 뉴스의 재가공 프로그램들이 많아졌다는 점이다. 기존의 시사프로그램을 좀더 쪼개 다양한 시각을 주려고 노력하고 있고 일부는 시청자의 반응을 끌어들이고 있는 것 같다.

그러나 신문이 디지털 영상이 아킬레스건이라면 방송도 텍스트가 그것이다. TV로 신문보기는 바로 그러한 양쪽의 갭을 메우려는 시도로 보고 환영한다. 그러나 방송이 아날로그 시대에 '단지 스쳐가는 영상'으로 텍스트 뉴스를 내보낸다면 디지털 시대에 맞지 않을 것이라는 느낌이 온다. 텍스트의 견고한 결집력을 어떻게 영상이 잡아내어 독자들의 반응에 적합하게 만들 수 있을까 하는 것이 숙제일 것 같다. 그것은 신문 쪽도 마찬가지라고 생각한다.

무슨 바람이 신문에 불어오고 있을까? 과연 활자는 언제까지 유아독존할 수 있을까? 변화는 상대적이다. 변화의 뒤 끝에 서 있으면 늦는다. 앞장서면 뒷덜미에 비수가 들어온다. 그리고 중간에 서면 자신의 모습은 보이지도 않고 큰 흐름에 파묻혀 존재마저 미미해진다. 그럼 어떻게 하란 말인가? 생존의 비결은 역시 신문 자신이 선택해야 한다.

방송이 지난 세기에 디지털이라는 세계적 물결에 동참하면서, 또 시간대의 확대에 따른 콘텐츠의 부족을 갖가지 방법으로 메워 나가고 있고, 2012년에는 아날로그 방송도 끝난다는 시점에 왔다. 방송시간 확대는 시청자의 의지와 욕구와는 거리가 먼 방향으로 진행되면서 과거 신문이 증면시대에 겪었던 내용 부풀리기와 재탕삼탕의 프로그램 편성이라는 볼멘소리도 들린다. 왜냐하면 방송도 뉴스라는 정보의 바다에서 홀로 오락기능만을 고집할 수는 없기 때문이다. 그런 점에서 신문도 방송도 정보 마케팅 측면에서는 여전히 거북이걸음을 하고 있는 셈이다. 그러한 가운데 방송은 뉴스 정보의 인포테인먼트에 어느 정도 영역을 개발하고 있다는 긍정적인 측면도 있다. 〈뉴스 후〉나 〈PD수첩〉 같은 시사프로가 시청자의 공감을 끌어내면서 자리매김하고 있다. 가끔 '지나친 보도'로 신문과 마찰을 빚기도 하지만 확실히 디지털 시대에 부응해 인터넷 언론이나 케이블방송과 경쟁하는 자세가 눈에 뜨인다.

유비쿼터스 시대에 특히 신문만 외톨이로 남겨질 수는 없다. 한국 신문 100년사에 획기적인 발전이라곤 컬러인쇄 도입과 가로짜기라는 큰 강물을 건넌 것밖에 없다고 해도 과언이 아니다. 그리고 인터넷 시대를 맞이했다. 인터넷 열풍을 맞아 신문마다 '닷컴'이라는 간판을 내걸고 뛰어들었지만 자기 신문 콘텐츠를 인터넷에서 재탕하는 수준에 머물러 있다. 신문은 기술의 발달을 감당해 낼 자본력이 허약하다. 그러면서도 몇몇 신문을 제외하곤 '도토리 키재기' 식의 부수경쟁을 하면서 제살 깎아먹기를 하고 있거나 권력이나 독자의 눈치를 살피는(?) 중소기업형 군소신문들이 방향을 못 잡고 우왕좌왕하고 있는 실정이다.

왜 이 책을 쓰느냐. 별다른 뜻이 있는 것은 아니다. 야인이 된 직후 편집기자로서 무슨 의무 같은 것이 남아 있고 그것을 다하고 싶었던 것이다. 그리고 이 글은 사실 隨想을 배경으로 써나간 것이다. 대부분 본인의 평소 생각이나 느낌들로 채워져 있다.

신문과 함께한 30여 년—젊음을 불사르고 이제 환갑을 훌쩍 뛰어넘었다. 그 지난 세월의 대부분을 신문편집에 파묻혀 살았다. 하루를 살아도 괄목상대한다는 말이 있지만 신문의 변화는 사실 세로짜기에서 가로짜기로 바뀌었고, 1970년대에 시작한 컬러인쇄만 보더라도 흑백 지면을 부분적인 색깔로 칠한 모습에서 크게 진화하지는 못했다. 방송이 흑백시대에서 컬러시대로, 지금은 디지털이라는 큰 영토로 진입한 모양새를 갖춘 것에 비하면 신문은 질과 내용에서 여전히 제자리걸음을 하고 있다.

왜일까? 여러 가지 해석이 가능하겠으나 신문의 본질은 정보를 토대로 소비자인 독자에게 접근하는 제품 생산기업이다. 다시 말해 정보를 가공해 보다 빠르게 정확한 뉴스를 상품으로 전달하는 것이다. 뉴스 가공의 틀도 결국 서구신문의 제작기법을 많이 도입하고 응용하고는 있지만 자칫 서구적인 매너리즘을 수입해서 포장하는 데에 지나지 않는다는 비판도 한번 생각해 볼 일이다.

이 책은 언론에 대한 이론서는 아니다. 우리가 얼마나 세상의 변화를 몸에 체득하고 또 생각하는가에 대한 나 자신에 대한 질문이기도 하다. 그리고 편집기자들이 현장에서 갈증처럼 느끼던 어떤 세계에 대한 길라잡이로 꾸미고 또 동반자가 되었으면 하는 바람도 곁들인다. 또한 취재기자들에게도 뭔가 편집생활에서 느꼈던 소회를 전해주고 싶어 군데군데 넣었다. 또 편집기자는 글쓰기가 쉽지 않다. 무엇을 설명하라고 하면 제목적인 글이 나온다. 사실 편집기자는 제목으로 말하는 기자들이니까 어쩔 수 없다고 본다. 그래서 글 중간중간에 다른 사람의 글을 이용했다. 어느 대목을 인용하는 것이 좋다고 선배분이 충고했지만 본문을 모두 넣는 것이 글의 내용과 성격을 알기에 도움이 된다고 봐 그대로 인용했음을 덧붙여 밝힌다.

지면을 아름다우면서도 보기 좋고 읽기 쉽게 만든다는 것은 편집기자들의 공통된 명제다. 아침에 눈을 뜨자 방송을 듣고 조간의 제목들을 읽고 출근하는 모습은 지금의 기자들에게도 낯설지 않은 풍경일 것이다. 그러나 고개를 들고 하늘을 보라. 그리고 전철과 버스 또는 승용차의 차창 너머로 보이는 인간들의 삶을 눈여겨보라. 어제 저녁 다음날 조간지면을 위해 머리를 싸매고 그 스트레스를 풀기 위해 늦은 밤 또는 새벽의 귀갓길에 속풀이로 한잔 한 대포잔이 아직 위 속에서 트림을 하고 있지나 않은지. 그 자리가 일에 대한 회포를 푸는 자리였는지, 아니면 자신들의 정보를 나누는 자리였는지를. 그리고 천정부지로 치솟고 있는 아파트 시세에 자신은 소외되고 있다는 자학에 빠져 이른바 '강요된 청빈' 주의자가 됐음을 인식하고 있지나 않은지도.

편집기자도 생활인이다. 세상과 등지고서 자신의 일을 할 수는 없다. 나 역시 지금도 영원한 편집기자라고 자부하고 있고 또 깊은 애정을 갖고 있지만 편집의 모든 것을 섭렵하지는 못했다고 생각한다. 이 책을 쓰게 된 배경엔 그러한 생각이 많이 작용했음을 부인하진 않는다.

원래 회사를 그만둔 시점에서 중견기자들의 모임인 관훈클럽 회원 저술지원 소식을 접하자 나도 편집에 도움이 되고 현장에서의 느낌을 정리해 볼 욕심이 들어 덥석 신청을 했지만, 막상 은퇴 뒤 맡은 대학 강의 과정을 통해서 보고 느낀 언론의 세계는 편집국 안의 좁은 테두리가 아닌 그보다 새로운 세계가 활짝 열려 있음을 깨닫게 되었고 항상 책을 써야 한다는 의무감과 책임감에 빠져 있었음을 고백한다. 선수금을 돌려줄까 하고 고민하던 중에 이번 신영기금이 새롭게 기간을 주고 책을 내도록 격려해 준 덕분에 본래의 기획을 대폭 수정해 정말로 유익한 편집 마인드의 지침서가 되게 하겠다는 건방진(?) 꿈을 되살리게 된 것이다. 관훈클럽과 신영기금 관계자의 배려에 심심한 사의를 표하는 동시에 글문이 막혀 있던 본인에게 기회를 준 점을 또한 고맙게 생각한다.

신문은 이제 큰 틀에서 다시 자신의 모습을 찾아야 디지털 시대에 걸맞게, 또 유비쿼터스라는 거대한 정보산업 변화에 당당히 동참하고 기여할 길을 모색해야 한다. 그러기 위해서는 먼저 의식을 바꿔야 한다. 과연 신문의 정체성은 무엇이고 또 무엇을 위해 정보를 가공하고 서비스하고 있는지를 곰곰이 생각해야 한다.

한국형 신문은 지금 이 상태로 좋은가? 또 현재의 신문 편집은 이러한 모습으로 존재하고 또 앞으로 나가야 하는지 스스로 자성하고 또 숙고해야 한다고 본다.

이 책은 감히 그러한 문제들을 푸는 데 한 부분을 차지했으면 하는 바람에서 시작했다. 너무 욕심이 넘치고 도도한 것은 아닌지 나 역시 조심스러워진다. 그리고 이 책의 주제는 신문 전반의 것이 아니라 편집을 중심으로 엮어 나갔다.

책의 구성은 모두 3부로 구성되어 있다. 여기서 편집을 예술의 한 분야로 볼 것인지 아니면 기능의 한 분야로 볼 것인지 망설여지는 면도 있었다. 그러나 과감히 예술 쪽을 선택해 이 작업을 마무리했다. 그리고 마지막 부분에는 세상의 일들을 테마로 삼아 쓰려고 하다가 원래 계획대로 3부로 끝냈다. 글 전체를 단상과 수상 형식을 빌리고 이해를 돕기 위해 관련 논문이나 자료를 거의 그대로 인용하는 방식을 택했다.

제1부 미메시스에서는 편집의 여러 기능적인 요소들—지면, 활자, 디자인들에 관한 생각을 정리하고 디자인과 타이포그래픽의 상관관계도 살펴보았다. 제2부 블루오션에서는 신문의 블루오션에 해당되는 것은 무엇이 있을지 함께 생각해 보고 또 찾아봄으로써 신문이 놓친 영토가 어디에 있는지 탐색했다. 제3부 유비쿼터스에서 디지털과 활자의 접목을 살펴보고 이어 결론에 해당하는 Info-Plex에서는 정보가 어떻게 가상세계와 현실세계에 가로놓인 멀티미디어와 만나 얼마나 다양하게 변화할 수 있고 또 이를 통해 신문이 추구하고 다음에 진행해 나가야할 다기능의 세계를 생각해보았다. 일부 자료는 역시 인터넷의 도움을 받았으며, 그리고 여러 가지 논문들을 인용하고 내 생각을 덧붙여 정리했다.

　　사람은 과거에서 온다. 그리고 가까운 미래엔 그 존재를 잊거나 잊어버린다. 왜 책을 쓰느냐는 것은 내가 온 그 과거에 내가 존재했었다는 것을 밝히고 싶기도 했고, 그 과거를 통해 그 과거에서 내가 놓쳤던 것이 무엇이었는지, 그리고 가까운 미래에 그것이 어떤 메시지로 다가올 것인지를 알고 싶을 뿐이다.

　　이 책을 쓰는 데 여러 선후배들이 충고와 조언을 해왔다. 그분들께도 감사를 드린다. 끝으로 단국대에서 강의를 통해 제자들의 편집에 대한 생각과 신문에 대한 관점을 교환하면서 머릿속에서만 존재하던 유비쿼터스 편집에 대한 그림이 세상에 나오도록 큰 도움이 되었음을 밝힌다.

　　그리고 이 책을 쓰면서 옆에서 격려해 준 아내와 아이들이 무엇보다 큰 힘이 되었다. 무엇보다 편집기자의 아내로서 30여 년을 무언의 감수자로 살아온 아내에게 돈벌이도 못 하는 가난한 편집기자 남편만을 바라보고 살아온 점을 먼저 미안해하면서 이 책이 출판되는 날 그 고통스런 세월을 조금이나마 보상해 줄 수 있다면 더 바람이 없겠다.

또한 사랑하는 단국대 언론영상학부 제자들, 특히 '신문편집연구회' 회원들의 전폭적인 기대와 격려도 여기에 글로 감사하며 답한다. 특히 단국대의 동료선생님 윤석홍 교수와 신문사 동기이자 단국대에서 강의를 맡도록 애를 써준 김춘옥 교수 그리고 동료 선생님들의 성원에도 감사드린다.

이 책의 출판을 도와준 이지출판의 서용순, 신영미님의 고생도 빼놓을 수 없다. 힘든 출판시장에서 애쓰고 있는 그들에게도 감사드리고, 더욱 단단하고 훌륭한 출판사로 커가기를 기원한다.

2007년 8월
개발이라는 이름 아래 사라지는 기자촌 陋處에서

## 제2부 : 블루오션

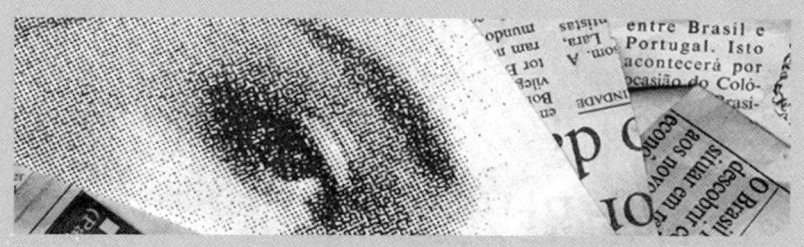

제1부

# 미메시스

上善若水 水善利萬物而不爭 處衆人之所惡 故幾於道

居善地 心善淵與善仁 言善信 政善治 事善能 動善時 夫唯不爭 故無尤

최상의 선은 물과 같다. 만물에게 이로움을 주면서도 다투지 않는다. 만인이 싫어하는 낮은 곳이 있다. 그러므로 그것은 도에 가깝다고 할 수 있다. 사람은 거주하는 곳을 잘 선택하여야 하며, 마음은 사려가 깊어야 좋고, 친구는 제대로 다스려야 좋으며, 일은 능률적으로 처리되어야 좋고, 행위는 때에 알맞아야 한다. 이렇게 하면 다투는 일이 없게 될 것이다. 그러므로 과오가 없게 되는 것이다.

　　　　　　　　　　　　　　　　　　　—노자《도덕경》〈상편〉8 '上善若水'

# 제1장

# :: 기사가
# 편집을 만났을 때

신문은 역사적으로 가장 오래된 정보매체이면서 또 지식의 창고로 독자들의 신뢰를 받아왔다. 독자가 없으면 신문도 없다. 독자와 신문이 공존할 수 있었던 것은 정보의 신뢰를 매개로 한 것이다. 그 정보를 보통 뉴스라고 말한다.

뉴스라는 것을 생각할 때마다 왜 뉴스가 문제가 되느냐 하는 것이다. 기사는 취재기자가 쓴다. 하지만 뉴스는 편집기자의 손에서 마무리된다. 사실 뉴스를 둘러싸고 닭이 먼저냐 달걀이 먼저냐 하는 취재와 편집의 논쟁을 말하는 것이 아니다. 그건 편집국에서 누가 가장 파워가 있느냐는 것일 수도 있지만, 조직적 문제가 아니라 실무적 차원에서 하는 말이다. 이른바 기사의 선택권이다. 영어 좋아하는 사람들이 붙인 이름은 '게이트키퍼'라고 했나? 물론 편집국의 파워는 국장에게서 비롯된다. 편집권은 지금 편집국에 있고, 그 게이트키퍼의 최고위는 국장이다. 그리고 취재부서의 각 단위 취재팀장과 데스크들도 중간 게이트키퍼들이다.

나는 가끔 노자의 《도덕경》을 읽는다. 읽을 때마다 느끼는 감이 다르고 시절에 따라 다가오는 느낌이 색다르다. 도덕경에 대한 강론은 도올 김용옥 선생이 '노자와 21세기'에서 현실적인 노자 이해에 대한 깊은 성찰을 보여주고 있다. 그 가운데 내가 가장 즐겨 읽는 것 가운데 하나는 〈상편〉 8 '上善若水'이다.

뉴스는 물과 같아야 한다고 생각한다. 수원지에서 못에 이르기까지 쉼 없이 흘러가야 한다. 뉴스를 다루는 편집기자의 마음도 이와 같아야 한다면 나만의 감상은 아닐 것으로 본다.

그렇다. 편집도 바로 물처럼 흘러야 한다고 본다. 가로짜기 편집이 기본 편집의 흐름이 되면서 모듈편집(상자편집)이 보편화되었다. 묶어서 보기 좋고 또 스크랩하기도 좋다. 그리고 세로짜기 편집에서처럼 톱기사가 머리에서 흘러 결국 마지막 단까지 가는 번거로움(?)을 피할 수 있다는 장점이 있다. 그런 의미에서 가로짜기는 읽는 신문에서 보는 신문으로 가는 길을 활짝 열었다고 할 수도 있겠다.

⊙ 〈대한매일〉 이상훈 기자 / 2003. 2. 19. 1면

⊙ 〈동아일보〉 정인성 기자 / 2003. 8. 29.
Weekend 7면

세상을 보는 눈, 세상을 읽는 눈, 세상을 분석하는 눈이 편집의 자세이다. 그리고 작은 지면에 그것들을 정리하는 편집기술이 그 다음이다. 그래서 '편집을 알면 세상이 보인다' 고 신문을 요약하는 말도 나온 것이라고 생각한다.

앞의 두 지면은 2003년도 한국편집기자상에서 제목 부문과 편집 미술부문 수상작품들이다. 우선 지면이 깔끔하게 정돈되어 있고, 그림과 기사를 볼 맛이 나도록 배치한 제목과 지면이 눈에 띈다.

아침에 일어나면 조간신문을 펼친다. 잘 정리되어 보기 좋은 느낌이 들면 마음 편안히 읽게 되어 결국 그날의 기분이 좋아진다. 지면은 편집기자의 의도된(?) 지면 배열일 수도 있고, 또는 회사의 편집방향이 포함된 것도 있으리라 보지만, 톱기사에서 마지막 기사까지 막힘 없이 흘러가면 좋은 지면이 되었다고 생각한다. 물론 독자(소비자)의 개인적 선호도에 따라 그 느낌이 다를 수도 있다. A신문의 편집방향이 보수적이라면 개혁성향의 독자가 싫어할 것이고, 반대로 개혁성향의 편집방향이라면 보수적인 생각을 가진 독자의 거부감을 유발할 수도 있다. 그러나 "저쪽은 이 문제를 어떻게 보고 있나?" 라는 관점에서 보면 서로에게 상관관계가 생길 수가 있다. 관점의 평균화 또는 관점의 논리적 수용이라고 해도 좋다. 신문을 읽는 사람들은 먼저 스스로 지식인이라고 자신을 보고 있다.

# 고뇌 끝에 피어난 제목(8) - 수사법에서 본 제목(7)

김희진(국립국어원 학예연구관)

수사법의 일종으로 용법에 따라 어형을 바꾸는 변화법형 중 희언법형(戲言法型)을 찾아본다.

## 희언법형

'희언법형(戲言法型)'은 말로써 재치를 부리는 방식이다. 장재성 교수는 재미·효과를 노리는 수사법에 반어법(反語法), 풍자법, 냉조법(冷嘲法), 과장법, 경구법(警句法), 억양법, 역설법(逆說法) 형용어구법(形容語句法)과 함께 희언법(戲言法)을 포함한 바 있다.

'희언법형'에는 동음어 활용법형, 이음어 활용법형, 율조 활용법형이 있다. 이번 호에서는 동음어 활용법형을 활용한 예를 찾아보기로 한다.

## 동음어 활용법형

'동음어 활용법형'은 소리는 같으나 뜻이 다른 단어를 활용한 유형을 말한다. 이 '동음어'는 장단이나 휴지를 고려하지 않았음을 밝혀둔다.

## 말없어 말많은 농촌장학재단

— 〈굿데이〉, 주용진 2004. 7. 1. 18. 홍휘권

생각을 많이 한 제목이다. 농림부가 8월 말께 '농촌장학복지재단'(가칭)이라는 장학재단을 설립하는데, 이곳에 쓰이는 모든 재원은 한국마사회의 경마 사업을 통해 마련됐다. 그러나 재단 명칭에는 한국마사회나 경

마 관련 단어가 전혀 없어 마사회와 경마 팬들이 거세게 반발하고 있다는 내용이다. 즉 '말[馬] 없어 말[言] 많은 농촌장학재단' '말[馬]이라는 어휘를 쓰지 않아 시끄러운, 말[言]이 많은 농촌장학재단'인 셈이다.

재주는 마사회가, 생색은 농림부가 낸다는 속내를 간결하고 쉬운 말로 표현했

고, '제목의 맛'을 깊게 음미하도록 하는 '뜻 깊은' 제목이기도 하다. 또 '말'이라는 두 글자를 한글의 획 속에 한자의 '馬'와 '言'을 작게 넣어 본문을 읽지 않은 독자들에게도 의미 전달을 분명히 해 준 점은 참신한 생각이라고 평가한다.

## '두 산'으로 나뉜 斗山

—〈머니투데이〉, 김형진 2005. 7. 22. 3. 홍휘권

이 기사는 그동안 형제간의 우애 경영으로 재계의 부러움을 샀던 두산그룹이 창업 109년 만에 이번엔 형제간의 이전투구로 양쪽이 다 벼랑 끝에 몰리는 상황을 다루었다.

제목〈'두 산'으로 나뉜 斗山〉에서 보았듯이 박용오 두산 명예회장과 박용성 회장의 형제간의 마찰이 법정으로 번진 사건을 가장 쉽고 짧은 언어로 재치 있게 처리했다.

## '이 飛翔 노 非常'

—〈대한매일〉, 이상훈 2002. 5. 14. 4. 이대영

'이 飛翔 노 非常'은 각종 여론조사에서 크게 앞서가던 노무현 민주당 대통령 후보의 지지도가 갖가지 악재로 하락 추세를 보이고 있는 반면 이회창 한나라당 후보는 상승세를 타고 있어 그 격차가 오차 범위로 좁혀졌음을 보인 것이다. '飛常'과 '非常'으로 소리글(비상)과 뜻글을 절묘한 대비를 통해 재치 있게 표현하였다. 그러나 한글 세대의 독자들에게 이러한 뜻이 얼마나 제대로 전달될 수 있을는지를 생각하면서 한동안 낙점을 망설였음을 밝혀둔다.

‘18대 11 만화 스코어, 잊고 싶은 삼성, 잊고 싶은 두산’

—〈굿데이〉, 신영하 2004. 10. 14. 4. 홍휘권

신영하 기자는 프로야구 면 ‘그때 그런 일이’라는 지면에서 2001년 한국 시리즈 4차전을 다루면서 18대 11의, 만화 같은 스코어를, 그야말로 뼈아픈 역전 패배의 삼성 측과 그 기록을 되살리고 싶은 두산 측의 심경을 다루었다. 받침 ‘ㅈ’과 ‘ㅅ’만 바꿔 짤막하게 표현하여 독자로 하여금 빙그레 웃음을 자아내게 하며 당시의 이 믿기 어려운 짜릿한 역전극을 다시 보게 하는 듯했다.

살살살 빼자

—〈굿데이〉, 좌혜경 2003. 11. 11. 28. 구자건

위의 제목은 다이어트를 소개한 것. 명사 ‘살’과 부사 ‘살살’을 무리 없이 연결한 재치가 돋보였다.

‘찍는’族·族 돈번다

—〈경향신문〉, 강호태 2003. 2. 15. 19. 구자건

각종 보상 신고꾼을 표현하면서 의존명사로 쓰이는 우리말 ‘족족(어떤 일을 하는 하나하나)’과 각종 파라치를 재치 있게 연결했다.

국립국어연구원의 김희진 박사는 오랫동안 한국편집기자협회보에 국어학자다운 전문성으로 제목에 관한 글을 기고해 왔다. 박사의 눈은 편집기자들에게도 많은 생각을 하게 하는 모양이다. 그래서 여러분도 참고 삼아 국어연구원에 들어가 박사의 글을 읽어보라고 권한다. '제목은 고뇌 끝에 나온다' 라고 한 제목부터 편집기자의 모습을 읽게 하는 예리한 눈매를 느낄 수 있어 편집기자들에겐 좋은 조언자임을 엿보게 한다.

그냥 신문을 읽는 것은 즐겁다(?). 그러나 좀더 전문적이거나 직업적이 되면 그것은 아마 고통이라는 생각이 나올지도 모른다. 왜냐하면 생각이 많아지면 그만큼 머릿속을 복잡하게 하기 때문이다. 하지만 전문가가 되었다고 생각하면 즐거움과 중독증도 함께 경험한다고 본다. 이른바 道가 튼다거나 할까… 그래서 가끔 기자들은 휴가라는 것을 신문 안 보기(?)에다 사용하는 것인지도 알 수 없지만… 여름휴가를 다녀온 뒤 많은 기자들은 "신문 안 보니 살 것 같더군" 하면서도 먼저 지난 지면부터 찾는다.

"생각 없는 편집은 죽은 지면을 만드는 것이다"라고 한 현역 편집간부가 말했다. 새삼 강조해도 틀린 이야기는 아니다. 왜 나는 편집을 못 할까 하는 생각보다 내가 만든 지면에 내 정신이 살아 있는가 라는 질문에 답할 수 있어야 한다. 지면을 잘 만드는 것은 기술의 영역이다. 그러나 혼을 담는 것은 정신의 길이다. 그날그날의 지면에 혼을 담으면 편집은 살아 있고 더불어 그 신문도 살아 숨쉰다. 왜? 물은 높은 곳에서 흘러 낮은 데로 가기 때문이다. 물이 흘러가는 곳? 그곳은 세상이다. 사람이 사는 곳, 특히 서민이 사는 곳이다. 신문은 그곳으로 흘러가야 진정한 힘이 솟는다.

막히면 돌아가고 웅덩이가 있으면 고이고 넘치면 또 어디론가 흘러가는 것—물의 특성이다. 우린 그것을 잘 이해하고 또 그런 마음가짐을 가져야 하리라.

# 취재의 장을 펼쳐라[1]

  편집은 기사라는 재료를 만나 그것을 다루는 기능을 우선하는 분야이다. 취재의 영역은 참으로 넓다. 신문은 인간 사회뿐 아니라 인간과 관련한 모든 것을 대상으로 한다. 그리고 정보 분류를 위해 취재부서를 둔다. 사회의 가장 큰 요소인 정치 · 경제 · 사회 · 문화 그리고 국제관계 등 많은 분야를 다루면서 각 분야의 전문적인 사람들을 이른바 기자로 채용하고 있다. 따라서 편집도 그에 맞춰 각 분야별 전문편집기자를 두게 된 것이다. 따라서 편집은 취재라는 재료모음을 소비자(독자)에게 알기 쉽고 보기좋게 정리하는 분야라고 생각하면 큰 잘못은 없을 것이다. 그것을 수행하기 위해 제목(활자) · 지면(레이아웃) · 사진(그래픽 포함) 등 응용과 적용범위가 많아지게 된다. 그것은 사회가 발달하고 인간의 삶이 보다 풍요롭고 지적 호기심이 강해질수록 더욱 전문화의 길을 걷는 것이다.

  취재를 위한 기본적인 것은 복잡하게 생각하기보다는 간단명료하게 정의하는 것이 먼저라고 생각한다. '간단명료하게'는 참 어려운 주제이다. 간단명료하게 생각하기 때문에 많은 언론학자들은 나름대로의 해석과 주장을 가지고 있다. 그러나 정말 간단명료하게 생각하자. 여기서는 취재 방법을 이야기하려는 것이 아니라 취재 마인드를 엿보자는 의도가 있음을 밝힌다.

  취재란 무엇인가? 이것은 명제다. 그리고 행위(취재)는 많은 방법론을 제시한다. 정치기사의 경우는 이렇게 취재한다는 경험적 수칙이 선배기자들

---

1) 이 책의 전반적인 분위기는 기자생활에서 느낀 취재와 편집에 대한 생각을 수상록 비슷하게 썼다. 나 역시 취재현장의 부족을 느낀 적은 있었지만 그것이 편집기자 생활에 큰 부담을 주지는 않았으나 내가 빠질 수 있는 오류의 세계도 있다는 것을 깨달았다. 따라서 이 글은 편집기자나 취재기자 모두에게 들려주고 싶은 부분이기도 하다. 물론 어떤 면에서는 독단적이고 편협한 시각이 적용된 부분도 있으리라 생각한다.

로부터 후배기자들에게 전수되는 일차적인 행위이다. 그리고 사회분야의 핵인 사회분야 취재도 예외는 아니다. 후배기자는 선배들의 온갖 지혜를 백지 위에 옮기듯 머릿속에 담고 현장생활을 통해 반추하면서 한 사건 한 사건씩 경험을 쌓아가며 '자신만의 비법'으로 가다듬는 것이다.

기자는 현장에서 자란다. 그것은 기자에게는 친근한 토양이면서 새로운 지식의 세계인 것이다. 그러한 과정에서 기자는 스스로 터득한 취재의 세계가 단지 하나의 문구로 정리된다는 것을 점차 강하게 느끼게 된다.

"내 뒤에는 독자라는 거대한 세력이 있어! 난 그 세력의 한 부분인 거야!"
어느 순간에 기자는 그렇게 소리친다. 기자적인 아포리아가 발현되기 시작한다. 그리고 한 사건, 한 문제에 부딪치고 넘어설 때마다 기자는 더욱더 자신의 세계 속에 함몰된다. 또 취재 과정을 통해 바로 자신과 독자그룹과의 접목점이 형성된다는 것을 인식한다. 무언가 막연한 의식 속에서 떠오르는 신기루 같은 사물들이 한 폭의 파노라마가 되어 떠오를 때가 되면 기자는 비로소 자신의 날개를 펴게 된다. 그건 독자가 준 신뢰성이다.

일상적인 되풀이 틈에서 기자는 자신을 잊어간다. 어떤 사람은 좀더 세속화되어 가고 또 어떤 이는 보다 더 높은 차원으로 자신을 끌어올린다. 후자의 경우는 어쩌면 '선택된 길'로 들어서는 것인지도 모른다. 그들 가운데 또 어떤 이는 학문의 길로, 또 다른 이는 보다 실험적이고 궁극적인 모색의 길로 들어간다.

기자라는 사람은 세속적이든 학문적이든 나름대로의 세계를 경험하고 또 자신의 길을 터득해 간다. 이 두 부류의 사람은 왜 세상이 이 모양일까라는 질문을 한다.

왜 우린 취재하고 보도하는 것일까? 누구를 위해? 무엇을 위해? 그러한 물음은 편집기자에게는 때론 알쏭달쏭한 질문이 될 수도 있다. 편집기자에게 가장 약한 것이 현장에서의 삶이라고 하면 그들은 당장 반발할 것이 분명하다. 그건 직업적인, 직업분화적인 요소가 가장 큰 요인이다. 그래서 편집기자들에게 감히 권하지만 현장감각을 취재기자와 공유하라는 것이다. 그리고 취재기자에게도 자신의 현장감각을 편집기자들과 나누고 또 공유해 달라는 부탁을 하고 싶다. 그건 글 속의 세상과 직접 부딪치는 세상과는 어느 정도 감의 차이가 존재하기 때문이다.

취재현장의 기자는 냉정하게 자료를 수집한다. 그리고 어떤 스토리를 쓸 것인가를 끊임없이 생각한다. 요즘 인기를 끌고 있는 미국 드라마 CSI의 조사요원들처럼 우리 기자들도 그렇게 활동한다. 그곳이 정치든 경제든 사회든 큰 차이가 없다. 단 한 조각의 증거, 사방으로 널려 있는 증거, 쓰레기더미 속에 보이지 않게 파묻힌 자료들 등등. 스쳐 지나가는 바람결에 들리는 한마디의 귀동냥도 빼놓을 수 없는 재료들이다. 거기서 기자는 보도거리를 찾아내고 또 만들어낸 것이다. 어떤 의미에선 기사란 추리소설처럼 탄생하는 것이라면 통할까?

선거철이 되면 수많은 자천타천의 인물들이 등장한다. 그들은 자신의 약점이나 결점을 감춘 채 스스로 슈퍼맨처럼 전지전능한 캐릭터로 무장하고 대중 앞에 과감히 나선다. 왜냐하면 대중이란 뿌리도 없고 무지몽매한 민초라고 치부해 버리는 그들이 많으니까. 그 정치판에서는 온갖 술수와 비리와 마타도어들이 지하에서 지상을 향해 흩뿌린다. 뿌리도 없는 민초는 그들의 뒤를 쫓아 우르르 몰려다니며 진실과 거짓의 경계에서 자신들의 소중한 한 표를 낭비하려고 한다.

"보라! 영웅이 여기 있다!" 박수와 고함과 야유도 빼놓을 수 없다. 그리고 선거가 끝나 승자와 패자가 결정되면 패자는 고함치고 승자는 비웃는다. 또 한 차례의 제2라운드 진흙탕이 펼쳐지는 것이다.

나쁜 말로 들릴지 모르겠으나 기자들은 그러한 거품 소용돌이의 한가운데에 있다. 아니, 외곽에서 구경하고 있다고 할지. 영웅 만들기에 동참한 기자는 자신의 필체를 자못 흐뭇하게 감상하거나 자신의 선택에 마음속으로 박수를 치고 있는지도 모른다.

그러나 기자는 영웅 만들기에 끼어들지 않는 게 좋다. 많은 기자들이 그 과정을 통해 기자사회의 매너리즘을 벗어나려 정계로 재계로 또 사회로 몸을 날렸다. 남아 있는 기자들은 선망의 눈길을 보내거나 '배신자' '변절자' 등의 속말을 남기거나 하는 게 고작이었지만.


노자의 《도덕경》〈하편〉75에 다음과 같은 글이 있다. 종합부동산세를 둘러싼 비판과 항변 소리를 듣노라면 아전인수 식으로 떠오르는 구절이다.

民之饑 以其上食稅之多 是以饑 民之難治 以其上之有爲 是以難治 民之輕死 以其上求生之厚 是以輕死 夫唯無以生爲者 是賢於貴生
백성이 굶주리는 것은 윗사람이 세금을 너무 많이 받아먹기 때문이다. 그 때문에 굶주리는 것이다. 백성을 다스리기 어려운 것은 윗사람이 뭔가를 한다고 하기 때문이다. 그 때문에 다스리기 어려운 것이다. 백성이 죽음을 가볍게 여기는 것은 윗사람이 지나치게 삶에 집착하기 때문이다. 그 때문에 죽음을 가볍게 여기는 것이다. 삶을 추구하지 않는 사람이 삶을 귀하게 여기는 사람보다 더 현명하다.


아마 노자 시대나 지금이나 고금을 통해 국민들을 편안하게 하는 지도자는 많지 않았던 모양이다. 그 당시의 대중들도 세금에 대한 거부감은 지금과 마찬가지였던 것 같다. 종합부동산세가 너무 지나치다고 일부 지역 주민들이 거부운동을 벌이고 부동산들을 처분하느라 법석을 부린 일이 있지만 국민을 먼저 납득시키는 것도 지도자가 할 일이다.

왜 세금을 더 걷어야 했는지 그리고 또 그걸 어디에 어떻게 쓸 것인지를 납득시키는 것이 중요하다(예산을 빗대면 안되고). 걷기 전에 좀더 신중해야

하고, 걷으면서도 너무 걷고 있
는 것이 아닌지 '輕減의 算數' 가
냉정하게 계산돼야 하지 않을까.
반대로 국민도 마찬가지일 것이
다. 국가가 많은 자금이 필요한

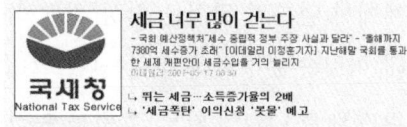

그림 1 | 2007. 5. 하나로닷컴의 뉴스인덱스.

까닭이 있을 거라는 '이해심'도 가능한 일이다. 설마 백성을 헐벗게 하지
는 않을 테지….

그러나 누가 뭐래도 국민들을 말로만 떠받들려 하지 말고 낮은 데서 국
민과 함께 국민의 고통을 나누고 국민 속에서 살아가는 지도자가 보고 싶
다. 모두들 '난 그러는데…' 하겠지만, 국민의 부는 바로 국력이다. 스스로
나는 정치를 잘하는 사람이라고 자화자찬하는 지도자는 독재자의 소질이
다분한 사람일 것이다.

잘사는 국민이 많을수록 그 나라는 강한 나라다. 강한 나라가 되기 위해
서는 어려운 경제이론이나 경제정책보다 바로 국민이 무얼 원하는지 찬찬
히 살펴 보살피는 지도자가 참 지도자이다. 선거철만 되면 '내가 그 사람인
데'라면서 번지르한 말로 포장된 자신의 이미지를 좌판에다 벌이듯 늘어
놓고는 결국 그도 '나 몰라라' 하는 타입으로 변절하고 마는 것이 정치인
의 생태인지…. '돈이 없어서' '지역구민들을 살펴봐야겠는데' 등의 말로
국민의 대의원은 결국 돈과 지역구의 노예가 되는 것이 현실이다. 물론 돈
과 지역구를 외면하라는 것은 아니다. 본분을 다해 달라는 것이다.

기자는 취재원과 항상 '不可近不可遠' 의 관계를 유지하라고 초년시절부
터 귀에 못이 박히도록 들었다. 지금도 그 말의 진실을 되뇌고 있다. '可
近' 은 과연 독이 될까 약이 될까라고. 역으로 '可遠' 도 기자 개인에게 독이
될까 아니면 약일까라는 가설도 성립할 테고. 입사 초기 초청강사로 왔던
어느 교수가 '정부와 언론의 관계' 라는 제목의 강연에서 권력과 국민의 관

계에서 언론의 위치는 항상 권력 쪽에 쏠려 있다는 짧막한 내용이 지금도 내 머릿속에서 떠나지 않는다. 그리고 항상 권력의 시달림을 받아온 과거의 행태를 더듬어 봐도 그 말은 여전히 의문부호로 남아 있다.

언론은 종종 국가권력의 제4부이며 기자는 '無冠의 帝王'이라는 말을 듣는다. 개인적으로는 내세울 것 없는 초년기자로서는 마음에 쏙 와닿는 말이었다. 그러나 세월이 가는 동안 그 제왕도 무력과 폭력 그리고 돈 앞에서는 한낱 '鷄肋' 같은 존재로 전락하기 십상인 것을 보고 지켜야 할 자존심이 뭔지 가슴을 때리는 것을 느꼈다. 언론의 속성을 가장 패러디하게 표현한 나폴레옹의 3일천하 직전의 프랑스 언론의 현실은 아마도 언론과 권력의 가장 상징적인 이야기로 남아 있다. 나폴레옹이 깡패에서 황제로까지 변화한 제목의 흐름은 오늘에도 적잖은 의미를 남긴다. 아부에서 최상의 극찬까지 나폴레옹이 엘바섬에서 파리로 오는 동안 언론도 최상에서 바닥까지 변신했다고 한다.

역사청산이란 말로 되는 것이 아니라 국민의 공감대를 먼저 확보해야 더 효과가 있다. 권언유착이란 말은 역사가 싫어하는 단어인지도 모른다. 그러나 이상적인 제왕은 바로 이성적인 존재일 때 비로소 가장 제왕적이다. 사회의 이성이 올바르게 존재하고 그 가치가 온전하면 할수록 그 제왕의 권위도 높아지는 것이다. 기자가 스스로 자신의 가치를 자랑스럽게 생각하고 간직하려 노력할 때 사회도 그것을 인정하고 지켜주는 것이다. 취재의 룰은 먼저 페어플레이하라는 것이다. 자신에게도 대중에게도 또 국민에게도 거짓 없이 공정한 게임을 하는 것이 취재현장의 제1조건이다. 세상이라는 큰 틀에서 취재를 바라보자. 물론 편집도 마찬가지이다. 기자는 먼저 스스로 정직하고 공정해야 하며 그런 바탕에서 취재와 보도가 이루어지는 것이 올바른 자세다.

## 무엇이 뉴스인가

뉴스에 대한 정의는 다양하다. 그러나 무엇보다도 뉴스는 '가장 최근에 일어난 일이어야 하고 중요한 일이어야 하며 흥미로워야 한다.' 이 세 가지 사실은 뉴스에 대한 여러 정의를 응집시킬 수 있을 것으로 본다. 뉴스란 곧 잘 뉴스의 가치판단과 혼입되어 생각하게 되는 흠이 있다. 단순한 정의가 때로는 명쾌한 해답을 제공할 수도 있다. 취재기자들은 보통 위의 사실을 토대로 기사를 쓴다. 그러나 편집기자들은 그 뉴스의 가치가 어떠한가를 따진다. 다시 말해 뉴스의 가치를 판단한다는 것이다. 어느 쪽이 옳다는 이야기는 아니다. 복잡하든 간단하든 뉴스는 그 속성 그대로 뉴스라고 보면 된다. 뉴스에 대한 서구적인 견해를 몇 개 소개해 본다.[2]

신문이나 방송은 각각 매체적 특성에 맞춰 뉴스를 전달한다. 신문은 종이에다, 방송은 전파에다 각각 자신들이 취합하고 정리한 뉴스를 독자나 시청자, 즉 수용자에게 전달한다. 물론 인터넷 신문이나 인터넷 방송도 예외는 아니다. 다시 말해 뉴스는 이들 매체가 선정한 정보를 의미하는 것이라고 해도 과언은 아니다. 일반 대중이 정보를 얻는 방법은 이들 매체가 전해주는 것이 대부분이다. 물론 이들 매체가 전해주는 정보량이나 범위는 어느 정도 차이가 있을 테지만 모든 정보가 수용자를 만족시키는 것은 아니다. 최근엔 검색사이트의 발달로 자신이 원하는 정보를 보다 빨리 찾게 된 것도 변화의 하나다.

---

2) "저널리즘은 역사의 조악한 첫 번째 설계도이다." - Philip L. Graham, c.1961

"저널리즘은 조급한(in a hurry) 문학이다. - Matthew Arnold, c. 1870s

"개가 사람을 물면 너무나 자주 일어나므로 뉴스가 안 되지만, 그러나 사람이 개를 물면 그것은 뉴스다."(자주 안 일어나니까) -John Bogart and Charles A. Dana, (19c말~20c초)

"좋은 신문이란, 내 생각엔, 독백하는 국가이다." - Arthur Miller, 1961

"문학은 어떤 것을 쓰는 예술이며 두 번씩 읽어야 하지만 저널리즘은 한 번에 잡을 수 있는 것이다."
- Cyri Connolly, 1938

"이것은 확실한 정보다."

간혹 우리는 이러한 이야기를 듣는 경우가 있다. 확실하다는 표현은 바로 신뢰할 만한 것이라는 의미를 갖고 있으며 상당히 주관적 견해를 나타내고 있다.

주관적 정보가 확실한 신뢰를 얻자면 증명 과정을 거쳐야 한다. 이 증명 과정은 시간과 사실로 입증되는 각종 자료들이 필요하다.

"뉴스는 현상의 변화(change in the status quo)이다."

이 변화엔 우리의 삶의 현상, 정치적 현상, 경제적 현상, 국제적 현상 등 좁게는 자신이 살고 있는 사회에서 넓게는 지구촌까지 광범한 영역을 가지고 있다.

생활 패턴도 많이 바뀌고 있다. 과거의 가부장제에서 남녀평등시대로, 그리고 핵가족이 가족제도의 기본으로 자리 잡았다. 아파트 생활이 보편화하면서 단지는 하나의 공동체로 정착되었다. 주부들의 관심도 매우 다양해졌다. 시간의 변화에 따른 생활 패턴의 변화를 살펴보면 '현상의 변화'를 잘 알 수 있다.

사건기사는 발생한 뉴스이다. 그건 사실의 전달에 그 기본이 있다. 이때 가장 철저하게 적용되는 것이 '5W1H', 즉 '6하원칙'인데 기사문의 문법이라고 해도 좋다. 초년기자는 늘 그걸 염두에 두고 있다가 어느 시기가 되면 자연스레 기사를 쓰면서 저절로 적용하게 된다. 그것이 체질화되었을 때 일차적으로 초년병의 허물을 벗는다.

좀더 경험이 쌓이고 노련미가 붙으면 기사에 자신의 시각을 넣게 된다. 뼈도 만들고 살도 붙여 살아 있는 기사를 만든다. 그 단계가 되면 6하원칙은 가물가물해진다. 그러나 이미 살이 되고 뼈가 되어 특히 해설기사나 탐사보도 같은 기사에서 음악의 강약과 높낮이가 살아나면서 더욱 돋보이게 된다.

나는 사회주의자는 아니다. 이렇게 선언한다면 무슨 일이 일어났느냐는 질문이 먼저 나올 것 같다. 다시 말해 난 사회주의자는 아니다. 보수주의자에 가깝다고 생각한다. 그건 뉴스를 접하고 처리하는 과정에 중요한 단서가 되기 때문에 밝히는 것이다. 그 뉴스가 발생한 시점의 세상을 생각하고 또 그것이 사회에 미치는 파장을 그려보면서 사회주의자와 보수주의자의 중간에 서려고 애를 쓴다. 그럴 때 가장 가깝게 느껴지는 것은 사회주의 비판정신이라고 생각하지만. 때문에 내가 절실하게 바라는 뉴스는 내 남은 삶이 얼마나 보람찰 것인가를 생각하는 일이다.

내가 바라는 뉴스 속의 나는 중산층인가? 한때는 그렇게 생각하기도 했다. 지금은? 아니다. 퇴직한 전직언론인일 뿐이다. 적은 퇴직금을 움켜쥐고 "안 쓰는 것이 바로 버는 것이다"라는 생활경제철학을 굳건히 실천하고 있는 파산선고 일보 전의 '몰락한 중산층'이라는 것이 지금은 적절한 표현일 것 같다. 다시 말해 '안 가진 보수주의 동조자' 쯤 되는 것이 현재의 나 자신이다. 그런데 자꾸만 비판주의자로 성정이 바뀌어 가는 것을 느낀다. 세상에 대한 염증이 깊어지는 탓일 것이다.

뉴스란 때론 신변잡기처럼 주변에 널려 있는 것들 가운데 유난히 돋보이는 '무엇'인지도 모른다. 그게 왜 유난히 마음에 들었을까. 보통때는 별스럽지 않던 것이 지금 와선 반짝거린다. 뉴스도 그런 것이다. 자신의 주변을 찬찬히 살펴보자. 존재가치도 없던 사실들이 "나 여기 있소" 하면서 자기소개를 할지도 모른다. 무슨 돌발사건이 터지기만 기다리는 사람처럼 기자는 사건을 기다린다. 어쩌면 뉴스는 줍는 것인지도 모른다.

〈경향신문〉 매거진X의 편집장 시절의 일이다. 여기자 한 사람이 잇몸이 아파서 치과에 갔다가 멋있는 이야기를 '주웠다.' 해남 땅끝마을에 사는 '양보람'이란 중학생의 이야기가 실린 작은 팸플릿에서 빛나는 구슬을 하나 주운 것이다. 그것도 일반적인 이야깃거리가 아닌, 그 중학생의 담임선생이 제자의 딱한 처지를 도와주려고 도움을 청하는 글이 실린 것이었다. 취재보고 시간에 그 기자는 그걸 털어놓았다. 팀장은 '괜찮은 소재'라고 생각해 즉각 취재지시를 내렸다. 신문이 나가자 의외의 반응들이 몰려왔다. 독자들은 신선한 충격을 받았다고 했다. 그 중학생을 돕겠다고 나서는 사람도 꽤 되었다. 물론 후속기사도 나갔다.

뉴스는 바로 그런 것이다. 우린 낮은 데서, 그냥 지나치기 쉬운 곳에서 뉴스를 건져낸다. 그러나 그건 기자의 눈이 잘 발달해 있어야 한다. 그리고 항상 문제의식이 가슴에 가득차 있어야 한다. 그래서 평범한 것이 비범한 것이 되고 보잘 것 없는 것도 쓸모 있는 것이 된다.

## 뉴스의 가치판단[3)]

뉴스의 크기(강도)를 재는 기계는 없다. 모든 게 상대적일 뿐이다. 그래서 보통 뉴스와 뉴스의 가치는 동반자라는 것이 올바른 설명일 것이다. 취재기자는 사건이나 이벤트가 있으면 취재해서 데스크에 넘긴다. 취재 데스크는 여러 취재기자들이 보내온 기사 가운데 '이야기가 될 만한' 것들을 골라 담당 편집기자에게 넘긴다. 그리고 편집기자는 송고된 기사들을 또다시 선별한다. 이런 과정에 가장 힘을 발휘하는 것이 뉴스의 가치이다. 처음부터 어떤 기사가 어떠한 가치가 있다고 정해져 태어나는 것은 아니다. 다음에 뉴스로 선별되는 여러 가지 조건들이 소개되어 있다. 물론 발생이라는 단계를 거친 것들이 해당된다.

---

3) 한국편집기자협회가 펴낸 '신문편집'에서는 ❶ 시의성 ❷ 근접성 ❸ 저명성 ❹ 영향성 ❺ 신기성 ❻ 인간성 ❼ 사회성 ❽ 기록성 ❾ 국제성 ❿ 인간적 흥미 등 10가지로 분류하고 있다. 이 밖에 성(sex), 투쟁, 호기심 등도 거론하고 있으나 한국적 상황에 맞게 골랐다고 한다. 그러나 시간이 많이 흘렀고 지금은 21세기이니 그에 맞는 새로운 가치기준이 나와야 할 것이다. 큰 줄기의 가치판단은 변하지 않음을 유념하기 바란다.

a. 충격(impact)＝어떤 사건의 쇼크가 얼마나 큰가 하는 것. 사건의 영향력이 얼마나 되느냐 하는 것이다. 국내 사건으로는 참여민중의 새로운 등장을 보인 촛불시위, 노무현 대통령의 당선 등이 있다. 그리고 대형 사건으로는 대구지하철방화사건을 들 수 있다. 국제적인 충격적 사건으로는 9·11뉴욕테러가 대표적이다. 임팩트가 크면 반탄력도 그만큼 커진다. 보이지 않는 폭발력(영향력)이 사방으로 번져간다. 사회적 파장의 크기도 그에 따라 정해진다.

b. 근접성(proximity)＝독자가 속한 환경과 얼마나 근접해 있는가. 지진의 예처럼 진앙지에 가까이 있을수록 그 파장은 크다. 대구지하철방화사건처럼 많은 사람이 이용하는 교통수단의 방화이기 때문에 독자의 감정과 상당히 가까이 있다. 내 주변에서 일어난 뉴스는 다른 곳에서 일어난 뉴스보다 더 현실감이 있다.

c. 시의성(timeliness)＝방금 일어난 새로운 뉴스냐? 내가 지금 이 글을 쓰고 있는 순간에 TV에서 저녁 9시뉴스를 하고 있다. "오늘 30대 가장이 어머니와 어린 아들을 죽이고 자신도 스스로 목숨을 끊으려 했습니다…." 오늘 발생한 충격적인 사건이다. 경제가 어렵고 살기가 힘들어 지면서 돈보다 사람의 목숨이 더 가치 없는 세상이 되고 있는 것이 아닌가 하는 생각이 앞선다. 더구나 아파트에서 자신의 두 자녀를 창밖으로 내던지고 자신도 몸을 던진 어느 어머니의 동반자살 뉴스가 사람들의 마음에서 지워지지 않은 시점이다. 어제 뉴스보다 오늘 뉴스가, 아침 뉴스보다 저녁 뉴스가 더 새로운 뉴스이다. 언론은 status quo에 상당한 비중을 둔다. 그런 소식을 접했을 때 독자들은 주변을 돌아본다. 자신의 삶이 보다 나아졌는지 아니면 나빠졌는지를 순간적으로 그려본다. 그래서 그 뉴스는 생명을 얻는다. 파장이 생긴 것이다.

d. 저명성(prominence)=이름이 뉴스를 만든다. 뉴스메이커! 요즘 뉴스에 노무현 대통령의 이야기가 빠지지 않는다. 그리고 이젠 대한민국의 모든 사람들이 굿모닝시티를 안다. 그에 관련된 거액의 정치자금 수수 설에 휘말린 정대철 민주당대표의 경우도 사건과 함께 이름의 위력을 느끼게 한다. 그리고 일본에서 활약중인 이승엽 선수, 그리고 이천수, 박지성 등 월드컵스타들이 배용준 등 한류 바람을 탄 연예인들과 나란히 뉴스를 탄다. 시대의 바람이 뉴스를 변화시킨다. 모두 이름값을 하는 것이다.

e. 신기성(novelty)=얼마 전 우리나라의 샴쌍둥이가 동남아에 가서 성공적으로 분리수술을 받았다. 신기한 일이다. 태어날 때 두 아이가 한 몸으로 붙어 자라다 수술을 받고 한 몸에서 두 몸으로 새로운 생명을 받은 것이다. 90년대 말 시루떡처럼 폭삭 내려앉아 수많은 인명을 앗아간 삼풍백화점 붕괴사건의 경우, 보름 이상의 구조작업 끝에 목숨을 건진 사람들의 이야기. 인간의 존엄을 그나마 재확인한 끈질긴 생명력의 이야기이다. 여름이면 서울은 이상기후 탓인지 지구온난화 탓인지 찜통더위가 맹위를 떨치며 열대야가 계속 된다. 에어컨이 비명을 지르며 돌아가고 전기도 무지막지하게 들어간다. 한국전력이 하루 최대 전력소비를 발표한다. 올여름 들어 하루 최대의 전력소비였다는 신기록 보고인 것이다. 그리고 요즘은 오존주의보도 발표한다. 이승엽 선수가 얼마 전 최연소 300홈런을 때렸다. 역시 신기록인 것이다. 기록이 뉴스를 만든다. 외신이 전하길 세계 최고령인 114세 할머니가 어제 숨졌다고…. 기네스북의 진기록들이 케이블TV 화면을 타고 보도된다. 역시 기록이 전하는 신기성이다.

f. 투쟁(conflict)=어느 철학자의 말대로 homo homini lupus(인간은 인간에 대한 늑대)라는 표현이 떠오른다. 세상의 반대를 무릅쓰고

이라크를 침공한 미국과 영국의 연맹군. 전쟁은 국가와 국가의 싸움만 아니라 개인과 개인의 싸움도 있다. 이른바 투쟁이다. 요즘 경제를 어지럽힌다고 비난받고 있는 노동조합의 春鬪, 그리고 요즘 다시 시작된 화물운송노조의 夏鬪, 가을까지 가면 秋鬪로 되고, 겨울까지 끌면 冬鬪가 될지도 모르겠다. 그러나 시간이 흐르면 자연히 해결된다. 피 터지는 투쟁이 아닌 삶의 투쟁이기에 무기를 앞세운 전쟁과는 다르다.

g. 청중(audience)=선거철이면 유세가 벌어지고 후보들의 정견발표가 이어진다. 그리고 토론회니 청문회니 언론용 이벤트가 열린다. 촛불시위엔 미군 장갑차에 숨진 두 소녀의 넋을 달래는 시민들이 있었고, 월드컵대회 경기장엔 우리 선수의 승리를 기원하는 붉은 악마들이 있었다. 그 청중은 누구냐? 선거와 같은 주요 이벤트가 뉴스를 만들고 독자를 만든다. 왜냐하면 인간은 정치·사회적 동물이니까. 그리고 그 이벤트에 얼마나 모였으며 또 어떤 사람들이 참석했는지도 관심을 끈다. 또 어떤 이슈가 나와 청중들을 감동시켰으며 무슨 불상사는 없었느냐는 것들이 뉴스를 탄다.

## 뉴스의 관리자

뉴스의 소스는 많다. 사건의 경우 언제 어디서 일어날지 아무도 예측할 수 없다. 그러나 터진다면 그것은 취재기자의 몫이다. 얼마나 큰 사건이 벌어지고 있는 것일까. 그것을 자로 재고 눈높이에 맞춰주는 것은 취재 데스크와 편집기자이다. 결국 뉴스의 최종관리자는 그들인 셈이다.

조간신문 편집국은 일반회사와 비슷한 아침 9시에 시작한다. 그리고 보통 제작회의는 10시 전후에 시작한다. 편집국장을 비롯해 주요 데스크, 담당 부국장들, 필요할 경우 주요파트 취재팀장이 참석하고 주요 면의 편집기자가 동석한다. 각부별로 밤사이 발생했거나 예정된 취재기사들이 보고된다. 그리고 편집부장은 그 내용을 지면에 따라 메모링한다. 1차적인 그날의 지면 메뉴판인 것이다.

취재데스크는 담당면 편집자와 수시로 의논한다. 취재데스크와 담당면 편집자가 바로 그날 면의 뉴스관리자가 되는 셈이다. 취재기자는 담당면 편집자와 깊이 공감하면 좋다. 뉴스를 위해, 생생한 지면을 위해 두 사람은 이른바 '죽이 맞아야' 한다.

현장기자여, 멋진 기사를 써라.
편집기자여, 그 기사를 받아라.
둘이 제대로 만나면 그날의 지면은 반짝반짝 빛이 난다.

편집국에서 종종 취재기자와 편집기자 사이에 갈등이 빚어지기도 한다. 왜 그럴까. 일 때문이라면 아주 좋은 현상이다. 기사를 놓고 상대를 의심하거나 지면 구성을 놓고 불만을 터뜨리거나 하는 것은 아닌가? 그런 일은 없어야 하고 있어서도 불행해진다. 왜냐하면 둘은 가장 좋은 '궁합'을 가졌으니까.

최고의 뉴스관리자는 신문의 정신이다. 그 덕에 사실 편집국장도 뉴스데스크도 편집기자도 모두 한 팀이 되는 뉴스관리자가 되는 것이다. 거기에는 큰 명제가 있다.

"이 지면(신문)은 과연 한 부 500원에 팔릴 가치가 있는가?"
팔리지 않고 읽히지 않는 신문은 죽은 신문이다. 아니 발행할 가치를 잃은 것이다. 그리고 그날의 신문에서 기사마다 500원의 가치를 부여하고 그것이 많을수록 가판대에서 날개돋친 듯 팔릴 것이 분명하다.

"오늘 신문장사는 잘했어!"

## 기사는 이렇게 쓴다

위기는 거의 돌발적으로 발생한다. 예측할 수 있는 위기라면 예방이 가능하겠지만 대형사건, 자연재해 등 큰 위기는 항상 기습적으로 다가온다. "소잃고 외양간 고치기"가 아닌 사후처리도 예방만큼 중요하다.

2004년 12월에 닥친 동남아 지진해일(쓰나미)에 대한 보도는 많은 것을 시사하고 있다. 결과에서부터 원인분석, 과정까지 언론의 관심은 다양하게 펼쳐진다. 사건으로는 2001년 뉴욕 NTC에 대한 빈 라덴의 비행기 충돌 테러가 있었고, 국내 사건으로는 대구지하철 방화참사가 있다.

지난 2007년 4월 17일 발생한 미국 버지니아텍의 재학생 한국인 2세가 저지른 총기난사사건은 아직도 우리를 슬프게 한다. 물론 콜롬바인 고등학교에서 발생한 총기난사는 큰 충격을 주었고 지금도 많은 미국 내외의 사람들에게 총기문제에 대해 생각하게 해주고 있다. 이번 사건을 계기로 국내 인터넷상에서 패러디로 나온 한국민족에 관한 글이 생각나 여기에 옮긴다. 인터넷이 보편적인 뉴스 소스는 아니지만 곧잘 인용되고 있다. 일반대중이 공감하고 즉각적인 반응을 던질 수 있기에 네티즌이 본 '아, 대한민국'을 소개한다.[4] 유머와 재치 그리고 슬픈 미학이 뒤섞인 패러디다.

- 세계의 경제를 쥐락펴락하는 일본을 '쪽바리'라 하며 우습게 보는 유일한 종족 한국.
- 세계 유일의 분단국가.

---

4) http://noriteri.ipop.co.kr/cgi-bin/noriter/에서 퍼옴.

● 세계에서 보기 드문 단일민족.

● 암 사망률, 음주 소비량, 양주 수입률, 교통사고, 청소년 흡연율, 국가부채, 각종 악덕
  타이틀에는 3위권 밖으로 벗어나지 않는 유일한 종족.

● IMF 경제위기를 맞고도 2년 남짓한 사이에 위기를 벗어나 버리는 유일한 종족.

● 자국 축구리그 선수 이름도 제대로 모르고 축구장 열라 썰렁하지만 월드컵 때는 700
  만이 거리로 쏟아져 나와 외신으로 부터 '조작'이라는 말까지 들었던 종족.

● 월드컵에서 1승도 못 하다가 갑자기 4강까지 후딱 해치워버리는 미스터리 종족.

● 미국인들로부터 돈 벌레라 비아냥 받던 유태인들을 하루아침에 게으름뱅이로 내몰
  아버리는 엄청난 생활패턴의 종족.

● 조기 영어 교육비 세계 부동의 1위를 지키면서 영어실력은 100위권 수준의 종족.

● 그러면서 세계 각 우수대학의 1등자리를 휩쓸고 다니는 미스터리 종족.

● 매일 아침 7시 40분까지 등교해서 밤10시, 11시까지 수년간을 공부하는 엄청난 인내
  력의 청소년들이 버틴 미스터리 종족.

● 물건은 비쌀수록 잘 사는 미스터리 종족.

● 아무리 큰 재앙이나 열 받는 일이 닥쳐도 1년 내에 잊어버리고 끊임없이 되풀이하는
  메멘토 종족.

● 해마다 태풍과 싸우면서도 다음해에도 그 다음해에도 똑같은 피해를 계속 입는 대자
  연과 맞짱 뜨는 엄청난 종족.

● 쓰레기들이 나라를 이끌어 가면서도 망할 듯 망할 듯 안 망하는 엄청난 내구력의 종
  족.

● 목소리 큰놈이 이기는 야생종족.

● 6년 동안 영어공부만 하고도 외국인과 한마디의 대화도 못 하는 허무종족.

● 조직폭력영화를 유난히 좋아하는 괴짜종족.

● 매운 걸 즐기는 무서운 종족.

● 땅덩어리도 적으면서 우수한 인재가 많이 나오는 종족.

● 세계 인터넷 접속 1위를 차지하는 할 일 없는 종족.

● 기름 한 방울 없으면서 누구나 자동차 한 대씩 있는 간 큰 종족.


낯선 외국땅에서 외톨이로 자라온 한국인 소년이 무엇 때문에 그런 엄청
난 일을 저질렀을까. 의문은 꼬리를 물고 계속된다. 우리가 겪었던 20세기

말의 대사건들 가운데 디스커버리 채널이나 히스토리 채널에서 소개된 재앙 속에 몇 개나 포함되어 있을까. 삼풍백화점 붕괴나 대구지하철 폭발사고 등 아직도 우리 기억에 남는 사건들이 그 기록에 올라 있다. 그 때문에 이번 총기난사사건 역시 '사상 최악' 이라는 불명예스런 제목으로 외신은 전하고 있다. 그것을 저지른 사람이 지금까지는 '한국인' 이라는 사실이 마음에 걸려 언젠가 읽고 스크랩해 둔 윗글을 떠올린 것은 아마 내가 '그와 동족' 이라는 사실을 확인한 때문인지도 모른다.

위기는 많은 이야기를 낳는다. 그리고 계속해서 사람들의 관심을 끈다.

위기상황의 한가운데에 있는 사람과 이야기하기 전에 가능한 한 경찰, 사회봉사체 등 기관 사람들과 먼저 이야기하도록 한다. 자료요청을 할 경우 일주일 이상 걸릴지도 모른다. 보다 나은 이야기를 위해 다른 신문 기사들을 살펴보도록 한다. 다른 이야기들을 좀더 깊이 파들어가다 보면 때때로 묻혀 있는 보물을 얻을 수도 있다.

또 다른 예를 하나 들어보자. 한 내과의사가 자신의 홈페이지에 올린 기자들의 무지(?)를 점잖게 빗대어 쓴 글이다. 물론 곧이곧대로 들을 필요가 있겠냐는 생각이 들겠지만 의사가 본인이 느낀 이야기를 자신의 홈피에 올린 것은 나름대로의 긍정적인 부분이 있다고 생각해 옮겨본다. 사실은 구글검색 과정에서 제목에 이끌려 스크랩한 글이다.

# 흉내내기 : 대한민국 기자들이 글 쓰는 법[5]

한상율 (한빛내과)

'잘 먹고 잘 사는 법'이라는 텔레비전 프로그램이 방영된 무렵을 전후하여 몇 몇 신문에 "음식으로 못 고치는 병은 약으로도 못 고친다고 의학의 아버지 히포 크라테스가 말했다"거나 "음식으로 못 고치는 병은 의사도 못 고친다고 히포크 라테스가 말했다"는 글이 실렸습니다. 제가 알기로는 히포크라테스는 그런 말을 남긴 적이 없기 때문에 어떤 근거로 그런 글을 썼는지 궁금하여 글을 쓴 기자들 에게 연락을 취해보았습니다.

A기자 : 어떤 산부인과 의사가 쓴 음식으로 영재를 기른다는 식의 책자를 소 개하는 '건강혁명 음식으로 이룬다'는 제목의 글에서 '음식으로 고치지 못하는 병은 약으로도 고치지 못한다…(는) 히포크라테스의 명언'이라 적었습니다. 이 부분은 저자가 보내준 책 소개문에 들어 있는 것을 그대로 옮겨썼다고 합니다. 책을 낸 분의 홈페이지에 글을 남기고 이메일을 보냈지만 아직 답장을 받지 못하 고 있습니다.

B기자 : '잘 먹고 잘 사는 법'이라는 프로그램을 소개하는 '잘 먹어야 잘 산다' 라는 제목의 기사에서 '음식으로 못 고치는 병은 약으로도 못 고친다'라는 히포 크라테스의 말이라고 썼습니다. '잘 먹고 잘 사는 법'이라는 프로그램을 제작한 PD가 보내준 자료에 있는 내용을 그대로 옮겼다고 합니다. 자세한 것을 알고 싶 으면 그 PD에게 연락해 보라고 합니다.

C기자 : 어떤 약사에 대한 인터뷰 기사를 쓰면서 '그리스 의학자 히포크라테 스는 음식으로 고치지 못하는 병은 의사도 고치지 못한다고 했는데'라고 썼습니 다. 그 약사가 쓴 책에 있는 내용을 옮겼다고 하고 책을 쓴 약사에게 확인하니 '대학교에서 수업시간에 그렇게 들었다'고 들었다 합니다.
히포크라테스가 정말 그렇게 말했는지 확인하기 위하여 신문사의 자료를 찾았 으나 찾지 못하였고 외부에서 자료를 찾는 중이라고 합니다. 자료를 확인하면 꼭

---

5) http://user.chollian.net/~handor/notes/reporter01.htm

알려주기로 하였으나 3주가 지나도 아무 연락이 없습니다.

D기자 : '암 전문가 5인이 처방하는 抗癌 식이요법' 이라는 기사를 쓰면서 "서양의학의 시조로 받들어지는 히포크라테스는 '음식물을 당신의 의사 또는 약으로 삼으라. 음식물로 고치지 못하는 병은 의사도 고치지 못한다'고 말했다"고 썼습니다.

히포크라테스에 대한 책을 제대로 구하지 못한 상태에서 마감에 쫓기느라 어느 의사가 신문에 발표한 기사를 그대로 인용했다고 합니다. 히포크라테스가 정말 그런 말을 했는지 확인해 보겠다고 하였지만, 의사가 썼다는 그 기사에 대하여 자세히 알려달라는 저의 이메일에 대해서는 답장을 주지 않았습니다.

E기자 : '잘 먹고 잘 사는 법' 이라는 프로그램을 소개하는 '음식의 건강방정식 과학 · 실증적 풀이' 라는 기사를 쓰면서 2천5백년 전 의성(醫聖) 히포크라테스는 '음식으로 못 고치는 병은 약으로도 못 고친다고 했다'고 썼습니다. 프로그램을 만든 PD가 믿을 만한 책에 그렇게 쓰여 있다고 해서 썼다고 하면서 자료를 더 찾아보겠다고 하더니(자료를 더 찾아본 것 같지는 않고) 결국 PD에게 연락해 보라고 연락처를 가르쳐 주었습니다.

프로그램을 만든 PD에게 연락했더니 "그런 내용이 방송되어 기분이 나쁘냐?" 고 물으시더군요. 기분 때문에 연락한 것이 아니라 사실을 확인하기 위하여 연락했다고 했더니 이메일을 보냈는데 "이 말의 원류를 추적해 과연 히포크라테스가 이 말을 했는가 안했는가는 저한테 그다지 중요한 이슈가 아니(라면서) 그 말은 각종 학자, 의사 타이틀을 가지고 전문가를 자처하는 사람들이 책에 인용한 말이고 이 말의 진위를 따지기 전에 상식적으로도 상당히 신뢰가 가는 말"이라고 했습니다. 그러면서 인터넷에서 검색한 몇몇 글을 보내주셨는데 그것은 다음과 같습니다.

- 2천3백여 년 전 현대의학의 시조인 히포크라테스가 "음식물을 의사로 삼으시오. 음식물로 고치지 못하는 병은 의사도 고치지 못하오"라고 한 말은(김영문 약학박사, 선린대 교수, 한동대 객원교수)

- 나는 현대의학을 창시한 히포크라테스의 건강진리에 따라 건강지도를 합니다. 히포크라테스는 현대의학을 창시하였기 때문에 전세계의 의학박사님들의 왕

초 스승이십니다. 음식물을 당신의 의사 또는 약으로 삼으시오. 음식물로 고치지 못하는 병은 의사도 고치지 못하오.(안현필, 아시죠? 예전에 영어참고서 쓴 사람. 그 뒤로는 무슨 건강법을 설파하고 다녔습니다.)

－ 의학의 거성 히포크라테스는 음식만으로도 만병을 고칠 수 있다고 말했다 (한국섭생연구원장.* 이름은 나와 있지 않고 전화번호만 있습니다).

그러나 제가 조사한 바로는 인터넷에서 검색할 수 있는 글 중에 의학와 의료의 역사를 전공한 사람이 쓴 글에 위 "음식만으로 만병을 고칠 수 있다", "음식물로 고치지 못하는 병은 의사도 고치지 못한다", "음식물로 의사를 삼으라", "음식으로 못 고치는 병은 약으로도 못 고친다"고 쓰인 부분은 하나도 없습니다.

영어로 된 외국 홈페이지를 검색해도 그와 비슷한 내용은 없습니다. 단지 "음식으로 환자를 치료할 수 있으면 약은 약탕기에 그대로 두어라"고 말한 부분은 여러 건강식품 홈페이지에서 찾을 수 있습니다.

뿐만 아니라 제가 알기로 히포크라테스의 저작에 대한 유일한 한글번역서인 《의학이야기(1998 히포크라테스 지음 윤임중 옮김 도서출판 서해문집)》을 샅샅이 훑어보아도 그런 내용은 없습니다. 그리고 제가 가지고 있는 영문판 히포크라테스 저작물에서도 그런 내용은 찾을 수가 없습니다.

어쨌든 제가 여섯 사람과 연락하면서 알게 된 것은 여섯 사람 중 한 사람은 아예 그 말의 진위 여부에 대해서는 관심도 없이 그냥 다른 사람들에게 퍼뜨렸고 나머지 다섯 기자들은 기사를 쓰기 전에 말의 진위를 확인하지 않고 옮겼다는 것을 알 수 있습니다.

뿐만 아니라 그 내용이 잘못된 것이라는 저의 지적에 대해 한 명은 여전히 진위를 따질 이유가 없다는 태도를 보이고 있고, 세 명은 그것은 내 책임이 아니라는 듯한 태도를 취하고 있고 단 두 명만이 진위 여부를 확인하고 잘못된 것이 있으면 바로잡겠다고 합니다.

이것이 사실 전달을 제일로 여긴다고 입버릇처럼 말하는 대한민국 기자들이 글쓰는 방법입니다.

덧붙이는 글;
이 글의 제목 〈흉내내기 － 대한민국 기자들이 글쓰는 법〉은 어떤 의사의 글 제목을 표절한 것임을 밝힙니다.
그 글에는 다음과 같은 내용이 있습니다. 저도 그 글을 그대로 베껴쓰면서 글을 맺습니다.

실제로 이 글의 제목은 아주 잘못된 것이며 절대 붙여서는 안 될 제목입니다. 한 명의 기자가 벌인 도용사건을 가지고, 마치 대한민국의 전체 기자가 이런 것처럼 부풀려서 매도하는 식의 제목은 논리적으로도 잘못된 것(지나친 일반화의 오류라고 합니다)이며, 도덕적으로 비난받아 마땅합니다.

이 잘못된 제목을 고의적으로 뽑은 데 대한 변명을 늘어놓는 것으로 글을 맺겠습니다. 대한민국의 기자들이 애용하는 '선정적인 제목뽑기'를 흉내내 본 것뿐입니다(이 글에 대한 언론인들의 반론은 환영합니다. 리플을 남겨주시기 바랍니다).

(원문을 읽으시려면 다음 주소를 방문하십시오. http://drchoi.pe.kr/)

2006-8-2에 덧붙이는 글 : 2006년 7월 25일자 주간동아에 실린 '풀만 먹으면 고지혈증 안 걸린다고?' 라는 제목의 글에는 수학자인 피타고라스가 "음식으로 치유할 수 없는 병은 치유할 수 없다"고 말했다는 내용이 실려 있습니다.

"음식으로 못 고치는 병은 약으로도 못 고친다"나 "음식물로 고치지 못하는 병은 의사도 고치지 못한다"와 거의 같은 내용인 것 같습니다. 자세한 것을 알아보기 위하여 글을 쓰신 서울대학교병원 순환기내과 이해영 교수님께 이메일을 보냈더니 답장을 보내주셨습니다. 다음 세 권의 책을 보면 될 것이라 하셨습니다. 여러 정황으로 보아 "음식으로 치유할 수 없는 병은 치유할 수 없다", "음식으로 못 고치는 병은 약으로도 못 고친다", "음식물로 고치지 못하는 병은 의사도 고치지 못한다" 등의 말은 히포크라테스보다는 피타고라스가 한 말일 가능성이 높아 보입니다.

1. Lives and Opinions of Eminent Philosopers 중 part 8. 18 피타고라스의 생애 부분
2. 프레데릭 J. 시문스(Frederick J. Simmons)저, 《육식 터부의 문화사》
3. 푸른생명한국채식연합 간, 《채식이야기》

처음 올린 날 ; 2002-2-21/ 마지막 고친 날 ; 2006-8-2

1. 음식물로 고치지 못하는 병은 의사도 고치지 못한다
2. 음식으로 못 고치는 병은 약으로도 못 고친다 - 2
3. 음식으로 못 고치는 병은 약으로도 못 고친다
4. 풀만 먹으면 고지혈증 안 걸린다고?

한원장은 무엇을 말하려 하고 있는가. 우리는 뉴스를 쓴다는 사실에 많은 긍지를 가지고 또 정성을 다한다. 사실은 기사는 누구나 쉽게 이해할 수 있어야 한다. 짧은 시간에 정확한 보도를 하는 것도 능력이다. 아니 숙련도라 해야 할까. 틀림없는 기사를 위해 기자들은 땀을 흘린다. 그러나 항상 자신의 기사를 다 끝냈다고 손 털지 말고 '소리 내어 다시 읽어보라'고 선배들은 권한다. 왜냐하면 소리 내어 읽는 과정에서 자신이 놓친 부분이나 잘못된 부분을 깨닫게 된다는 것이다.

한원장은 의사답게 자신의 뜻을 분명히 글에서 밝히고 있다. 오히려 어느 면에서는 기자 노릇을 대신해 주고 있다는 생각이 든다. 기자들이 놓칠 수 있는 부분을 그는 잘 짚어냈다. 글쓰기의 좋은 충고라고 보며 한원장의 글에 찬동을 보내는 것이 그를 위하는 길일 것이다. 아무튼 고마운 일이다.


## 헤밍웨이의 교훈

뉴스를 어떻게 쓸 것인가를 생각하면 또 한 가지 법칙이 떠오른다. 바로 '오캄의 면도날' [6] 이다. 기사는 우선 복잡하게 쓰면 실패한다. 20세기 최고의 작가 가운데 하나인 어니스트 헤밍웨이는 기자생활을 하면서 글쓰기를

---

6) Occam' s Razor, 오캄의 면도날

'Pluralitas non est ponenda sine neccesitate 혹은 불필요하게 복잡한 언명(言明)을 제시해서는 안 된다(plurality should not be posited without necessity ). ' 이것은 중세 영국의 철학자이자 프란체스코 수도원 수도사였던 윌리엄 오브 오캄(William of Ockham, ca.1285-1349)의 말이다. 프란체스코수도회의 다른 많은 수도사처럼, 윌리엄은 청빈주의자(minimalist )로서 청빈을 실현한 인생을 보냈고, 또 성 프란시스코처럼 다양한 문제에 대해서 교황과 논쟁을 시도했다. 윌리엄은 교황 요한12세에 의해 파문되었다. 그는 교황 요한을 이단이라는 논문을 써서 반론했다. 중세 철학의 일반적인 원리인 오캄의 면도날은, 윌리엄 오브 오캄이 만들어낸 것이 아니었으나, 이 원리를 윌리엄이 빈번하게 사용했기 때문에 그의 이름이 영원히 붙게 되었다. 현대의 우리가 그의 이름으로 행하는 것을 수도사인 윌리엄이 기뻐할 것이라고는 생각하지 않는다. 어쨌든 무신론자는 신의 존재에 대해서 반론을 할 때, 신의 존재를 가정하는 것은 불필요하다는 이유로 오캄의 면도날을 자주 사용하기 때문이다. 우리는 어떤 일이든 간에 형이상학적 존재를 추가로 논의에 개입시키지 않고도 설명할 수 있기 때문이다.

다듬었다. 오늘에 와서도 그의 문장이 하드보일드의 정답처럼 통용되는 것도 우연이 아니라고 본다. 바로 기자들에게 "기사는 이렇게 쓴다"고 강조하는 것이 바로 하드보일드 형식이니까.

캔자스시티의 〈스타〉 지를 그만둔 지 몇 년 후에  어니스트 헤밍웨이는 〈스타〉 지의 기사작성규칙 안내에 적혀 있던 제1원칙을 회고했다. 그 첫 패러그래프는 다음과 같다.

> 짧은 문장을 쓰라.
> 짧은 첫 패러그래프를 쓰라.
> 부드럽게 쓰려는 노력을 게을리하지 마라. 박력 있는 글을 쓰라.
> 확정적으로 쓰라.
> 소극적으로 쓰지 마라.

찬스 A. 펠톤은 《어니스트 헤밍웨이 문장입문》이라는 저서 중 신문문장규칙에 관해 노벨문학상 수상자이자 퓰리처상 수상자인 헤밍웨이의 다음과 같은 글을 인용했다.

> 신문문장에 관한 규칙이야말로 글 쓰는 직업을 위해서 내가 배운 최선의 규칙이었다. 나는 한시도 그것을 잊지 않았다. 쓰고자 하는 소재에 관해서 그대로 느끼고 그대로 표현하려는 사람은 다소 글재주를 갖추었다면 그 규칙에 따르는 한 잘 쓰지 않으려야 잘 쓰지 않을 도리가 없다.

이 헤밍웨이의 말을 그대로 편집에 적용해도 좌우명 같은 글이 된다. 왜냐하면 편집도 제목으로 기사를 쓰는 것과 같다는 말이 실감나기 때문이다. 좋은 글은 좋은 기사를 낳고 좋은 지면을 창조한다. 바쁜 세상에 한 문장으로 요약해서 독자에게 전달할 수 있다면 그것보다 좋은 건 없을 테니까.

그럼 지나가는 길에 존 호헨버그의 '신문학'에 실려 있는 리드에 대한 글을 인용하면서 신문 문장에 대한 생각을 정리하기로 하자. 60년대에 출간되었지만 사실 매스커뮤니케이션의 고전적인 저서이다. 40년 전에 이 같은 책을 내놓을 수 있었다는 것은 매우 놀라운 일이다. 너무도 이론적인 연구에 치우치는 국내 언론학자들의 경향을 비난할 생각은 없지만 최근 기자생활을 중단하고 미국 유학에 올라 '선진언론'을 배운 기자출신 학자들이 대학 강단에 많이 서고 있다는 것은 바람직하고 또 권장할 만한 일이라고 생각한다.

언론학은 방법론도 중요하지만 실용적인 부분도 그에 못지않게 비중이 크다고 본다. 방법론에서 언론의 정신을 깃들이고 실용적인 면에서 현실을 경험하는 것이 아마 언론학도들에게는 큰 도움이 될 것이다.

## 날카로운 리드란

기사에서 훌륭한 서두처럼 좋은 것은 없다. 신문은 이것을 강조하고 있다. 독자들도 이것을 요구하고 취재기자들은 이것을 위해 노력하고 있다. 그럼에도 모든 세대의 기자들 가운데 뜻이 깊고, 때로는 독창적인 리드를 만들어낼 수 있는 사람은 드물다.

뉴스 작성자들은 단순히 용어의 기술자가 되어버리는 경우가 너무 많다. 그의 기술은 편집상의 관례에 얽매어버리는 것이다. 그는 아이디어를 생기가 없는 과장적인 용어의 무덤 속에 파묻어버리기 일쑤다. 이것은 비단 저널리즘에 국한된 것이 아니고 전문직업의 공통적인 약점이기도 하다. 리드에다 공식소식통(official sources), 공식지위, 공식용어, 심지어는 공식인용까지 닥치는 대로 집어넣고 있다. 그러곤 왜 사람들이 그의 리드가 지루하고 번거롭고 둔하다고 하는지 알 수 없다고 말한다.

## 날카로운 리드와 둔한 리드

리드를 쓸 때 뉴스 기술자들이 가지는 제일 본능은 신문계의 속어대로 '안전제일주의로 하자(play it safe.)', '누구에게 매달리자(hang it on somebody)'라는 것이다. 뉴스 기술자의 제일 본능은 바로 이야기의 내용을 설명하자는 것일 뿐인데도.

## 리드의 형식

군중들이 공원 밖 길모퉁이에 부서진 채 널브러져 있는 자동차 주위에 모여 있다. 구경하던 행인 한 사람이 역시 차를 멈추고 선 한 트럭 운전사의 어깨를 쳤다.

"무슨 일이 일어났소?"

"두 아이가 죽었소. 차가 인도로 뛰어들었어요."

사실상 트럭 운전사는 뉴스를 취재하는 기자와 같은 일을 수행한 것이다. 그는 "무슨 일이 일어났나?"라는 하드뉴스를 다루는 기자가 던지는 근본적인 질문에 대답을 한 것이다. 뉴스 기술자에게는 애지중지하는 옛 뉴스공식을 따른다면 리드엔 사실들과 그 사실들의 소식원이 모두 들어 있어야 한다. 그 소식원을 사실들과 똑같이 드러나게 해야 할 필요가 있든 없든 간에 이 양자가 포함되어 있어야 한다. 이 공식에 따른다면 만약 위에서 말한 거리의 교통사고에서 사실들이 경찰에서 나온다고 가정할 때 전통적인 뉴스기자는 아마 다음과 같은 것을 써냈을지도 모른다.

J. W. 카마이클 경찰서장은 오늘 잭슨로 북서가 16번지에 있는 프로스펙트공원 밖을 '사정없이 달리던' 자동차가 인도로 뛰어들어 오후 두 시쯤 그 부근에서 놀고 있던 두 아이를 치여 숨지게 했다고 발표했다.

25개 단어로 된 이 놀라운 악문은 전통에 구애되어 있는 뉴스기자의 나쁜 버릇을 여지없이 보여주고 있다. 이 같은 비극적인 사건기사에서는 그 기사를 공식적이고 중요하게 보이기 위해서 경찰서장의 이름이나 그가 한 말의 일부를 인용하여 분식할 필요는 조금도 없다. 이런 것을 집어넣은 이유는 주로 기자나 편집자가 뉴스의 안전을 기하려 특히 무모하게 차를 몰았다는 혐의가 있을 경우에는 더욱 안전을 기하기 위해 어떤 관리에 의존해야 한다고 생각했기 때문이다.

이러한 기사작성 방법에 대해 두 가지 반대주장이 있다. 첫째 너무 지루하다. 사회를 떠들썩하게 만든 사건에서 구태여 관리로 하여금 단조로운 노래를 부르게 할 필요는 없다. 그보다 더 중요한 것은 문제를 정확하게 다뤘느냐는 것이다. 기자는 사실들이 정확하게 보도되었는지 아니면 사실들이 정확하게 보도되지 않았다는 것을 알고 있다. 사실들이 정확하다면 그는 경찰서장이 리드에서 그것을 보증하게 할 필요는 없다. 그는 기사의 다른 부분에서 경찰서장에 언급할 수 있을 것이다. 만약 기사내용이 정확하지 못하다면 경찰서장이 뭐라고 말했든 간에 그것으로서 그러한 부정확한 기사를 발표할 구실이 될 수는 없는 것이다.

그러므로 경찰서장의 이름은 어떤 의의가 있는 경우에 한해서 이용되어야 한다. 소식원이 아니라 사건 자체가 강조되어야 한다. 소식원은 2차적인 고려대상이다. 그럼에도 아무런 생각도 노력도 하지 않고 다음 예문과 같이 이보다 더 짧고 더 지루한 산문적인 리드가 나타나곤 한다.

오늘 프로스펙트공원 밖에서 자동차가 그곳에 있던 아이들을 들이받아 2명이 숨지고 12명이 다쳤다.

이것은 각종 사고를 다룬 안이한 옛 뉴스기사의 판에 박은 것 같은 리드의 실례이다. 사망자와 부상자의 모습, 장소 그리고 차량의 형태 등을 언급하지 않아도 통용되던 시절도 있었다.

이 기사는 사실상 "무슨 일이 일어났나?" 라는 물음에 아무런 대답도 주지 않고 있다. 이 기사는 산문적인 용어로 통계와 기록으로 억지 기사화하고 있다. 이 사건에 있어서 뉴스기자는 독자를 사건현장으로 끌어오고 현장을 보게 하고 듣게 하고 냄새를 맡게 하도록 노력해야 한다. 그것은 다음 예문처럼 동적인 묘사로 비로소 가능한 것이다.

> 사정없이 달리던 황색 경주용 자동차가 오늘 프로스펙트 공원 밖에서 인도로 돌진해 그곳에서 놀고 있던 어린이들을 들이받아 그들 중 2명이 숨졌으며 다른 12명이 다쳤다.
> J.W.카마이클 경찰서장은 이번 참사는 무리한 운전에 책임이 있다고 말했다. 부상을 입은 운전자는….

모두 33단어로 된 이 두 센텐스의 기사는 독자로 하여금 무슨 일이 어떻게 일어났는가를 생생하게 상상할 수 있게 사실들이 기사 첫머리에 담겨져 있다. 사실·행동·색채 이러한 것들이 재빠르게 움직이는 현장취재 뉴스기사의 리드에 들어가야 하는 요소들이다.

'2명이 사망하고 12명이 다쳤다' 는 식의 단조로운 수법 대신 이 기사는 독자에게 이 자동차 사고가 다른 자동차 사고와 어떻게 다른가를 보여주고 있다. 이것은 일반적이라기보다 특수한 리드이다. 이 리드는 적당하지 않은 피동형이 아니라 적당한 능동형 동사들을 구사하고 있다. 그리고 불필요한 출처나 현장 위치 같은 것은 기사가 됨에 따라 적절한 부분에서 언급될 수 있다고 생각하기 때문에 리드에서는 언급하지 않았다. 처음 예거한 공식적인 기사에서 나타난 어색한 문구나 불필요한 인용 같은 것도 찾아볼 수 없다.

요컨대 이것은 날카로운 리드와 둔한 리드의 차이를 보여준다. 둔한 리드는 습관, 나태 그리고 부주의의 소산물이다. 둔한 리드들은 불필요한 출처, 불필요한 인용, 그리고 어색한 문구들로 무거운 짐을 매달아두고 있다. 리드를 날카롭게 하기 위해서는 뉴스에 대한 훌륭한 감각과 품위 있는 언어 실력이 필요하다. 무엇보다도 여기에는 "무슨 일이 일어났나"라는 물음에 대답하기 위한 성실한 노력이 필요하다.

## 리드의 조건

인용할 만한 훌륭한 리드를 만들어낼 수 있는 인스피레이션이 뉴스와 맞서 싸우고 있는 뉴스기자의 머리에 떠오르는 일은 좀처럼 없다. 특히 마감 시간에 임박해서는 그렇다. 하여간 그는 리드를 만들어내야 한다. 그러나 인용을 할 수 있건 없건 모든 리드는 그 뜻이 정확하고 뚜렷해야 한다.

## 치명적 방법

사실 적용될 수 없는 경우에 기사 첫머리에 '누가… 라고 말했다'는 식으로 리드를 쓰는 것처럼 치명적인 것은 없다. 가령 다음의 예를 들 수 있다.

> 워싱턴 8월8일 (AP)—백악관은 오늘 잠수함 노틸러스호가 완성되었다고 발표했다.

이것은 1958년 원자력 잠수함 노틸러스호가 북극의 빙하 밑을 순항했다는 것을 발표한 기사이다. AP회원 신문편집장 보고서에서도 이에 대해 다음과 같이 한탄하고 있다.

이 리드를 쓴 기자는 자기 처를 불러놓고 "백악관은 오늘… 이러이러한 일을 했다고 발표했다"는 따위로 말하는가? 절대로 그 따위로 말하지는 않을 것이다. 그러나 여기에서 낡아빠진 인습을 찾아볼 수 있다. 클라펀 상원의원이 이렇게 말했다느니 글라브군 보안관이 이러이러하게 말했다는 따위가 그것이다…. 도대체 스릴을 느끼는 대업적을 발표하는데 누구누구가 뭐라고 말했다는 식으로, 목석과 같은 죽은 말로 그 스릴을 죽여 버려야 할 이유가 어디 있단 말인가? 소식원을 기사의 첫머리에 가져와야 할 이유가 어디 있단 말인가?

AP 자체에서도 진심으로 못마땅하게 생각하고 있는 통신기사 리드를 2개 더 소개해 본다.

> 예루살렘 4월7일 (AP)—후레호 국경지대를 둘러싸고 이스라엘과 시리아 사이에 벌어진 분쟁은 오늘 또다시 일련의 제소와 반소를 가져왔다.
> 리우데자네이루 1월20일 (AP)—외교소식통은 오늘 아시아 아프리카의 커피 생산국들도 현안의 국제커피기구의 정책결정에 있어서 라틴아메리카 제국과 동등한 발언권을 가질 것이라고 말했다.

첫째 리드는 너무 공평을 기했기 때문에 그렇지 않았더라면 중동에 관한 뜻 깊은 중대기사가 될 수 있었을 기사에서 동적인 요소를 죽여 버렸다.

두 번째 리드에서는 미국인들이 일상 마시는 한 잔의 커피와 관련된 것이기 때문에 모든 미국인이 흥미있게 읽을 수 있는 기사 속에다 출처를 밝히는 모든 수법 중에도 가장 낡아빠진 수법을 필요도 없이 집어넣었다. 외교소식통이란 수법은 가끔 개인이나 기관의 이름을 들어 설명할 수 없을 경우에 한해 사용되어야 한다. 그러나 한 잔의 커피에 관한 리드에다 이 수법을 사용한다는 것은 우스꽝스러울 것이다.

다음에 소개하는 통신기사 리드들은 이와 훌륭한 대조를 보여준다. 경쾌, 유머, 독창적이고 상상적인 이 리드들은 재치가 번득인다. 그리고 통신기자가 이것을 할 수 있다면 신문도 그것을 해보려고 노력해서 안 될 이유는 없다.

워싱턴 1월13일 (AP)—최고재판소는 어제 국제권투클럽을 녁아웃시켰다. 5 대 3으로 최고재판소는 뉴욕 및 시카고에 있는 국제권투클럽에서 거대한 현상 권투 시합제국의 해체를 명령한 연방지방법원 판사의 판결을 지지했다.

(WASHINGTON, Jan. 13 (AP)--The Supreme Court yesterday knocked out the International Boxing Club. By a 5-3 vote the court upheld the decree of a U.S. District Judge ordering the IBC in New York and Chicago to break up its giant prize-fighting empire.)

브라이튼(영국) 1월30일 (UPI)—파멜라 브랜스든 여사는 천천히 다섯을 세더니 갑자기 황홀한 최면상태에 들어갔다. 그러고선 5파운드의 옥동자를 순산했다. 이처럼 모든 것이 간단했다.

오늘 그녀는 이곳에 있는 그녀의 집에서 푹 쉬고 있었다. 그녀는 미국 최초로 최면술 어머니가 된 것을 무척 기뻐하고 있었다.

런던 12월 17일 (AP)—버킹엄 궁전도 오늘은 오전 2시까지 박자에 맞춰 흔들흔 들하고 있었다. 그리고 엘리자베스2세 여왕도 고용인과 뒤섞여 '차차차' 무용에 참가했다. 오늘 궁내성 직원들을 위한 연례파티가 있었던 것이다….

## 리드의 걸작들

날카로운 맛이 있는 뉴스 리드는 생각할 수 있는 모든 경우에 불시에 나타나곤 한다. 그것은 저널리즘의 위대한 인물들에 의해 쓰일 때도 있고 또는 비교적 알려지지 않은 무명인사의 손으로 쓰이는 경우도 있다. 그것은 중대 뉴스를 설명하기 위한 무대장치가 되는 수도 있고 사소한 일기의 설명이 되는 수도 있다.

다음 실례들은 미국 신문기자들이 날카로운 리드를 쓰는 수법을 이야기할 때 언제나 머리에 떠오르는 걸작들 가운데 일부이다.

출생, 입양, 신앙의 고백 등으로 아일랜드인이 된 5만 명의 아일랜드인이 오늘 제5가를 행진해 갔다.

(Fifty thousand Irishmen--by birth, by adoption and by profession-- marched up Fifth Avenue today.)

—뉴욕 이브닝 포스트지 린드세이 패롯이 성패트릭 축제일 행진에 관해 쓴 기사에서

눈이 오자, 썰매를 탄 어린 소년들이 뒤따랐다.

(Snow, followed by small boys on sleds.)

—뉴욕.월드-텔레그램, H. 알렌 스미스: 일기예보 기사에서

트랜턴 4월 3일—브로노 리처드 하우프트만을 검거하고 그의 죄를 선고하기 위해 120만 달러를 소비한 뉴저지주는 오늘밤 1페니어치의 전기로써 그의 사형을 집행했다.

하우프트만의 시체가 전기의자에 달린 가죽끈에 대달려 무겁게 축 늘어지기도 전에 관리들은 입회인들로부터 그가 법에서 정해진 장소와 시간과 방법으로 주었다는 것을 입증하는 10여 개의 선서공술서를 보았다. 그리하여 그들은 찰스 A. 린드버그 2세의 살해에 관해 4년간이나 끌어온 사건의 막을 내렸다.

(TRETON, April 3--The State of New Jersey, which spent $1,200,000 to capture and convict Bruno Richard Hauptmann, excuted him tonight with a penny's worth of electricity.

Before his body ever hung loose and heavy against the straps of the electric chair, officials collected from witnesses a dozen affidavits, swearing that Hauptmann had died in the place, time and manner prescribed by law. Then they closed their four year file on the murder of Charles A. Lindbergh Jr.)

—UPI 편집총국장 해리 퍼그슨이 1936년 브로노 리처드 하우프트만의 사형에 대해 쓴 글.

백만 번에 한 번 있는 기적이 일어났다. 영원히 뜨거운 지옥이 얼어붙는 기적이 생겼다. 달력에 한 달 동안 일요일이 계속되는 기적이 일어났다. 돈 라슨선수는 오늘 월드 시리즈에서 안타도 없고 주자도 없고 1루까지 달려간 자도 없는 투수의 솜씨를 보였다.

(The million-to-one shot came in. Hell froze over. A month of sundays hit the calendar. Don Larsen today pitched a no-hit, no-run, no-man- reach first game in a World Series.)

—워싱턴 포스트 앤드 타임스-헤럴드의 샤리 포비치 기자가 1957년 돈 라슨 투수의 월드시리즈 경기 퍼펙트게임에 관해 쓴 기사.

> 그들은 오늘 한 세대를 파묻고 있다.
>
> (They' re burying a generation today.)
>
> - 시카고 데일리 뉴스의 로버트 J. 키이스 기자가 한 공립학교를 소멸시킨 텍사스의 폭발사고 있
>   은 후의 광경을 그린 기사에서.
>
> 어젯밤 엘름스퍼드에는 구석구석까지 평온이 깃들어 있었다. 사고도 없고 화
> 재도 없고 교통사고 위반자도 없고 아내를 때린 자도 없고 개한테 물린 사람도
> 없었다.
>
> (Tranquility ran rampant in Elmsford last night. No accidents, no fires,
> no traffic violations, no wife-beatings and no dog bites.)
>
> - 용커스(뉴욕주) 헤럴드 스테이트맨 찰리 윌리암슨 기자, 엘름스퍼드 행사에 관해 쓴 기사.

## 리드 쓸 때 유의사항

찬란하고 영리하고 또는 의미심장한 리드를 써야 한다는 충격에서 미숙
한 기자는 뉴스를 설명한다는 리드의 기본이유를 간과해 버리는 수가 가끔
있다. 아무리 훌륭한 리드라 하더라도 이 기본이유를 무시했다면 아무 쓸
모가 없는 것이다.

첫머리 센텐스나 또는 둘째, 셋째 패러그래프에서도 뉴스의 소식통을 밝
힐 필요가 없는 경우도 있다. 그러나 뉴스의 소식통은 기사 어느 부분에서
언급해야 한다. 신문 독자는 뉴스 소식통을 밝힐 수 있을 경우에는 그것을
알 권리가 있다. 독자는 또한 뉴스 소식통을 밝힐 수 없을 경우에는 그것을
밝힐 수 없는 이유를 알 권리가 있다.

뉴스의 소식원이 중대한 의의를 가졌을 경우에는 자연 그것을 대서특필
해야 한다. 누구도 미국 대통령의 기자회견 기사를 쓸 때 첫머리에 대통령
의 이름을 빼버릴 수 있다고 생각하지는 않을 것이다. 그렇게 되면 그 기사
에서는 아무런 뜻도 찾아볼 수 없다. 가령 일본의 폭탄이 진주만에 떨어지
기 시작했을 때 그 발표는 백악관에서 나온 것이며 그것은 사실이며 또 그
것은 미국이 전쟁상태에 들어갔음을 뜻한다는 것을 국민에게 알리지 않을
수 없었다.

마찬가지로 불필요한 인용이나 부분적 인용을 함으로써 리드를 날카롭게 쓰기 위한 노력을 한다고 해서 그것이 전체기사에서 인용을 완전히 없애 버려야 하는 이유로 삼아서는 안 된다. 인용은 리드를 위해 없어서는 안되는 예증이 되는 수가 가끔 있으며 인용을 요약한 종합적인 설명이 끝난후에는 곧 이 인용을 사용해야 한다.

완전한 인용문들이 리드의 센텐스로 사용되는 일이 별로 없는 이유는 이 완전한 인용문들이 기자의 종합적인 설명처럼 기사내용을 설명하지 못하는경우가 많기 때문이다. 완전 인용이 그런 목적을 달성할 수 있는 경우에는그것을 사용해야 한다. 쿨리지 대통령과 아이젠하워 대통령이 1924년과1956년에 각각 공화당 대통령 지명전에 나서겠다고 발표한 간단한 성명은신문에서 리드로 널리 이용했다. 독자들은 이들의 성명이 나올 것이라고 미리 짐작하고 있었으며 따라서 이들의 성명 내용은 자명한 것이었다.

그러나 다음의 예는 많은 설명을 요하는 인용 리드이다.

> 킹고맨(애리조나주) 2월 12일 (AP)─"나는 악한으로 유명한 그 청년이 뻔뻔스럽게도 소중히 여기는 나의 고대 장미나무 의자에 앉았을 때는 정말 참을 수 없는 화가 치밀었었소."

이것은 82세의 루이스 프리랜드 할머니가 군 보안관에게 자수하라고 설득하면서 총을 가진 탈옥수와 옥신각신할 때의 광경을 설명하며 한 말이다.

비록 이 기사가 주기사에 대한 독립적인 보충기사라 하더라도 인용을 리드로 가져오는 것보다는 차라리 무슨 일이 일어났나 하는 설명이 첫머리에오게 하는 것이 좋았을 것이다. 리드에서 부분적인 인용을 이용하는 문제는 부분적인 인용이 그 기사에 대해 중요 부분이 아닌 이상 쓰지 않는 것이 좋다. 종합적인 설명으로 된 리드의 예증으로는 완전한 인용을 자료로 이용하는 것이 효과적이다. 인용해서는 안 될 어귀를 이용해 그러한 것을 인용한 감각을 의심받을 만한 기자들이 너무 많다. 체포된 네브래스카주의 한 대량 살인범에 관한 기사에서 AP기자는 다음과 같이 썼다.

"그녀의 의붓아버지는 스타크웨저에게 바트레이트의 집에는 '들어가지 말라'고 촉구했다."

AP회원 신문사 편집장보고서(APME Blue Book)에서도 지적한 것처럼 '들어가지 말라'는 부분적 인용은 아무 뜻도 없는 것이다.

이러한 것들은 사소한 일이다. 말하자면 뉴스의 짐꾸러미에 매달린 끈들이다. 이 끈들도 소홀히 해선 안 된다. 그러나 그런 것을 짐꾸러미 속에 들어 있는 것보다 중시해서는 안 된다.

## 효과적인 뉴스 리드들

각종 뉴스 리드에 대하여 여러 가지 다른 카테고리를 설정하고 그것들을 손쉽게 구별할 수 있는 명칭을 붙여 부르는 것은 무해하고 흔히 행해지고 있는 관례이다. 그러나 사실 그러한 카테고리란 없는 것이다. 그것은 신문에 따라 다르며 같은 통신사라 할지라도 지국에 따라 저마다 다르다. 편집장과 기자들은 기사의 리드를 쓰는 각종 방법에 대해 저마다 멋대로 이름을 붙인다.

그러므로 누구나 인정할 수 있는 기준이 되는 카테고리를 확립해 보자는 시도에서가 아니라 편의상 몇 가지 효과적인 리드 타입을 그것들이 미국의 신문 통신에서 사용되고 있는 방법과 이유에 대해 간단한 설명과 더불어 소개하겠다.

## 직설 뉴스 리드(Straight News Leads)

다음에 소개하는 세 개의 이른바 직설 스트레이트들은(하드뉴스 리드라고도 한다) 그 뉴스가 발생했을 때 미국에서 널리 게재된 중대 뉴스기사들의 서두 부분이다. 이 리드들은 서둘러 신문을 읽는 독자들을 위해 뉴스를 요약해 주는 효과적인 방법으로 인용되고 있다.

> 활주로 이륙장에서 급각도로 방향을 돌린 공군 제트전투기 한 대가 어제 죽음과 불과 파괴의 자국을 남기면서 윌슨공군기지에 있는 5, 6채의 8인 가족용 주택으로 돌진했다. 전투기 조종사를 포함해 적어도 14명이 사망하고 8명이 중상을 입었다.
>
> —페어뱅크스(알래스카) 데일리뉴스-마이너

> 부크레시티(헝가리) 10월26일—화요일 이곳에서 시위로 시작된 것이 이날 밤에는 폭동으로 변하고 그것이 어제는 전쟁으로 변해 오늘 현재까지 계속되고 있다. 이것은 헝가리 인민대중에 대한 소련군대와 헝가리 정치경찰의 전쟁이다.
>
> —뉴욕타임스

> 오늘 하원 방청석 한 구석에서 요란스러운 총성이 터지더니 5명의 하원의원이 총에 맞고 그중 한 명은 치명상을 입었다. 총이 번쩍이고 의원들이 마룻바닥에 쓰러지는 논란 속에서 3명이 검거되었다. 질서정연했던 회의장이 일대수라장으로 돌변하자 그들은 '자유 프에리토 리코' 라고 외쳤다.
>
> —워싱턴 스타

리드들은 참사를 가져오게 한 행동에 중점을 두고 각각 다른 시츄에이션을 강조하고 있다. 아마 '무미건조한' 사상자 수부터 시작하여 뉴스를 소식통에 고정시켜 버리는 것이 더 쉽고 간단했을 것이다. 그러나 위에서 든 각 기사를 쓴 기자들은 이야기의 독특한 성격을 인식하고 서두부분의 센텐스에서 그것을 설명하기 위한 무대장치를 하려고 노력했다.

이러한 리드들은 한 구절일 수도 있고 한 센텐스, 수 개 센텐스, 한 패러그래프일 수도 있고 수 개 패러그래프일 수도 있다. 그러나 그들은 이야기의 동작, 현장 모습 그리고 뜻을 생생하게 묘사해야 한다. 그렇지 않으면 효과를 거두지 못한다. 네 개의 센텐스로 된 다음 리드는 이 모든 조건을 구비하고 있으며 대도시에서 일어난 사소한 비극을 감동적으로 설명하고 있다.

> 17세의 고등학교 4학년생이 어제 이스트사이드 공영주택계획구에서 그를 절도용의자로 추격하던 주택관리국 경찰관이 쏜 총탄에 맞아 숨졌다.
> 찰스 레오나드 순경은 여섯 발을 쏘았다. 그 중 네 발은 경고발사였다. 그의 권총에서 튀어나온 총탄이 이스트리버가에서 약 65피트 떨어진 체리가로 도망가고 있던 로버트 추라군에게 명중했다.
> 총탄은 추라군의 심장을 관통했다. "그가 도망만 안했더라도" 하고 레오나드 순경은 그가 쏜 총탄이 치명상이었다는 것을 알고 안타까운 듯이 말했다.
> — 뉴욕 데일리 뉴스

## 1인칭 리드

1인칭 단수인 'I'는 목격자담 경우를 제외하고는 보도기사 작성방법으로는 아직도 환영받지 못하고 있다. 그러나 you를 사용한 리드는 거의 유행이 되다시피 되어 있다. you를 쓴 리드는 어떤 경우에는 훌륭한 기사가 되지만 너무 남용하면 가벼운 기사가 그 중요성에 어울리지 않게 과장되고 있다는 인상을 준다.

뉴스에 인칭대명사를 사용하여 인정을 가미시킨 몇 개의 예와 그것이 통용될 수 있는 기사종류를 다음에 소개하고자 한다.

> 워싱턴—여러분은 이 나라의 대회사마다 사무실 건물 입구 바로 안쪽에 앉아 있는 미모의 여성을 보셨겠지요?
> 전국노동관계이사회(NLRB)는 이제 이 인형 같은 여인이 공장 수위에 속하는

> 냐 접대인에 속하느냐를 결정하기 위한 1년 반에 걸친 까다로운 법적심사를 끝마
> 쳤다.
> 　그들의 해답은 다음과 같다. 즉 그녀는 접대계이며 따라서 공장 수위와 마찬가
> 지로 단체계약의 대상으로 포함시켜서는 안 된다고.
>
> 　　　　　　　　　　　　　　　　　　　　　　　　　　　　　—시카고 데일리 뉴스

다음 기사는 지루한 공로 건설기사 속에다 인간미를 가미시키는 방법을
보여주는 것이다.

> 　콜럼버스—2년 이내로 여러분은 여러분이 꿈에 그렸으나 설마 그것이 오하이
> 오주에서 실현될 줄이야 생각지도 못했던 최고급 복선공로 위로 자동차를 몰고
> 가게 될 것입니다.
>
> 　　　　　　　　　　　　　　　　　　　　　　　　　　　　　—아크론 비콘 저널

그리고 다음은 AP의 지방발신 기사에서 이용된 인칭리드의 실례이다. 만
약 이 기사가 보통 관례대로 쓰였더라면 그것은 별 수 없이 지루하고 멋없
는 인디언들의 토지청구사건에 관한 한 패러그래프짜리 기사가 되었을 것
이다.

> 　워싱턴(AP)—"오하이오를 인디언에게로 돌려 줄 것인가?" 절대로 돌려 주어야
> 한다고 인디언들은 말하고 있다.
> 　하원 세출분과위원회에 나타난 증거에 따르면 인디언들은 117,000,000에이
> 커에 달하는 오하이오주 토지청구소송을 제기하였다. 이것은 대략 오하이오주
> 면적의 약 4배가 된다.

질문 형식의 리드와 인용으로 시작되는 리드는 전통을 지키는 데스크맨
들 사이에서 환영을 받기는 너무나 거리가 멀다. 그러나 이 두 가지 수법은
오늘날 더욱 빈번히 나타나고 있다. 뉴스기사의 서두를 좀 색다르게 써보
고자 하는 충동은 커져가고 있으며 이런 것이 그것을 하는 방법들이다. 그

것들이 효과를 거두려면 감칠 맛이 있어야 한다. 그리고 기자가 위에서 열거한 것과 같은 기삿감을 다루는 데 있어서 언제나 빛나는 리드를 쓸 수 있다고는 할 수 없다.

### 대조 리드(The Contrast Lead)

피처 스토리와 같은 뉴스 리드로 언제든지 손쉽게 써먹을 수 있는 것 중의 하나가 대조 리드이다. 이것의 가장 알기 쉬운 형태는 가령 주급 4달러의 사환으로 출발한 사람이 회사 사장으로 선출된 것을 보도하는 경우일 것이다. 때로는 그 단조로운 맛에 변화를 주기 위해서 이와같은 출세미담은 두 개의 문단으로 나눌 수도 있다. 첫째 센텐스는 미천한 출발에 대해 언급하고, 둘째 센텐스에서는 주인공의 최근의 승리에 대해 언급하는 따위이다.

이와 같은 판에 박은 듯한 기교는 사용과 더불어 그 양식이 허물어져 갔다. 흔히 있는 일은 아니나 가끔 독창적이고 기지 있는 기자는 같은 테마를 새로운 문제에 능숙하고 지혜롭게 응용할 줄 안다. 반 클리번이 모스크바에서 음악적인 승리를 거두고 귀국했을 때 밀튼 브래커는 뉴욕타임스에 다음과 같은 기사를 썼다.

> 텍사스주 킬고어의 허비 라반(반) 클리번은 어제 17개의 수하물을 가지고 소련에서 돌아왔다. 이 수하물들이 그가 피아니스트로서 모스크바에서 승리를 거두었다는 것을 말해 주는 것이다. 그가 소련으로 갈 때는 세 개의 수하물뿐이었다.

### 지연 리드(The Delayed Lead)

때로는 뉴스의 시츄에이션이 평범한 기삿감을 아주 재미있게 다뤄질 수 있게 하는 수도 있다. 이러한 기교는 보통 지연된 리드를 쓰게 마련이다. 이것은 독자로 하여금 무슨 일이 일어났는가를 알아보기 위해서 기사를 몇 패러그래프 탐독하도록 유인하는 것이다. 신문에서는 이것을 'backing into a story(이야기에 몰두시킨다)' 라고 한다. 이 수법은 이점을 가지고 있는 것이 사실이나 적당하게 다뤄지지 않을 때는 역시 골칫거리가 될 수도 있다.

---

새들과 벌들은 리치먼드군에서 화분을 교배하고 있다. 그리고 꼭대기에 토마토가 달리는 감자넝쿨의 계절이 왔다.

그러나 리치먼드군의 농업관리인 J. W. 챔버 씨는 감자넝쿨 꼭대기에 달린 토마토는 사실은 토마토가 아니라고 말했다.

— 오그스마(조지아주) 크로니클

이 결혼식은 재판소의 목사 델라삭슨 여사가 법원 휴게실에서 좀 떨어져 있는 그녀의 조그마한 예배당에서 치러진 다른 결혼식들과 다른 점이 없었다. 그러나 사정이 좀 달랐다.

신부 78세.

신랑 89세.

들러리 73세.

그러나 스툴가 207호에 사는 줄리아 매미 반하트 여사와 오하이오주 이튼에 사는 존 애덤스 마튼 씨에게는 훌륭한 결혼식이었다.

— 아크론 비콘 저널

---

## 일화적인 리드(The Anecdotal Lead)

잡지 기사들은 일화가 적절하고 감치는 맛이 있고 지면을 낭비하지 않는 경우에는 일화적인 리드로 기사의 첫머리를 장식한다. 이런 관례는 보다 더 직접적인 뉴스의 접근을 좋아하게 된 근래에 와서는 쇠퇴된 것같이 보인다. 그러나 신문들은 독자대중의 흥미를 돋우어주는 요령을 잡지에서 찾아보려고 열중하게 되어 일화적인 리드는 신문지면에 다시 살아나게 되었다. 다음은 뉴스를 설명하는 데 보다 더 훌륭한 방법을 찾는 노력에서 선구적인 역할을 하고 있는 월 스트리트저널의 기사이다.

> 시카고-보스턴에서 살고 있는 당년 69세의 할머니 조이스 K할머니는 몇달 전 보스턴의 한 병원에 있는 노련한 외과의의 집도로 쓸개를 도려내었다. 이 수술이 그녀의 생명을 건진 것이었다.
>
> 심장병을 앓은 병력이 있는 K할머니에게 마취제 사용은 위험천만한 것이었다. 그래서 K할머니는 수레에 실려 수술실로 가기 전에 최면술을 걸어 혼수상태에 빠지게 했다.
>
> K할머니는 이곳에서 지난 주말부터 개최되고 있는 미국임상최면술학회 제1회 연차회의에서 토의된 여러 병력 중의 하나이다.

이와 같이 일화가 짤막하고 요령이 있는 것일 때는 관례대로 진부한 수법으로 쓰일 경우에는 독자의 주의를 끌기 어려운 뉴스의 시츄에이션에 독자의 주의를 재빨리 끌어들이기 위해 이용될 수 있다. 일부 잡지편집자들도 시인하고 있는 바와 같이 일화적인 리드에 따르는 난점은 훌륭한 직설적인 기사의 리드의 기초가 되는 보통이 아닌 기술처럼 많은 독자의 주의를 끌지 못하고 있다는 사실이다. 뿐만 아니라 뉴스 리드로서 제1면을 차지할 만한 훌륭한 일화란 별로 없다.

### 유머러스한 리드(Gag Lead)

신문사 취재부에서 부장으로부터 우스운 이야기를 쓰라는 명령을 받은 기자의 얼굴처럼 슬픈 얼굴은 찾아보기 힘들 것이다. 뉴스의 정경이 재미가 있는 경우에는 노련한 뉴스기자라면 사정이 전개되는 대로 이것을 기사화해서 겸손하게 유머의 효과가 별반 없는 것 같다고 말한다. 그러나 만일 데스크맨이 그가 독자를 포복절도하게 하는 코미디언의 소질을 다분히 가지고 있다는 고정된 관념을 가지게 될 때 이것은 누구에게나 두통거리가 되지 않을 수 없다.

신문의 유머에는 능숙하고 세련된 솜씨가 필요하다. 과거에는 '그가 '링 라드너' '프랭크 셜리번' '어빈 S. 콥' 같은 기자들이 있었으며 그들은 그 시대에는 신문의 유머기자로서 자타가 공인하고 있었다. 오늘날에는 레드 스미스가 있다.

자신의 역량을 잘 알고 있는 경험 있는 신문기자는 유머에 별반 정신을 쓰지 않는다. 그럼에도 가끔 유머러스한 리드들이 나타나곤 한다. 다음은 그 한 예다.

> 운동가이면서도 내색을 하지 않는 한 우편배달부가 어젯밤 여섯 시가 조금 지나서 지정된 그의 배달구역을 벗어나 IRT 지하철 챔버가 역으로 내려가더니 속달편 하나를 멋들어지게 전달했다. 즉 그는 도망가는 강도를 뻗게 한 강력한 펀치를 속달했던 것이다.
>
> (An athletic but self-effacing postman digressed from his appointed rounds shortly after six o'clock last night to duck into the Chamver St. Station of the IRT subway and make a special delivery—a haymaker that knocked a fleeing stickup man cold.
>
> — 뉴욕 데일리 뉴스

## 기자들이여, 오감을 총동원하자

五感으로 적어라. 곧이 곧대로 쓰지 마라. 만약 이런 감각들이 필요하다면 보고 냄새 맡고 심지어는 맛과 느낌까지도 노트하라. 국영방송 KBS의 인기프로 '과학카페 다빈치프로젝트'에서 후각의 비밀이라는 시리즈를 몇 회 나눠 방송한 적이 있다. 후각은 기자들에게 매우 섬세하면서도 중요한 기능의 하나이다. 흔히 "개코 달았냐"는 비난을 선배들에게 핀잔 비슷하게 들은 기자들도 있을 것이다. 취재기자뿐 아니라 편집기자들에게도 이 후각

기능은 빼놓을 수 없는 '원초적 본능'이다. 사실 편집기자나 취재기자나 한 분야의 전문직 종사자이자 뉴스 공급자들이다. 기자들을 다른 의미로 뉴스기술자라고 부르는 것도 이런 이유이다. 기사를 쓰든 제목을 달든 뉴스에 대한 기본 감각은 언제 어디서나 항상 '깨어 있어야 한다'는 원칙을 잊지 말아 달라는 주문이다.

## 선형인가 비선형인가

취재기자도 편집기자도 함께 생각해 봐야 하는 말이다. 자신의 기사가 과연 線形인가 非線形인가를. 직선은 선형의 기본이다. 평면에서라면 두 지점 사이의 최단거리는 자로 줄을 그어 이으면 된다. 하지만 지구는 둥글다. 눈에 보이지 않는 곡선이 최단거리다. 아마 지리학을 공부한 사람은 이해할 것이다.

선형과 비선형의 개념을 직설적으로 표현하자면 좀 무리인 듯하지만 아날로그와 디지털의 개념이 그럴 듯한 설명이 될 것 같다. 끊임없는 연결(아날로그)과 적분적 연결(디지털)이 그것이다. 디지털의 특성은 바로 '끊긴 듯하면서도 이어진' 상태를 말한다. 이 개념은 뉴스를 생각할 때 몇 번이고 거듭 생각하는 것이 좋다.

과학영화나 과학소설에 나오는 곡면에 대한 개념이 이해하기 어렵다고 느끼게 될 것이다. 과학소설이니까 하고 받아들이는 것이 일반적인 자세이다. 만약 신문의 지면이 곡면이었다면, 하고 생각해 본 적은 없는가. 그렇다고 인정한다면 다음에 나타나는 현상은 기존의 편집개념으로는 정말 이해하기 어려울 것이다. 이른바 '차원의 편집'이 등장하기 때문이다. 그래서 당신의 생각은 또 당신의 기사는, 나아가 당신의 편집은 선형인가 비선형인가를 질문하게 되는 것이다.

일간신문을 펼쳐 기상정보를 보면, 해가 뜨고 지는 시각이 정확하게 몇

시 몇 분, 혹은 몇 초까지 나와 있다. 뿐만 아니라 우리는 원하면 1년 후 또는 10년 후에 해가 뜨고 지는 시각도 정확하게 계산할 수 있다. 반면에 일기예보를 보자. 일기예보는 항상 미래에 대한 불확실성을 갖는다. 그리고 먼 훗날의 기상을 예측한다는 것은 불가능한 일이다. 후자의 경우, 미래의 상태가 결정적이지 못한 것은 관계된 系가 복잡하고, 크고, 또는 불투명해서도 아니다. 해가 뜨고 지는 시각과 일기예보의 본질적인 차이는 특정한 계가 비선형성을 갖고 있느냐 그렇지 않느냐의 차이에 있기 때문이다.

선형적인(linear) 계는 항상 예측되는 결과를 주는 반면, 비선형적인(non-linear) 계에서는 예측이 불가능한 경우가 대부분이다. 다시 말해 선형계에서는 미래에 대한 예측이 항상 가능하다. 요즘 논의되고 있는 휴대폰의 위치추적기능 같은 것이 바로 리니어적이라고 보면 된다. 반면, 비선형성이 있는 계에서는 조그마한 초기상태의 변수가 미래의 상태에 대한 극적인 변화를 초래할 수 있다. 이러한 현상을 소위 '나비효과'라 부른다. 미국에 있는 나비의 날갯짓이 한국에 폭풍우를 가져오는 원인이 될 수 있다는 것이다. 몇 달 뒤의 장기예보가 불가능한 것은 물리적 법칙에 기반을 둔 기후를 서술하는 수식이 비선형성을 가짐에 기인한다. 비선형계는 매개변수의 작은 변화에 따라, '급격한 변이'를 가질 수 있다. 예를 들면 돌풍과 같은 급격한 기후 변화가 거기에 해당되며 따라서 장기예보를 할 수 없는 이유가 된다.

선형과 비선형의 개념은 쉽게 이해될 수 없는 것이지만 마음으로 먼저 그것을 느끼라고 말하고 싶다. 어떤 사건이 발생하면 기자들은 '이게 큰 사건이지?'라고 생각한다. 그 예측엔 자신의 경험과 다른 사건의 흐름이 뒤섞여 일종의 '감'이 작용한 것이다. '어, 이것?' 하고 느낌이 올 때는 선형이지만, 실제로 '왜 그게 큰 사건이지?'라고 물어봐도 '응, 감이야~' 하는 정도로 대답하는 기자들이 많은 것은 그 이후는 비선형의 요소가 되는 까닭이다.

感은氣와 통하는 것일까? 두 단어를 합치면 감기가 된다. 우연의 말 잇기 같지만 분명히 감기가 통한 것이다. 육체적인 감기는 열이 나고 목이 붓고 기침이 나며 콧물이 흐르다 결국 낫거나 앓아눕는다. 그러나 정신적인 감기는 머릿속에서 역시 열이 나고 번갯불이 번쩍거리게 한다. 영감이 오락가락하는 것이 마치 신들린 증세처럼 나타나는 것인지도 모른다.

이 사건은 선형일까 비선형일까? 빨리 생각하고 빨리 기사화해야 한다. 기자는 이 '빨리빨리'의 증세에 잘 단련되어 있다. 짧은 시간에 많은 것을 모아야 하고 짧은 순간에 그걸 파악하고 손이 보이지 않도록 타이핑해야 한다. 훈련의 결과일까? 선형의 흐름 같은 시간에 비선형의 감을 모두 동원해 자신의 업무를 완수하는 것이 타고난 것일까, 아니면 정말 훈련의 결과일까. 여기에 감각에 대한 글이 있다. 미국기자들은 글쓰기(기사쓰기)에 대해 끊임없이 생각하고 자신의 지혜를 다른 기자들과 나누길 좋아하는 것 같다.

미국의 유명한 언론 사이트 중에 Poynter.com이 있다. 미국 언론의 후방에서 이것저것 지난 이슈에 대한 공개토론이나 질의응답 그리고 칼럼을 통해 기자들과 지식을 나눈다. 우리나라의 언론재단과 비슷한 것이라고 하면 이해가 되겠지만 하는 일은 미국이라 그런지 상당히 섬세하고 기능적이다. 그 사람들 가운데 크리스토퍼 스캔넌(애칭은 Chip Scanlan)이라는 전직 기자이자 지금은 기사작성 가이더 역할을 하는 분이 있다. 취재와 보도에 대한 그분의 열정은 대단하다. 이미 취재보도에 관한 책을 한 권 펴냈는데 한국에도 많은 독자가 있는 것으로 안다. 그 사람의 글을 하나 소개하겠다.[7] 설마 '개코'는 아니겠지….

# Reporter's nose

훌륭한 기자는 뉴스를 찾아내는 코를 가지고 있다. 기사 냄새를 맡을 수 있다. 스캔들의 냄새도 맡는다. 비리의 냄새를 확 풍겨보라. 트러플(松露 ;조미료로 쓰는 버섯)을 찾아 나선 멧돼지처럼 뿌리까지 파헤칠 것이다. 그것이 진실이라면 왜 발달된 후각은 기사 쓰는 데 도움을 주지 못하는가?

감각으로 기사를 써라. 편집자를 기사쓰기 선생으로 모시기를 간청하라. 우리 대부분은 독자들에게 생생한 이미지와 공명음을 제공하고 있다.

요즘 신문들은 사냥에는 뛰어나나 후각은 형편없다. 거의 매일을 후각을 상실한 경찰견만큼 공허해졌는지도 모른다. 요리 섹션을 보더라도 새벽녘에 갓 구워낸 빵처럼 향기롭기를 기대해 보지만 일반적으로 향기가 없다. 맛이 그득하지만 냄새뿐이며 침이 줄줄 흐르게 하는 향기는 없다. 헬렌 켈러는 일찍이, "냄새는 수천 마일을 가로질러 달려 나가게 하고 또 세월을 초월하는 유능한 마술이다"라고 말했다. 맹아가 그녀에게 코의 위력을 알게 한 것 같다.

"과일 향기가 나를 남부의 집으로 가볍게 실어나르고 복숭아밭에서 뛰놀던 어린 시절로 되돌아가게 한다. 다른 향기들도 동시에 달려 나가 내 가슴은 즐거움으로 부풀어 오르거나 슬픈 추억들을 떠올리게 한다."

*Providence Journal*의 칼럼니스트이자 월남전 참전용사인 Bob Kerr는 정글전쟁이란 그에게 디젤 연료와 불타는 배설물이 타오르는 변소막사에 병사들을 배치하게 한 추악한 임무로 발생한 두 개의 냄새의 합류점에 사로잡힌 것이라고 말한다. 지각 데이터의 능력을 카탈로그로 만들어 책을 낸 Ackerman보다 감각에 관해 힘 있게 묘사한 사람은 없을 것이다. "냄새보다 더 기억할 만한 것은 없다"고. 아니면 확인해 볼 텐가.

우리 모두 기억하게 하고 느끼게 하는 냄새에 대해 장황한 카탈로그를 갖고 있다. 그런데 왜 우리는 글쓰기엔 그것들을 사용하는 데 주저하는 것일까?

Ackerman은 그 문제가 우리 머릿속에, 언어를 구성하는 뇌부분에 후각을 연결시키는 연결고리들 속에 있다는 예를 들었다. 그녀는 그것을 "the mute sense, the one without words"라고 불렀다.

---

7) poynter.org의 Chip Scanlan의 글을 인용한 것으로, 단국대에서 강의한 내용 일부를 참고한 것이다. Scanlan 의 기사에 대한 성찰은 우리에게도 많은 생각을 하게 한다.

그녀가 말하길 냄새를 맡지 못하는 사람에게 냄새를 설명하려고 하면 우리의 정밀한 후각이 얼마나 빨리 혼란에 빠지는지를 알게 된다고 했다.

"뇌의 냄새와 언어센터 사이의 사회심리학적 연결은 동정할 만큼 유약하다"고 말하고 "냄새와 기억센터 사이의 연결고리도 그렇다. 시간과 거리를 재빠르게 가로지르는 루트 역시 그렇다."

"우리가 무엇을 보았을 때 이미지의 폭포 속에 있듯이 장황하게 그것을 서술할 수 있는데, 그러나 냄새의 모습을 누가 그려낼 수 있을까?"

많지는 않지만 작가들 중엔 코로 강력하게 글을 쓰는 사람이 있다. Richard Price이다. 그는 Clockers와 Freedomland의 저자이며 《The Color of Money》와 《Sea of Love》를 쓴 스크린라이터이기도 하다.

Richard Price의 소설들은 말의 진짜 감각을 물씬 풍긴다. 후각 사용의 접근법을 보여준 그의 최근작 《Samaritan》은 장르나 형식이든 간에 어떤 작가도 따라갈 수 없는 후각 분류법을 보여주었다.

---

8) 매스 커뮤니케이션 효과이론들

커뮤니케이션 이론의 한 유형으로 매스 커뮤니케이션효과와 관련된 여러 가지 變因들간의 관계를 기술 · 설명 · 예측해 주는 개념 · 명제 또는 법칙들의 집합체계로서의 보편 · 타당한 陳述. 즉 매스 커뮤니케이션 효과라는 현상을 논리적 · 과학적으로 기술 · 설명하여 이를 근거로 주어진 현상을 미리 예측하고, 나아가서는 그 현상을 통제할 수 있는 보편 · 타당한 지식체계를 말한다. 이러한 이론들에는 보편 · 타당성이 실증적으로 완전히 입증된 것들도 있지만 아직 그렇지 않은 것들도 있는데 완전히 입증되지 않은 것들도 넓은 의미로는 이론에 포함한다.

아직 완전히 입증되지 않은 것을 포함하여 지금까지 매스 커뮤니케이션 효과에 관한 여러 가지 이론들이 여러 학자들에 의해 제시되어 왔는데, 우선 매스 커뮤니케이션의 총체적 효과의 크기에 관한 대표적 이론들로는 ㉠그 효과가 대단히 크다는 기본가정의 탄환이론(the bullet theory), 미디어의존이론(the dependency theory), 모델링이론(the modeling theory), 의미이론(the meaning theory), 침묵의 나선이론(the spiral of silence theory), 문화계발효과이론(the cultivation theory) 등의 소위 대효과 또는 강효과이론들과 ㉡이들 이론과는 반대로 매스 커뮤니케이션 효과는 일반적으로 생각하는 것과는 달리 실제로는 그리 크지 않다는 주장의 선별효과이론(the selective influence theory), 2단계유통이론(the two-step flow of communication theory) 등의 소위 소효과이론들 및 ㉢매스 커뮤니케이션 효과는 아주 크지도 않고, 그렇다고 해서 적지도 않다는 주장의 이용과 충족이론(the use and gratification theory), 의제설정기능이론(the agenda-setting function theory) 등의 소위 중효과이론 등이 있다.

한편 매스 커뮤니케이션 효과이론에는 여러 유형의 매스 커뮤니케이션 효과에 관한 구체적 이론들도 있다. 매스 커뮤니케이션이 정치 · 경제 · 사회 등에 미치는 효과에 관해서도 여러 이론들, 즉 감정정화이론(the catharsis theory), 자극효과이론(the stimulating theory), 관찰학습이론(the observational learning theory), 강화이론(the reinforcement theory) 등 여러 가지가 있는데, 이들도 모두 매스 커뮤니케이션 효과이론에 포함된다. (한국언론재단, 매스컴용어사전)

## 매들린 효과(THE MADELEINE EFFECT)[8]

"Straightening up, he was struck with a humid waft of boiled hot dogs and some kind of furry bean-based soup that threw him right back 'into tenth grade."

("똑바로 일어서자 그는 끓인 핫도그의 눅눅한 냄새와 그를 10학년으로 바로 내쫓은 털도 안 벗긴 듯한 콩 수프와 마주쳤다.")

프랑스 소설가 Marcel Proust에겐 냄새란 "Remembrance of Things Past" 속에서 전통적인 모습으로 그려진 현재와 과거 사이의 다리이다. 작은 조개모양의 패스트리 과자를 한 잔의 라임꽃잎차 속에 넣고 매들린 물감을 들이는 행위는 그의 과거의 한순간을 떠올리는 이야기를 가능하게 한다. Price가 보낸 뉴저지 황무지 모래투성이 시골에서 카페테리아 요리 냄새는 강력한 시간 전송과 똑같다.

## SENSE OF SMELL AS PLACE

"As Nerese came through the gates, manned today by a retired cop she knew by face but not by name, the air become redolent of a heady mix of river tang and churned earth, and she found herself on a fragile ribbon of asphalt hemmed in by hillocks of backhoed dirt, each mound posted as the future site of a pool, tennis court, health club or recreation center ?each one a rest stop for the gulls, overrun with cracked clam shells, construction debris and its own random greenery ?weeds, moss Arms to Heaven and whatever else took root via neglect."

"5Ws를 생각하라"고 St. Petersburg Times 객원기자인 Jeff Klinkenberg는 말한다.

*Who* is character;
*What* is plot;
*When* is chronology;
*Why* is motive;
*Where* is place, the boundaries of the story.

"저널리스트들은 기사를 쓸 때 처음의 4개를 즐겨 사용한다. 그러나 미국 저 널리즘에선 'Where'는 가장 마지막에 찾고 가장 소홀히 다루는 것이다."

장소를 기사의 한 캐릭터로 만들라고 그는 충고한다. Price가 "a heady mix of river tang and churned earth"라고 표현하면서 효과적으로 냄새를 사용해 독자를 닫힌 공동체 속의 10대 초반으로 이끌어들인 것처럼 광경이나 소리도 이 용하라.

Price는 장소감각을 일깨우려 냄새를 거듭해서 쓰고 있다.

*"Outdoors again, she inhaled a low-tied stench, funky but evocative, coming off the conjunction of river and bay."*

*"The lobby of his old building, as he'd expected, seemed smaller to him but the smell caught him off guard: a claustrophic stankiness -- urine, old bacon grease."*

*"A greasy aroma drifted down from the third-floor food court ?spare ribs and Cinnabons⋯."*

## SMELL AS CHARACTER TRAIT

작가들은 한 캐릭터와 다른 캐릭터를 구별하는 데 시각적 신호를 사용한다. Price는 마찬가지로 등장인물들에 여자의 향수 흔적 같은 독특한 냄새를 사용해 주인공을 떠올리는 기법을 썼다. (*이탤릭체 견체를 유의하라―역자가 표시)

*"Danielle then embraced Ray. She was sporting some kind of **vanilla- musk** body spray, the scent so dense that it made him dizzy."*

*"Wearing dry-cleaned jeans and a white T-shirt under a red bolero jacket, she gingerly wandered about, lightly touching things, her perfume, that **vanilla musk**, laying down a heavy sweetish track wherever she went."*

*"As they left the apartment, heading for a restaurant, Ray became aware that **Danielle's perfume** would still be in the air a few hours from*

now when he returned, just hanging there like an unmitigated longing, and there would be nothing he could do about it."

"With nothing to lose, he tried to kiss her again, get his nose up in that **vanilla-scented** hair."

"The car **smelled of** her, **smelled like panic.**"

"He was halfway across the stick shift again, **lost in her scent** when she abruptly opened the passenger door, making him jerk back in surprise."

## SMELL AS MOOD

과자굽기, 부동산중개업자들—그들의 코는 가정적인 분위기를 환기시킬 줄 안다. (아니면 몇 방울의 바닐라를 뜨거운 백열전구에다 뿌리면 같은 효과를 얻을 것이다.)

"It was cold, the city-borne breeze damp and acrid, still damp with dread after all this time."

"This time around, the hospital **smelled like terror;** a pervasively astringent reek that set up house between Ray's eyes and made the two-month-old 'Entertainment Weekly' spread-eagled between his fists flutter as if caught in a gentle breeze."

## SMELL AS CULTURE

"Leading the way, White Tom pushed into the bodega. The **reek of the boric acid** in roach powder hit Ray between the eyes three steps in from the door."

"Nerese took five, studying the solid street of blue-collar houses, an unidentifiable waft of third-world dinner floating past her from up the block."

Anatomy of a Smell: Writing with Your Nose

Ackerman이 쓰기를 "우린 매일 2만 3,040번을 숨쉬고 대략 438세제곱피트의 공기를 들이마신다. 숨쉬는 데 약 5초가 걸린다. 2초는 들이쉬고 3초는 내쉬고. 그 시간 동안 우리 시스템들을 통해 수많은 향기 입자들도 드나든다."

"다른 감각과 달리 냄새는 설명이 필요 없다"고 그는 설명했다.

그러나 과학자가 기술한(described by scientists) 숨쉬기와 Richard Price가 암시한 작업은 작가들이 냄새에다 정보, 기억 그리고 그들 이야기 속의 감정을 실어 보낼 수 있다는 것을 나타낸다.

## 1. Breathe In.

"내내 냄새는 우리 감각에서 가장 소홀히 취급되었다"라고 Ackerman은 'the fallen angel'의 헬렌 켈러를 인용했다.

우리 방부제 세대는 냄새를 빼앗기거나, 과수원의 향내를 섞은 유독화학물질로 가린 합성수지 코마개로 우리 코를 혼란스럽게 하는 것이다.

가능한 한 최대로 사용해서 후각을 계발하라.

## 2. Name that smell

Diane Ackerman은 "우린 1만 개 이상의 냄새를 가려낼 수 있다. 사실은 더 많이도 가능하지만 우리 기억들이 모든 걸 적어 두지 못하기 때문이다"라고 말했다. 최근의 워크숍에서 작가와 에디터들에게 후각 리스트의 발전에 조력을 요청했다. 그때 나온 리스트들이 Providence Journal 최근호에 실렸는데 다음과 같다.

- New wood
- Lilacs
- Horse manure
- Dried seaweed
- Sen-Sen
- Stogies
- After summer rain

- Hai Karate
- Coffee
- Coffee with cream
- Sea air

## 3. Describe the smell

수식어들은 냄새의 충격을 강하게 한다. Price는 규칙적으로 후각 목록에서 그걸 사용한다.

*"The air **smelled of sea funk** and overturned earth; the only thing Ray loved about living in Little Venice, **the raw and heady** scent made him think of new beginnings, of second and third chances to get things right."*

그리고 ***Providence Journal*** 기자가 쓴 "the chilled funkiness of an ice rink."의 한 대목에서도 냄새가 난다.

Price는 또 향내의 성질을 기술하고 그의 산문의 힘셈에 덧붙이는 기교를 발휘하고 있다.

*"Then, reentering the apartment from the terrace, she gave the living room a fresh look. Minus **the caustic reek of mothballs...** the place had the same vaguely geriatric un-lived-in feel as Mrs. Kuben's digs next door?*

*Nerese found herself walking into a living room adrift **in malt liquor fumes,** her son and three of his high school buddies playing at being players, sprawled on the couch, throwing back forties and clutching their nuts, a porno video playing on the TV."*

시의 상용수단인 직유법과 은유법[9] 은 독자에게 냄새의 힘을 실어 보낼 수 있다.

---

9) ★ simile n. 직유(直喩), 명유(明喩) (like, as 따위를 써서 하나를 직접 다른 것에 비유하기; a heart like stone 따위).
★ metaphor [n. ① 은유(), 암유(暗喩). ② 유사한[상징하는] 것 simile (直喩) 같이 like, as 따위를 쓰지 않고, '비교' 의 뜻이 암시만 되어 있는 비유: a heart of stone(a heart as hard as stone은 simile); Life is a journey. 따위.

## 4. Breathe Out: Find the Source

냄새는 기억을 부르고 느낌들에 영감을 주는 방아쇠이자 화학적 요소이다. Price의 'Samaritan'에서 10학년으로 되돌아가는 성인 나레이터의 *"A humid waft of boiled hot dogs and some kind of furry bean-based soup"*의 표현을 되살려보라.

세계를 들이마시지 마라. 기억, 느낌들을 불러내어 하나가 되라.

*Reading Richard Price and then noticing how few writers, myself included, take as full advantage of their sense of smell as he does, has made me more alert to the power of this sense.*

*(Richard Price를 읽으면서, 그리고 나 자신을 포함해 작가들이 그들이 지닌 냄새의 감각을 거의 활용하고 있지 않다는 점을 주목하면서, 이 감각의 능력을 더욱더 깨닫게 된다.)*

또한 향내는 이야기의 가장 뇌리에 박힌 순간들을 가져다줄 수 있음을 되살리게 했다. 20년 전, 나는 "The Death of a Smoker"라는 이야기를 흡연이 병과 죽음과 관련이 있다며 담배회사들을 고발하려는 초기 노력 가운데 시리즈의 한 부분으로 썼다. 끽연자의 과부는 남편이 폐암으로 그의 침실에서 숨질 때까지 살았던 집의 여기저기를 보여주면서 간혹 말을 멈추기도 하고 무언가를 말해 주었다. 다음은 그 글의 마지막에 사용한 한 부분이다.

"It feels like one big nightmare," she says. "Maybe I will wake up, and he will be in bed with me. But I know it's not going to be so. Would you believe it? I take his aftershave lotion and spray it on his pillow just so *I can smell him. Just the smell of it makes me feel like he's with me.*"

("커다란 악몽같이 느껴져요"라고 그녀는 말한다. "아마 내가 깨어나면 그는 나를 데리고 침대로 갈 거예요. 하지만 난 그런 일은 없으리라는 걸 알아요. 당신은 그걸 믿을 수 있어요? 난 그의 면도크림을 가져와 그의 베개에 뿌리죠. 난 곧바로 그를 냄새 맡을 수 있어요. 그 냄새는 바로 그가 나와 함께 있다는 걸 느끼게 해주지요."

디지털 시대가 되면서 사람들의 생각도 역시 디지털화되고 있다. 톡톡 튀는 생각, 톡톡 튀는 행동들이 일상화되면서 기자들도 글쓰기가 어려워진다고 털어놓는다. 요즘 세상의 분위기를 얼른 잡아내기에 힘이 든다는 것인지, 자신이 아직도 아날로그시대에 살고 있다는 것인지 불분명하지만 예나 지금이나 기사쓰기란 정말 힘든 일임은 변함없다. 짧은 첫 패러그래프를 쓰느라 하룻밤을 꼬박 새우고 새벽에야 해설기사를 완성해 출근하자마자 데스크에 제출했을 때, 데스크가 간단히 '이런 리드는 어때?' 하면서 사정없이 칼질을 하는 모습을 보는 것도 예전의 나였으니까. 정말 기사쓰기는 피말리는 작업이었다.

또 한 편의 논문을 소개해 본다. 남의 글을 많이 읽고 생각하는 것은 글쓰기의 첩경이라고 한다. 과연 대학에서는 어떻게 생각하는지 참고할 수 있는 자료가 될 것으로 보고 지면을 할애했다.

## 글쓰기 능력의 중요성[10]

이익섭/서울대학교 국어국문학과 교수

1

얼마 전 한 일간지에 약 2주일의 간격을 두고 두 편의 글이 실린 적이 있다. 두 편 모두 대학교수의 글이었고 보기에 따라서는 매우 비슷한 성격의 글이었다. 독자에게 자기의 주장을 펴는 일종의 논설문이었던 것이다. 그런데 두 편의 글이 주는 호소력은 꽤 달랐다. 좀 길지만 먼저 그 글 전문(全文)을 보기로 한다.

(1) 얼마 전 우연히 TV에서 가수 양현석이 자신의 옛 동료인 서태지를 평하는 장면을 보게 되었다. 신곡 창작을 위해 6개월간 집 밖 한 발짝도 나가지 않고 피가 마르는 고된 작업을 하더라는 것이었다. 나는 이것이 독창적인 학술논문 한

---

10) 유감스럽게도 필자의 이름은 정리가 되어 있어 괜찮은데 어디서 인용했는지는 이 글을 쓸 당시에는 찾을 수 없었다. 필자의 양해를 바라는 도리밖에 없을 것 같다.

편을 쓰기 위해 과학자가 겪어야 하는 과정과 너무도 흡사하다는 사실에 충격을 받았다. 과학기술 분야에서도 성패를 가름하는 것은 천재성보다는 집념 어린 노력인 경우가 대부분이기 때문이다.

지금 우리 사회는 잘 알다시피 정치·경제가 모든 것을 좌우하며 교육·문화·과학기술은 언제나 뒷전으로 밀린다. 과학기술이 중요하다고 IMF 이전에도 많은 사람들이 외쳤고, IMF 이후에는 국제 경쟁력 확보를 위해서 과학기술을 발전시켜야 한다고 더 많은 사람들이 외쳤다. 그러나 웬일인지 과학기술자가 되고 싶어하는 젊은이는 점점 줄어들고 있다. 많은 대학생들이 과학기술자는 나라를 이끄는 사람이 아니고 남의 밑에서 시키는 일을 하는 사람으로 생각한다. 그리고 이처럼 사회적으로 대접도 못 받는 과학기술자가 되기 위해서 너무 어렵고 긴 공부와 수련의 과정을 거쳐야 한다는 선입견이 자리잡고 있다. 이러한 풍조를 무조건 나무랄 수는 없으나 나는 이와 같은 사회적 통념의 몇 가지 틀린 점을 분명히 지적하고 싶다.

자신의 적성을 살리고 사회에도 효과적으로 기여하려면 두뇌가 우수하고 창의력이 높은 사람은 과학기술계나 예술계로 진출하는 것이 좋을 것이다. 물론 사회적 보상 체계는 이와 다르므로 시험 성적이 좋은 사람은 법대와 의대로 몰리는 것이 현실이다. 그러나 일단 개인적 부와 명예 문제를 접어두고 우리 삶의 모습을 바꿔 온 역사적 원동력이 어디에 있나 생각해 보라.

과거 수십 년간 수많은 정치가, 사업가들이 부침하였으나 대통령 등 몇몇 사람을 제외하면 우리 사회의 모습은 그들에 의해서가 아니라 국민의 민주주의 역량, 그리고 다른 한편으로 TV와 휴대폰, 컴퓨터와 인터넷에 의해 더 영향을 받고 변해 온 것이 사실 아닌가? 많은 재벌과 기업들이 명멸하였지만 반도체와 자동차, 또한 앞으로 정보통신과 생명공학이 우리 경제의 중요한 기둥이 될 것은 자명하다. 그리고 이러한 신기술 뒤에는 과학의 위대한 발견-발명이 뚜렷하게 자리잡고 있다.

인류사에 엄청난 영향력을 끼친 과학의 업적이 상대성 원리, 반도체, DNA 이중나선 같은 극히 짧은 단어들로 축약될 수 있다는 것은 참으로 놀라운 일이다. 물론 아인슈타인 같은 천재가 아닌 우리들로서 개개인이 이룰 수 있는 일은 극히 작지만 자기 나름대로 창의적인 노력을 통해 학문적 업적을 이루거나, 어떤 제품을 만들거나 하는 보람을 가질 수 있고, 이것들의 집합이 우리의 삶을 더 풍요롭게 할 수 있다.

서태지가 신곡 한 소절을 작곡하기 위해 밤을 지새웠다면 우리 과학자들도 자신의 논지를 가장 극명하게 표현할 한 문장을 찾지 못해 며칠씩 고심했던 경험을 가지고 있고, 마침내 그것을 발견했던 기쁨도 있다. 물론 과학기술자란 직업이 큰 명예와 부를 얻는 직업은 아니다. (다행히 빌 게이츠와 같은 예외도 있다.) 그러나 화려한 직업을 지망한 사람들 중 과연 자기 꿈을 이룬 사람의 비율이 얼마나 될 것인가?

오히려 학문 분야로 진로를 정한 경우를 예로 든다면 우리나라의 교수 숫자가 수만 명 정도이니 좀더 소박한 목표일지라도 성취할 가능성이 훨씬 높다고 할 수 있다. 조그만 꿈들을 이루는 데 자부심을 갖고 떳떳하게 삶을 살아갈 수 있다면 과학기술자는 결코 나쁜 선택이 아니다. 우리의 젊은이들이 학창시절에 실력을 착실히 쌓고, 영감과 노력에 따라 가장 정직하게 결과를 돌려주는 과학기술에 더욱 흥미를 갖기를 기대한다.

새천년에 전개될 생명 복제, 유전병 치료, 생태계 위기 등 새로운 삶의 지평과 도전에서 우리는 다른 나라가 정해 준 대로만 따라가야 할 것인가? 신물질 개발, 전자 상거래 등 새로운 정보사회에서 남의 뒤치다꺼리만 할 것인가? 우리 세대의 많은 과학기술자가 이름없이 감당했던 기초작업 위에서 다음 세대에서는 반드시 과학분야 노벨상 수상자가 배출될 것을 확신한다.

- 100페이지에 전문수록

# 제2장

# :: 지면에
# 날개를 달자

## 편집은 디자인이 아니다

디자인이라는 '괴물'이 지금 세계를 휩쓸고 있다. 무한한 힘을 가지고 무엇이든 바꿀 수 있다는 듯 곳곳을 누비며 마력을 뽐내고 있다.

어떤 것은 '코드'로, 어떤 것은 '암호'로 갈수록 그 모습이 비구상으로 변하고 있다. 자연적인 것은 사라지고 인공 냄새가 진동한다.

신문도 예외는 아니다. 편집디자인이라는 매혹적인 모습으로 편집기자들을 유혹하고 있다. 그러나 편집디자인이란 말은 디자인의 영역과는 다르다. 물론 기초 부분에서 편집에도 디자인의 요령이 필요한 것은 사실이다. 그러나 기계적이고 양산할 수 있는 틀만 있고, 만약 거기에 가슴을 적시는 따스한 인간적인 감성이 없다면 더더욱 그곳은 공허한 땅이 될 것이 분명하다.

편집디자인이란 무엇일까? 아무리 정의를 내리려 해도 어렵다. 어떤 기사를 내놓아도 이 과정을 거치면 멋있는 지면이 나온다. 그러나 신문 경영 측면에선 아무 짝에도 소용이 닿지 않을 것 같은 '近未來'를 원하고 있는 것인지도 모른다. 편집기자들은 신문사 안에서는 '도도하고 건방지고 전문가연하는 모습'이 때때로 눈에 거슬리는 모양이다. 편집장이의 근성이 어떤 때는 신문제작 과정에서 부담이 되고 또 다른 기자들에 비해 상대적으로 높은 임금과 다른 부서에 비해 많은 인원이 소요된다는 점 등이 '고려' 대상이 되는 것인지도 모르겠다. 그래서 자동편집기, 그러니까 '자동편집 디자인 시스템을 개발한다면' 하는 것이 그들의 희망사항 중 하나였다. 중앙사 일부나 지방신문의 경우 이미 '기자 조판'이라는 시스템을 가동하고 성과를 올리고 있다고 한다.

그러나 참된 편집의 모습은 자연에 있다. 바로 우리가 살고 있는 우주 속에 그것이 있다. 인간들이 사는 모습이 자연적이 아니라고 인공적으로 가미해야 한다고 생각하면 그것은 오산이다.

'틀을 버려라. 그리고 파괴하라. 그리고 재창조하라.'

납활자가 사라지는 시점의 어느 일본인 작가의 평이 떠오른다.

　　납활자로 인쇄된 책은 장인의 손끝과 장인의 냄새를 느낄 수 있어 좋다. 책장을 넘기면서 느껴지는 오목볼록한 인쇄면의 凹凸이 손끝에서 살아난다. 그러나 지금의 컴퓨터로 인쇄된 책에서는 그것을 느낄 수 없다.

아마 컴퓨터 이전 세대의 소감이라고 치부해 버릴 수도 있겠지만 그 말 속에서 난 책전문가의 진솔한 대화를 느꼈다. 편집도 그렇다고 본다. 과연 독립신문의 영인본이라 할지라도 그걸 골동품이라고 할 수 있을까? 진정한 편집디자인은 아마 세월이라는 시간일 것이다.

나는 지금도 뇌리에서 떠나지 않는 한 편의 수필이 떠오른다. 피천득 선생의 〈수필〉이라는 글이다.[11] 피 교수님은 〈인연〉이라는 수필로 한일 간에

---

11) 《산호(珊瑚)와 진주(眞珠)》(1969). 피천득 선생님은 1910년에 태어나 2007년 5월에 돌아가셨다.

수필로써 교량을 놓아 그 작품이 더 유명하다고 하지만, 난 이것이 더 깊숙한 수필의 맛을 느끼게 해준다고 생각한다. 참고로 인연의 무대가 춘천이란 점이 마치 인기 드라마 '겨울연가'의 배경이 닮았구나 하는 생각도 들었으나 그건 확인하진 않았다. 하지만 나는 이 수필을 피천득 선생님의 최고 걸작이라고 말하고 싶다.

> 수필(隨筆)은 청자연적(靑瓷硯滴)이다. 수필은 난(蘭)이요, 학(鶴)이요, 청초(淸楚)하고 몸맵시 날렵한 여인(女人)이다. 수필은 그 여인이 걸어가는, 숲 속으로 난 평탄(平坦)하고 고요한 길이다. 수필은 가로수 늘어진 포도(葡萄)가 될 수도 있다. 그러나 그 길은 깨끗하고 사람이 적게 다니는 주택가(住宅街)에 있다.
>
> 수필은 청춘(靑春)의 글은 아니요, 서른여섯 살 중년(中年) 고개를 넘어선 사람의 글이며, 정열(情熱)이나 심오한 지성(知性)을 내포한 문학이 아니요, 그저 수필가(隨筆家)가 쓴 단순한 글이다.
>
> 수필은 흥미는 주지마는, 읽는 사람을 흥분시키지 아니한다. 수필은 마음의 산책(散策)이다. 그 속에는 인생의 향기와 여운(餘韻)이 숨어 있다.
>
> 수필의 빛깔은 황홀찬란(恍惚燦爛)하거나 진하지 아니하며, 검거나 희지 않고, 퇴락(頹落)하여 추(醜)하지 않고, 언제나 온아우미(溫雅優美)하다. 수필의 빛은 비둘기 빛이나 진주 빛이다. 수필이 비단이라면, 번쩍거리지 않는 바탕에 약간의 무늬가 있는 것이다. 무늬는 사람 얼굴에 미소(微笑)를 띠게 한다.
>
> 수필은 한가하면서도 나태(懶怠)하지 아니하고, 속박(束縛)을 벗어나고서도 산만(散漫)하지 않으며, 찬란하지 않고 우아하며 날카롭지 않으나 산뜻한 문학이다.
>
> 수필의 재료는 생활경험, 자연관찰, 인간성이나 사회 현상에 대한 새로운 발견 등 무엇이나 좋을 것이다. 그 제재(題材)가 무엇이든지 간에 쓰는 이의 독특한 개성(個性)과 그때의 심정(心情)에 따라, '누에의 입에서 나오는 액(液)이 고치를 만들 듯이' 수필은 써지는 것이다.(이하 생략)

이 수필은 음미해 볼수록 편집기자들의 마음을, 그리고 정서를 잘 담은 글이라고 생각한다. 만약 흥미를 느낀다면 수필이라는 말 대신 편집이란 말로 치환해 읽어보면 더욱 그 의미를 배가시킬 수 있을 것 같다. 필자의 생각으론 편집론의 암시가 듬뿍 담겨 있는 글이라고 극찬하고 싶다.

편집은 여백의 미학이다. 공간이란 여백들이 모여 만든 무형의 차원이다. 점이 점을 만나 선을 이루고, 그 선들이 다시 만나 면을 만든다.

편집은 설계도와 같다. 건축공학에서 사용하는 2차원의 도면이 그것이다. 집을 만들 때 먼저 설계도가 필요하다. 그리고 정교한 작업을 통해 하나의 공간이 평면에서 창조된다. 그것은 인간을 위한 것이다. 어떻게 하면 편안한 공간을 창출할 것인가 하는 것이 건축설계자의 꿈이다. 그러면 인간의 삶은 어떠한지 머릿속에서 생각한다. 그 대상은 누구든지 좋다. 단지 인간이 살아 숨쉬고 생활하고 일생을 엮는 공간이면 된다.


## 지면의 안과 밖


"숲속에 있을 땐 숲을 보지 못한다."

지면의 안은 숲속과 같다. 그리고 밖은 숲이다. 숲속에 있으면 아무리 버둥거려도 숲 밖에서 무슨 일이 있는지 잘 모른다. 선배들이 자신의 경험을 통해 가끔 "야, 전체를 봐! 전체를!" 하며 후배를 채근하던 기억이 난다. 한 지면 속에도 숲의 안팎은 있다. 레이아웃을 하면서도 때때로 고개를 들고 전체 지면의 구도를 본다. 그리고 막혔다고 느끼는 순간 편집국의 창밖을 본다. 빌딩 숲 사이로 멀리 산이 보이고 키 큰 가로수들도 시야에 들어온다.

짧은 시간에 바깥 풍경과 말없는 대화를 한 것이다. 내 지면에 담긴 것은 저 풍경 가운데 어느 것일까. 잿빛 도시의 괴물 같은 빌딩들일까, 아니면 그 사이로 푸릇푸릇 솟아나온 가로수들이며 멀리 보이는 산들이었을까.

화폭을 독특하게 구사한 화가 칸딘스키가 생각난다.[12]

칸딘스키는 20세기 미술에 있어 독보적인 정신의 모험을 이끌어 온 천재중의 한 명으로 손꼽힌다. 칸딘스키는 미술도 음악처럼 점·선·면 등과 같은 순수한 조형 요소들을 결합하여 하나의 작품을 이룰 수 있다고 생각했기 때문에 '음악파' 라는 별칭도 갖게 되었다. 그러나 그의 작품과 그 새로움이 완전한 평가를 받은 것은 제2차 세계대전 뒤의 일이다.

편집의 기본 구성은 역시 점·선·면에 의해 결정된다. 칸딘스키의 미술세계와 접하면 우리는 그의 예술기법이 편집기자의 작업과 무척 닮았다는 느낌이 든다. 대가의 세계를 편집과 연관지어 생각하는 건 왠지 죄송스러운 생각도 들지만 그처럼 편집기자들의 작업도 미와 현실세계를 들락날락하는 고통의 예술이라는 점을 우리 스스로 높이 사기 때문이라고 변명하고 싶다. 칸딘스키처럼 '지면의 음악가' 가 되어 본다면 어떨까.

편집에도 예술이 있느냐는 것은 논쟁을 불러올 소지가 많다. 기능적인 요소를 중시하는 편집외적인 사람들은 좋게 말해 '匠人級'[13]으로 높여주지만 사실 이 별칭은 결국 '쟁이' 의 범주에서 크게 벗어나는 것은 아니다. 아

---

12) 칸딘스키는 1866년 모스크바에서 태어났다. 대학에서 법학과 경제학을 전공했으며 도르파트대학 법학교수로 초빙되었으나 러시아 민속미술에 대한 감동과 95년 프랑스 인상파전에서 받은 모네의 영향으로 회화에 전념하기로 결심한다. 1901년 그는 예술단체 '팔랑크스' 에 가입했으며 연합 미술학교에서 회화와 모델을 사용하는 기법을 가르쳤다. A.야블렌스키, A.쿠빈 등과 신예술가협회를 창립하면서부터 작품은 오로지 자연에 입각해 그려졌다. 1910년에 그린 '기수' 가 제작되던 때에 수채화에 의한 추상화를 시도하고 있으며 '즉흥곡', '콤포지션' 작품에서 최초로 순수한 서정적 추상화를 표현하기 시작했다. F. 마르크와 신예술가협회를 탈퇴하고 함께 1912년에 뮌헨에서 결성된 '청기사파' 의 중심 멤버가 된 그는 신비로운 자연주의적 회화를 제작해 나간다. 그의 새로운 회화론은 그가 집필한 《예술에서의 정신적인 것》(1912)에서 잘 나타난다. 초기의 칸딘스키 작품은 '표현주의' 의 테두리 안에서도 색채의 독창성을 보이고 있으며 또한 '음악적' 구성이 시각적인 것보다는 심리적 효과를 지향하고 있다는 점에서 특이한 성격을 내포하고 있다. '즉흥', '인상', '구성' 의 세 가지로 분류된 회화 언어의 핵심이 '순수미술' 의 개념을 창시했고 바이마르 바우하우스의 교수가 되면서 종래의 스타일을 벗어난 상징, 기호 등의 확정적 형태를 구사한 서정적 기하학주의 양식이 시작되었다. 1933년 이후 칸딘스키의 색채는 더욱 유연해지고 매끄럽고 윤기나는 색면을 구사한다.

13) 기술과 직업에 관련된 것은 '장이' 가 맞다. 땜장이, 미장이, 간판장이 등이 그것이다. '쟁이' 는 겁쟁이나 욕심쟁이처럼 낮춰 부르는 것이다. 그러나 장이가 맞다고 해서 직업에 차별을 둘 순 없지만 일하는 성격의 차이점은 고려해야 할 것 같다. 편집기자는 사실보다 지적인 전문가라고 한다면 이의가 있을까?

**그림 4 |** 칸딘스키의 '작은세계 Ⅱ'. 점 · 선 · 면의 조화가 돋보인다.

무리 높여주어도 '쟁이는 결국 쟁이' 라는 등식으로 결론나기 때문이다.

　스스로 편집은 예술이라고 생각하는 사람들도 있다. 물론 편집기자들이 대부분이지만 편집을 아는 사람들은 쟁이의 수준에서 좀더 격상시켜 예술의 범주에 넣는 것을 별로 거리끼지 않는다.

　지식인은 누구인가. 전문적인 영역에 있는 사람은 모두 지식인인가. 우린 해방 이후 지금까지 많은 정치적 변동을 겪어왔다. 해방 직후 몰아친 좌우 이데올로기와 남북전쟁의 회오리가 많은 지식인들을 편가르기했고 더욱이 60년대 이후 80년대까지 약 20여 년 간의 정치적 암흑기를 거치면서 지식인들의 정신은 극도로 피폐해졌다. 그러한 변동의 최전방에 있는 기자들 역시 가장 큰 피해자들이었다고 할 수 있으며 그 가운데 편집기자들은 이러한 사상의 격변기를 이겨내려 자의반 타의반의 술꾼으로 치부하기까지 했다.

외곽에서 보면 편집기자들은 '시키는 대로 하는' 기술자로 비쳤는지도 모른다. 그러나 편집기자들은 '마음에 들지 않는' 지면이나 제목을 달아놓고는 퇴근 후 술집을 자주 찾았다. 다른 사람들은 '그럴 바엔 차라리 때려치우지 그러냐' 고 위로 아닌 핀잔에 가까운 소리를 했다. 그러나 편집기자들은 기자 이전의 '생활인' 이었다면 설명이 될까. 섣부른 우국지사보다 마음속의 꼿꼿한 지사로 남고 싶었던 것은 아닐까?

한 예를 들면 1980년대 초에 큰 물난리가 났을 때의 일이다. 수해복구지원에 군장병이 동원되어 돕고 있었다. 당시 석간신문 시절이라 1판을 12시 이전에 발행했다. 3면에 그 기사를 실었다. 제목대장을 들고 국장에게 최종 사인을 받기 위해 가면서 제목을 다시 살펴보았다. 무언가 마음에 안 차고 만족스럽지가 못했다.

'수해복구지원에 軍官民 구슬땀' 이라는 제목이 눈에 크게 들어왔다. 아무래도 불만이었다. 대장을 들고 국장석에 가서 내 생각을 전했다. "수해를 당하고 복구하는 주체는 民입니다. 民을 앞세우면 안 될까요?" 국장은 잠시 생각하더니 "그래도 괜찮겠지" 하자 나는 부리나케 제목을 군과 민을 바꾸어 1판을 내렸다.

생각의 전환이었다. 만약 편집국장이 그 생각을 받아들이지 않았다면…. 파리특파원을 거쳤던 당시 국장의 르 몽드 정신이 무척 고마웠다. 아마 타지 편집기자들에겐 충격이었으리라. 석간1판에 軍官民이라고 나간 것이 대부분이었다. 그리고 2판엔 다른 석간들이 民官軍이라고 모두 제목을 정정했다. 그러나 1판에 취한 나는 2판을 보자 '아차' 하는 생각이 들어 뒤늦게 3판에야 '민관군' 으로 고쳤다.

이 이야기를 하는 까닭은 바로 편집기자들의 마음속 깊이 숨겨져 있는 '지식인의 정신' 을 그들 모두가 일깨우기를 기다리고 있었다는 사실이다. 누가 먼저 썼건 그것이 문제가 아니다. 항상 민의 위에 돌벽처럼 군림하고

그림 2 | 1984년 9월2일자 경향신문 3면.
오른쪽은 다시 등장한 春來不似春.

있는 군을 민이 바꿔치기한 것이라고 생각한다. 용기가 없어서 편집기자들은 저항하지 못한다. 사실 그렇다. 당시 재야에 있던 친구가 내게 이런 말을 했다. "용기가 없어 앞에 나서지도 행동하지도 못하는 지식인"이라고 힐난했다. 그러나 편집기자들은 '작은 일에 불을 지피는 용기'가 있다. 지면과 제목이 그것이다.

1980년 5월 계엄령이 선포되고 검열이 한창 위력을 떨칠 때 편집부장이 '이건 어때?' 하며 권한 제목은 '春來不似春'이었다. 마음에 들었다. 서슴없이 그대로 받아 컷으로 떴다. 그리고 대장을 검열에 보낸 뒤 '통과'되자 깊은 희열을 느꼈던 것을 기억한다. 당시의 시대상황을 그 다섯 자의 한자로 응축하는 맛이란 지금 생각해도 짜릿하고 통렬함마저 느낀다. 역시 그 제목도 날씨뿐만 아니라 '상황에 맞게' 지금도 등장하는 제목이 되었다.

## 맛있는 지면을 만들자

일본 신문들만큼 감성적이고 실험적인 데는 없는 것 같다. 아마 1980년 대로 기억하는데, 어느 신문이 '향기나는 지면'을 만들어서 화제가 되기도 했고, 또 지면의 특정부분에 지금의 CD스페이스 같은 공간을 만들어 소리를 저장했다는 이야기를 들은 적이 있다. 물론 20여 년이 지난 지금 그것이 일반적인 공개버전이 되었다는 것은 아니다.

실험정신이었다고 생각한다. 해리포터 영화 시리즈를 보면 '살아 있는' 신문이 나온다. 마법사의 신문이라고 하기에는 황당하다는 생각보다 과연 현실세계에서 저렇게 만들 수만 있다면 하는 부러움이 앞선다.

현대 시각디자인의 변화를 읽을 수 있는 디자인db(www.desighdb.com)의 최신 리포트 하나를 소개하면서 생활과 디자인의 흐름을 읽었으면 한다.[14]

---

14) 필자 형정희(jeonghee)씨는 독인(뮌헨, 스튜트가르트)에서 활동중인 커뮤니케이션 디자이너로 디자인DB 독일 (뮌헨)[3기]의 해외리포터로 일하면서 독일디자인 소식을 동 사이트에 소개하고 있다.
메일주소는 hyroses@hanmail.net

# 멀티 기능주의와 미학의 만남

07.04.30

　알프레도 해벌리의 멀티 가구들은 미래지향주의적이며 신선한 감각을 추구하는 현대인의 욕구를 채워주기에 충분하다. 이와 함께 무에서 유를 창조하는 시대를 마감하고 21세기의 유에서 유를 창조해 내는 디자이너의 모습을 보여준다. 그러면서 세기마다 달라지는 디자이너의 역할과 의무를 새로이 조명해 주고 있다. 즉 20세기의 디자이너들의 역할이 프래그머티즘에 그 초점을 맞추었다면, 21세기의 디자인에서는 거대한 테크놀로지의 마력에 빠져드는 이 시대를 사는 인간들의 삶을 살아가는 방법과 사고방식을 반영해 주는 새로운 모습의 공간과 이 공간을 채우는 물질의 시각성과 지능주의적 기능성이 부각되고 있다.

　우리의 욕구변화에 맞추어 우리 주위의 모든 것들은 변화를 보여준다. 습관적인 일상의 쳇바퀴를 도는 우리는 뭔가를 통한 변화를 갈구한다. 이에 디자이너는 삶의 공간과 도구의 새로운 창조를 통해 본능이 충족된 후의 새로운 갈망을 채워주며, 미학과 테크놀로지를 가지고 삶의 새로운 도구를 만들어 내는 예술가라고 생각된다.

　무한한 멀티즘의 상상세계를 보여 주는 그의 작품을 살펴보자.

1. Segesta: 2002, multipurpose chair

상실내외를 마음대로 드나들 수 있는 신재료 플라스틱 의자로 식탁용, 혹은 안락한 팔걸이 의자로 사용할 수 있다. 혹은 사용자가 원하는 다른 기능으로 얼마든지 둔갑할 수 있는 의자이다.

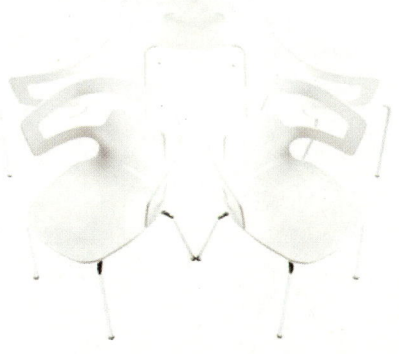

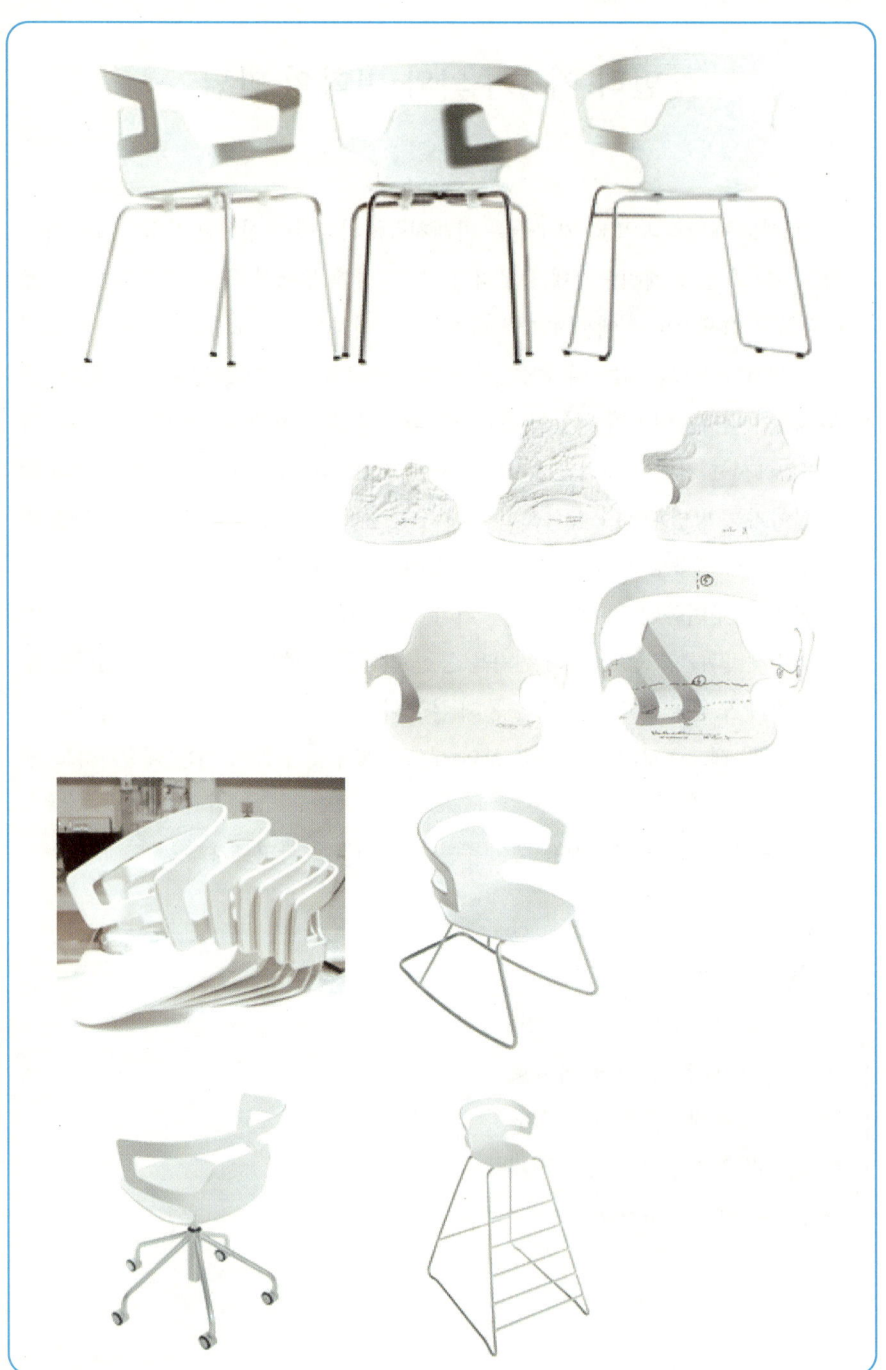

2. Origo : 2000, table service 받침접시에 컵이나 소스용기를 고정시킬 수 있는 테이블 그릇세트.

# 문자의 굴레를 벗어나자

문자를 디자인한다? 우리가 쓰고 있는 신문활자는 내가 처음 신문편집을 시작했을 당시에는 고딕과 명조 두 종류 활자밖에 없었다. 참으로 우수한 글자를 가지고 있는 민족이 붓으로 '언문' 이라는 것을 써왔으면서도 자기 글자의 디자인에는 참 게을렀다는 생각을 하지 않을 수 없다. 한자만 보더라도 해서체 · 초서체 등 4종의 글자체를 가지고 있다. 우리는 그 글씨체를 익히려 어렸을 때부터 매달려 온 우리 조상들이었다.

한글의 글자체만 하더라도 꽤나 많다. 타이포그래퍼들과 컴퓨터의 노력이었다고 본다. 그러나 너무 예술적(?)인 글자들은 지나치게 디자인화되어 글자의 본래 맛을 반감시킨다고 본다. 신문은 예술 자체의 전시장은 아니다. 정보를 보다 읽기 쉽고 편하게 접하게 해주면 그것으로 되는 것이라고 생각하기 때문이다. 때론 그러한 글자체들의 역할이 힘을 발휘할 기회는 있다고 생각한다.

한국문화예술진흥원에서 나온 '문예연감 2002년판' 에 문자디자인에 관한 글이 실려 있다. 한글과 관련해 알맞은 글이라고 보고 여기에 또 소개한다.

## 디자인 : '문화행동' 과 '자기정체' 의 디자인 세계 / 권혁수[15]

### I. 머리말

2001년 12월 14일 오후 5시. 예술의전당 디자인미술관에서는 한국 디자인의 현주소를 묻는 전시행사가 열리고 있었다. 'design korea : 디자인의 공공성에 대한 상상'. 작년에 이어 매우 부산했던 디자인계의 화려한 모습과는 사뭇 다른 분위기로 우리의 디자인 현실에 대한 자성과 대안을 제시하는 자리였다. 작년, '2000 어울림 세계그래픽디자인대회' 와 '새천년건설환경디자인세계대회' 를 마

---

15) 권혁수 〈디자인사회연구소 대표〉

쳤고 올해는 '2001서울세계산업디자인대회'와 '제5회 아시아디자인학술대회' '제1회 타이포잔치 : 서울타이포그라피비엔날레' 등 세계적인 디자인 행사를 잇따라 치른 지 불과 10여 일 후의 또 다른 디자인 행사였다. 21세기 디자인의 위상과 문제를 발의하고 세계적 전망을 세우는 국제적인 토론의 장에서 세계의 디자인 현주소를 실감하며 한 해를 마감하는 때에 마치 덜미를 잡혔나? 하는 듯한 초라한 모습의 한국 디자인이 거기에 있었다. 이 자리에는 불과 며칠 전에 우리가 환호했던 그 세계적인 디자이너의 배석도 작년에 사인을 받으며 열광했던 스타 디자이너의 축사도 없는, 오직 우리들 한국디자이너들만이 숙연한 자세로 전시장을 둘러보며 "우리 디자인, 무엇을 할 것인가?"를 자문했다.

## II. 한국의 디자인, 무엇을 할 것인가

우리는 디자인의 과거와 현재 그리고 미래를 서구 역사를 통해 배웠다. 그들의 시민혁명, 산업혁명의 시대적 배경과 근대예술의 미학적 결심들 속에서 디자인 주어를 찾아내 우리의 역사에 반영하고 지금, 여기의 디자인 문제를 확신했으며 미래의 디자인 패러다임을 예측하는 자리에서 항상 그들의 디자인 전망을 참고로 삼아 논증해 왔다. 이는 반드시 제3세계적 식민사관에서 비롯된 자기정체성의 분열과 소멸을 자인한 때문만은 아니었겠지만, 너무도 짧은 기간 동안 서구 근대 디자인 200년의 선진적 경험들을 의사체험하는 과정이었거나 국제적인 디자인 경쟁 속에서 숨가쁜 위상 정립이 선급한 과제였던 때문으로 우리의 문제는 습관적으로 그들의 디자인에 의한 반사적 결론에 의존했고 그들의 정책적 판단과 방법적 제휴, 또는 자문을 추종해 왔다는 데 있다. 물론 이러한 현실은 단지 배타적인 관점에서 우리의 정체를 주장하려는 전제는 아니다. 이미 세계 디자인의 흐름에서 선진적 성과가 있었고 이를 서로 나누어 자국의 디자인 문제를 해결하는 키워드나 토픽으로 삼는 것은 문화 커뮤니케이션 차원의 교류, 교환관계로서 지극히 자연스러운 것이다. 또한 세계주의(Globalism)의 디자인 협의나 사회기구를 통해 국제적 안목과 시각, 세계와 시장을 공유하는 일은 디자인 문화의 동시대적 차원을 통시적·공시적으로 확산하는 계기로서 소중한 것임에는 틀림없다. 그럼에도 불구하고 우리의 디자인 현실과 세계의 디자인 전망 사이에는 쉽게 동의할 수 없는 교시(교류가 아닌)와 전유(공유가 아닌)의 역학관계가 내정되어 있는 듯한 인상을 받는 것은 왜인가? 이 의문은 자기비하에서 비롯된 근거 없는 콤플렉스인가? 아니면 식민적 지식인의 자학증상인가?

나는 결코 세계화의 허상과 국제화의 망상을 결정론적으로 주장하려는 것이 아니다. 오히려 우리가 진정 서구 디자인 사회로부터 무엇을 배우고 익히고, 따라야 하는가를 생각해 보려는 것이다. 더 분명하게 말한다면, 우리가 절실하게 받을 교시는 무엇이고 전유해야 할 디자인 문제의 핵심은 어떤 것인가를 가늠해 보자는 것이다. 그래서 한국 디자인의 현실적 관점에서 국제적 질서, 세계적 상황의 디자인 패러다임과 트랜드, 토픽과 이슈를 서로 공유하고 제휴하며, 자문하는 자존과 자립의 기반을 세우고자 하는 것이다. 그래서 나는 스스로 묻는다. "한국의 디자인, 무엇이 문제인가?"

(중략)

지금 컴퓨터의 도움을 받아 많은 글자체들이 개발되어 원하는 글자들을 타이핑할 수 있게 되었다. 그리고 또 영상의 지원을 받아 글자들이 살아 움직인다. 너울너울 춤추는 글자, 그리고 형태를 여러 가지로 변화하는 글자 등 다양한 글자들이 영상의 세계를 날아다닌다. 기술이 새로운 가능성을 열고 있는 셈이다.

만약 이러한 글자들을 신문에서 볼 수 있다면 어떨까. 지금은 과학소설이나 SF 같은 이야기겠지만 아마 빠르면 10년에서 20년 사이에 등장할 수 있으리라 생각한다. 어쩌면 해리포터에 등장하는 마법사 신문을 받아볼 수 있을 것이다. 그것은 유비쿼터스의 편집세계가 펼칠 경이로운 세계이다.

평면에서 이루어지는 편집의 한계는 공간을 가지지 못한다는 약점을 극복하지 못하고 있다. 아무리 그래픽이나 디자인 장식을 통한다 하더라도 결국 평면에서 머물고 만다. 디자인의 기본개념이 점 · 선 · 면의 세계 가운데 점과 선만을 사용하고 있을 뿐이다. 건축공학의 기법인 캐드나 캠의 설계를 이용한 편집 디자인은 가능하지 않을까? 꿈꾸는 사람에겐 꿈이 보인다. 필요한 사람에겐 갖고자 하는 욕망이 있다. 정말 꿈과 욕망이라면 얼마든지 갖고 있을텐데…다시 한 번 컴퓨터 과학기술의 놀라운 성취를 기다리는 도리밖에 없는 것일까. 지금은 답답할 뿐이다.

# 제3장

# :: 문화는 트렌드이자 패션이다

배가 닿지 않는 무인도라도 좋다. 그곳에 보물이 있을까. 그럴지도 모른다. 돌아올 때는 어떻게 하지? 로빈슨 크루소처럼 온갖 모험을 고통으로 대신할까? 아니면 보기싫은 세계를 향해 빈주먹질을 할까?

욕망과 담을 쌓고 번뇌도 버리고 오로지 동물적인 생존욕구에만 매달려 몇날 며칠이고 수평선을 바라보면서 '날 구하려 오는 배'를 기다리는 것도 좋겠지. 그리고 인간이 얼마나 약하고 보잘 것 없는 것인지를 느끼며 하늘을 향해 두손 모아 비는 일도 가능하겠지.

그건 문화의 시작이다. 요즘 문화라는 말은 접두어나 접미사로 아주 그럴듯하게 쓰인다. 정치·경제·사회·국제에서부터 생활에 이르기까지 온갖 행위나 삶에 갖다붙이면 말이 된다.

그래서 이건 무인도 문화라고 해도 되는지 모르겠으나 그 말이 내가 즐길 수 있고 이 무료한 시간을 어떻게 극복해 나갈 수 있느냐는 문제를 풀수 있을지도 모른다. 신문이 경험한 모든 분야에 대해 다시 생각해 보고 또 생각해 보자. 어디서 무엇을 얻을 것인지 곰곰이 살펴보자. 아마 찾아내는 것은 어렵지 않다고 본다. 영화 〈집으로〉는 그냥 스쳐 지나가도 좋을 듯한 장면에서 새로운 세계를 찾았다. 할머니와 손자의 일상이 영상으로 진하게 관객과 만난 것이다. 욕망이 절제된, 그러면서도 내면의 욕망이 자연스레 움솟아 나오는 장면을 우리는 만나는 것이다. 결국 영상이 해결할 수 있는 분야라고 또 '그냥 스쳐 지나가 버릴 수도 있는' 장면일까? 신문은 활자의 힘이다. 활자가 살아 움직이면 내용도 살아 춤춘다. 결국 기자의 솔직한 기사쓰기가 새로운 영상을 창조할 수 있을지도 모른다.

텍스트를 동영상으로 표현할 수 없을까. 어쩌면 바람인지도 모른다. 이역시 우리가 찾아야 할 과제인지 아니면 진행중인지 분간이 안 가지만. 가까운 미래에 그것이 나올 수 있을 것으로 보지만.

그 무인도에서 온갖 작업을 벌여 이룩해 놓은 것은 결국 누구를 위한 것이냐는 질문이 이어진다. 독자는 읽는 사람이고 그럼 시청자? 그건 보고 듣는 사람이고. 그럼 어떤 사람이나 어떤 사회를 위해서.

무인도에서 살아남는 법을 기록한 어떤 글을 본 적이 있어 여기에 소개해 본다. 캄보디아에 휴가여행을 떠났던 한국인 가족 등 12명이 비행기 추락 사고로 모두 숨졌다는 애처로운 뉴스가 들렸다. 혹시 한 사람이라도 살았다면… 하는 아쉬움도 있었다지만 슬픔은 문화의 가장 기본적인 감정이다.

## 무인도에서 살아남는 법

### 1. 로빈슨 크루소가 되다

오늘 우리는 로빈슨 크루소가 된다. 비행기 추락으로 바다를 흘러흘러 도착한 곳은 바로 무인도. 방향을 찾는 것에서부터 식수를 만드는 것까지 모든 것을 직접 해야 하는데… 과연 살아남을 수 있을까?

무인도 하면 제일 먼저 떠오르는 사람이 있다. 바로 28년간 무인도 생활을 성공적으로 이끌어낸 로빈슨 크루소가 그 주인공. 비록 소설 속의 인물이지만 계획적이고 과학적이었던 그의 생활은 많은 사람들을 감탄시켰다.

대부분의 사람들은 일상의 일탈로 무인도에 대한 막연한 기대감을 표현한다.

하지만 정작 아무런 준비 없이 무인도에 떨어진다면 당신은 살아남기 위해 무엇을 할 수 있겠는가. 무인도라는 공간 속에서 우리가 배운 과학적 지식을 삶의 지혜로 승화시켜 볼 수 있다는 상상도 무더운 여름날 한여름 밤의 꿈으로는 적당하지 않을까.

우선 무인도에 떨어지면 제일 먼저 해야 할 일은 날을 표시하는 것. 무인도에서의 생활은 단조로움의 연속이기 때문에 날짜를 표시해 놓지 않으면 시간이 얼마나 흘렀는지 알 수 없다. 나무 같은 것에 날짜나 하루하루를 표시해 나가는 것이 좋다. 하지만 단순히 단조로움을 피하기 위해 날짜를 표시하는 것은 아니다. 언제 구출될지 모르는 상황에서 날짜를 표시해 놓아야 계절에 대한 대비를 할 수 있기 때문이다. 또 계절의 변화를 예측하기 위해 북극성의 고도를 이용해 위도를 알아두는 것도 한 방법이다. 북극에 있다면 북극성이 머리 바로 위에 있을 것이고, 적도 지방이라면 북극성이 지평선에 와 있을 것이다. 즉 북극성의 고도를 90도에서 빼면 그 지방의 위도를 짐작할 수 있다.

## 2. 식수와 불 만들기

### 가재가 사는 물은 안심

무인도에서 가장 중요하다고 할 수 있는 것은 식수를 찾는 것이다. 우선 무인도의 지형을 살펴보고 물이 흘러 내려올 수 있는 계곡을 찾아보는 것이 첫번째 방법이다. 다행히 물을 발견했다고 해도 무작정 먹을 수는 없다. 물이라도 그냥 먹을 수 있는 것과 그렇지 못한 것이 있기 때문이다. 식수를 구분할 수 있는 가장 기초적인 방법은 물 속의 생물을 살피는 것. 식수로 사용할 수 있는 1급수는 가재나 옆새우류가 살고 있는 것으로 간단한 정수를 통해 먹을 수 있다. 하루살이 유충이 살고 있는 2급수는 약품처리를 하거나 끓여서 식수로 이용할 수 있다. 그 외 다슬기, 거머리, 물달팽이가 사는 3급수, 실잠자리 유충, 파리의 유충이 사는 4급수, 장구벌레, 실지렁이가 사는 5급수는 먹을 수 없다.

그런데 먹을 물을 찾을 수 없다면 바닷물을 식수로 만들어야 한다. 즉 담수화 작업이 필요하다. 염분 제거의 한 가지 방법은 기원전 4세기부터 알려져 왔다. 그리스의 철학자 아리스토텔레스는 소금물을 끓이면 수증기가 날아가고 소금만 남는다는 사실과 수증기를 다시 액화하면 순수한 물이 된다는 것을 알았다고 한다. 지금도 간단한 담수 제조 플랜트에서는 물을 끓여 수증기를 액화시키는 방법으로 식수를 얻는다. 하지만 이런 방법은 생산 원가가 너무 높아 일상적으로 사용되지 못하는 것이 현실이다.

이제 바닷물을 식수로 만들어보자. 가열할 수 있는 큰 통에 소금물을 담고 증류수를 받을 수 있는 통을 가운데 놓는다. 뚜껑에 해당하는 비닐을 둥글게 만들어 찬물을 채우고 끓는 바닷물을 위에서 붙잡는다. 그러면 소금과 물의 혼합물인 바닷물이 끓으면서 물이 먼저 기화하다가 찬물에 닿으면 다시 액화해 가운데의 통으로 증류수가 받아진다. 이런 방법으로 바닷물을 증류할 수 있다.

이렇게 만들어진 식수는 그릇이나 대나무 마디에 보관할 수 있다. 만약 비가 오면 빗물을 받아 저장하면 되는데 이때 짧은 시간에 많은 양의 빗물을 받는 방법이 있다. 풀단을 역삼각형 모양으로 묶어서 빗물이 모이도록 하면 훨씬 쉽게 물을 모을 수 있다. 이때 모은 빗물은 침전물을 제거한 후 끓여서 먹는다.

(중략)

문화는 삶의 방식이다. 삶은 개인적인 것이 있고 집단적인 것도 있고 또 국가나 지구적인 것도 있다. 원시시대는 個가 뭉쳐 家가 되고 家가 뭉쳐서 族이 되었다. 다시 族이 뭉쳐서 國이 되는 과정을 거쳐 이제 지구촌이라는 거대한 삶의 공간이 만들어진 것이다. 문화는 이 작은 단위가 뭉쳐서 이루어진 결정이다. 권력자들은 말끝마다 국가와 민족을 들먹이면서 個의 충성(?)을 선전하고 있지만 글로벌시대와 민주화시대가 되면서 다시 삶은 個로 향해 나아가고 있다.

그렇다. 개인의 21세기가 지금 열리고 있는 것이다. 그것은 전체주의와 독재체제에 대항하고 변화시키는 문화의 씨앗이다. 문화는 몸짓으로써 소리로써 그리고 영상으로써 민중의 민중에 의한 민중을 위한 '個의 존재와 個의 정체성을 향해' 한 걸음 한 걸음씩 걸어가고 있는 것이다.

문화는 정신이며 도덕이자 규범이다. 그리고 강렬한 틀이다. 문화는 소속감이 없다. 자유스럽다. 個가 그리는 세계는 아나키스트의 공허한 그림일 수도 있고 데모크라시의 화려한 음률일 수도 있다. 어떤 존재가 되어도 좋다. 그곳이 편안하면 바로 낙원이 될 수 있고 그곳이 불편하면 지옥이 될 수도 있다. 소리와 그림과 행위는 個의 진정한 벗이자 마음에 쏙 드는 도구이다.

우리가 육체의 삶을 위해 정신을 감금하고 있을 때 그 혼은 자신을 압제하고 있는 진부한 세계에서 벗어나려고 고통의 비명을 지른다. 혼이 떠난 육체는 과연 죽은 것일까 산 것일까. 아니면 육체가 있다면 혼도 존재하기에 당연히 둘은 혼연일체라는 말인가?

칸딘스키의 그림을 보고 또 피카소의 난해한 그림을 보면서 '아, 난 문화인이야' 라고 신음을 토해내는 것은 가능하다. 베토벤의 〈운명〉을 들으면서 또 '아, 난 진짜 문화인이지' 라고 비명을 지르는 것도 가능하다. 그러나 무엇을 보고 무엇을 들었는가?

우리는 자칭 문화인으로 살아가는 데 익숙하다. 그것이 대중문화여도 좋고 팝매니아라도 좋다. 그리고 행위예술가가 되어 온갖 몸짓 발짓을 하면서 사람들을 현혹해도 그것은 일관된 삶의 문화라고 생각하기에 문화인으로 불려도 좋다.

# 글쓰기 능력의 중요성[1)]

이익섭/서울대학교 국어국문학과 교수

## 1

얼마 전 한 일간지에 약 2주일의 간격을 두고 두 편의 글이 실린 적이 있다. 두 편이 모두 대학교수의 글이었고 보기에 따라서는 매우 비슷한 성격의 글이었다. 독자에게 자기의 주장을 펴는 일종의 논설문이었던 것이다. 그런데 두 편의 글이 주는 호소력은 꽤 달랐다. 좀 길지만 먼저 그 글 전문(全文)을 보기로 한다.

(1) 얼마 전 우연히 TV에서 가수 양현석이 자신의 옛 동료인 서태지를 평하는 장면을 보게 되었다. 신곡 창작을 위해 6개월간 집 밖 한 발짝도 나가지 않고 피가 마르는 고된 작업을 하더라는 것이었다. 나는 이것이 독창적인 학술논문 한 편을 쓰기 위해 과학자가 겪어야 하는 과정과 너무도 흡사하다는 사실에 충격을 받았다. 과학기술 분야에서도 성패를 가름하는 것은 천재성보다는 집념 어린 노력인 경우가 대부분이기 때문이다.

지금 우리 사회는 잘 알다시피 정치, 경제가 모든 것을 좌우하며 교육, 문화, 과학기술은 언제나 뒷전으로 밀린다. 과학기술이 중요하다고 IMF 이전에도 많은 사람들이 외쳤고, IMF 이후에는 국제 경쟁력 확보를 위해서 과학기술을 발전시켜야 한다고 더 많은 사람들이 외쳤다. 그러나 웬일인지 과학기술자가 되고 싶어하는 젊은이는 점점 줄어들고 있다. 많은 대학생들이 과학기술자는 나라를 이끄는 사람이 아니고 남의 밑에서 시키는 일을 하는 사람으로 생각한다. 그리고 이처럼 사회적으로 대접도 못 받는 과학기술자가 되기 위해서 너무 어렵고 긴 공부와 수련의 과정을 거쳐야 한다는 선입견이 자리잡고 있다. 이러한 풍조를 무조건 나무랄 수는 없으나 나는 이와 같은 사회적

---

[1)] 유감스럽게도 필자의 이름은 정리가 되어 있어 괜찮은데 어디서 인용했는지는 이 글을 쓸 당시에는 찾을 수 없었다. 필자의 양해를 바라는 도리 밖에 없을 것 같다.

통념의 몇 가지 틀린 점을 분명히 지적하고 싶다.

자신의 적성을 살리고 사회에도 효과적으로 기여하려면 두뇌가 우수하고 창의력이 높은 사람은 과학기술계나 예술계로 진출하는 것이 좋을 것이다. 물론 사회적 보상 체계는 이와 다르므로 시험 성적이 좋은 사람은 법대와 의대로 몰리는 것이 현실이다. 그러나 일단 개인적 부와 명예 문제를 접어두고 우리 삶의 모습을 바꿔 온 역사적 원동력이 어디에 있나 생각해 보라.

과거 수십 년간 수많은 정치가, 사업가들이 부침하였으나 대통령 등 몇몇 사람을 제외하면 우리 사회의 모습은 그들에 의해서가 아니라 국민의 민주주의 역량, 그리고 다른 한편으로 TV와 휴대폰, 컴퓨터와 인터넷에 의해 더 영향을 받고 변해 온 것이 사실 아닌가? 많은 재벌과 기업들이 명멸하였지만 반도체와 자동차, 또한 앞으로 정보통신과 생명공학이 우리 경제의 중요한 기둥이 될 것은 자명하다. 그리고 이러한 신기술 뒤에는 과학의 위대한 발견-발명이 뚜렷하게 자리잡고 있다.

인류사에 엄청난 영향력을 끼친 과학의 업적이 상대성 원리, 반도체, DNA 이중나선 같은 극히 짧은 단어들로 축약될 수 있다는 것은 참으로 놀라운 일이다. 물론 아인슈타인 같은 천재가 아닌 우리들로서 개개인이 이룰 수 있는 일은 극히 작지만 자기 나름대로 창의적인 노력을 통해 학문적 업적을 이루거나, 어떤 제품을 만들거나 하는 보람을 가질 수 있고, 이것들의 집합이 우리의 삶을 더 풍요롭게 할 수 있다.

서태지가 신곡 한 소절을 작곡하기 위해 밤을 지새웠다면 우리 과학자들도 자신의 논지를 가장 극명하게 표현할 한 문장을 찾지 못해 며칠씩 고심했던 경험을 가지고 있고, 마침내 그것을 발견했던 기쁨도 있다. 물론 과학기술자란 직업이 큰 명예와 부를 얻는 직업은 아니다. (다행히 빌 게이츠와 같은 예외도 있다.) 그러나 화려한 직업을 지망한 사람들 중 과연 자기 꿈을 이룬 사람의 비율이 얼마나 될 것인가?

오히려 학문 분야로 진로를 정한 경우를 예로 든다면 우리나라의 교수 숫자가 수만 명 정도이니 좀더 소박한 목표일지라도 성취할 가능성이 훨씬 높다고 할 수 있다. 조그만 꿈들을 이루는 데 자부심을 갖고 떳떳하게 삶을 살아갈 수 있다면 과학기술자는 결코 나쁜 선택이 아니다. 우리의 젊은이들이 학창시절에 실력을 착실히 쌓고, 영감과 노력에 따라 가장 정직하게 결과를 돌려주는 과학기술에 더욱 흥미를 갖기를 기대한다.

새 천년에 전개될 생명 복제, 유전병 치료, 생태계 위기 등 새로운 삶의 지평과 도전에서 우리는 다른 나라가 정해 준 대로만 따라가야 할 것인가? 신물질 개발, 전자 상거래 등 새로운 정보사회에서 남의 뒤치다꺼리만 할 것인가? 우리 세대의 많은 과학기술자가 이름없이 감당했던 기초작업 위에서 다음 세대에서는 반드시 과학분야 노벨상 수상자가 배출될 것을 확신한다.

(2) 우리 고대사에서 가장 연구가 부진한 분야 중 하나가 백제 초기사이다. 관련 사서에 남아 있는 기록이 너무도 빈약하기 때문이다. (삼국사기)를 보더라도 백제에 관한 서술은 고구려나 신라에 비해 양과 내용 면에서 빈약하기 짝이 없다. 이러한 어려움을 극복하는 돌파구는 고고학적 자료의 활용밖에 없다. 하지만 백제 초기의 국가형성과정을 보여줄 고고학적 자료를 확보하는 일은 쉽지 않았다.

일반 시민들에게 백제와 관련된 지역을 떠올리라면 대개는 공주와 부여를 떠올릴 것이다. 그러나 700년 가까운 백제 역사 중에서 공주와 부여에 도읍을 정하였던 시기는 합해서 185년에 불과하다. 그 나머지 기간은 현재의 서울이 백제의 도읍이었다. 그렇다면 서울시 어딘가에는 백제, 그것도 이른 시기의 왕성이나 고분 등의 유적이 널려 있어야 마땅하다. 가장 유력한 후보지는 강남구·송파구 일대로 압축된다.

일제 강점기에 부족하나마 간헐적인 조사가 이루어지면서 현재의 석촌동 일대에 80여 기의 백제 고분이 분포한다는 사실이 확인되었다. 이 무덤들은 규모로 보아 왕릉일 가능성이 매우 높은 것들이었다. 1925년에는 대홍수로 풍납토성의 성벽 한쪽이 무너지면서 중국에서 만든 청동 자루솥이 발견되었다. 당시로서는 매우 귀했을 중국제 수입품이 출토되는 성은 왕성을 빼놓고는 생각하기 어렵다.

해방을 맞이하였지만 서울시 강남에 위치한 백제 초기 유적에 대한 조사와 보존 대책은 전무하였다. 그런 가운데 1970년대부터 본격화된 강남 개발은 일제 강점기와 한국전쟁을 거치면서도 용케 살아남은 백제 유적을 집단적으로 학살한 결정적인 사건이었다. 1500년 이상을 버텨온 유적들이 중장비에 밀려 순식간에 사라진 것이다. 80여 기에 달하던 석촌동 고분군은 4기밖에 남지 않았고, 풍납토성은 성의 안팎에 들어찬 주택들로 인해 질식할 지경에 이르렀다. 백제 초기의 국가형성과정과 그 실체에 대한 연구는 안개 속을 헤맬 수밖에 없었다.

1997년 풍납동의 한 아파트 신축 공사장에서 기적이 일어났다. 완전히 파괴되었을 것으로 판단되던 백제 초기의 유적이 현재의 지표면보다 4m 아래에 고스란히 살아 있음이 확인된 것이다. 뇌사 판정을 받았던 풍납토성은 한국판 폼페이로 부활하였다. 몇 차례의 발굴조사 결과 토성 내부에는 마을을 방어하기 위한 세 겹의 도랑[環濠]이 있었으며, 수백 년에 걸쳐 많은 사람들이 생활하였음을 알 수 있었다. 발견된 유물들은 지금까지 알려진 백제 유물 중 최고 수준이어서, 이 성이 왕성일 가능성은 매우 높아졌다.

올해 6월부터 국립문화재연구소 발굴단에 의해 성벽 절개 조사가 이루어지면서 상황은 결정적인 국면으로 치달았다. 성벽 바닥의 폭이 40m, 남아 있는 높이만 하더라도 9m에 이른다는 사실이 확인되었다. 이런 대규모의 성은 아직 유례가 없다. 성벽을 쌓은 방법은 진흙을 수십 겹 다져올리고, 안팎의 끝 부분에는 깬 돌과 강돌을 4단에 걸쳐 쌓아 올렸다. 어림짐작에도 수십만 명의 인력이 동원되어야 한다. 3~4세기경 이 정도의 공력을 들여 쌓았다면 왕성임이 틀림없다. 수백 년간 미궁에 빠져 있던 백제 초기 왕성의 실체가 밝혀진 것이다. 백제 초기사 연구에 새로운 지평이 열리는 순간이다.

하지만 상황은 비관적이다. 앞으로 몇 년 이내에 토성 내부는 고층아파트로 뒤덮일 것이 분명하기 때문이다. 무분별한 개발과 서울시민들의 무관심 속에서도 기적적으로 부활하여 우리 앞에 다시 나타난 이 세계적인 문화유산의 생명은 이제 우리 손에 달려 있다. 하지만 '1999년 우리'에 대한 평가는 후손들의 손에 달려 있다. 그들이 내릴 평가는 둘 중 하나이다. 하나는 개발과 유적 보존이라는 두개의 과제를 슬기롭게 해결한 문화인이었다는 것, 다른 하나는 황금에 눈먼 몰역사적 야만인이었다는 것. 당신은 어떤 평가를 원하는가.

결론부터 말한다면 앞의 예문(2)는 잘된 글이고 예문 (1)은 그렇지 못한 글이다. 예문 (2)는 필자가 우리에게 무엇을 이야기하고 싶어하는지가 분명하다. 그것이 분명하게 전달된다. 그리고 호소력도 있다. 그런데 예문 (1)은 그렇지 못하다. 대개 무엇을 이야기하려는지는 알겠는데 태도가 분명치 않다. 그만큼 호소력도 적다.

왜 이러한 차이가 생기는 것일까? 예문 (2)는 글이 일관성이 있다. 한 단락 한 단락이 통일성 있게 만들어져 있고, 그것들이 순리적으로 긴밀하게 연결되어 있다. 그만큼 편안하게 읽힌다. 그러면서 정말 영영 우리 앞에서 자취를 감추어 버릴지도 모를 귀중한 문화유산의 위기 상황을 실감 있게 전달하면서 마지막에 우리 양심을 향해 외침으로써 우리를 숙연케 하는 힘까지 발휘한다.

이에 비해 예문 (1)은 무엇보다 일관성이 없다. 그리고 초점도 흐리다. 처음 시작은 꽤 그럴 듯해 보인다. 관념적인 이야기보다 구체적인 이야기로 실마리를 풀어가면서 독자를 곧바로 이야기의 한복판으로 이끌어들이는 힘을 보이기 때문이다. 그런데 둘째 단락에서부터 이미, 그리고 뒤로 갈수록 더욱 우리는 혼란을 겪기 시작한다. 앞에서는 '천재성보다는 집념 어린 노력'을 내세우고서는 뒤에서는 '너무 어렵고 긴 공부와 수련의 과정을 거쳐야 한다'는 것을 잘못된 선입관의 하나로 말하는가 하면 '두뇌가 우수하고 창의력이 높은 사람'을 과학계로 오라고 호소한다.

그 뒤에서도 마찬가지다. 우리 사회를 바꾸어 온 진정한 힘은 정치나나 재벌이기보다 과학이었음을 강조해 놓고서는 이내 꼬리를 슬슬 뺀다. "인류사에 엄청난 영향력을 끼친 과학의 업적이 상대성 원리, 반도체, DNA 이중나선 같은 극히 짧은 단어들로 축약될 수 있다는 것은 참으로 놀라운 일이다"라고 잔뜩 꿈을 부풀려놓고서는 "그러나 화려한 직업을 지망한 사람들 중 과연 자기 꿈을 이룬 사람의 비율이 얼마나 될 것인가?"라고 하면서 우리나라 대학교수의 수가 수만 명에 이르니 안심하라는 쪽으로 움츠러드는 것이다.

한 단락 안에서의 통일성도 몇 곳에서는 잘 지켜지지 않았다. 특히 "서태지가 신곡한 소절을 작곡하기 위해 밤을 지새웠다면 우리 과학자들도 자신의 논지를 가장 극명하게 표현할 한 문장을 찾지 못해 며칠씩 고심했던 경험을 가지고 있고, 마침내 그것을 발견했던 기쁨도 있다. 물론 과학기술자란 직업이 큰 명예와 부를 얻는 직업은 아니다. (다행히 빌 게이츠와 같은 예외도 있다.) 그러나 화려한 직업을 지망한 사람들 중 과연 자기 꿈을 이룬 사람의 비율이 얼마나 될 것인가?"의 단락은 우리에게 큰 실망을 준다. 과학자들이 고심하는 것이 소설가가 하는 것과 같은 표현의 문제인 것처럼 이야기한 부분도 이상하거니와 이 단락은 도무지 한 단락으로서의 통일성을 찾아보기 어렵기 때문이다.

예문 (1)은 전체적으로 호소력이 적다. 무엇보다 과학자로서의 사명감과 긍지를 일관성 있게 제시해 주지 못하고 우왕좌왕하는 모습을 보여주었기 때문일 것이다. 가령 하나만 더 지적한다면 사소한 것이지만 "인류사에 엄청난 영향력을 끼친 과학의 업적이 상대성 원리, 반도체, DNA 이중나선 같은 극히 짧은 단어들로 축약될 수 있다는 것은 참으로 놀라운 일이다. 물론 아인슈타인 같은 천재가 아닌 우리들로서 개개인이 이룰 수 있는 일은 극히 작지만 자기 나름대로 창의적인 노력을 통해 학문적 업적을 이루거나, 어떤 제품을 만들거나 하는 보람을 가질 수 있고, 이것들의 집합이 우리의 삶을 더 풍요롭게 할 수 있다"는 부분은 맥이 풀려 있다. 뒷부분을 이렇게 할 것이 아니라 그런 엄청난 영향력을 끼친 짧은 단어들이 사실은 우리의 작은 성과들에 의해 이룩되는 것이라는 쪽으로 이끌어 가야 한 단락으로서의 통일성도 높이고 글에 힘이 붙을 것이다.

거의 같은 무렵에 발표된 비슷한 성격의 글을 읽으면서 나는 글을 어떻게 쓰느냐에 따라 효과가 이렇게 다를 수 있구나 하는 생각을 하였다. 그리고 학생들에게 이 글을 비교해 보도록 하기도 하였다. 글쓰는 수련이 왜 필요한가를 저절로 터득시켜 주리라 기대하였기 때문이다.


## 2

그렇다면 우리의 사정은 어떤가. 반드시 비관적이라고만 할 수는 없지만 그렇다고 썩 좋은 상태라고 하기도 어렵다. 그렇지 않을 수 있는 수준에 있다고 생각되는 인사(人士)들의 글에서도 우리를 실망시키는 사례가 빈번히 나타나기 때문이다. 앞의 예문(1)에서 그 일면을 보았지만 사실 그것은 문장 하나 하나는 정확히 쓴 경우여서 그리 심각한 수준은 아니었는데 그보다 훨씬 더 기초적인 데서 글을 제대로 만들지 못하는 사례가 허다한 것이다. 다음에 그 몇 경우를 보기로 한다.

(3) 특히 금년 여름은 무더위가 장기간 계속될 것이란 예보가 있을 뿐만 아니라 경제난에 따른 예산사정으로 냉방을 최대한 억제해야 할 실정임으로 각 "실·국·기관에서는 모든 직원들이 하계복장을 정장 대신 노타이, 반팔 와이셔츠 등을 착용하여 에너지 절약 및 근무능률을 제고하여 주시기 바랍니다.

이 예문은 정부의 한 중앙 부서에서 보낸 공문의 일부다. 한마디로 비문(非文)이다. 문장을 일부러 이렇게 뒤범벅을 만들기도 어려울 정도로 어수선한 글인 것이다. 무엇보다 '각 실 국 기관에서는' 이 이 문장 전체의 주어이므로 그 다음은 '모든 직원들로 하여금 반팔 와이셔츠 등을 착용케 하여' 정도가 되면 좋을 것이다. '에너지 절약 및 근무능률을 제고하여' 부분도 이상하다. '에너지 절약 및 근무능률 제고에 만전을 기해 주시기 바랍니다'와 같이 앞뒤가 대등한 명사구(名詞句)로 이어지게 해야 할 것이다. 그대로 두면 '제고하여'가 '에너지 절약'에까지 걸려 결과적으로 '에너지 절약을 제고하여'라는 이상한 말이 되기 때문이다. 띄어쓰기며 '실정이므로'라고 해야 할 것을 '실정임으로'라고 한 것도 물론 이 글이 낙제 수준임을 입증하는 데 일조(一助)한다.

다음 예문은 어느 타이어 생산 업체가 낸 광고문의 일부다. 자기 회사 제품의 우수성을 광고하면서 오히려 그 반대의 이야기를 하고 있는 것이 우리를 어리둥절하게 만든다. 즉 '제동성과 소음을 제거하기 위해'라고 하면 '제거하기'가 '제동성'에도 걸려 '제동성을 제거하기 위해'라는 이야기가 되는데, 아니 제동을 걸 때 제동이 잘 걸리지 않는 타이어를 만들었다는 광고를 하고 있지 않은가.

(4) 좌우측 숄더부는 제동성과 소음을 제거하기 위해 특수한 기법으로 개발된 오로라 818만의 독특한 디자인입니다.

정부 부서나 회사 광고부나 아무나 앉는 자리는 아닐 것이다. 그만한 자리에서 아직 이런 수준의 글이 나오고 있다는 것은 결코 한 개인의 문제라고만 하기는 어려울 것이다. 우리나라 전체의 수준이 반영되었다고 보아야 할 것이며 그 때문에 우리가 이런 문제를 걱정하고 있는 것이다.

나는 다른 자리에서 나라에서 여러 사람이 머리를 맞대고 고치고 다듬으며 공들여 만든 〈국민교육헌장〉이 얼마나 모호한 문장으로 되어 있는가를 특히 다음 예문 (5)로 분석해 보인 일이 있으나 우리나라의 전반적인 수준이 아직 미흡한 단계에 있다는 실례는 얼마든지 있는 것이 아닌가 한다. 다음 예문 (6)도 그 중 하나다. 이 역시 이제는 폐기된 〈청소년 헌장〉의 한 조항인데 주체가 학교측인지 학생 스스로인지조차 불분명한 모호하기 이를 데 없는 문장이다: 그리고 예문 (7)은 그 〈청소년 헌장〉과 함께 청소년 문제를 다룬 〈'96 청소년백서 발간〉이라는 정부 문서의 한 부분인데 일일이 그 문제점을 지적하기도 어려운 어지러운 문장이다.

(5) 성실한 마음과 튼튼한 몸으로, 학문과 기술을 배우고 익히며, 타고난 저마다의

소질을 계발하고, 우리의 처지를 발판으로 삼아, 창조의 힘과 개척의 정신을 기른다.

(6) 학교는 청소년이 조화로운 배움을 통하여 교양과 지식과 체력을 기르는 곳이다. 자질을 존중하고, 자아실현을 통하여 삶을 윤택하게 하는 길을 가르치며, 문화의식과 민주 시민 정신을 높인다.

(7) 청소년들이 자신의 미래, 미래 한국의 모습, 미래 세계의 모습 등에 대한 준비성과 바람직한 변화 창조능력 제고.

함께 이야기를 하다 보면 머리를 어지럽게 하는 사람이 있다. 이야기에 초점이 없고 또 이쪽 이야기를 하다가는 그것과 반대 방향으로 주장을 바꾸고 하면서 사람을 정신을 차리지 못하게 하는 것이다. 글로도 그렇게 사람을 혼란스럽게 하는 사람이 있다. 독자에게 그러한 피해를 입히는 일은 스스로 하고자 하는 이야기를 바로 전달하지 못한다는 손해와 아울러 자신의 평가를 나쁘게 만드는 손해를 입힐 것이 분명하다. 그리고 한 나라에서 어수선한 글이 횡행하고 국민이 그 어수선한 글에 맞추어 어림짐작으로 세상살이를 한다면 이것은 국가적 손실이 아닐 수 없다. 이렇게 보면 글쓰기 능력의 우열은 결국 한 나라를 살기 좋은 나라로 만드느냐 못 만 드느냐로 직결되는 일이라 보아야 할 것이다.


**3**

그런데 이와 관련하여 하나 첨가하고 싶은 이야기는 우리나라에는 이 방면으로 지도자가 너무 적다는 점이다. 〈문장강화〉 유가 더러 있지만 전문성이 별로 없는 것들이다. 겨우 초등학교 학생들의 글짓기를 대상으로 하면서 전문가 행세를 하는 일도 우리의 열악한 수준의 일단일 것이다. 이 방면의 저술이 넘쳐흐르는 서양과 비교하여 너무 초라한 모습이 아닐 수 없다.

전문가가 적을 뿐 아니라 적어도 글쓰기에 모범을 보여야 할 사람들이 오히려 나쁜 글을 만들어내고 그것을 대단치 않게 생각하는 일도 많다. 앞에서도 대학교수의 글을 문제 삼았지만 전체적으로 이 방면에 대한 인식이 아직 부족한 것으로 보인다. 한 예만 더 보기로 한다.

(8) '文化'란 말과 '哲學'이란 말이 우리나라에서처럼 그렇게 흔하게 쓰이고 있는 곳도 아마 드물 것이다. '문화'의 빈곤, 그리고 '철학'의 빈곤에서 생겨난 逆說的인 현상인지도 모르겠다. 심지어 빵집 간판이나 구둣방 간판에까지 이 '문화'란 말이 따라다닌다. 그런 데일수록 문화와는 인연이 멀 정도로 불결하다. 특히 약광고나 상품광고에서는 으레 문화인이란 말을 걸고 넘어지기가 일쑤다.

하기야 문화라고 하는 것은 박물관이나 대학강당 안에만 있는 것이 아니니 음식점이고 양복점이고 간에 문화란 말이 탈 될 것은 없다. 그러나 그보다도 더 심한 것은 '철학'이란 말이다. '手相哲學', '觀相哲學', '姓名哲學' 따위의 말을 서울 시내의 도처에서 발견할 수 있으니 말이다. 대개 그 관상쟁이들의 경력을 보면 다년간 인생철학을 연구했다는 것이다.

그러나 손금을 보고 성명풀이를 하고 관상을 보고 다니는 현대의 이 수상한 '칸트'들을 철학자로 대접하기엔 어쩐지 좀 겸연쩍다. 개중에는 고색창연한 周易의 이론을 꺼내는 자도 없지 않고 혹은 最現代式 實證哲學을 배경으로 삼고 현대 통계학을 운운하는 손금쟁이도 있다.

그러나 지금은 인공위성이 떠돌고 있는 이십세기의 후반기다. 그러므로 그런 한심한 철학자(?)들보다도 우리의 마음을 슬프게 하는 것은 그 앞에 쭈그리고 앉은 새파란 남녀들이다. 취직은 언제나 될까? 언제나 되야 돈을 벌까? 주로 이러한 것들이 인생철학자를 찾아오게 된 고민거리다.

이 글은 필명(筆名)이 높기로 둘째가라면 서러울 분의 베스트셀러의 한 부분이다. 전체적으로 재치가 넘치는 글이라고 할 수 있을지 모르나 결코 잘된 글이라 할 수는 없다. 나는 우리나라 사람들의 글에서 가장 취약점으로 드러나는 부분이 단락에 대한 개념 부족이라 생각하거니와 이 글도 그 점에서 보면 낙제점을 면하기 어려워 보인다.

첫 단락에서 "그런 데일수록 문화와는 인연이 멀 정도로 불결하다"는 빼어버려야 할 것이다. 적어도 이 자리에서 할 이야기는 아니다. 단락의 통일성을 깨기 때문이다. 또 둘째 단락은 해체하여 그 첫 문장은 앞 단락으로 이어붙여야 할 것이며, 그 다음 문장 부터는 셋째 단락으로 가져가야 할 것이다. 그래서 문화 얘기는 문화 얘기대로, 철학 얘기는 철학 얘기대로 구분을 지어 주어 짜임새 있는 글이 되게 하여야 할 것이다. 이 이외에도 이 글에는 글이 긴밀하게 이어지지 않는 곳이 더 있고 그로써 이 글은 나로서 는 아주 낮게 평가하는 글이다.

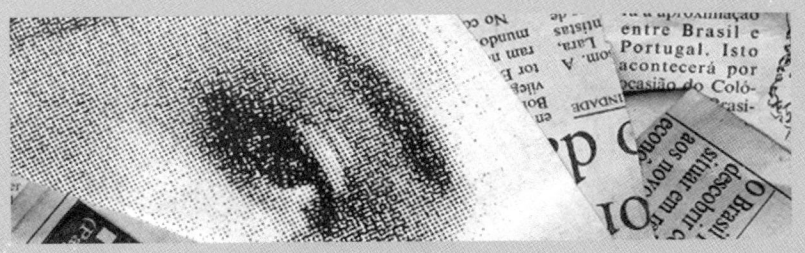

제2부

# 블루오션

天之道 其猶張弓乎 高者抑之 下者擧之 有餘者 損之 不足者 與之 天之道 損有餘 而補 不足 人之道 則不然 損不足 以奉有餘 孰能以有餘 奉天下 唯有道者 是以聖人爲而不 恃 功成而不處 不欲見賢

하늘의 이법은 활을 메우는 것과 같은 것인가. 높은 데를 억누르고, 낮은 데를 올려주며 남은 부분은 덜어내어 부족한 부분에 채워준다. 하늘의 이법은 이와 같이 남은 것을 덜어내어 모자 라는 것에 보태주는 것이다. 그러나 사람들이 하는 일은 이것과 달라 모자라는 사람의 것을 덜 어내어 넉넉한 사람에게 보태어 주는 것이다. 자신의 남은 것으로 이 세상을 위해 봉사할 수 있 는 사람은 누구인가. 오직 도를 체득한 성인만이 그 일을 할 수 있을 것이다. 그러므로 성인은 일을 하고 나서도 자랑하지 않으며, 공을 이루고 나서도 자부하지 않는다. 그는 자신의 탁월함 을 드러내려 하지 않는다.

노자 《도덕경》 〈하편 〉 77

# 제1장

# :: 정치의 장

## 정치를 왜 1면에 배치하는가

정치기사가 1면에서 벗어난 것은 그리 오래된 일도 아니다. 아마 90년대 중반에 들어와 어느 시기에 정치기사가 푸대접(?)받기 시작한 것으로 안다. 그것은 역시 민주화의 과정과 우리 국민의 각성에 맞춰 함께 진행된 것이라고 본다. 그 자리를 메꾸는 것은 생활을 앞세운 경제기사나 건강, 환경 관련 기사들이 많이 등장하긴 했지만 역시 정치의 위력은 어쩔 수가 없는 것 같다. 권력이라는 힘의 정치 이데올로기는 아무래도 사람들의 매력을 끄는 모양이다.

사람들은 다스리는 사람이 되기를 원한다. 그것을 관료정치의 폐습이라고 하기엔 그 역사가 너무나 깊다. 동양철학을 봐도 서양철학을 봐도 주제는 인간이면서도 권력에 대한 냄새는 항상 짙게 풍긴다. 조직의 본질은 결국 권력의 이야기로 귀결되는 것은 어쩔 수 없다.

미국 드라마 〈웨스트윙(West Wing)〉은 백악관 보좌관들의 애환을 다룬 걸작 드라마다. 극중의 대통령(마틴 신)이 민주당 대통령후보로 지명 받는 과정을 비롯해 백악관 권력 집행의 명암이 엇갈리며 재미를 더해간다. 그리고 재선과정과 차기 후보 선출에 이어 차기 대통령이 탄생하기까지의 이야기가 펼쳐진다. 7부작이다. 미국 상황이긴 하지만 권력을 가지고 싶은 정치가나 대통령이 되고 싶은 사람들에게 무언가 남겨주는 것이 있는 드라마라고 생각한다. 물론 드라마임에도 미국적인 정치제도가 현실감 있게 펼쳐지는 것이 우리와 좀 다르지만. 특히 자주 등장하는 테마인 언론을 다루는 대변인의 역할은 정치무대에 얼마나 홍보가 중요한지를 엿보게 해주기도 한다.

아마 미국도 신문기자들은 골치아픈(?) 존재들인가 보다. 캐묻고 또 물고 늘어지고… 끝이 어딘지 보이지도 않고 마냥 벗긴다. 그 정보는 아마 마지막엔 해골만 남게 될지도 모른다. 그 해골이 진짜 뼈라면… 그 해골도 곧 먼지가 되어 허공에 날려가 버릴지도 모른다. 그게 기자가 알 권리를 좇는 動因이다. 정보가 있는 곳에 기자가 있어야 하고 그 정보의 본질은 모두 캐내 국민에게 알려줘야 하기 때문이다. 기자 정신은 그렇게 묘사되고 있다.

기자실에 대한 문제는 어제 오늘의 이슈는 아니었다. 권력은 기자들을 어떻게 하면 잘 관리할 수 있느냐는 점에 항상 머리를 써왔다. 채찍도 휘두르고 당근도 준다. 채찍은 맞을 때뿐이고 당근은 먹고 나면 효과가 사라진다. 약효가 오래가는 대언론정책을 짜낸다고 해도 그 결과는 언제나 하이퍼니들 효과(Hyper-needle Effect)일 뿐이다. 특별한 상황일수록 권력은 그것을 감추고 싶어한다. '오프 더 레코드' 나 '엠바고' 를 붙여놓지 않더라도 권력은 소문조차 언론에 흘러나가는 것을 원하지 않는다. 비록 '알 권리' 에 속한 중대한 것일지라도….

기자들은 자신의 무한한(?) 힘의 행사 때문인지 아니면 기사로 개인적 불이익을 당한 사람들이 많은 탓인지 알 수 없으나 '보이지 않는 적' 이 많은 것 같다. 그것이 행인지 불행인지는 알 수 없어도 이 세상은 숨기고 싶은 이야기들이 많다. 그래서 언론은 '알 권리'를 위해 동분서주한다. 권력으로, 재벌로, 또 사건으로 이리 뛰고 저리 뛰고 바쁘다.

## 정치의 수레바퀴에 브레이크를 달자

봉건체제에서는 사실 대가신(大家臣)들이 곧 정부였다. 왕과 귀족 계급은 실제적인 목적을 위해서뿐만 아니라 단지 즐기기 위해서도 광범위한 논쟁을 치렀지만, 자신들의 정치적 우월성에 대한 의문을 제기한 적은 없었다. 그것은 당연하게 받아들였기 때문이다. 봉건적 지배하에서는 물론이고 그 이후에도, 권력과 권위를 차지한 상인들은 국가를 자신들의 목적을 위한 도구로 이용했다. 거기에는 독점이라는 하사품도 있었다.[1]

우리나라 즉 조선왕조의 정치체제를 생각해 보면 쉽게 이해가 될 것 같다. 절대군주인 왕 아래 승정원이라는 곳이 있고 그 안에 6조가 있었다. 모든 것은 백성이 아닌 왕을 위한 놀이터였다. 글자 그대로 '그들만의 정치'였던 셈이다. 말로는 백성을 위해 고민하고 백성을 위해 몸소 실천하는 '짐'이 있었겠지만 통치권에 대한 도전이나 비판은 가혹하게 압제했다. 그때도 言路라는 이름의 언론이 있긴 있었지만… 물론 대사헌이나 대사간이라는 벼슬도 있었으나 그것도 왕의 슬하에 있는 어용관직이었다. 그들 중에는 목숨을 불사하고 비리를 캐고 간언하는 충신(?)도 있었지만. 하지만 그 언론은 근대 언론의 귀감이 되기도 했으니 반드시 어용이라는 딱지로 매도하는 것은 가혹한 말이 될지도 모르겠다.

정치의 본질은 적과 동지의 구별이라고 고전정치학자인 독일의 칼 슈미

---

1) 케네스 갈브레이드의 《경제사 이야기》에서.

트가 일찍이 정의했다. 지금도 그 구별은 이데올로기보다 더 깊숙이 사람들의 뇌리에 박혀 있다. 오늘의 동지가 내일의 적이 될 수 있고 내일의 적이 오늘의 동지로 손을 잡을 수도 있는 것이 정치판이다. 작은일에도 큰일에도 이 적과 동지는 확연하게 구별되어, 脈을 이루고 派를 이루고 朋을 만들고 黨을 만든다. 버트란트 러셀이 《권력》에서 "권력은 인간의 욕망이면서 욕구를 충족시키려는 욕망의 도구"라고 했다. 이 욕망은 정치권력에서 경제권력까지 넓은 영역에서 힘을 발휘하고 있다.

　이 정치권력에 브레이크를 달자. 속도제한의 팻말을 붙이면 더 좋겠다. 그걸 할 수 있는 능력이 기자들에게 있다. 그러나 기자들이 권력의 속성에 젖어버리면 국민이 이를 대신할 수밖에 없다. 그러나 그 국민이 앞서 이야기한 적과 동지의 굴레에 빠지면 혼란이 온다. 삼권분립을 주창한 몽테스키외가 일찍이 공화정의 독재화라는 위험성을 경고한 적이 있었듯이 분열된 국민에게 냉정한 판단력을 가지자고 하는 것은 무리일 것 같다. 곧잘 이 민중이라는 거대한 용광로가 '군중심리'라는 무형의 가스에 휩싸이면 처방이란 시간밖에 없다. 이런 상황이면 기자들은 손을 놓은 상태가 되어 있는 것은 아닌지…

　그러나 기자가 있다. 제목을 붙이고 판을 만든 편집기자들이 있다. 그들이 최후의 보루다. 이 권력의 폭주를 멈출 수 있는 힘은 언론 내부의 편집기자들이 갖고 있으며 그들이 싸워야 한다. 한때 편집국 내부의 갈등으로 기자들이 스트라이크에 나선 적이 있었다. 물론 편집기자들도 거의 참여했지만 일부 양식 있는(?) 기자들은 데스크를 도와 편집을 지원하기도 했다. 취재기자가 없는 상황인지라 기사가 걱정이었다. 그래서 나온 대안은 통신기사를 전재하자는 것이었다. 그렇게 했다. 그러나 그건 한 신문사의 내부 갈등이어서 통신사는 그것과 관계없이 계속 타전되어 온 것이지만, 만약 모든 취재 시스템이 막혀 있는 비상사태라면…? 역시 편집기자들이 현장에 나가야 한다.

최근 신문편집의 한구석에서 빚어지는 일 가운데 하나는 '기자조판' 이라는 것이 있다. 지방신문으로 가면 아예 취재와 편집의 벽을 허물어 한 기자가 '기사를 쓰고 편집하면서 조판까지 하는' 시스템으로 가고 있다. 이른바 만능기자를 원하는 것이다. 앞서 이야기한 비상사태가 벌어진 것은 아니다. 열악한 경영상의 애로를 돌파한다는 갸륵한 뜻이 담겨 있는 것이다. 그러나 사실은 인력을 풀가동하려는 발상이다. 어떤 의미에선 신문의 질을 고려해 볼 때, 어떤 면에선 신문의 질을 취약하게 만들 소지가 다분히 있다는 점을 간과해서는 안 될 것이다. 편집기자들을 풀가동할 수 있다는 장점을 든 것은 결국 편집기자들을 오로지 지면 만드는 '기능직' 으로 취급하고 있다는 경영진의 시각과 신문을 보는 어설픈 시각이 작용하고 있다는 것을 입증하는 것이 아니고 무엇이겠는가.

다시 본론으로 돌아와 취재 시스템에 문제가 생겼다면 편집기자들이 취재일선에서 뛰어야 한다고 말했다. 그래서 편집기자들도 취재라는 영역과 기사쓰기의 영역을 게을리해서는 안 된다. 그런 비상사태는 아마 없을 것이다. 그 때문에 편집기자들에게 취재를 익히라는 것은 아니다. 편집기자는 신문제작의 꽃이다. 적어도 편집국 내부의 작업에는 어느 정도 능통해야 된다는 것이 나의 생각이다. 그렇기에 기자조판이라든지 하는 번거로움을 굳이 경영진이 택할 이유는 없다. 신문경영은 결국 신문의 신뢰도를 높여 보다 큰 차원의 언론자유와 진리수호라는 본연의 임무와 걸맞아야 한다는 것을 알아야 한다. 그래야 떠난 독자들이 돌아온다.

정치에 브레이크를 다는 일은 중대한 일이다. 언론, 즉 신문을 사수하는 것이 편집기자의 사명이라고 생각하고 그걸 해야 한다.

# 대한민국의 주권은 국민에게 있다

권력의 형태는 고대 부족국가의 힘센 자의 손에서 봉건국가에서는 제후에게 넘어갔고, 지금은 명색뿐인 국민에게 넘어가 있다. 그 무한 권력의 감시를 위해 국민들은 때가 되면 싸웠고 또 권력자에게서 작지만 하나씩 소득을 가져왔다.

선거철이 다가오면 수많은 루머와 마타도어 그리고 유비통신에 카더라 방송이 난무한다. 대중들은 그 소리 하나하나에 귀들이 쏠린다. 그리고 "발없는 말이 천 리 가듯" 순식간에 전국을 헤맨다. 더구나 요즘은 인터넷이 일반화되면서 그 속도는 광랜처럼 빠르다. 댓글이 줄을 잇고 악플이 스며들고… 확인되지 않은 정보가 산더미처럼 쌓인다. 그곳엔 게이트키퍼도 없다. 물론 인신공격적이거나 타인의 명예를 훼손하는 내용은 관리자가 삭제한다는 내용이 있고 그래서 삭제는 되겠지만 관리의 속도는 옛 모뎀의 속도밖에 내지 못한다. 그 시간 동안 괴정보는 이미 다단계 상술을 뛰어넘고 있질 않는가. 민주화의 탓인가? 어느 지식인이 말했듯 "지금은 우리 국민 4천만이 모두 기자다"라는 말처럼 정말 기자하고 싶은 사람들 천지다. 여전히 인터넷 과도기란 뜻일까. 아니면 그동안 얼마나 대중들의 입과 귀를 막았으면 한풀듯 저렇게 떠드는 것일까. '個'의 참뜻은 윤리와 책임을 동반한다. 자유스럽기 위해서는 먼저 의무를 수행해야 하고 그 수행능력이 민주주의를 보다 단단하게 한다.

인터넷을 비난할 생각은 추호도 없다. 지금은 바로 온갖 정보가 난무하는 정보홍수시대라는 것을 말하려는 것이다. 그러한 정보들은 편집국의 취재데스크를 거쳐 검증되고 선별된다. 바로 게이트키퍼의 역할을 다하고 있다. 그래서 신문엔 깔끔한 기사가 나온다.

그러나 소문엔 기자도 약하다. 특히 바깥소식에 약한 편집기자들은 기사를 대하면서도 궁금증은 지울 수 없다. 귀동냥, 구걸동냥으로 얻은 정보는 결국 잡동사니일 뿐이다. 인터넷이 없던 1980년초 광주사태는 유비통신의 전성기처럼 많은 정보를 쏟아냈다. 진실을 아는 사람은 누구냐고 물어보면서 해외통신을 뒤지기도 했다. 일본의 〈세카이(世界)〉지에 실리는 '서울통신'을 구해 제한적인 돌려보기도 했다. 그런 의미에서 우리의 1980년대는 '정보의 암흑시대'라고 또 다른 이름을 붙여도 될 법하다.

헌법위원회라는 곳이 있다. 그 위원회가 할 일은 과연 국민이 헌법의 보호를 충분히 받고 있는지, 또 부당한 생활상의 불이익을 당하고 있지 않은지, 부속법 가운데 어떤 조항이 잘못 해석돼 있는지, 그걸 판단하고 본래의 헌법을 수호하는 곳이라고 한다. 그래서 헌법재판관은 어느 다른 법관보다도 경륜이 뛰어나고 세상을 잘 알고 있어야 한다. 정치엔 항상 중립적 시각과 자세를 견지하면서 어떤 정치적 사안이 과연 국민에게 어떤 불편을 줄 것인지를 곰곰이 살펴봐야 한다고 한다. 때문에 헌법위원회는 헌법의 수호기관인 것이다.

헌법소원이나 헌법청원 같은 것도 있다. 그것은 주권재민의 원칙에 따라 국민이 제기하는 것이라고 한다. 과연 우리의 헌법은 국민의 복리와 생활권을 충분히 보장하고 있는 것일까? 힘없고 기댈 곳 없는 국민을 위해 그들은 따스한 눈길을 보여주고 있는 것일까. 내가 국민이기에 그 헌법이 주인은 바로 나인데… 법이 강자에게는 관용을 베풀고 약자에게는 거침없는 판결을 내리고 있다면 헌법의 기본권은 무엇 때문에 그 조항을 둔 것일까?

바스티아[2]는 그의 《법》에서 다음과 같이 질문하고 있다.

"누군가 국가라는 단어를 단순하고 알기 쉽게 정의하는 사람에게 큰 상금을 걸었으면 좋겠다. 그럴 수만 있다면 우리가 얼마나 큰 도움을 받겠는

---

2) 바스티아에 대한 설명은 '사회의 장'에서 다시 재론될 것이다.

가. 국가, 그것은 무엇일까? 어디에 있는 것이며 하는 일은 무엇일까, 그리고 국가가 해야 할 일은 무엇일까? 하지만 우리가 국가에 대해서 알 수 있는 것은 정체가 매우 아리송한 친구라는 사실뿐이다. 아마도 국가라는 친구만큼 졸림을 당하고, 많은 고문을 당하고, 바쁘고, 잔소리를 듣고, 비난을 받고, 약올림을 당하는 존재도 세상에 없을 것이다."

국가에 대한 보수와 개혁세력 사이의 논쟁은 어느 정권이 들어선다고 해서 한국의 경우 잠잠해질 수 없을 것이다. 왜냐하면 중도와 중용이라는 요소는 '회색주의자'라는 비난과 함께 사장해 버린 단어가 되었기 때문이다.

바스티아의 질문에 과연 헌법위원회는 뭐라고 답변을 내릴까? "국가란…" 하고 장황한 설명과 헌법의 존재이유를 들이댈 것만 같고, 또 아니면 "어떤 미친 작자가 그런 소리를…" 하고 일언지하에 묵살해 버릴지 알 수 없다. 헌법위원회 위원들의 마음이니까.

미국의 수정헌법은 미국헌법의 정신을 압축한 것이라고 알려져 있다. 1789년 9월 25일 발의되어 1791년 12월 15일에 비준된 이 수정헌법의 첫 10개 조항은 미국민의 권리장전이라고도 불린다. 그 가운데 언론과 관련한 수정헌법 제1조는 "연방의회는 국교를 정하거나 또는 자유로운 신교행위를 금지하는 법률을 제정할 수 없다. 또한 언론, 출판의 자유나 국민이 평화로이 집회할 수 있는 권리 및 불만사항의 교체를 위하여 정부에게 청원할 수 있는 권리를 제한하는 법률을 제정할 수 없다"고 명시하고 있다.

우리가 '알 권리'라고 하는 것도 여기서 비롯되었다고 한다.

영화 〈대한민국 헌법제1조〉라는 패러디 영화가 주목을 끈 적이 있었다. 제목이 우선 돌출적이고 도전적이라 관객들의 시선을 모았는지도 모르겠다. 이 영화에 주연한 배우 예지원(고은비) 씨는 한 영화잡지와의 인터뷰 기

**그림 1 | 영화 '대한민국헌법제1조'의 선전포스터.**

사에서 '헌법 제1조를 아시나요?' 라는 질문에 다음과 같이 말한다.[3]

대한민국은 민주공화국이다. 대한민국의 주권은 국민에게 있고, 모든 권력은 국민으로부터 나온다' 는 헌법 1조를 처음엔 대사로 줄줄 외웠죠. 하지만 영화 속 합동유세 때 실제 장애인, 노숙자 분들 등 1500여 명의 보조출연자들이 추운 날씨 아랑곳않고 고은비를 환호하는 데 정말 감동받았어요. 그리고 생각했어요. 왜 이들은 1조의 권리를 누리지 못할까. 고은비가 그랬듯이.

선거를 치르며 고은비가 점차 못 가진 자, 소외된 자의 상징이 되어간 만큼 예씨는 소중한 감정을 배우게 된 듯했다. 영화 촬영은 대부분 전주에 있는 실제 윤락가에서 이루어졌다. "걱정을 많이 했어요. 우릴 미워하면 어떡하나. 근데 그곳에 있는 분들 정말 평범해요. 단지 밤이 되면 진한 화장과 야한 옷을 입는다는 것뿐이에요. 방 빌려줄 테니 와서 쉬라는 언니, 옷 빌려주겠다는 언니, 와서 밥 먹으라고 부엌 빌려준 주인… 모두 못 잊을 분들이에요. 그분들이 아니었으면 실제 고은비의 감정을 못 느꼈을 거예요."

사실 영화 속의 고은비처럼 현실에서도 에로배우가 국회에 진출한 예는 있다. 바로 이탈리아의 치치올리나다. 그녀는 거침없이 의회를 휘저으면서 자신의 새로운 진면목을 발휘한 것으로 알려져 있다. 외신은 그녀의 일거수일투족을 따라다니고 있다.

---

3) 한겨레의 〈시네21〉, 2003.03.11.에서 인용

과연 대한민국의 주권은 누구에게 있을까? 행정부는 대통령에게 있다고 하고, 국회의원들은 의원들에게 있다고 생각한다. 이런 사실을 놓고 과연 헌법재판소는 어떤 판결을 내릴지도 궁금하다. 또 관습법을 원용해 '누구에게 있음' 이라고 그 누구의 손을 들어줄 것인지….

# 제2장

# :: 경제의 장

## 인간법칙에서 경제를 본다

아마도 신문편집에서 가장 어려운 부분이 무엇이라고 생각하느냐고 물어본다면 모든 게 다 어렵다고 대답할 것이다. 그래서 편집기자들은 그 어려운 부분의 공백을 메우기 위해 여러 면을 돌아가며 편집한다. 그러는 과정에 차장쯤 되면 적어도 어떤 분야든 큰 무리 없이 소화해 낸다. 편집부 차장이라면 기능뿐 아니라 담당면에 대해 남다른 견해와 지식을 가지고 있다고 봐야 한다. 그러나 일반적으로 편집기자들이 좀 부담스럽게 생각하는 부분이 경제와 과학 쪽이라고 생각한다. 왜냐하면 숫자가 들어 있고 그 숫자를 움직이는 정책이 뒤에 깔려 있는 탓이리라.

숫자는 배워서 정복되는 것이 아니다. 단지 '감'으로 느끼라고 말한다. 숫자가 감이라고? 아니다. 우선 그것이 크냐 작냐는 것과 많냐 적냐는 것이 그 느낌의 첫걸음이다. 사람들은 돈으로 계산하면 이해가 빠르다. 올해 국가예산이 몇백조 원이라는 것이 알려졌지만 우선 그림으로 그려 생각하기엔 너무 많은 양이다.

경제는 수요와 공급의 그림이다. 수요가 있으면 공급이 있고 공급이 필요하면 수요가 생긴다. 먹고 마시고 입고 자고… 물동량의 움직임도 그 범위 안에서 이루어진다면 큰 잘못은 없을 것이다.

편집기자들은 간결한 것을 좋아한다. 간결한 기사는 쉽게 간결한 제목이 뽑히고 그 덕분에 지면도 간결하게 꾸며진다. 반대로 복잡해지면 걸음도 둔해진다. 내용을 메모하면 보통 수준을 넘긴다. 여전히 복잡하다. "무슨 이야기지" 하면서도 쉽게 제목이 안 뽑힌다. 결국 "이 기사 누가 썼어" 하면서 결국 취재기자나 출고데스크를 찾아 자문을 구하게 된다. 그래도 어렵다면 정말 기사에 문제가 있는 것이라고 봐야 한다. 쓴 사람도 모르고 데스크도 헤매고… 무언가 문제가 있다. 경제기사가 다 그런 것은 아니지만 기사쓰기의 원칙에서 살펴보면 대개 핵심이 되는 이야기를 기사 중간이나 뒷부분으로 몰았을 때 생기는 현상이 대부분이지만, 정책이나 프로젝트 발표 같은 기사의 경우 아예 취재기자가 핵심을 놓치고 쓴 경우가 있기도 한다. 그런 기사를 편집기자들은 참으로 싫어한다.

처음 1면 편집을 했을 당시의 일이 생각난다. 시간을 다퉈 포항에 출장간 기자로부터 기사가 올라왔다. 결과적인 내용이었지만 박정희 대통령에게 보고된 사항이었다. 포항에서 석유가 발견되었다는 것이었다. 굉장히 센세이셔널한 기사였다. 그러나 사전 브리핑(무슨 내용이 들어 있는지에 대한 출고부서의 코멘트 등) 없이 기사를 넘겨받아 그대로 편집에 들어갔다. 기사량이 많았다. 아마 13자 원고지로 20여 매에 달하는 장문이었다고 생각한다. 당시 활자를 식자해서 쓰던 당시라 게라에 맞도록 원고도 13자로 된 원고지를 썼다. 경험이 부족한 탓이었는지 기사를 끝까지 읽지 않고 으레 정부의 발표기사려니 하는 생각으로 1단으로 처리해서 문선에 넘겼다. 그리고 1단짜리라고 생각한 기사는 당연히 지면 아래쪽에 배정되었고 긴 기사라 결국 뒷부분을 잘라내 편집을 했다. 그리고 1판이 시쇄되어 신문이 나왔다. 그러나 다른 조간들이 편집국에 도착했을 때 "억" 하는 심정이었다. 포항발 기사는 다른 석간들이 모두 톱으로 처리하고 있었다. 그것도 '포항서 석유 발견. 한국도 산유국의 꿈' 이라는 그야말로 대문짝만한 제목으로 시선을 끌고 있었다.

그러나 이미 엎질러진 물이었다. 국장 이하 편집부장도 게라를 찾아들고 한바탕 난리가 났다. 이건 대징계감이었다. 게라를 살펴보니 그 내용은 내가 잘라낸 맨 뒷부분에 들어 있었다. 참으로 기가 찰 노릇이었다. 무엇보다 취재기자에게 미안했다. '기사를 끝까지 읽었더라면…' 하는 후회스러움에 고개도 들지 못했다. 물론 1면편집 첫 시작부터 종을 친 것이었지만 신문의 명예는 이미 땅에 떨어진 다음이었다. "네가, 왜?" 하는 듯한 부장 이하 선배들의 눈빛을 보면서 그날 완전히 파김치가 되어버렸다. 그 내용의 진위는 나중에 '오보' 라는 것이 드러났기에 무척 다행이었으나 편집기자로서 최소한의 기사읽기를 놓친 것은 두고두고 가슴을 때린 일화였다. 나중에 취재기자와 이야기하면서 나온 이야기가 더욱 가슴을 친다. "선배, 그렇게 큰 기사였어요?" 본인은 별로 큰 이야기라 생각지 않았다는 표정이었다. 물론 현장기자의 '감' 이 작용했는지 고의적으로 그 내용을 기사 끝에 넣었는지는 모르겠지만 '일단 튀고보자' 는 센세이셔널리즘의 측면에선 한수 접히고 만 것이었다. 나중에 '오보' 라고 밝혀졌어도 이미 석간들은 그 '오보' 로 독자들의 시선을 충분히 끄는 효과를 보았으니까. 그 대열에 끼지 못한 나는 정말 '멍청한 편집기자' 였는지도 모른다고 지금까지 기억을 새롭게 하고 있다.

경제기사는 정말 편집기자에겐 어려운 부분이다. 예산의 계절이 오면 박스로 숫자들을 나열해 놓고 독자들의 시선을 끈다. 그러면 편집을 마치고 나서도 그 숫자들을 일일이 검토하는 것도 일이었다. 어느 핸가 어느 신문이 예산안 몇 조 몇천억 원이라고 하지 않고 아라비아 숫자로 조단위의 돈을 적어 컷으로 뽑았다. 무려 13자리를 길게 늘어놓은 것이었다. 전시효과는 그만이었다. 아이디어가 돋보이는 발상이었다. 그 당시엔 디지털 숫자판이 없어 고딕체 납활자를 사용했다. 물론 컷으로 제작했으니까 적절하게 크기를 조절할 수는 있었다. 하지만 몇 조라는 13자리의 숫자는 독자를 휘둥그레하게 만들기에 충분했다고 생각한다.

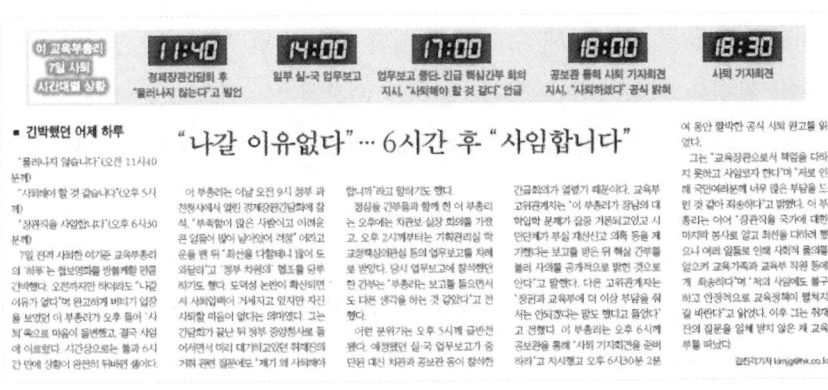

그림 2 | 이기준 교육부총리가 아침 출근부터 저녁 사임발표까지 6시간을 디지털 숫자로 표시한 것이 돋보인다.(한국일보 PDF판 캡처)

내년 예산이 이렇게 늘었다고 독자들에게 은연중 시위하는 것일 수도 있었고, 한사람당 담세율을 적어놓으면 국가예산에 내가 얼마나 보태야 하는지를 알 수도 있었다. 숫자를 시각화한 좋은 케이스였다고 생각한다. 바로 편집의 '콜롬버스 달걀'인 셈이었다. 누군가 처음 시도해 성공한다면 미메시스처럼 각 신문이 따라온다. 이른바 '제목특종'인 것이다.

# 경제는 겸허한 세계이다

　재벌의 권력화 우려는 항시 국민의 주목대상이 되어 왔고 재벌의 움직임 하나하나에 대한 시선은 항시 의심과 질시가 깔려 있음은 재벌이기 때문에 당하는 업보라고 하겠다. 돈 있는 사람은 권력을 수반하고 그 때문에 '남보다 나은 생활을 누리는 것' 으로 치부되어 온 것이다.

　권력 역시 그러한 범주에서 크게 벗어나지는 않는 것 같다. 권력은 국민과는 다른 시선으로 재벌을 곁눈질한다. 재벌의 동향이 자신들의 행보에 어떤 영향을 줄지 계산해 보고 또 견제할 것인지 말 것인지를 생각한다. 이른바 권경유착 또는 금권정치로 불리는 손잡기가 공개적으로 또는 수면 아래에서 이루어진 것이 작금의 상황이다. 우리나라 기업의 상당수가 그러한 끈을 통해 성장해 왔고 지금도 그렇다고 볼 수도 있다.

　그런 재벌의 한 총수가 '아들 때문에' 법정에 섰다. 그 대목에선 '조폭' 이 있고 '주먹질' 이 있었다. 그러나 보통아버지는 아니었다. 그는 재벌이기 때문에 '슈퍼맨 아버지' 의 분노를 몇십 배로 되받아야 했다.


　자본주의의 요체는 시장경제이다. 아담 스미스가 《국부론》에서 주창한 '보이지 않는 손' 이 여전히 자유경제시장에서 그 능력을 십분 작용하고 있다. 참 멋진 제목을 붙였다.

　경제논리, 즉 경제활동의 주된 동기는 이윤창출이다. 이익이 있는 곳에 항상 경제논리가 작용하고 있고 그 뒤에는 재벌이 있다.

　경제는 멋진 제목들을 많이 창출한다. 전쟁의 그늘에서 '큰손' 과 '보이지 않는 손' 의 역할을 해온 '군산복합체' 의 실체는 지구적인 '문어발 경영' 에서 잘 드러난다. 바로 글로벌 마케팅의 원조라고 할지….

## 자유방임의 강조

스미스는 《국부론(1776)》을 통해 이기심은 중세에서처럼 천한 것이 아니라, 인간의 행복 실현을 위해 신(神)이 내려준 수단으로서 비능률·불합리를 제거하는 유일한 요소이며 국부의 원동력이라고 주장했다. 시장에는 언제나 서로 상반된 이해관계가 작용해 조화와 협력보다는 충돌과 경쟁이 끊임없이 발생한다. 그러나 스미스는 각 경제 주체가 수요·공급에 의해 결정되는 재화의 가격을 지표로 자유롭고 책임 있는 경제활동을 수행한다면, 가격의 매개변수적 기능(parametric function of prices)에 의해 경쟁관계는 전체적인 조화로 발전하고, 혼란은 질서로, 상충되는 이해관계는 모든 거래 당사자들의 이익으로 나아가게 된다고 확신했다. 또한 스미스는 개인이 무제한으로 이기심을 발휘하게 되면 결국 사회는 파멸에 이를 것이라고 우려하면서 이를 정의의 법칙으로 제한해야 한다고 주장하고, 이기심을 바탕으로 이룩된 사회를 보다 행복하고 쾌적하게 만드는 조건으로 이타심·상호애·자비심 등의 덕목을 중요시했다. 스미스는 이러한 관점을 국가와 정치에 적용함으로써 이기적 경제생활을 저해하는 모든 간섭·통제·보호는 철폐하고, 국가의 역할은 국방·치안 등 야경적 임무로만 국한시켜야 한다는 자유방임원리에 도달했다. 이 원리에 입각한 정치·경제 제도의 운영은 정치적 '민주주의', 사회적 '시민사회', 경제적 '자유기업제도'를 성립시켰고, 이를 바탕으로 하는 완전한 산업자본주의는 인류 역사상 최초의 위대한 생산력을 발휘했다.

자본주의의 강점이자 동시에 약점이 되는 것은 성장이다. 자본주의의 이 성장이야말로 우리나라의 민화 속에 등장하는 쇠붙이를 먹어야 사는 '불가사리'와 닮았다.

지금 기술에 의한 제3의 산업혁명이 진행되고 있다. 미국 서부 태평양 연안 산호세와 샌프란시코 사이에 건설된 실리콘밸리는 하이테크 혁명을 불지른 진원지이다. 물론 질좋은 규석이 근처에 있기 때문이기도 하겠지만 동쪽으로 좀 떨어진 황무지 네바다사막과 연계된다는 사실이다. 네바다사막은 바로 원자폭탄이 태어난 곳이다. 지금도 많은 하이테크 산업 기술자들이 그 황무지의 지하 어디에선가 굳게 입을 다물고 극비의 프로젝트를 진행하고 있을 것이다.

그 황무지에서 '하이테크 괴물'이 성장하고 있다. 군사기술, 원자력, 생명공학, 우주항공기술을 비롯한 많은 새로운 기술들이 연구되고 실험되고 있다. 물론 실리콘밸리와는 상당히 먼 거리에 있다. 그러나 자동차로 항공기로 또는 헬기로 그들은 움직이고 있다. 미국 서해안의 많은 휴양지가 그들의 쉼터이다. 그들만이 가는 것은 아니지만 라스베이거스가 가까이 있고 태평양 연안의 아열대성 기후가 연구에 찌든 그들의 뇌를 씻어준다. 바로 첨단기술 공급자들을 편안하게 쉬게 해주는 셈이다.

현대의 불가사리들은 아직도 먹이를 찾아 세계 곳곳을 헤매고 있다. 과연 자본주의의 정신은 무엇일까. 조지프 슘페터(1883~1950)는 자본주의와 기업가를 찬미하지 않았다. 그는 기업가의 혁신을 경제의 성장과 변화의 원동력으로 생각했지만 자본주의의 미래에 대해서는 냉정한 입장이었다. 자본주의는 몰락하게 된다는 것이다. 불가사리는 결국 자신의 몸무게를 이기지 못하기 때문일까?

슘페터에겐 자본주의와 사회주의는 나름의 장단점을 가진 제도적 대안이며 객관적 분석의 대상이었다. 1942년 발간된《자본주의 사회주의 민주주의》도입부에서 그는 마르크스의 경제관과 사회관이 갖는 호소력을 (논리적 오류에 대한 검토와 함께) '못 가진 이들에겐 희망과 자기만족을, 지식인에겐 세상을 한 손에 쥔 뿌듯함'을 준다고 정리하고 있다. 그는 대중과 지식사회에 대한 냉소적 태도로 일관했다. 역사는 가진 자들에 대한 비판과 도덕적 회복을 요구하면서 끊임없이 발전한다는 마르크스의 생각이 옳은 것인지도 모른다. 사실 자본주의나 사회주의는 어떤 사람이나 특정 그룹이 창작해 놓은 말이 아닐 것이다. 자연을 관찰하고 그 속에 사는 인간들의 삶을 관조하면서 얻어진 '철학하는 사람들의 발견'일지도 모른다. 아니, 오늘에 와서도 여전히 인간은 곤궁하면서도 탐욕스럽다. 종교의 힘이 그것을 억누르고 보다 큰 세상을 위해 자신을 희생하라고 '신도들'에게 촉구하고는 있지만, 이미 인간은 그 '신'의 영토에서 벗어나려고만 하는 것이다. 인간의 삶에도 엔트로피의 법칙은 적용되고 있는 것일까? 그럴지도 모른다. 본연으로 돌아가라고 아무리 외치고 노력해도 그곳엔 결국 회귀할 수 없는 것이 역사인지도 모른다. 엔트로피엔 '타임머신'이 먹히지 않는 모양이다. 인간은 자신이 만들어놓은 삶의 방식에 갇혀 스스로 그 속의 개체로 변했다는 사실을 인정하지 않으려고 한다. '만든 자가 만들어진 자에 의해 다시 만들어지는' 뫼비우스의 사슬에 갇혀 있다면 과연 우리는 무슨 존재일까?

## 노블레스 오블리주

유시민은 《부자의 경제학 빈민의 경제학》서문에서 "물질적 부의 원천은 무엇인가?" "자본주의 사회에서 풍요와 빈곤은 어떤 상호관계를 맺고 있는가?" "보이지 않는 손은 각자가 이기심을 추구하기만 하면 그것을 사회 전체의 이익이라는 공동선으로 인도하는가?" "자본주의의 분배원리는 어떠한 것이며, 그것은 인류 문명이 이룩한 보편적 가치규범에 비추어볼 때 도덕적으로 정당한가?" "실업과 공황이라는 자본주의의 내부적 모순은 어디에 기인한 것이며, 자본주의는 이 모순을 어떻게 극복해 왔는가?"라는 질문을 던지고 있다.

그는 자신이 책을 쓴 이유가 "이러한 의문에 대한 경제학자들의 해명 그 자체라기보다는 그와 같은 문제가 중요하게 부각된 시대적 상황과 그에 대한 경제학자들의 태도"이며 "이런 서술방식을 택한 것은 모든 사상은 그것을 낳은 시대적 상황이나 그 사상가의 구체적인 삶의 궤적과 분리시켜 이야기할 경우 공허한 관념의 유희로 떨어질 가능성이 크기 때문"이라고 밝히고 있다.

시대가 사상을 만들고 그 사상은 또 사람들을 변화시킨다. 불교의 윤회적인 개념이거나 마르크스의 변증법적 유물사관이거나 간에 경제이론들도 그 시대의 산물이며 변화라는 큰 흐름에 함께 흘러가는 개체일 뿐이다. 이미 태어난 것은 다시 본래로 돌아갈 수 없다. 경제는 바로 인간들을 위한 이론을 펼쳐야 하며 또 인간들을 위해 모든 인간들을 풍요롭게 할 수 있어야 한다고 본다. 경제상황은 쉽게 예측할 수 없는 '비선형 존재'이며 그 때문에 작은 요인이 개입해도 커다란 소용돌이를 일으키기 십상이다. 카오스의 이론이 적용된다고 본다.

그러나 경제의 본질은 돈을 최대한 많이 버는 것이 아니라 어떻게 효과적으로 쓰는가 하는 것이라면 또 다른 논쟁을 제공할지도 모른다. 난 경제학자도 철학자도 아니다. 오로지 편집기자일 뿐이다. 따라서 제목장이의 개념으로 보면 경제는 사람을 이롭게 할 수 있어야 한다는 것이 지론이다.

나는 돈 버는 방법도 쓰는 방법도 모른다. 주식투자는 고향사람들이 세운 은행의 주식을 산 것이 최초였지만 그것도 IMF 위기 후 그 은행이 '처분'되는 운명 탓에 몇백만 원을 고스란히 얼굴 모르는 '장사치'들의 입속에 넣어주었을 뿐이다. 그리고 퇴직 후 꿈에 부풀어 모 IT기업에 나로서는 거금인 돈을 퇴직금에서 빼내어 투자했지만 지금은 평가절하되어 절반만 증권사 계좌에 남았을 뿐이다.

그렇다고 물질적으로 큰 손해를 본 것도 아니고 주식을 공부한 것도 아니다. 한편으로는 IT산업의 황금빛 대박을 꿈꾼 것은 사실이지만 그렇다고 그것이 노후의 삶을 위한 것도 아니었다. 지금은 주식시세표를 쳐다보지도 알아보지도 않는다. 역시 돈하고는 인연이 없다는 것을 확인하고 있을 뿐이다.

그러나 나도 보통사람들처럼 속물근성은 어쩔 수 없는가 보다. 부자들의 이야기를 보면 부럽고 또 좋은 일을 하는 사람들을 봐도 부럽고… IMF 이후 형편없이 추락한 자신의 위상에 일말의 동정심을 가지고 지켜보고 있는 '밖에 서 있는 나'를 느낄 뿐이다.

노블레스 오블리주라… 나는 강의에 서면 꼭 하나의 테마를 제시하곤 한다. '淸富論'이다. 벌 수 있을 만큼 벌어라. 그러나 멋지게 써라. "물이 위에서 낮은 데로 흐르듯(上善若水) 돈도 그렇게 흘러야 한다"고 주장한다. 그래서 거창하게 빌 게이츠의 자선사업이 어떻고 미국의 대부호들의 자선행위가 어떻고 어느 힘없는 할머니가 전재산을 대학에 기부했는데… 하는 이야기들을 사례로 들곤 한다. 이른바 '깨끗한 富'를 실천하라고 사회에 나갈 학생들에게 강권한다.

우리처럼 지독히도 못살던 국가도 없었다. 너무도 못살아서 군주시대에는 그 대행자들의 가렴주구에 견디다 못해 몇 차례나 민란을 일으켜야 했고, 그 무능한 군주가 다른 나라의 손에 국권을 빼앗기자 30여 년을 그들의 곡식창고 내지 물류단지로 전락하기도 했잖은가. 더구나 그들의 손에서 벗어나자마자 이번엔 사상 갈등이 국토를 동강내고 서로 외세까지 개입되는 피터지는 전쟁터를 경험하기도 했지 않나.

무엇이 사람을 위하는 것일까? 돈을 버는 것이 우리 국민들의 지상과제처럼 돼 있는 현실에서 과연 우리의 도덕교과서는 무얼 했나. 공자왈 맹자왈… 왈왈왈… 아마 서당개가 짖는 소리인가. 돈벌이에 혈안이 된 사람들은 그쯤 생각하는 것이 아닌지….

# IT, 한국경제 절반 먹여살려

작년 경제성장률 4.6% 중 2.5%P 차지
수출 40% 정보통신제품 – 소비도 주도

돈 버는 사람들의 도덕심이 사라진 건 어제오늘이 아니다. 장사꾼이라는 직업을 선택했을 때는 열심히 그 일에 종사하는 것이 철칙이다. 자원도 빈약하고 밖에다 내보일만한 명승경치나 명품 리조트 하나 제대로 없는 그저 인구밀도 세계3위권에 속해 도시는 사람들로 버글버글거리고 농촌은 지

그림 1 | 한국일보의 기사. PDF지면 캡처.(2003)

금 젊은이들이 썰물처럼 빠져나가 고령화하다 못 해 초고령 인구화하고 있는 나라가 한국이다.

돈버는 일은 국가도 마찬가지다. 중국과 마늘분쟁이 있을 당시 어떤 경제통상관료는 '마늘 한 접을 더 팔아 얼마나 남나? 휴대폰 한 대 더 팔면 마늘 몇 접은 그냥인데…'라는 말로 마늘농가의 가슴을 쥐어짜게 만든 일도 있지 않은가.

그 관료의 이야기도 맞는 이야기이다. 지금 IT강국으로 IT산업이 벌어들이는 수입만 해도 엄청나다. 그것이 국가경제의 한 기둥이 되고 있음은 누구나 잘 알고 있다. 때문에 그 관료를 비난할 생각은 없다. 그러나 서글프다. 어딘지 가슴 한 곳이 허물어져 내린 듯 아리다. 아직도 우린 경제전쟁 중이다. 여전히 배고프다. 정신의 '보릿고개'는 여전히 우리를 허기지게 하고 있는 것이다.

여기 가진 자들의 도덕심을 촉구하는 글이 한 편 있다. 신문칼럼에서 읽은 내용이다. 신문기자 출신의 송복 교수가 정치와 사회에 던지는 통렬한 주문이기도 하다.[4]

노블레스 오블리주(noblesse oblige)는 그 지위에 맞는 '도덕적 의무감'이다. 높은 지위든 낮은 지위든 사람들은 모두 지위를 가지고 있다.

그러나 여기서는 '높은 지위'만을 말하고, 그것도 사회를 이끌어가는 지도층에 속하는 사람들의 지위만을 말한다.

지도층은 엘리트층이라고도 하고 상층이라고도 한다. 좀 부정적 의미로는 지배층이라고도 한다.

노블레스 오블리주는 이 사람들의 높은 지위에 부합하는 도덕적 양심과 거기에 합당한 도덕적 행동을 이른다.

## 윗물 맑아야 아랫물 맑아

왜 이 사람들의 도덕적 의무감이 그렇게 중요한가. 왜 그들만의 도덕적 의무감을 문제삼는가. 일반국민의 그것은 따지지 않아도 된다는 것인가.

물론 그럴 리도 없고 그렇지도 않다. 도덕적 의무감은 지위가 높으나 낮으나 다 중요하다.

"사회는 도덕체계다"라는 말처럼 사회가 존속하고 지속되는 것은 기본적으로는 법 때문이 아니라 도덕 때문이다.

그 사회라는 도덕체계에서 수적으로 한줌도 안 되는 지도층의 도덕성만이 문제될 수는 없다. 보다 화합하는 사회, 보다 인간이 존중되는 사회는 일반국민 전체의 도덕성을 더 중요시한다.

중요시할 뿐만 아니라 그것이 기본이 되고 토대가 된다. 마르크스가 말하는 '물적 토대'가 아니라 그 '정신적 토대' 위에서 사회는 이뤄지고 유지된다.

단순한 유지가 아니라 '사람다운 삶'이 보장된다.

그런데 왜 노블레스 오블리주인가. 더 적나라하게는 왜 상층만의 도덕적 의무감인가. 이유는 명백하다.

우리식 표현으로는 윗물이 맑아야 아랫물이 맑기 때문이다. 서구식 주장으로는 그들이 '도덕적 지표'가 되기 때문이다.

우리 식의 상정론(上淨論)이든 서구식의 지표론(指標論)이든 사회에선 꼭 그대로 작용하지 않는다.

자연현상이 아닌 사회현상에선 위가 맑아도 아래가 부정한 경우가 비일비재하다. 도덕적 실행에선 위층이 공중의 달처럼 꼭 지표가 되는 것도 아니다. 하지만

---

4) 송복 교수〈연세대.정치사회학〉, 2001.7.15. 칼럼 "왜 노블레스 오블리주인가"

인간의 의지와 행동에는 '절대' 라는 것이 없다. 완벽한 표준은 어디에도 존재하지 않는다.

건전한 사회(good society)를 만드는 데 어느 방법이 보다 높은 가능성을 지니느냐, 이른바 보다 효과적인 방법이냐다.

상정론과 지표론의 공통성은 이 위층의 도덕적 의무감이 일반국민을 도덕체계속으로 유인하는 데 가장 효과적이며 효율적인 방법이라는 것에 있다.

그래서 노블레스 오블리주다. 그런데 우리는 어떠한가. 왜 우리 상층은 '천민적(賤民的) 상층'이라고 불리는가.

노블레스 오블리주가 없기 때문이다. 국가와 정부기능을 제대로 수행하고 있는 나라들의 상층과 비교해서 우리 상층은 어떤 차이가 있는가.

일반적으로 그들 상층은 우리 상층과 달리 '도덕적 상층'이라 말한다.

노블레스 오블리주라는 말이 그들에게서 나왔듯, 그들 상층은 재산과 권력 그리고 위신(威信)만 높게 가지고 있는 것이 아니라 도덕적 수준 또한 그들 국민에비해 아득히 높다. 그것이 또한 그들 상층이 '존경받는 상층'이 되는 이유다.

그에 반해 우리 상층은 돈과 힘과 높은 지위는 가지고 있어도 도덕성은 사회내어떤 계층의 사람들보다 떨어져 있다.                              (중략)

몇 년 전 문화방송이 PD수첩 700회를 맞아 〈돈 공화국 대한민국〉이라는 특집프로를 방송, 돈에 쩐 대한민국의 실상이 적나라하게 브라운관을 탔다. 신문이 비출 수 없는 부분을 잘 묘사한 프로였다고 생각한다. 과연 우리는 지금 어디에 있으며 과연 서울은 지금 몇 시일까? 未明이라면 좋다. 그것은 밤이 지나고 새로운 날이 밝아오기 때문이다. 그러나 석양빛이라면 우린 더 이상 기댈 곳도 없지 않은가.

IMF 이후 급조된 퇴직자들은 지금도 거리에서 집에서 내일 없는 생활들을 하고 있다. 내가 살고 있는 기자촌 부근 산길엔 평일에도 많은 등산객들이 몰려간다. '백수산행' 인 것이다.

부동산 광풍 끝에 나온 정부의 부동산 대책은 사실상 투기를 잡는 측면도 있겠지만 이들 퇴직자들의 마지막 보금자리까지 위협하고 있어 문제는 더 심각하게 돌아간다. 이미 환갑이 넘은 고령 퇴직자들의 자금원이자 생명줄인 퇴직금도 낮은 은행금리 덕분에 제구실을 못 하고 있다. 퇴직자들은 비명을 지르고 싶어도 지를 기력도 없고 항의를 위해 거리로 나가려도 신경통에 전 무릎이 말을 듣지 않는다. 노숙자는 지금도 도심 어디선가 새록새록 늘어나고 저녁밥은 어떻게 해결했지만 잠잘 곳을 찾아 두리번거린다. 동네마다 간이 끌차를 밀고 다니는 할머니, 할아버지들이 상자포장지를 가득 싣고 고물상으로 향하고 있고, PC방엔 젊은 실업자들이 담배연기에 쩔어 있기 십상이다.

이것이 복지국가로 가는, 그리고 국민소득 2만 달러로 가는 대한민국의 진면목이라면 아무 할 말도 없다. 정치가들이 입에 바른 소리로 경기부양을 외치고 생계비도 안되는 복지생활기금으로 살아가는 사람들을 부축하는 주술을 듣고 헛배가 부르다고 하겠는가. 빌딩 숲 뒤 빌딩 그림자에 가려진 빈곤층의 삶에 과연 햇빛이 들 날은 없는 것일까.

경제성장이 제대로 운영될 당시 성급한 샴페인을 터트린다는 외신들의 경고도 아랑곳없이 흥청망청 외화를 낭비했고, 명품바람에 웬만한 소비재는 명함도 못 내밀게 된 현실이 지금 우리 눈앞에서 춤추고 있다. 얼마나 기막힌 상황인가? 그건 송복 교수의 지적처럼 지도층이 노블레스 오블리주를 상실한 것으로 풀이할 수밖에 없다.

편집기자들은 이러한 현실을 외면해서는 안 된다. 오히려 부릅뜨고

그림 3 | '열심히 일해도 빈곤 못벗어나' 란 기사를 톱으로 내세운 국민일보 2005. 3.31. 1면.(PDF 지면캡처)

지켜봐야 한다. 그것은 의무다. 지도층에게 지워진 노블레스 오블리주처럼

편집기자의 도덕적 의무감이 되어주었으면 하고 생각한다. 나 혼자만의 생각일지라도.

　시사용어 속에 등장하는 낱말로 전락한 '노블레스 오블리주' 는 갈수록 신문에서도 찾아보기 어려울 것 같다. 서민들의 생존경쟁이 치열하면 할수록, 기업들의 자유시장 경쟁이 피쏟듯 가열되면 될수록, 국제무역이 보호주의의 연막 속에 그 모습이 흐릿해지면 해질수록 이 말은 점점 더 표구화되어 박제로 둔갑할지도 모른다.

　前前代에서 해결 못한 가난의 문제가 대물림하면서 '부익부 빈익빈' 의 쌍곡선이 한참 뒤엔 두 꼭지점이 서로를 알아보지 못할 정도로 멀어져 버린 지금의 상황을 누구도 예측할 수는 없었으리라.

# 제3장

# :: 사회의 장

## 사람 이야기가 없다 1

　요즘 일부 지식인들이 보수주의자와 보수 언론이 한데 어울려 가진 자 편에 서서 현 사회를 회람하고 있다고 보는 시각이 강하게 나타난다. 그들은 그들 보수언론 등이 구한말과 일제 강점기 시절 민족과 조국을 배반하고 일신상의 부귀영화를 추구하던 많은 친일부역자들이 연상된다고 주장한다. 과연 그들의 주장이 옳은지 아닌지는 일반 지식인들이 판단할 일이 아닌가 생각한다. 이러한 논점을 정리하는 의미에서 김원수의 〈젊은이여 조국에 긍지를〉이라는 글의 한 부분을 인용해 본다.[5]

> 　사회과학자 래시 C.의 저서 《엘리트들의 반란과 민주주의의 배반》에서는 엘리트를 토플러가 지적하는 권력의 원천인 돈과 정보의 흐름을 통제하거나 자선단체나 고등교육기관을 지배하는 위치에 오른 사람 그리고 언론 등 문화생산 도구를 장악함으로써 논쟁의 장을 자신들에게 유리하게 유도하는 사람들로 정의하고

5) 김원수 〈젊은이여 조국에 긍지를〉, 문음사, 86~87쪽

있다.

이들 엘리트들은 대부분 자신들의 성공이 스스로의 노력만으로 이루어진 것으로 착각하기 때문에 다른 사람들에 대해 도덕적 의무감을 느끼지 않는 경향을 보인다고 지적한다. 특히 영상세대 엘리트들은 내셔널리즘에 대해서도 시큰둥하다고 한다. 예를 들면 자신의 이익이 걸린 문제라면 미국보다도 다른 나라의 발전에 더 많은 관심을 쏟을 수 있다는 것이다. 이로 인해 파생되는 미국의 문제점은 전통적 의미에서의 이웃의 소멸, 냉소주의, 무관심의 확산, 교육제도의 황폐화, 가족의 핵분열 등이라고 한다. 또한 이들 영상세대 엘리트들은 구체적인 행동보다는 추상에 익숙해 있어서 이들이 국가기관의 요직에 오르게 되면 국가정책도 적극적인 행동보다는 소극적이고 추상적으로 흐르기 쉽다고 지적한다. 따라서 돈으로 때우려는 미국의 복지정책, 즉 엘리트들이 가난한 사람들에게 보내는 동정은 '휴머니티의 탈을 씌운 것'으로 본다고 한다.

그는 엘리트 특히 학자들이라면 한 사회를 이해하는 데 그쳐서는 안 되고 사회를 옳은 방향으로 이끌어갈 정열과 행동을 갖추는 것이 피할 수 없는 책임이라 한다.

서구사회의 엘리트들은 사회의 주류에서 또 전통적 가치관에서 벗어나 있을 뿐만 아니라 일상에서도 일탈해 있다고 한다. 그들에게 있어 자녀들을 사립학교에 보내거나 자신들만의 안전을 위해 보디가드나 경비회사와 같은 사설보안요원을 고용하는 것은 너무나도 당연한 일로 여겨진다. 이처럼 엘리트들이 일상생활에서 고립을 자초해 대중과 따로 노는 바람에 미국의 민주주의의 본질이 크게 변질되고 있다. 여기에 중산층의 쇠퇴와 공통가치관의 결여가 맞물려 사태를 더욱 심각하게 만들고 있다고 한다.

비능률적인 사회구조와 부패의 확산, 생산성의 저하, 제조업을 외면하고 투기적인 이익만 추구하려는 풍조, 일부 도시지역의 열악한 생활환경, 빈부격차의 심화 등 미국사회의 부정적인 현상은 더 이상 덮어둘 수 없는 지경에 이르렀다. 이런 현상이 도덕적으로 바람직하지 못하다는 것을 떠나서 정치적으로도 폭발 직전이어서 그야말로 시급히 해결해야 할 발등의 불이 아닐 수 없다고 한다.

이런 상황하에서 민주주의의 본질에 대한 논의가 불가피하다. 비록 미국이 민주주의의 모델로 통할지라도 사회의 불균형을 치유하지 못하고 지금과 같은 추세로 계속 나아갈 경우 머지않아 돌이킬 수 없는 지경에 이르고 말 것이라고 비판한다.

그는 "200년 전 건국 당시의 이념이 왜 이렇게 타락하고 말았는가. 그 원인은 사회를 선도해야 할 위치에 있는 학자들의 은둔자적인 자세, 지나치게 타협적인 사고방식 및 시민생활의 부패에 있다"고 본다. 그 결과 미국의 민주주의는 정치적 행동과 아울러 정치토론장에서 평등한 기회를 부여하겠다던 건국 초기의 미덕을 배반하는 꼴이 되어버렸다.

현재 미국사회는 이중구조가 고착되고 있다. 한쪽에는 소수의 관리자 계층이 경제의 세계화 붐을 타고 고임금 직종에 진출할 뿐 아니라 자녀들에게도 값비싼 교육의 기회를 부여함으로써 부를 물려주고 있다. 그런 반면 나머지 대다수의 주민들은 비천한 직종을 놓고 서로 경쟁해 첨단 정보시대에 노예나 다름없는 신분으로 전락하고 있다고 지적한다.

이 글의 논점을 지지하거나 비판할 생각은 없다. 그러나 우리 사회가 안고 있는 어느 부분의 단면을 보여주고 있다는 점에서는 공감이 간다. 이 사회에 팽배한 '쏠림현상'은 언론뿐 아니라 사회복지나 교육에도 심각한 그림자를 드리우고 있음을 간과해서는 안 된다고 본다.

기자들도 생활인이다. 자녀를 학교에 보내고 남들처럼 주5일제의 혜택을 누리고 싶어한다. 그러나 이러한 사회적 혜택은 특히 기자들에겐 '그림의 떡'처럼 느껴진다. 기자라는 직업이 '오직 봉사하는' 것으로 치부되고 '지사적인 희생'으로 모든 걸 감수해야 한다고 고집하는 것은 정말 전근대적 사고라고밖에는 볼 수 없다.

사실 내가 기자생활을 하면서 그 많은 휴일들 가운데 '가족과 함께' 보낸 기억은 별로 없는 것 같다. 신문의 날엔 어린이대공원에 가거나 창경궁으로 아이들과 함께 소풍을 갔다. 그러나 평일의 그곳은 정말 편집기자들의 '놀이터'였음을 가서 확인하는 것이 고작이었다. 물론 70년대 초기엔 갈 만한 곳은 서울 시내에서는 '그곳' 뿐이었으니까. 지금 주5일제를 지켜보면서 괜히 허허스러운 웃음만 나오는 것은 또 무엇인지….

최근 잡코리아가 주5일 근무제의 상황을 조사했다. 과연 우리의 생활의 질은 얼마나 개선되었으며 또 얼마나 남는 시간을 활용하고 있는지를 보여주는 한 예가 될 것이다.

# 주5일근무, "별반, 달라진 게 없다"

EBN 2007-06-07 09:29

"더 쉬어도 변하는 것은 없다." 주5일 근무제 시행으로 주말 여가시간이 늘어났지만 정작 직장인 2명 중 1명은 예년과 다르지 않게 주말 여가를 보내는 것으로 조사됐다.

온라인 취업포털 잡코리아(www.jobkorea.co.kr)와 직장인 지식포털 비즈몬(www.bizmon.com)은 최근 국내 직장인 624명을 대상으로 '직장인 주말여가생활'에 대해 조사한 결과, 주말에는(복수응답) '잠으로 휴식을 취한다'는 응답자가 37.0%로 가장 많았다고 7일 밝혔다.

이어 근소한 차이로 영화나 공연을 관람하는 '문화생활'을 한다는 응답자가 32.7%로 많았고, 이어 ▲직무자기계발 (26.0%) ▲주말여행(17.8%)을 한다는 응답 순으로 답했다. 주5일 근무하는 직장인과 주5일 초과 근무하는 직장인 간의 여가에는 별다른 차이가 거의 없었던 셈.

주5일 근무하는 직장인 중에도 주말 여가시간에 '잠으로 휴식을 취한다'는 응답자가 응답률 35.9%로 가장 많았고, 이어 '문화생활' (34.1%)을 하거나 '직무자기계발' (29.9%)을 한다는 응답자가 많았다.

주5일 초과 근무하는 직장인들 역시 주말에 '잠으로 휴식을 취한다'는 응답자가 38.8%로 많았고, 다음으로 '취미특기생활' (31.3%)이나 '문화생활' (30.0%)을 한다는 응답자가 많았다.

실제, 주5일 근무하는 직장인을 대상으로 주5일 근무제 도입 이후 주말여가 활용의 변화가 있는가 조사한 결과, '예년과 다르게 주말여가를 보내고 있다'는 응답자는 49.2%에 그쳤고, 50.8%는 '예년과 다르지 않게 주말여가를 보내고 있다'고 답했다.

예년과 다르게 주말여가를 보내고 있다는 49.2%의 직장인들은 주5일 근무 이전에는 주말에(복수응답) '잠으로 휴식을 취했다'는 응답이 응답률 58.7%로 과반수 이상으로 가장 많았지만 요즘은 '직무자기계발(어학, 자격증)'을 한다는 응답자가 응답률 37.0%로 가장 많았다.

이어 ▲문화생활(36.0%)을 하거나 ▲주말여행(주말농장. 가족나들이 등)(27.0%)을 한다는 응답자가 많았다.

그렇다면 주5일 근무제 도입 이후 가정과 직장에서는 어떤 변화가 있을까. 주5일 근무하는 직장인들을 대상으로 주5일 근무제 도입 이후 가정과 직장에서 변화된 점을 조사한 결과, '신체 · 정신적으로 건강해지고' '자기계발로 업무 역량은 높아진' 반면 '가정의 한달 생활비가 늘고' '직장인들의 월요병은 더욱 심각해진' 것으로 조사됐다.

가정생활과 직장생활에서 각기 긍정-부정적으로 변화된 점을 조사한 결과, 가정생활의 가장 긍정적인 변화로 '본인·가족 모두 신체적·정신적으로 건강해졌다'는 응답이 응답률 46.1%로 가장 많았다. 이어 스트레스가 줄고(44.5%) 가족과의 대화가 늘었다(40.6%)는 응답도 상대적으로 많았다.

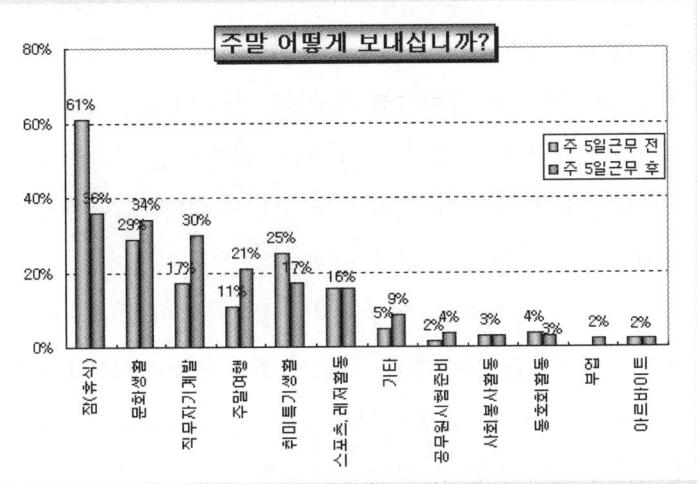

반면 부정적인 변화로는 '한달 생활비가 늘었다'는 응답이 60.2%로 압도적으로 가장 많았고, 이어 외식이 늘고(35.9%) 주말에 쉬지 못해 만성피로가 생겼다(28.9%)는 응답 순으로 많았다.

직장생활에서의 긍정적인 변화는 '자기계발을 위한 시간이 늘어 업무역량이 높아졌다'는 응답이 응답률 48.4%로 가장 높았고, 이어 직장 스트레스가 줄었다는 응답이 35.9%로 상대적으로 많았다.

반면 부정적인 변화로는 '월요병이 더욱 심각해졌다'는 응답이 응답률 71.9%로 압도적으로 가장 높았다. 그리고 뒤이어 야근빈도가 늘고(34.4%) 직장 내 회식 등 술자리가 늘었다(17.2%)는 응답도 상대적으로 높았다.

송남석 기자

한 가지 아쉬운 점은 주5일제가 기업의 산업활동에 미치는 영향이나 산업 활동의 변화 등을 기업의 측면에서 조사된 것이 없다는 것이다. 그러나 이 조사결과는 일단 긍정적이다. 근로자는 쉬어야 한다. 그것이 설령 '막무가내식' 휴식이 되어도 결과는 항상 플러스적이라는 생각이다.

그러나 기자들은 이런 혜택에서 제외된다. 다행히 일요일은 가족과 함께 못 해도 토요일은 큰일이 없는 한 휴간을 한다. 물론 일부 언론사는 격주제 근무라는 편법을 도입해 '불만'을 일부 삭이고 있지만 근본적인 근무체제가 바뀌는 것은 아니다. 왜냐하면 기자들은 생산직도 하이칼라도 아닌 특수 직업이라는 것이다. 공휴일이라고 해서 신문이 안 나오는 것도 아니고 모두가 쉰다고 해서 방송이 안 나오는 것은 아니다. 그런 특수한 상황을 '뼛속까지' 인식한 기자들은 몇이나 될까.

지금 세계는 뉴스전쟁이다. 일부에서는 실제상황이 벌어지고 있다. 가지 못할 데라도 기자들은 가야 한다. 이른바 현장특근이라는 것이다. 테러현장에서 화재현장에서 또 사고현장에서 사건이 있고 뉴스가 있으면 반드시 그곳에 기자가 있어야 한다. 그것이 기자가 일반직업인과 다른 점이라고 생각한다.

"우리는 왜 그곳에 있었나."

취재를 위해서겠지…. 당연한 질문이라고 퉁명스러운 말투로 대답할 것이다. 그러나 왜 그곳에 기자는 있었을까? 삼풍백화점이 시루떡처럼 납작하게 무너진 현장에서 한 기자가 그렇게 읊조렸다고 했다. 슬픔도 억누르고 생존의 마지막 숨길까지 느끼려고, 그리고 어떤 재앙의 결과가 생명이라는 고귀한 기적을 찾으려고 그곳에 있었다. 그 기자는 인간을 찾고 있던 것이다.

불행도 행운도 인간들의 삶에 혼재하는 현상이다. 사람 사는 모습은 비디오테이프를 돌려 몇 번씩 반복해 봐도 언제나 감동의 리듬이 있다. 그 모습의 바로 자신의 모습을 '대리체험' 하는 것일 테지만… 10여 일의 압박 속에서 기적적으로 살아나온 생명력은 모두에게 삶의 충격을 준다. 그리고 감동도 준다. 재앙 속에서도 인간의 삶은 고귀하게 존재하는 것이다. 그래서 그 기자는 거기에 있었던 것이다.

사람 사는 모습을 이야기하자. 현장에서 멀리 떨어진(?) 편집기자들도 예외는 아니다. 지면을 만들 때 가장 신나는 것은 사람이야기이다. 출고된 기사를 읽으면서 온갖 상상력과 온갖 지식을 다 짜내 하나의 인간드라마를 지면에서 만들어 내면서 편집기자는 그곳에 다녀오는 것이다.

하늘에서 내리는 눈은 사실 본래는 카오스적이라고 한다. 그러나 땅으로 내려오는 과정에서 눈의 결정들이 뭉치고 헤치는 과정을 돋보기로 보면 무척 아름다운 6각형의 결정이 된다고 한다. 그곳에 기자가 있었다면…? 멋진 6각형을 만들어 가는 모습을 기록하거나 필름에 담을 수 있다면…?

사람 사는 모습도 그러리라. '요람에서 무덤까지.' 복지구호가 아니다. 그 모습에서 우리는, 우리 편집기자들은 무얼 지면에 그려넣을 것인가? 사람이야기를 담자. 그리고 취재기자들에게 그걸 주문하자. 사람이야기로 지면을 장식하자. 그리고 울고 웃고 노래하고 춤추고 와인 몇 잔으로 우리들의 삶을 '위하여~' 건배하자.


## 사람 이야기가 없다 2

초년기자 시절 경찰취재 견습을 할 무렵이었다. 당시 방송사 선배의 취재차에 동승해 경찰서 근처에서 발생한 화재현장을 찾아가는 길이었다. 병아리 기자가 취재의 묘미(?)를 익히는 중이었다. 가는 도중의 선배가 들려준 경험담이 지금도 귀에 선하다.

"기사란 말이야" 하고 말을 꺼낸 선배의 이야기는 정말 진솔하게 들렸다. 지금도 그렇겠지만 방송기자들은 뉴스 시간이 많다. 때문에 어떤 사건이라도 '한 줄이라도 불러야' 그날의 업무를 했다는 안도감에 젖는다고 했다. 하지만 자신의 경험이 병아리 기자에게 좋은 귀감이 되었다고 생각하지 않았다면 지금 여기에 옮겨 적었을까?

선배는 일상적인 취재를 위해 서울역 부근에서 교통사고를 목격하자 택시운전기사가 다친 사람을 싣고 달리는 차의 뒤를 쫓았다고 한다. 아마 적십자병원쯤 될 거라고 했다. 환자가 응급실로 들어가는 것을 보자 선배는 살며시 응급실 문을 열고 안으로 들어가 환자의 상태를 확인하려 했다. 뒤집어쓴 환자의 담요를 들어올리는 순간 죽은 듯이 누워 있던 부상환자가 눈을 번쩍 뜨고는 자신을 물끄러미 쳐다보더라는 것이었다. 순간 선배는 아무 생각도 없이 "쳇, 살아 있잖아" 하고 투덜거리듯 이야기하자 그 환자는 자신도 놀란 듯 눈을 부릅뜨고 노려보더라는 것이었다. 그때야 자신이 큰 실수를 저지른 것을 안 선배는 "이크, 뜨거워라" 하고 그대로 줄행랑을 놓았다면서 그 까닭을 설명해 주었다. 당시 차가 많지 않던 시절이라 교통사고는 뉴스의 한 부분을 차지하고 있었다. 그러나 인명이 관련된 기사는 심하게 이야기하면 '죽어야 기사가 되는 억울한' 면이 있었다. 선배는 그날 기사 한 건이라도 불러야 하는데 자신이 열심히 쫓아간 교통사고 피해자가 멀쩡히(?) 살아 있었으니 실망감에 불쑥 그런 푸념이 입 밖으로 터져 나온 것이라고 했다.

기자의 일은 사건기사의 경우처럼 불행이 뉴스가 되는 경우가 많다. 남의 불행이 기사화된다니 참 아이러니한 일이 아닐 수 없다. 나는 이 한 토막의 취재 뒷이야기 속에서 여러 가지 생각을 하게 되었다. 기자의 직업이란 불행을 기사로 하는 것이지만 아마 행운이나 불운을 행운으로 바꾸는 것도 뉴스가 되지 않을까라는 것이었다.

요즘 방송 프로들이 눈에 띄게 다양해졌다. 2007년 가정의 달을 맞아 한 방송이 내보낸 가정의 달 드라마 가운데 특히 2부 〈아빠, 안녕〉은 시청자들의 심금을 울렸다고 한다. 한편으론 가슴 아픈 이야기들도 시청자의 마음을 두드린다. 역시 모방송의 〈집에서 내몰린 아이〉라는 프로였다. 음과 양이 서로 엇갈리는 장면들이었다. 신문엔 참 이런 이야기들이 너무도 간단하게 보도된다. '좀더 깊숙이, 좀더' 라는 아쉬움이 뭉클 솟는다.

신문은 왜? 영상이 없어서? 동영상을 게재할 공간이 없어서? 인간들의 희로애락의 움직임을 소화할 공간이 없어서? 목에 힘줄이 돋도록 권위적인 글로 그것을 말할 수 있는가? 넥타이를 풀고 지금이라도 소주 한 병과 오징어포 한 봉지를 들고 서울역의 노숙자들과 진솔하게 이야기해 보라. 물론 그들의 사연은 어쩌면 기삿거리가 안 될지도 모른다. 그들의 눈물은 생활에서 찌든 패배자들의 물기일 뿐일까? 그들이 내쉬는 한숨은 생의 고달픔을 하소연하는 넋두리일까? 단지 관청에 가서 몇 토막의 자료를 들고 이것이 그들의 생활이요, 현주소라는 이름으로 오늘의 빈곤을 무마할 수가 있을까?

경찰 출입기자들은 보통 병원을 돌아가며 취재한다. 병원 응급실이나 홍보실에 들러 '간단히' 신고를 한다. "뭐 없어요?" 하고 물으면 "오늘은 별 것 없어요" 정도의 대답을 듣는 것이 고작이다. 거기서 몇 분을 있었는가? 모두 해서 10분 정도? 껍데기만 보고는 병원의 내용을 모른다. 그렇다고 입원을 하라는 이야기는 아니다. 초기 미국에서 탐사보도라는 신분야를 개척할 때 어느 기자는 실제로 정신병원에 환자로 위장해 취재를 해서 아마 퓰리처상을 받았다. 목표를 정하라. 무엇이 이 사회의 병근이고 무엇이 이 사회의 독소인지 늘 깨어 그것을 탐사해야 한다.

당신들은 누구인가? 아니, 당신은 누구인가? 소리 내어 자신에게 묻지 않아도 좋다. 마음속의 귀에 대고 물어보라. 당신은 지금 성당의 고백실에 홀

**목숨 앗아간 가정폭력** **"국가는 뭐했나" 유족들 손배訴**

동거남 흉기 휘두르며 폭행— 수차례 신고
유족 "경찰의 미온적 대처로 피해자 사망"
경찰 "병원이송·불구속 입건 조치" 해명

가정폭력으로 숨진 피해자의 유가족이 경찰의 미온적 대처로 피해가
가 사망했다며 국가를 상대로 거액의 손해배상 소송을 제기했다. 지난
해 9월2일 동거남 최○○(49)에 의해 살해된 황모(금시 46세)씨의 유
가족이 "고인이 사망 전 가정폭력 피해 사실을 수차례 신고해 도움을 요
청했으나 경찰이 그때마다 '가정폭력범죄'라 앓아서 해결하려고 경
찰에 곧장 소송을 지난해 12월31일 서울동부지법에 제출했다며. (본보 1월6일자 1.5면 참조)

그림 2 | 보통사람들은 불행을 당하면 분노한다. 그리고 이런 일이 왜 일어나야 했는지를 생각한다. 〈국민일보〉
2005. 1. 7. 사회면.

로 앉아 있다. 사방은 고요하다 못 해 적막할 정도일 것이다. 무엇이 우리
자신을 이렇게 비참하게 만들었는가? 작은 비리보다 큰 비리를 찾아헤맸는
가?

사건이 발생했을 때 피해자 가족들의 항변이 거세진다. "경찰은 뭐했나.
국가는 뭐했나" 등의 비난이 쏟아진다. 때문에 이런 질문 받아본 적은 없는
가? "왜 이제 와요. 어디서 뭘 했어요"라고. 그러나 "기자들 당신은 뭘 했
소?" 라는 질문도 나온다는 것을 기억하자.

### 의사와 편집기자

의사를 잘 모르는 사람들은 '××놈' 이라고 손가락질들 한다. 그러나 참
된 의사는 그렇지 않다. 그리고 바로된 의사는 환자가 도착하면 어떤 다른
상황이 닥친다 하더라도 오로지 눈앞의 환자에 집중하게 된다. 그리고 그
어떤 상황이라도 잊는다.

편집기자도 그렇다. 편집기자는 '건방진 제목장이' 라는 무언의 뒷손가
락질을 받는다. 그것도 편집기자를 잘 이해하지 못해서 생긴 것이다. 제대
로 된 편집기자는 그렇지 않다. 기사가 컴퓨터에 도착하면 다른 어떤 상황
이 벌어진다 하더라도 바로 눈앞의 뉴스 파일, 눈앞에 펼쳐지는 작은 세상

만을 생각한다. 그리고 그 어떤 상황도 자신조차도 바로 잊는다.

환자를 다루는 의사나 작은 세상을 마주 대하는 편집기자나 마음의 자세는 똑같다. 한쪽이 환자를 고친다면, 다른 한쪽은 세상을 읽고 보고 정리한다. 의사는 환자에게서 눈을 떼지 않는다. 찬찬히 환자의 상태를 들여다보고 또 다른 증상이 없는가 자상하게 그러나 냉정하게 살펴본다. 편집기자의 마음도 그렇다. 자신 앞의 파일들, 작은 세상들에게서 눈을 떼지 않는다. 눈은 표범처럼 날카롭지만 마음은 따스하다. 세상을 들여다보고 세상의 부조리를 마음 아파하면서 그것을 보듬어 싸안는 넓은 가슴이 있다. 그 순간 편집기자는 행복하다. 의사가 환자를 바라보는 시선에서 찾은 커다란 생명의 날개처럼 포근하다.

그래서 바로 된 의사와 제대로 된 편집기자는 언제나 서로 만나지 않아도 오랜 친구처럼 정답게 마주할 수 있다.

## 인터넷 언론이 나아갈 길

노무현 정부가 기자실 통폐합을 전제로 한 취재지원 시스템 개선안이 나온 뒤 이를 둘러싸고 기자협회 등 언론들이 적극적인 반대의사를 표명하면서 결국 노무현 대통령이 기자들과 토론하겠다는 선까지 발전했다. 이런 와중에 일부 보도에서는 기자들의 자성을 촉구하는 이야기가 나오기도 했다. 다음은 기자실 폐쇄문제를 보도한 *International Herald Tribune* 2007년 6월 7일자 내용을 옮겨본다.[6]

---

6) http://may.minicactus.com/103718

## ■ 레임덕이 아닌 노 대통령의 새로운 싸움

(No lame duck, Roh picks a new fight / IHT 6.7, Choe Sang-Hun 서울발)

## 노대통령은 언론에 대해 한국 '최대의 불량품' 이라고 지칭

임기를 단지 8개월 남긴 상황에서 한국의 노무현 대통령은 레임덕이 아니다.

집권 말기의 하락하는 지지율에도 불구하고 60살의 정치인 노 대통령은 전국적인 관심을 계속 받을 수 있는 확실한 방법을 찾아냈다고 분석가들은 말한다.

노 대통령은 대결에 익숙한 인물이다. 먼저 그는 한국을 미국 대외정책과 거리를 두도록 함으로써 보수적 반대파들을 분노케 했다. 또한 워싱턴과 자유무역협정(FTA) 협상을 진행함으로써 자신의 진보적 지지자들을 격분케 했다. 심지어 재계 지도자들과 그들의 정치적 연합세력들이 대규모 부동산 투자를 해놓은 서울로부터 수도를 이전하려는 시도를 했지만, 한국의 헌법재판소에 의해서 저지당했다.

이제 노 대통령은 자신이 한국의 최후의 '특권층' 이라고 간주하는 집단을 상대로 싸움을 시작했다. '특권층' 은 언론을 지칭하는 것으로 대통령은 '최대의 불량품을' 만들어내는 집단이라고 주장한다.

노 대통령은 지난 2일 그의 이름을 연호하는 900명의 지지자들로 가득 찬 강당에서 4시간에 걸친 강연을 하면서 언론을 겨냥한 조롱과 비판을 늘어놓으면서 "오늘 기분이 매우 좋습니다"라고 말했다. "그러나 우리가 내일 어떤 끔찍한 헤드라인을 보게 될지 상상할 수 있습니까?"

이번 주 신문들은 야당 지도자들의 고약한 발언을 인용하는 방식으로 응수했다. 그들 가운데 일부는 노 대통령을 히틀러에 비유하거나 독재적이며 무능했던 로마의 황제 네로에 비유했다. 3면을 노 대통령에 대한 비호의적 보도에 할애한 대규모 부수를 가진 〈중앙일보〉는 4일자 사설에서 온 나라는 대통령을 무시하고 "그가 혼자 소리치도록 놔두자"고 제언했다.

노 대통령과 한국의 주요 신문과의 관계는 전례가 없는 비방과 매일매일의 맞대응으로 특징지어지지만, 그러한 소란에 아연실색하는 사람은 거의 없다.

대신 관측통들은 이러한 인신공격은 한국이 1980년대까지 지속됐던 군부지배에서 벗어났음을 보여주는 신호라고 말한다. 그 당시에 정부는 공식적인 관점에서 지나치게 빗나간 언론기관들을 위협하기 위해서 세무조사라는 방법을 이용했다. 당시에 한국의 공보부는 헤드라인의 크기에 대해 지적할 정도로 구체적인 권유사항이 포함된 '보도지침' 을 매일 내놓았다.

한국은 이제 어떠한 제약도 없는 아시아에서 가장 민주화된 국가들 가운데 하나로, 한국 신문의 사설들은 일상적으로 대통령을 '정신병자'로 칭한다.

5월 22일 노대통령은 한국 언론계의 오래된 전통을—혹은 노 대통령에 따르면 고질적인 병폐—폐지하겠다고 선언함으로써 그 갈등을 증폭시켰다. 그 전통이란 정부기관 내에 기자들을 위해 별도로 마련된 수십 개의 사무실이다.

노 대통령은 그 가운데 대부분을 8월까지 모든 언론매체에 개방된 몇 개의 뉴스브리핑실로 통폐합할 계획이다. 정부는 새로운 시스템을 정부의 인터넷 사이트를 통해서 언론인들이 브리핑을 온라인으로 보고 질문을 할 수 있는 '전자브리핑'으로 보완할 계획이다.

문제의 기자들을 위한 사무실(reporters' rooms)은 1945년에 끝난 일제 식민지 시대에 생겨난 것이다. 그 이후로 '기자실'로 알려진 이러한 사무실들은 강력한 권한을 가진 정부부처에서부터 대규모 경찰서에 이르기까지 모든 주요 정부기관에 하나의 고정된 시설로 자리 잡았다. 현재 기자들은 그러한 관행은 과거의 것이 되어버렸다고 말하고 있지만, 주요 매체의 언론인들은 회원자격의 분배, 책상배치, 취재원에 대한 접근 등에 관여하는 등 이 사무실을 개인적 클럽처럼 운영해 왔다.

'기자실' 지지자들은 그러한 사무실은 언론인들이 정부의 취재원에 신속한 접근을 보증하는 것이고 언론의 감시역할을 상징하는 것이라고 말한다. 그러나 그러한 시스템은 또한 언론인과 정부 취재원간에 비윤리적인 유착관계를 낳는 한편, 주요 언론들이 신생의 뉴스 매체들, 종종 인터넷 언론들에 따른 새로운 경쟁을 제한하는 것을 가능하게 해왔다는 비판을 받아왔다.

노 대통령은 정부의 언론 브리핑을 소규모 신문과 인터넷 뉴스 매체들에게 개방한 뒤에도, 기존의 주류 언론들은 자신들의 독과점적인 권한을 지키기 위해서 취재행위를 방해하기 시작했다고 말했다.

2004년 한 정부 부처는 그 부처의 프레스룸의 정식 회원들의 항의 때문에 한 인터넷 신문과의 인터뷰를 취소하지 않을 수 없었다고 청와대는 말했다.

외신들도 '국익을 위해서'라는 이유로 '기자실' 출입이 일상적으로 금지되어 있으며, 반면 국내 매체의 언론인들은 당국자들로부터 독점적으로 배경에 대한 브리핑을 받는다.

노 대통령은 지난 2일 "기자실에 언론의 자유가 있습니까? 그곳에는 오직 통제, 담합, 과도한 특권이 있을 뿐입니다"라고 지적했다. "국민들의 알권리는 정부가 말하는 것을 받아적을 때 충족되는 것이 아니라, 발로 뛰었을 때 충족되는 것입니다"라고 덧붙였다.

그러나 비판자들은 기자들을 정부시설에서 옮기려는 노 대통령 계획은 국민이익을 감시할 언론의 능력을 사실상 파괴할 것이며 군사독재자들이 과거 행사했던 노골적 탄압과 별로 다르지 않다고 주장했다.

비판자들은 이 조치가 특히 일상적으로 대통령을 비난하는 조선, 중앙, 동아 3대 보수신문 등에 대한 노 대통령의 "병적인 대언론 증오(morbid hatred of media)"로 야기된 보복이라고 부르고 있다.

한국기자협회 소속 재경매체 39개 중 37개사는 지난달 30일 채택한 성명에서 "정부는 공개를 원치 않는 정보가 누출되지 않도록 하려는 것 뿐"이라고 주장했다. 협회자금으로 실시된 조사에서 국내기자들의 거의 91%는 노대통령의 기자실 폐쇄계획에 반대하고 있는 것으로 나타났다.

노 대통령의 정책은 "언론에 대한 노 대통령의 설익은 감정의 악취를 풍긴다"고 종종 노 대통령의 정책을 지지해 온 진보단체인 전국언론노조는 주장했다. "그는 메이저 보수언론과 소규모 진보언론을 다같이 증오하고 있다. 그는 항상 정부대변인만이 공정하고 정확하다는 점을 분명히 하고 있다."

노 대통령 밑에서 정부기관들은 이전 3대 정부 때보다 언론중재위원회에 보다 많은 불평을 제소했다.

자신의 연설문을 손수 작성하는 것으로 전해진 독학 인권변호사 출신의 노 대통령은 심각한 지역경쟁, 권위주의적 정당보스, 그리고 냉전적 대북 적대감으로 얼룩진 전통적 정치질서에 좌절한 국민의 변화요구 물결을 타고 2002년 말 5년 임기의 대통령에 선출되었다. 부패스캔들들이 재벌로 불리는 강력한 한국 대기업 집단들에 대한 국민의 관용을 무너뜨리기도 했다.

중앙대 장훈 정치학과 교수는 "노 대통령은 나라의 기득권층을 허무는 것을 자신의 역사적 의무로 간주한다"며 "그는 보수언론을 낡은 룰의 마지막 상징으로 보고 있다"고 분석했다.

노 대통령 취임 이후 정부, 정치인, 기업간 썩은 유대에 관한 주장은 줄어들고 있다. 그러나 노 대통령의 반엘리트 공격과 비판자들의 그에 못지않은 혹독한 응수는 한국의 정치환경을 무한경쟁적인 것으로 변모시키고 있다.

보수신문들과 시민단체들은 대통령의 '저속한 언어'와 '품위 없는' 성격을 맹비난한다. 노 대통령은 기득권 비판자들이 '반갑지 않은 아웃사이더 때리기'를 하고 있다고 비난하면서 일견 기회 있을 때마다 독설을 날린다.

"그는 한국 역대 대통령들 가운데 가장 이해하기 어렵다. 그는 많은 사람들을 자랑스럽게, 그리고 많은 사람들을 당혹스럽게 만들었다." 충주대학교 임동욱 정치학과 교수의 말이다. "그는 보수파든 진보파든 자신의 길을 가로막는 모든 사람들을 공격하면서 이념적 경계선을 넘나들고 있다."

그러한 전술은 노 대통령이 헌법 상 12월 대선에 다시 출마할 수 없음에도 불

이미 알려진 대로 중앙의 유력 신문들과 방송3사는 즉각 이에 대한 거부반응을 보였으나 인터넷 언론은 〈인터넷저널〉〈오마이뉴스〉, 〈프레시안〉 등 유력 인터넷 매체들은 "선후가 바뀌었다" "환영한다" "지켜보겠다"는 등 3색반응을 보여 눈길을 끌었다.

여기서 우리가 주목해야 할 부분이 있다고 생각한다. 인터넷 언론 역시 지금은 성장기이나 언젠가는 제 모습을 갖춘 당당한 언론이 될 것이라는 사실이다. 언론이라는 이름을 내걸었으면 그에 알맞은 언행이 뒤따라야한다. 물론 기득권을 가진 신문매체나 방송매체와 똑같은 소리를 낸다고 네티즌들이 쌍수를 들고 환영하리라는 것은 기대 밖일 것이다.

역대 정권마다 기자들과 크고 작은 갈등을 빚어온 것은 사실이다. 박정희시절엔 기자들을 '다스리기 위해' 대변인제를 도입해 각 언론사의 이름난 기자들을 대변인으로 발탁했고, 많은 기자들도 순응했다. 그러나 정책문제 등 여러 부문에서 대변인들의 역할이 빛을 발한 것은 아니었다.

초년기자 시절의 일이 생각난다. 출입처 순례에 대동해 따라간 곳은 경제부처였다. 아마 기억하기는 경제기획원이 아닌가 생각한다. 사흘 순례 가운데 하루는 꼬박 기자실에서 보냈다. 점심도 시켜온 자장면으로 때우고 취재를 위해 관리들을 찾아나선 선배를 저녁 무렵에야 만나 귀사할 수 있었다.

"어땠어?"

기자실에서의 하루를 어떻게 보았느냐는 질문이었다. 그러나 내가 본 것은 대변인이 한두 번 방문해 브리핑 자료들을 기자들에게 나눠주고 몇몇 기자들과 자료에 대한 이야기를 하는 것밖에 없었다. '아하, 이게 취재구나' 하는 느낌만 받았던 것이다. 그러나 선배는 대변인과 몇 마디 나누더니 슬그머니 문을 열고 나가버린 것이었다. 소태 씹은 얼굴을 하고 있는 내 표정을 보자 고개를 끄덕끄덕하더니 입을 열었다.

"있잖아, 기자실에 죽치고 앉아봤자 얻을 건 별로 없어. 브리핑 내용이 나왔으니 실무자들과 이야기를 해야 더 자세한 내용을 취재할 수 있지. 그래서 과장들 방을 한바퀴 돌고 온 거야" 하며 빙긋이 웃으며 "기사는 이미 과장실에서 보냈어. 이제 회사로 돌아가 해설기사가 필요하면 그걸 써야지."

결과는 훌륭한 출입처 순례견습이었다. 그건 나중에 기자생활을 하면서 얼마나 많은 도움을 주었는지 모른다. 기자실이 필요없다는 것은 일을 안하는 기자들을 지칭하는 것인지도 모른다. 그러나 일을 안 하는 기자들을 난 보지 못했다. 모두들 노는 것 같지만 언제 자료를 보완했는지 다음날 석간신문 1판엔 각사의 기사가 매끄럽게 정리되어 있는 것을 보고는 나 자신도 고개가 끄덕거려지는 걸 느꼈다.

기자는 기자실에서만 크는 것은 아니다. 바로 실사회가 훌륭한 스승이며 만나는 사람들이 좋은 조언자다. 기자는 게으르지 않다. 그들은 부지런하다. 왜? 자신의 취재분야에서 가장 뛰어난 기자가 되고자 하는 욕심이 있기 때문이다. 그래서 전문가와 이야기하고 사람들을 만나고 현장을 뛰어다닌다.

인터넷 언론도 이런 기자들이 많이 있으리라 생각한다. 그러나 의식을 세우기 앞서 기자의 정신을 앞세우라고 말해주고 싶다. 의식은 자신의 현실을 바라보는 눈이 정확하다면 저절로 만들어진다. 먼저 현실의 벽을 넘어 그 뒤에 숨겨져 있는 사실을 찾아내도록 하라고 조언하고 싶다. 민주화 과정에서 드러난 온갖 사실들이 아마 자신의 판단을 한쪽으로 쏠리게 할지도 모른다. 설령 당신이 노 대통령을 좋아하고 그를 지지한다고 해서 모든 게 노 대통령이 옳다는 생각을 한다면 지난 세월 일부 선배들이 걸어온 길을 당신도 걸을지 모른다. 사실이 모이면 진실이 나타난다. 사실은 사실일 뿐이다. 진실은 그 사실들 속에 꼭꼭 감춰져 있는 보물이다. 값도 나가지 않고 단지 보석처럼 빛날 뿐이다. 우린 그 보물찾기를 해야 한다.

모든 인터넷 기자들이 그러한 정신을 가지면 좋겠지만 현실은 반드시 바라는 대로 되는 것은 아니다. 앞에서 끌고 가는 사람들의 사명감이 먼저다. 기자는 집안의 침대에서 편하게 죽을 수 있다. 그건 행운이라고 받아들이라. 왜 인터넷 기자들은 벌써 패배주의적인 생각을 먼저 배우는지 모르겠다. 참된 기자는 현장에서 자신의 삶을 마감하는 것을 최대의 영광으로 생각해야 할지도 모른다. 아니 그랬으면 좋겠다.

인터넷 기자들은 취재현장에서 자신들의 영토가 다른 기득권 언론에게 선점당했다고 느낀다. 그리고 그 실지를 회복하는 것이 지사의 과제로 생각한다. 그건 과거의 재야세력이 이른바 '조중동 몰아세우기'에서도 잘 나타나 있다. 과연 지금 그들은 그들이 주장하는 보수언론의 세력을 이 땅에서 몰아냈는가? 그들이 조중동을 몰아가는 동안에 신문 산업은 가뜩이나 어려운 지경에서 수세에 몰린(?) 듯한 그들에게 중간지대 신문들의 영토가 눈에 뜨이게 줄어들고 있었다는 것은 무엇을 의미하는 것일까? 일본의 예를 보더라도 〈마이니치신문〉의 선두 바꿈이 있다. 70년대말 일본을 방문해 〈마이니치신문〉을 찾았을 무렵 거대한 마이니치 사내에서는 인쇄노조 데모가 한창이었다. 그 당시만 해도 〈마이니치신문〉은 〈아사히신문〉이나 〈니혼게이자이신문〉 그리고 〈요미우리신문〉보다 나은 신문으로 알려져 있었다. 사실상 일본의 정신을 대변하는 이념지로서 자리를 잡고 있었다. 그러나 그러한 혼돈과정을 거치면서 〈마이니치〉는 결국 〈아사히〉에게도, 특히 〈요미우리〉와 〈니혼게이자이〉에게도 선두를 물려주고 지금 자칭 3

위자리에 만족해야 했다(〈니혼게이자이〉는 종합경제지다). 〈아사히〉와 〈요미우리〉가 사내문제를 발빠르게 정비하고 신문경영에 힘을 쏟았을 때 그들은 이데올로기의 수렁에 빠져 시간을 허비한 것이라고들 분석한다. 타산지석이라면 이해가 될지….

## 〈경향신문〉의 추억

국내의 경우 〈경향신문〉의 예는 좀 다르지만 정권의 언론탄압 음모가 만들어낸 암울한 작품이었다. 가톨릭재단이 창간한 〈경향신문〉은 정부와 재계에 눈엣가시로서 4·19 직전인 '59년까지 국내 최고의 신문임을 자타가 공인하던 신문이었다. 그러나 권력이 만들어낸 함정은 1년여의 세월 뒤에 다시 문을 열었으나 영원한 2류지로 몰락시키는 데엔 충분했다. 그들이 문제삼은 것은 인기 칼럼인 '여적'을 이적표현이라고 몰아붙여 결국 '폐간' 조치에 이어 여론이 들끓자 '무기한 정간'으로 문을 닫아버린 것이다. 그 이후의 〈경향신문〉이 걸어간 가시밭길은 잘 알려져 있는 대로다.[7]

〈경향신문〉은 참 운이 없다. 일제 강점기도 아니고 자유천지인 대한민국의 하늘 아래서 형극의 길을 걸었다는 것은 참 아이러니한 사실이다. 약해진 언론은 약하기 때문에 남이 깔본다. '아, 저 정도 신문쯤은…' 하고 정권마다 칼을 댄다. 그리고 멋진 희생양으로 삼기도 한다.

물론 열심히 살아가던 신문이 하루아침에 문을 닫은 예도 많다. 정부기관지였던 〈서울신문〉이 4·19 직후 사옥이 불타는 수모를 겪었고 군사정권의 서슬 아래 〈대한일보〉가 '수재의연금 돌려치기'라는 악수에 그만 문을 닫는 비운을 겪기도 했다. 그 군사정권은 '비판의 칼날이 여전히 서 있

---

7) 이재경교수(이화여대, 언론학)의 글을 추천한다. 자료는 삼성언론재단의 '태평로포럼'에서 발표한 '한국언론이 개혁과제'라는 세미나 논문의 두번째 부분을 참조하기 바란다. 자료는 삼성언론재단의 자료실에서 구할 수 있다.

는' 〈경향신문〉의 사주를 온갖 명목으로 구속하고 경영권을 엉뚱한 기업에게 위탁했다. 세간에서는 정보부의 작품이라는 소문이 무성했고…. 그리고 제자리에 제대로 서지도 못하게 된 〈경향신문〉은 손발이 묶이고 입에 재갈이 물린 채 권력의 시녀 노릇을 해야만 했다.

언론경영을 맡은 위탁경영주들은 기아산업에서 다시 신진자동차로 옮겨가며 겉보기에는 번듯한 차림새의 경영권 이양이었다. 그들은 신문을 키우기보다는 자사의 이익에 보탬이 되는 방향으로 신문을 경영한 것이 아니었냐는 뒷말도 들었다. 신진자동차가 부채를 견디다 못해 문을 닫을 즈음 정부는 사실상의 커다란 계획을 발표한다. 바로 〈경향신문〉과 문화방송의 통합이었다. 돈 잘 벌리는 방송이 신문을 먹여 살리라는 박정희대통령의 결정이 한때나마 이 땅에 매스컴 결합이라는 것을 실험하게 한 것이다. 이에 자극받은 삼성재벌이 〈중앙일보〉와 동양방송을 통합해 역시 '중앙매스컴'을 만들었다는 것도 우연은 아니었으니까. 무슨무슨 매스컴이라는 신조어가 나온 뒤 〈동아일보〉나 〈조선일보〉도 언감생심이었으니 언론의 영토싸움은 정말 생존경쟁의 정글이었다고 해도 과언은 아니었다. 그 덕에 방송도 신문과 나란히 기자실에서 행세할 수 있었고 결국 활자미디어가 전파미디어에게 추월당하는 하나의 시점이 되었다고 평가하고 싶다.

〈경향신문〉의 고난은 거기서 끝나지 않는다. 역시 군사정권인 제5공화국도 예외는 아니었다. 광주민주화운동이 군사적인 진압작전 끝에 억지로 가라앉은 뒤 그들은 충격적인 작품을 또 한 차례 만들어낸다. 언론통폐합이라는 극단적인 조치를 취한 것이었다. 양대 매스컴을 해체하고 지방언론들을 통폐합했다. 그들이 내세운 단 하나의 이유는 언론이 너무 많다는 것이었으며 기자 사회를 정화한다는 국보위의 설명이었다. 그 와중에 〈경향신문〉의 운명은 풍전등화 같았다고 당시 선배들은 전했다. 없애느냐 남기느냐라는 격론 끝에 과거의 비판지였다는 점이 점수를 얻었다고 한다. 비판지로서의 이미지가 쓸모가 있다는 판단이었던 것 같다. 그래서 또 권력의 시녀가 되었다. 죽을 운명에서 다시 살아난 것이다. 좋은 결과는 아니었지만….

내막을 잘 모르는 일반 대중들은 5공시절의 경향신문의 악명(?)만을 전해듣고 또 그렇다고들 믿고 있다. 겉으로 드러난 것은 사실이다. 신문판매전쟁이 가열차게 진행되는 곳에 '권력 앞잡이' 라는 경쟁지의 음성적 악선전도 크게 기여했다.

나는 지금도 기억이 난다. 4 · 19혁명이 성공한 19일, 많은 사람들이 각종 차를 타고 서울 광화문에서 서울역으로 몰려다니며 독재타도의 기쁨을 자축했던 광경들이 떠오른다. 그곳에 〈경향신문〉이 있었다. 독재에 항거하고 비판한 신문이라고 떠받들었다. 우리가 6 · 25의 역전용사가 받은 훈장을 기억하지 못하듯 독재와 싸운 신문을 기억하란 말은 지나칠지도 모른다. 왜냐하면 아무도 재정으로 고갈된 〈경향신문〉에게 보약을 주지는 않았으니까. 모두가 살기 바쁘고 쉽게 잊는 '빨리빨리' 정신이 그러한 광경들을 말끔히 지워버리고 권력의 앞잡이만 남은 것이다. 독재에 항거한 것은 정신적인 것이라 그런가? 권력의 앞잡이는 바로 자신들의 생활에 피해를 주었기 때문에 '한이 남은 탓' 이라고 해야 하나?

〈경향신문〉 기자 출신이라고 해서 변명 같은 이야기를 한다고 '아 그랬구나' 하고 용서는 하지 않는다. 용서해 달라는 말도 아니다. 한국 언론의 불행한 과거 한가운데에 항상 〈경향신문〉이 있었다는 사실은 〈경향신문〉의 원죄(?)가 과연 훈장이 될지 영원한 족쇄가 될지는 그 누구도 모를 일이다. 〈경향신문〉이 사라진다고 해서 그곳에 공적비가 세워지는 것도 아니다. 요즘 소공동 땅값이 얼마나 비싼데… 왜 그런 땅을 사라진 신문에게 헌납하자는 건가? 틀림없이 아마 이런 이야기들이 나올 것이다. 그러나 그 소공동은 〈경향신문〉 사람들에겐 영원한 고향일 것이다. 문화방송과 결합한 뒤 소공동 사옥을 매각하고 떠났다. 통합 축하잔치를 끝낸 일부 기자들은 다시 소공동 사옥으로 돌아와서 편집국 벽에다 낙서로 이별의 마음을 그렸다. '가노라 소공동아 다시 오마 경향신문' 등의 낙서가 당시 기자들의 심정으로 남아 있었다고 당시 〈기자협회보〉는 전하고 있다.

## 싹트는 기술집약시대

지금은 인터넷 시대이다. 그 기술력을 바탕으로 유비쿼터스시대가 발돋음하고 있다. 그 중심인물인 인터넷 언론은 지금 어디에 있나? 조중동은 그 막강한 언론재벌의 위력을 인터넷에서도 유감없이 발휘하고 있다.

〈조선일보〉의 경우는 '70년대의 방송에 대한 미련을 버리지 않고 지금은 내용적으로는 과거의 매스컴 체제 같은 운영을 하고 있다. 인터넷에의 진출이다. 유비쿼터스에도 다른 신문보다 발빠르게 실험하고 있다. 메이저 언론들은 그래서 조선은 '1등인터넷 조선닷컴'을, 중앙은 '아시아 최초의 인터넷신문 조인스'를, 〈동아일보〉는 '동아닷컴'을 각각 운영하면서 인터넷 언론의 선두를 지키려고 노력하고 있다.

선점과 독점이야말로 그들이 원하는 것이고 활자미디어에 이어 인터넷에서도 그들은 기득권의 뿌리를 착실히 강화하고 있다. 역시 발빠른 전환은 인터넷 언론의 기술과 발전에 얼마나 기여할지는 두고 봐야 할 것이다. 이에 비해 선발이면서도 영예와 열매를 빼앗기고 있는 다른 인터넷 언론의 행보는 생사의 롤러코스터를 타고 끝없는 순환의 굴레에 맴도는 것 같아 안타깝다. 무엇이 네티즌의 시선을 잡아끌고 어느 부분을 네티즌이 원하는 것인지 눈을 부릅뜨고 살펴봐야만 생존한다. 기업 창업의 게임으로는 안된다. 기득권을 가졌다고 주장하는 기존 언론들이 하지 못하는 영토가 있을 것이다. 그것을 찾아야 한다. 공간은 무한하다. 네티즌은 그걸 기다리고 있다. 또 다른 블루오션의 영토가 인터넷에 있음을 인터넷 언론은 기억해야 한다. 그들의 발걸음이 인터넷 언론의 장래에 어떤 씨앗을 뿌릴지 크게 관심이 간다.

인터넷 언론이 더욱 성장하려면 더 많은 땀을 흘려야 한다. 몸을 사릴 때는 사리고 과감히 나갈 때는 감연히 나서야 한다. 권력에 '잘 보이려고 애쓸' 몸짓도 억지로 할 필요는 없다. 약하기 때문에 허장성세를 가장할 필요는 없다. 인터넷 언론이 살아남는 길은 결국 자신의 영역이 블루오션에 있다는 자긍심이다. 기다려라. 또 기다려라. 그러나 활자미디어의 실패를 되풀이하진 말아라. 이것이 지금 이 글을 쓰는 나의 심정이다.

2007년 6월 16일 오후 한국언론재단에서 대통령이 언론단체(?) 대표들을 모아 기자실 폐쇄(취재제한조치)에 대한 토론회를 가졌다. 그리고 맥빠진 토론이 1시간여 동안 진행되었다. 여기에 문제가 있었던 것 같다. 기득권 기자들은 모두 불참했다는 사실을 대통령은 애써(?) 외면하고 있다. 대통령은 "(정부의 취재지원 선진화 시스템에) 찬성해 주서서 감사하다"면서도 "오늘 패널들이 잘못 나왔다. 큰맘먹고 나왔는데… '언론통제 5공으로 돌아가나', '불순한 취재 제한조치' 이런 기사를 쓴 분들을 교섭해 달라 했는데, 그분들은 다 안 나오고 점잖은 단체장들이 나왔다"며 토론회가 성에 차지 않는다는 반응을 보였다(노컷뉴스 보도). 당시 토론회 참석자들은 보면 정일용 한국기자협회 회장, 김환균 한국방송프로듀서연합회 회장, 오연호 한국신문협회 회장, 이준희 한국인터넷기자협회 회장, 신태섭 민주언론운동연합 공동대표들이었다. 결국 당시 참석했던 언론단체장들이 '부자격자'란 것을 간접적으로 드러낸 셈이 되었다. 도대체 그 사람들을 선정해 그 자리에 앉힌 사람들은 누구였을까? 초청자는 청와대였다. 설마 대통령과 '한 자리에 앉아' 기념사진이라도 찍을 기회를 가졌다고 좋아할 사람은 없었다고 생각한다. 대통령도 참석자의 면면을 사전에 통고받았을 텐데 딴말(?)을 한 것은 아닌가? 아무튼 결과는 정말 맥빠진 토론회였다.

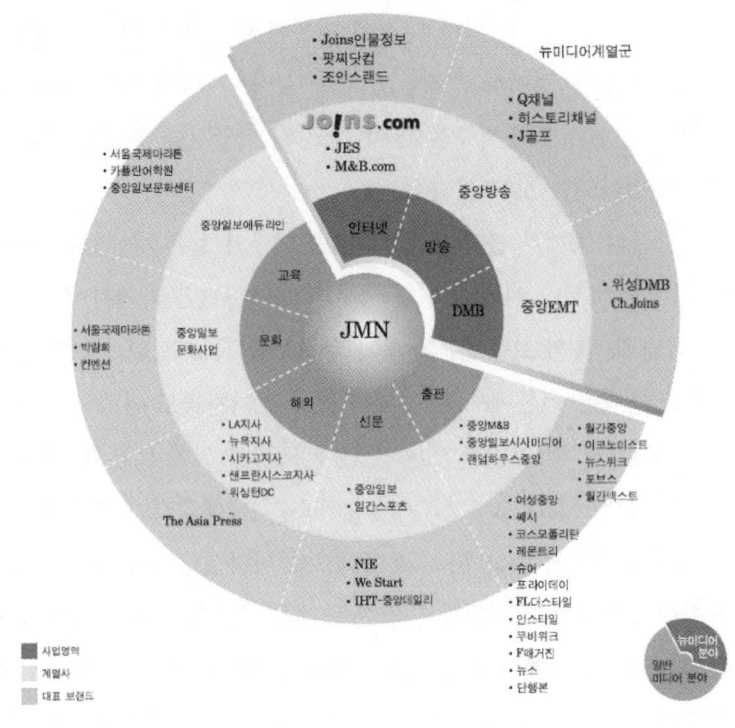

**그림 3** | 〈중앙일보〉는 JMN이라는 프로젝트 아래 사실상 중앙 매스컴을 부활하려는 것 같다. 중앙일보 홍보자료.

아이들이 모이면 으레 힘자랑을 한다. 동네끼리의 힘자랑이면 사전에 '오늘 누구누구하고 맞짱을 뜬다더라' 고 아이들 사이에 소문이 퍼진다. 양쪽 동네아이들이 모두 모였는데 정작 상대방 아이가 부모들의 반대로 금족령에 걸렸는지, 아니면 시시한 싸움에 나갈 필요도 없다고 생각해서인지 그 자리에 못 나온 것을 알자 상대편 아이는 기고만장해서 '봐, 내가 무서워서 그 녀석 안 나왔잖아. 내가 누군데…' 라면서 자신의 힘과 정당성을 아이들에게 자랑한다. 다른 아이들은 말이 안 된다는 생각에선지 아니면 상대의 힘에 눌려서인지 아무 말도 안 한다. 설마 대통령의 행동이 그런 것은 아닐 것이라고 믿고 싶다. 설마 이것이 언론과의 전쟁을 벌이는 대통령의 본 모습이 아니었을 것이라고 지금도 믿고 싶다. 개혁파 신문들이나 인터넷 언론의 손을 들어주어 박수를 많이 받고 있는 입장을 충분히 살리고 싶은 생각이 있었다고는 보고 싶지 않다.

사실 기자실의 문제가 불거진 것은 어제 오늘의 일은 아니었다. 유별나게 지난 김대중 정부나 이번 노무현 정부의 대언론관은 과거사에 대한 '감정'을 드러낸 듯 특히 보수언론들에게 급경사를 긋고 있다. 물론 이 같은 단초를 제공한 것은 언론에도 큰 문제가 있다고 기자들도 인정하고 있다.

지난 2003년 3월 '바람직한 권·언 관계 모색을 위한 토론회'에서 발제에 나선 김서중(성공회대 교수, 신문방송학) 교수는 '폐쇄적인 기자실 운영의 문제점'이란 소제목의 부분에서 "폐쇄적으로 기자실을 운영하면서 기자들이 기자실에서 일정한 취재원과 특별한 관계를 유지할 경우 기자가 취재원에 포섭되는 정·언유착이 발생한다는 것이다. 언론개혁의 과제도 결국 여론이 소수언론에 의해 독과점되면서 권력화된 언론과 정치권력이 유착되는 것을 막아야 한다는 취지에 준하고 있다. 그 점에서 권언유착을 발생시킬 소지가 있는 폐쇄적인 기자실 운영은 당연히 개선되어야 한다"고 지적하고 있다.

그는 또 다른 교수들이 지적한 사례들을 열거하면서 "기자실의 문제점에 대해서는 1960년대 기자실 초기부터 지적되어 온 것이다. 기자실 폐지 논란은 언론계 내부에서도 나왔고('66년 기자실 폐지 논쟁), 역대 정권이 언론을 통제하기 위해서 사용하였던 명제이기도 했다. 그러나 기자실은 없어지지 않았고 그 소동을 겪으면서 오히려 권언유착의 산실로 기능했다"고 덧붙였다.

그러나 기자실은 그러한 폐단에도 불구하고 그 존재가치는 크다고 본다. "쥐가 무서워 초가삼간을 태우려 한다"는 반대론도 만만찮지만 이용하든 이용당하든 기자실의 존재는 기사의 통로로서 제대로 역할을 다해 왔다고 봐야 한다. 취재 선진화의 명제는 정부가 앞장서서 이래라저래라 할 성질은 아니다. 오히려 기자들에게 기자실을 적극 개방하라고 촉구하는 것이 바람직하지만 그럴 경우 그렇지 않아도 보기 싫은(?) 기자들이 와글와글거리며 여기저기로 쏟아져 다니는 모양이 될 것은 뻔하다. 그래서 기자실을 없애려 하는 것이 아닌가 하는 오해를 정부가 사서 할 이유가 있을까. 정부가 바라는 기사는 쓰지 않고 정부나 비판하는 언론은 정부 입장에선 결코 달갑지 않을 것이기에. 그리고 또 이런 기자실의 존폐문제의 이면엔 기득권 언론과 신생언론의 보이지 않는 싸움도 깔려 있다고 본다. 그러나 개혁을 앞세운 신생언론이나 기득권에 젖어 있는 보수언론 등이나 기자실을 영토싸움이 마당으로 만들어선 안 된다고 본다. 결국 제 얼굴에 침뱉기가 될 게 뻔하다.

기자실은 어차피 정부가 기자들에게 내준 편의공간이다. 방을 내준 주인이 '방빼라' 고 하면 세입자 꼴이 된 기자들도 가만있을 리 없다. 기자들이 염려하는 것은 정말 '권언유착' 이다. 기자실을 없앤다면 그런 관행은 더더욱 음성화할 소지는 있다. 기자실을 출입할 기회가 거의 없는 편집기자들로선 다른 동네의 싸움쯤으로 보일지 모른다. 내근기자들이란 항상 밖에서 돌아다니는 기자들이 부럽다. 아무리 넓어도 좁아만 보이는 편집국에 몇 시간씩 자리 지키려니 몸에 동티가 날 지경이다. 그래서 자신이 모르는 사이에 게으름병이 생긴 거라고 투덜대지만 그래서 기자실 문제가 나오면 그냥 '잘하는 일이지' 하는 무언의 동조감에 빠지기도 한다. 그런 것들이 모여 걸핏하면 정부가 '기자실 폐쇄는 언론사 내부에서도 찬성' 한다는 묘한 동지감을 느낀 것은 절대 아니겠지.

# 낮은 곳의 사람들에게 시선을 돌려라

이 책을 쓰기 시작할 즈음, 방송에서 심각한 소재의 시사프로를 한 편 보았다. 바로 SBS의 〈그것이 알고 싶다〉라는 것이다. 재벌 회장님들의 횡령이나 배임에 관한 판결을 놓고 깊은 의문점을 던지는 내용이었다. 과연 법 앞에 만인은 평등한 것일까? 방송에 어느 신원이 불확실한 법조계 인사의 답변은 "법은 만인에게 평등한 것은 사실이다. 바로 1만인(萬人)만 평등하다"고 말했다. 교과서 속의 법, 현실 속의 법이 엄청나게 다르다는 사실을 강조한 이야기였다. 그 1만 명은 과연 누구일까?

1988년 10월 8일, 전국을 떠들썩하게 했던 탈주범 사건의 주범인 지강헌이 인질극을 벌인 끝에 자살로 마감하면서 남긴 말이 화두로 등장한 적이 있었다. 뒤에 〈홀리데이〉라는 영화로 다시 한 번 세상에 알려지기도 했지만 여러 면에서 인용되는 제목으로 유명해졌다. 유전무죄 무전유죄(有錢無罪 無錢有罪)였다.

> 돈이 있는 자는 큰 죄를 지어도 돈으로 모든 것을 해결을 하여 심지어는 죄가 없는 것으로도 할 수가 있지만, 돈이 없는 자들은 조그만 죄를 지어도 바로 잡혀가서 감옥을 살거나 남의 죄까지 뒤집어써서 큰 죄인으로 몰리기도 한다.

18세기 프랑스 사상가인 클로드 프레데릭 바스티아[8]는 저서 《법》에서 "불행하게도 오늘날의 법은 본래의 영역을 벗어나 있다. 벗어난 정도가 미미하다면야 별문제가 아니겠지만, 상황은 그보다 훨씬 심각하다. 오히려 원래의 목적과 정반대의 것을 추구하고 있다. 자신의 목적 그 자체를 파괴

---

8) 클로드 프레데릭 바스티아(1801-1850), 그의 전집 가운데 제2권이 《법》이었다. 제3권은 그의 사망으로 미완의 작품이 되었다.

하고 있는 것이다"라며 법이 타락하는 이유가 바로 인간의 탐욕적인 욕망에서 비롯되고 있다고 주장했다. 이어 그는 "정의를 확립하는 것이 법의 원래 기능이지만 실제의 법은 오히려 정의를 질식시키고 있다. 각자가 가진 권리들이 서로 침해받지 않도록 하는 것이 법의 원래 기능이지만 실제의 법은 권리간의 경계를 파괴하고 있다. 또 타인의 인격과 자유, 재산을 착취하려는 자들이 일말의 망설임도 없이 그 일을 할 수 있도록 집단적인 폭력을 동원해 주고 있다. 약탈행위에다가 권리라는 이름을 붙여줌으로써 법은 약탈을 권리로 탈바꿈시켜 버렸다. 그뿐 아니다. 타인의 약탈에 대한 방어를 범죄로 만듦으로써 정당한 방어가 처벌의 대상이 되어버렸다"고 분석하고 있다. 바로 지강헌이 세상에 내뱉은 말의 현실과 무려 200년을 사이에 두고 있지만, 따지고 보면 규모의 차이는 있어도 법은 시대를 초월해도 그 운용엔 항상 문제가 남는 것이 법인 모양이다.

이 '有~無~ 無~有~'와 관련해 많은 造語들이 만들어지고 있어 흥미롭다. 법조계의 한 사이트에 등장한 말을 보면,

제1순위 유전무죄 무전유죄(有錢無罪 無錢有罪)

제2순위 유재무죄 무재유죄(有財無罪 無財有罪)

제3순위 유조무죄 무조유죄(有曹無罪 無曹有罪)

제4순위 유권무죄 무권유죄(有權無罪 無權有罪)

제5순위 유친무죄 무친유죄(有親無罪 無親有罪)

제6순위 유압무죄 무압유죄(有壓無罪 無壓有罪)

제7순위 유력무죄 무력유죄(有力無罪 無力有罪)

제8순위 유료무죄 무뢰유죄(有僚無罪 無僚有罪)

제9순위 유범무죄 무범유죄(有犯無罪 無犯有罪)

제10순위 유연무죄 무연유죄(有緣無罪 無緣有罪)

…………

등이 나온다. 물론 적당히 갖다붙인 것들만은 아니다. 부조리가 만연할수록 이 조어는 더욱 많아질 것이다. 사회성이 짙은 조어인 셈이다.

우리는 '사' 자 사회의 사람들을 가리켜 우선 무조건 '배운 도둑놈' 이라고 뒤에서 수군거린다. 그 부류의 사람들 중엔 정말 사회정의를 실현하려고 음양으로 노력하는 사람들은 많다. 그러나 법은 시대에 따라 변화하는 카멜레온의 성격을 가지고 있는 것 같다. 서울 서초동 법원 본관건물 앞에 서 있는 석조물엔 분명히 엄정성을 상징하는 '자유 평등 정의' 라고 쓴 글자들이 보인다. 이 말의 가치는 누구에게 주어지고 있는지 법조인들은 몇 번이나 되새겨보았을까.

법의 정신은 기본적으로는 변하지 않는다고 한다. 세상의 흐름이 바뀌면 법도 실정법의 개념도 현실에 맞춰 바뀐다. 그래서 매년 법 개정안이 나오고 또 나오고… 법기술자들이 인간의 법적 심리와 변화를 가정해 인간을 어떻게 하면 법에 묶어 놓을 수 있을까 하고 연구한다. 법은 인간행동을 규제하는 틀인 셈이다. 법은 사회가 사회답게 하는 역할을 한다고 그들은 믿고 있다.

김도균 서울대 법대교수의 설명에 따르면[9] , 18세기 계몽주의의 선구자 바롱 몽테스키외는 저서《법의 정신》에서 자유의 보호와 증진, 평등의 보장, 그리고 개인적 · 사회적 안녕의 달성이라고 말한다. 총 3부로 이루어져 있는《법의 정신》에서 특히 중요한 제2부에서는 '자유의 보호와 신장이라는 법의 정신이 어떻게 하면 가장 잘 달성될 수 있는가' 라는 문제를 고찰했다.《법의 정신》은 '타인의 자의적인 지배로부터 독립된 상태로서의 자유' 를 확보하는 정치체계를 구상하는 것이 아리스토텔레스 이래로 서양 정치

---

9) 동아닷컴 '책읽는 대한민국' 에서 인용.
　http://www.donga.com/fbin/moeum?n=book100$j_665&a=v&l=0&id=200507130145

철학의 과제였으며 이와 같은 공화주의적
(共和主義的) 자유를 실현하는 것을 의미
했다. 구체적 내용은 한 정치적 공동체가
민주정(民主政), 귀족정(貴族政), 군주정
(君主政)이냐에 따라 다르게 될 것이라고
보고 어떠한 통치구조에서이건 '법의 정
신'의 핵심적인 표현은 '법의 지배'와 '삼
권분립(三權分立)'에 있음을 확인했다.

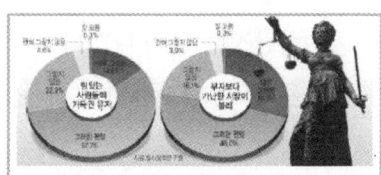

우선 몽테스키외는 민주주의 정체에서
는 '시민적 덕성(德性)'이 필수적임을 강
조한다. 그러나 더 주목하여야 할 점은 민
주정의 부패와 관련한 몽테스키외의 경고
이다. 그는 "민주정체는 구성원이 평등의
정신을 상실할 때뿐 아니라, 극도의 평등
정신을 가짐으로써 통치자로서 선출된 자

그림 4 | 결국 有權無罪無權有罪도 제목에 등장했다.

와 평등해지려고 할 때에도 부패한다"고 경고했다. 그때 시민들은 자신이
위임한 권력마저 인정할 수 없으므로 원로원(의회)을 대신하여 심의하고,
집정관(대통령)을 대신하여 집행하고, 재판관을 파면하고 모든 것을 자신
들이 직접 하려고 하게 되면서 국가와 법의 민주적 권위가 약화되고, 급기
야 독재정의 길로 들어서게 된다는 것이다. 즉 법의 정신이 '공화주의적
자유와 평화'의 보장에 있기는 하지만, 민주적 권위가 사라지게 되면 '나
쁜 의미의 안정성'을 위하여 구성원은 자유를 희생하면서라도 독재정을
선택하게 된다는 것이다. 가히 '민주정의 역설(逆說)'이라 할 만하다. 이런
경우를 몽테스키외는 고대 그리스와 로마에서 찾아 생생하게 보여준다. 제
3부는 "각 나라의 실정법이 비슷한 법의 정신을 지향하면서도 왜 구체적인

법규정은 달리 나타나는가 하는 문제를 다루고 있다. 이 부분은《걸리버여행기》와 비교하면서 읽어보기를 권한다. 제임스 프레이저의《황금가지》를 읽고 감동받은 적이 있는 독자라면 몽테스키외의《법의 정신》을 읽으면서도 비슷한 종류의 지적(知的) 감동을 맛볼 수 있을 것이다.

요즘은 한 해 1천 명 정도의 사법연수원생을 뽑고 있지만 과거에는 백 명이내의 합격자를 낸 사법고시가 있었다. 합격자를 발표하면 으레 수석자에겐 소감 한마디씩 듣는다. 물론 신문의 사회면이나 인물 페이지에 돋보이게 대접하는 것이 상례였다. 그들은 거의 한결같이 "사회정의를 실현하고 힘없고 가난한 사람들을 위해 봉사하는 법조인이 되겠노라"고 말한다. 특히 가난한 집에서 피나게 공부한 어느 수석은 "가난은 부끄러운 것이 아니라 다만 불편할 뿐이죠"라는 명언을 남기기도 했다. 얼마나 속이 꽉찬 한마디였을까. 그건 이제 시작하는 법조인으로서 갖기 힘든 생활철학이 담겨 있었기 때문이다.

그들은 지금 어디에 있을까? 우수한 성적으로 합격했으니 장래는 보장되었을 텐데. 법관이동 때마다 등장하는 신임 무슨무슨 법원장 프로필엔 그러한 흔적은 없다. 초심이 닳아버린 것인가. 전관예우라는 밥그릇 사회의 증표를 실현하느라 그 초심이 건망증에 걸린 것일까? 그렇게 정의를 실현하는데 왜 범죄는 줄지 않고 경제비리 등 하이칼라 범죄는 사라지지 않는지… 중국 드라마 〈포청천〉에 나오는 험상궂은 '포청천'은 죄에 대해서는 엄격한 심판자이자 집행자로 묘사된다. 우린 그것을 보면서 "법관은 저래야 돼"라고 말한다. 그의 유명한 작두는 단두대보다 무서운 위력을 발하는 것을 보면서 한편으로는 통쾌함을 느낀 시청자도 많았으리라.

기자들은 '전문성' 앞에서는 좀 머뭇거리는 것 같다. 특히 전문분야의 정평이 난 사람들을 대하면 고개를 숙인다. 사실 그들을 존경하기 때문이다. 그리고 그것은 기자가 못나서가 아니라 인간적인 면에서 그래야 한다고 느끼고 있기 때문이기도 하다. 내 경우엔 '나도 공부해야겠구나' 라는 생각이 앞섰다. 그들이 부러웠고 그들이 가지고 있는 지식의 권위도 부러웠다. 그래서 어느 땐가 신문에서도 갑자기 경쟁적으로 전문기자라는 이름이 나붙었다. 그리고 박사기자도 속속 등장했다. 전문가를 존경하는 풍토가 그랬는지 세상의 흐름이 그래서였는지는 모르겠지만 그런 현상은 좋은 변화 중의 하나라고 생각한다. 오히려 회사측에서는 기자를 더 공부시키고 더 전문적인 분야에 몰입하게 하는 제도적 장치를 넓혀주는 것이 바람직하다고 본다.

우리 사회는 '지·학·문' 의 3대 緣과閥에 의해 움직이고 있다고 사회학자들은 말한다. 거기에 바로 전문가 그룹이 더해져 나름대로의 연줄세계를 형성하고 있다. 개발독재시대를 거치면서 이들 연과 벌은 어느 정도 뿌리를 내리고 그들만의 '리그' 를 운영하고 있다. 거기에 '혼연' 으로 일군 '혼맥' 까지 가세해 정치와 관료 그리고 경제계에 고르게 문어발을 형성, 이른바 상류사회의 틀이 어느 사이엔가 굳게 다져지고 있는 것이다. 이 상류사회의 그늘이 퍼져 나갈수록 그 아래의 어두운 그림자도 넓어진다는 사실이다. 가진 자들의 리그가 그들의 권익만을 옹호하고 방어하면서 그곳에 변칙과 비리의 손잡이가 이룩되면 될수록 그만큼 안 가진 자들의 비명도 커진다는 것은 자명한 일이다. 그것을 뒷받침하는 것은 역시 전문가들이다. 출세하기 위해 공부하고 출세하기 위해 연을 만들고 맥을 짚어 쌓아올리는 거대한 불가사리의 탑이 소수의 부와 권력을 지키기 위해 존재한다면 그냥 지켜만 봐야 할 것인가.

낮은 곳의 사람들은 무엇보다 겉보기에도 비참하다. 서울 강남의 타워팰

그림 9 | 서울 강남의 고층아파트군이 있는 타워팰리스 전경.

리스 뒤쪽의 빈민촌은 미술작품이라고 해도 어울릴 정도로 극과 극의 대칭을 이룬다. 높은 데에서는 낮은 곳이 잘 보이질 않는다. 자신들이 너무 높다고 생각하지도 않는다. 능력이 그렇게 만들었고 가진 것이 그런 생활을 약속했고. 시비 거는 것은 그들에게 죄를 자청하는 것이다. 정당한 자본주의의 개념에선 하나도 이상하지 않다. 거리의 집 없는 사람들이나 서울역에서 새우잠 자는 노숙자들이거나, 그들이 보기에는 '능력도 소유도 없는 사람들'일 뿐이다.

자신들은 '선택받은 은총의 사람들이고 가난한 그들은 신의 손에서 멀어진 게으른 사람들'일 뿐이다. 어느 칼럼니스트는 지금 상황을 '노블레스 오블리주가 사라진 세상'이라고 진단했다.

여기 헬렌 켈러의 짧은 글이 있다. 보이지도 않고 들리지도 않는 세상을 향해 마음의 소리를 보냈다. 그 소리는 잔잔한 기도처럼 우리의 심금을 때린다. 그것을 다시 말하면 낮은 데의 사람들이 속으로 부르짖고 기도하는 말도 될 것이다. "장애란 고통스러운 것이 아니라 불편할 뿐"이라고.

# 눈으로 세상을 3일만 볼 수 있다면...

헬렌 켈러

만약에 내가 3일 동안만 볼 수만 있다면

첫쨋날에는 친절과 우정으로 내 삶을 가치있게 만들어준 사람들을 보고 싶다. 손으로 만져보는 것이 아니라 친구들의 내면적인 천성까지도 깊숙이 보고 싶다. 사랑하는 친구들을 모두 보고 싶다. 오후가 되면 오랫동안 숲속을 산책하면서 자연의 아름다움을 흠뻑 적시고 싶다. 그리고 감사의 기도를 하고 싶다

둘쨋날은 새벽에 일찍 일어나서 밤이 낮으로 바뀌는 가슴 떨리는 기적을 보고 싶다. 그러고는 박물관으로 가서 손끝으로만 보던 조각품들을 보면서 과거와 현재를 살펴보고 싶다. 예술을 통하여 사람의 영혼을 탐색해 보고 싶다. 그날 저녁에는 영화나 연극을 보며 시간을 보내고자 한다. 내 손의 감각으로는 도저히 알아차리지 못한 우아함과 아름다움을 보고 싶다.

셋쨋날에는 많은 사람들이 오가는 평범한 길거리에서 시간을 보내고 싶다. 오가는 사람들의 모습을 보면서 그들의 일상생활을 이해하고 싶다. 도시의 여기저기에서 행복과 불행을 동시에 눈여겨보며 그들이 어떻게 일하며 어떻게 살아가는지 보고 싶은 것이다. 저녁이 되면 또다시 연극회관으로 가서 인간의 정신에서 우러나오는 희극의 함축된 의미를 감상하고 싶다

한 편의 산문시와 같은, 떼어내서 읽으면 한 편의 아름다운 시와 같은 글이다. 그 '불편'을 뛰어넘은 위대한 영혼의 꾸밈없는 목소리다. 그처럼 낮은 곳의 사람들도 똑같은 꿈을 꾸리라고 생각한다. 신의 버림받은 영혼이 아닌, 인간의 격차도 아닌, 평등하지 않더라도 한아름의 꿈을 안고 달려가는 보통사람들이 되고 싶으리라.

요즘 방송기자들은 열심히 뛴다. SBS의 〈긴급출동24시〉나 〈PD수첩〉 같은 프로들은 방송프로듀서들의 세계지만 그들은 기자들 이상으로 열심히 뛴다. 그리고 그 프로들이 시청자의 사랑을 받고 있는 까닭은 지금 권력과

욕망의 그늘 아래에서 빚어지고 있는 온갖 독버섯들의 단면을 비추기 때문일 것이다. 바로 'PD저널리즘' 이라는 꽃이 피었기 때문이다. 이 프로들의 특징도 바로 탐사보도의 영역을 잘 지켜나가고 있기에 영상을 통해 보여주는 장면들이 더욱 생생하게 느껴지는 것이다.

# 제4장

# :: 탐사보도
## - 과학의 날개를 펴자

아마 이 파트의 핵심이 아닌가 생각한다. 탐사보도가 일반에 알려진 것은 1970년대 무렵이다. 주로 관료들의 부패를 파헤치거나 비리를 추적해서 보도하는 기법으로 점차 저널리즘의 한 장르로서 자리를 잡았다. 방송의 〈PD수첩〉이나 〈뉴스추적〉 그리고 다큐멘터리 형식의 보고서 등이 여기에 속한다고 보겠다. 공영방송인 영국의 BBC와 일본의 NHK, 그리고 우리 국영방송인 KBS와 EBS 등도 해외 걸작 다큐멘터리들을 소개함으로써 국내 과학 다큐멘터리의 영역에 자극제가 된 것도 손에 꼽을 만하다.

이야기를 바꿔 과학에 대한 언론의 무감증은 가끔 화제에 오르기도 한다. 본래 인문계 출신이 많은 탓인지 아니면 숫자에 대한 거부감이 강해서인지 모르겠으나 과학은 경외하는 편인 것 같다.

다음은 2004년 PD수첩의 난자제공문제로 불거진 '황우석사건'에 대한 뒷이야기를 인터넷 언론인 프레시안의 강양구 기자가 〈녹색평론〉에 기고한 글이다. 강기자는 언론의 科學盲을 신랄히 비판하면서 언론에 깊은 충고도 아끼지 않았다. 부분적인 내용을 소개하는 것보다 글 전체를 읽어보면 언론이 얼마나 과학에 대해 몰이해한지, 더 나아가 무지한지 알 수 있다. 물론 탐사보도와 관련된 글은 아니지만 과학을 취재하면서 빠질 수 있는 함정 등을 잘 짚어내었다. 그래서 글 일부를 여기에 옮긴다. 2부가 끝나는 곳에 전재해 두었다. 글 속의 특정 정당이나 필자의 글에 대한 지지 여부는 관련이 없음을 밝혀둔다.

## 과학기술의 덫에 갇힌 언론[1]

지난 11월 과학기술부는 황우석 교수에게 2005년에 265억 원을 지원하기로 했다. 이는 개별 과학자에게 지원하는 금액으로는 파격적인 것으로 역대 최대 규모다. 하지만 이런 과학기술부의 방침은 민주노동당 등으로부터 거센 반발을 샀다. 이런 파격적인 지원에 당연히 따라야 할 공식적인 선정 과정이 없었던 것이다. 더구나 이번 지원은 '이종간 장기이식', '인간배아 복제 연구' 등 첨예한 윤리적 논란의 중심에 있는 연구들을 대상으로 한 것이었다. 하지만 민주노동당의 이런 '정당한' 지원철회 요구는 언론과 정부로부터 묵살당했다. 더 놀라운 사실도 있다. 민주노동당이 문제를 제기하는 과정에서, 무서운 것이 없어 보이던 민주노동당의 한 '스타 의원'도 황 교수에 대한 문제제기를 '자살골'에 비유하며 적극적으로 반대했다는 사실이다.

다른 일도 있다. 지난 11월 18일 국회 의원회관에서는 의원들이 길게 줄을 서는 모습을 보여줬다. 황우석 교수와 사진을 찍기 위해 기다리는 의원들이었다. 일부 의원들은 황 교수의 강연을 듣기 위해 보조석에 앉는 것도 마다하지 않았다. 평소 불편한 것은 참을 수 없어 하는 의원들의 모습을 염두에 두면 '진풍경'이었다. 그날 강연회에서 황 교수는 매우 흥분한 모습을 보였다. "연구에 쓰인 난자를 어떻게 얻었는지, 여성들은 어떤 경로를 통해 난자를 기증했는지"를 묻는 한 기자의 질문이 황 교수를 불편하게 한 것이다. 하지만 다음날 언론에서는 '과학기술과 우리나라의 미래'를 걱정하는 황 교수의 모습만이 보도되었다.[2]

잠시 살펴본 것처럼 2004년은 과학기술을 담당하는 기자들에게는 아주 '보람찬' 한해였을 듯싶다. 진보, 보수 구분 없이 전 언론사 과학기술 담당기자들이 황우석 교수를 '스타 과학자'로 만드는 데 나섰고, 그 결과 그는 전 국민적 영웅

---

[1] 〈녹색평론〉, 제 80호 2005. 1-2월호.강양구 평론, "과학 기술의 덫에 갇힌 언론".(녹색평론은 격월간으로 발행되는 잡지이다.

[2] "난자 질문에 분노하는 황 박사", 〈여성신문〉 인터넷판, 2004. 12. 1.

으로 떠오를 수 있었다. 과학기술 담당기자들이 전국민의 입에 오르내리는 이슈를 만드는 것이 드문 현실을 감안한다면 기자들로서는 뿌듯했을 법도 하다. 물론 인간배아 복제 실험이라는 감히 다른 나라에서는 엄두도 내지 못할 연구를 진행하고, 그 결과를 미국의 과학잡지 《사이언스》에 게재한 황 교수의 능력(?)이 그 바탕이 됐겠지만 말이다.

이렇게 모두가 한목소리로 황우석 교수와 생명공학 띄우기에 나설 때, 명색이 과학기술을 담당하는 기자로서 한없이 무기력할 수밖에 없었다. 황 교수나 생명공학에 대한 정당한 문제제기는 거의 주목을 받지 못했을 뿐만 아니라, 심지어 과학기술 발전의 발목을 잡는 '반(反)과학기술주의자'라는 비난까지 받았기 때문이다. 이렇게 1년 가까이 지내면서, 언론이 과학기술을 보도하는 것이 이 시점에서 도대체 어떤 의미를 갖는지 다시 한 번 생각해 보게 됐다. 이 글은 이런 개인적인 고민의 결과물이다.

— 181페이지 전문수록

강양구 기자의 말처럼 과학보도는 센세이셔널한 부분은 아닐 것이다. 황우석 파문의 전말은 언론이 항상 경계하는 '황색저널리즘'의 유혹에 빠진 것으로 볼 수 있다. "네이처가 보도했는데…" 등의 변명은 과학은 물론이고 언론에서도 통하지 않는다. 과학기자일수록 언제나 내용의 진위를 생각하고 있어야 한다. 만약 제1보가 잘못됐다면 그 다음에 어떻게 해서든지 그것을 정정하고 자세한 보도를 해줘야 한다. 탐사보도의 정신은 비록 철저히 확인할 수 없는 사실이라도 끝까지 그 진실을 밝혀줘야 하며 그것이 기사의 신뢰와 기자의 믿음성을 더 굳히는 작업인 것이다. '~하더라'는 식의 보도는 절대로 해서는 안 된다고 생각한다.

탐사보도에 과학이나 환경 등이 포함된 것은 탐사보도의 영역이 그만큼 넓어지고 다양해졌다는 것을 의미한다. 날씨기자들이 가장 곤혹스러운 것은 예보가 빗나갔을 때이다. 물론 기자가 날씨까지 예보할 수는 없는 노릇이니 오보의 모든 책임은 결국 기상청에 돌아가게 된다. 그렇다고 보도한 기자의 책임은 없을까? 매우 난처한 질문이다. 도의적인 책임을 질 수도 없는 입장이다.

날씨 같은 기사는 정말 카오스적이다. 특히 여름철엔 이 카오스적인 날씨가 많은 사람들의 희비를 불러온다. 태풍이 온다. 아마 한반도의 남부지방을 지날 것 같다는 기상청의 예보가 나온다. 날씨 담당 기자는 기상청의 발표대로 보도를 한다. 그러나 이 카오스는 어떤 새로운 결말을 잉태하고 있었기 때문에 순간적으로 그 모습이 달라질 수 있다. 그래서 예보는 삽시간에 다른 상황을 만들어낼 수 있다. 이 부분에서 가장 취약한 쪽은 신문이다. 제1쇄를 발행한 상황에서의 날씨와 이어 만드는 날씨 상황이 엄청 달라질 수도 있기 때문이다. 촌각을 다투는 예보라면 '방송을 참조하세요' 라고 코멘트를 단다면 우스갯소리가 될 법하다. 그래서 날씨기사를 쓸 때는 나름대로의 분석이 필요하지 않겠느냐는 것이 내 생각이다. 그래도 방법은 별로 없겠지만… 기사 끝에다 여름날씨라 변동의 요소가 심할 수도 있다는 것을 덧붙이는 정도가 아닐까.

환경도 카오스적인 것은 마찬가지이다. 공해물질 배출이나 대기오염 같은 것은 화학적 지식을 먼저 습득해야 한다. 그리고 요즘은 중금속 오염이 중국 등지에서 발생해 중국에서 반입되는 생선이나 야채류 등에서 검출되기도 한다. 중국의 경우 수출입 검사과정에서 걸러내고 있다고 하지만 아직은 선진국 수준이 되기엔 미흡하다. 이같은 테마들은 비선형구조라고 보고 취재해야 한다. 한미 FTA가 타결된 이후 쇠고기 등의 수입이 자유화되었다. 얼마 전에 광우병 소에 대한 보도가 나갔다. 역시 샘플로는 풀이할 수 없는 성질들이 많다.

탐사보도의 본령은 본래 관리들의 비리조사보도에 그 뿌리를 두고 있다. 미국의 법은 엄격해 비리를 저지르는 수법도 상당히 고도화되어 있다고 한다. 전대 부시정권 시절에 발생한 엔론사건은 분식회계 사기였다. 최고 수익을 내는 미국 내 7대기업으로 잘나가는 기업이었던 엔론도 내부고발자의 정보에 의해 막을 내리면서 많은 실업자를 거리로 내몰았다. 만약 우리도 머리좋은 회계부정의 이면과 결과를 파헤칠 수 있다면 세상에 널려 있는 거짓 기업가들의 얼굴에 '사회를 위해 공헌했고' '경제발전에 크게 기여한' 덕분에 집행유예로 풀려나는 일을 막을 수 있지 않겠는가.

* 최근에 밝혀진 국내기업의 회계부정 사례
- 한보철강(1997년) : 6,920억 원 분식
- 기아자동차(1997년) : 3조 원의 순자산 과대계상
- 동아건설(1998년) : 7,140억 원의 순자산 과대계상
- 대우그룹 123개 계열사(2000년) : 22조 9,000억 원의 순자산 과대 계상(검찰발표로는 49조 900억원 분식회계)
- 현대건설(2000년) : 3조 9,800억 원 분식회계
- 현대상선(2002년) : 3,000억 원 단기차입금 누락
- 코오롱TNT(2003년) : 2,087억 원 단기차입금 누락
- SK글로벌(2003년) : 1조 5,000억 원 분식회계

풀리처상을 받은 워싱턴포스트의 '칼 번스타인'과 '밥 우드워드' 두 기자가 사건에 의문을 가지고 파헤친 '워터게이트 사건'은 역시 대표적인 탐사보도의 결과라고 할 수 있다. 결국 닉슨 대통령은 탄핵 직전에 사임했다.

# 제5장

# :: 작은 지면 큰 지면

신문이 사용할 수 있는 공간은 얼마나 될까. 아마 인쇄시설만 허용한다면 무한대로 찍을 수 있다고 믿겠지. 또 하나의 조건, 정보의 바다를 소유할 수 있다면 하는 것이겠지만.

대칭과 비대칭의 경계는 무엇일까. 앞의 편집지면은 그러한 면을 잘 조화한 것 같다. 대칭이면서도 비대칭적인 것은 결국 전체의 조화라는 점에서 보기 좋고 읽기 편한 지면을 만들어내는 것인지도 모른다.

문화는 균형이다. 그리고 오뚝이다. 사람 사는 방식의 표현이다. 문화에는 철학도 있고 감정도 있고 분노도 있다. 시가 있고 그림이 있고 노래가 있고 춤이 있다. 역사도 있고 이데올로기도 있다. 그리고 문화는 무엇보다 '個의 세계'이다. 그것들이 모여 균형을 이루고 조화와 통일이 형성된다. 편집은 바로 작은 지면이 모여 큰 지면이 되는 것이다.

큰 지면은 욕심이 없다. 오직 작은 지면이 잘 어울리도록 양보하고 이해하고 격려할 뿐이다. 작은 지면은 큰 지면 안에서 물처럼 흘러간다. 무엇을 싣고 가나? 기사를 쓴 사람, 만든 사람을 비롯해 그 안에 들어 있는 모든 것을 싣고 간다.

# 여성이 젊어진다… 나이는 숫자일뿐

96년의 궁리 → ?

지금 몇 살?

96년의 예반젤리스타 ?

93년의 고현정 → ?

여자들이 젊어지고 있다. 요즘 마흔 살은 옛날 서른 살이다. 최근 텔레비전 드라마로 컴백한 30대 중반의 탤런트 고현정은 "25세로 보인다"며 네티즌들의 탄성을 자아내고 있다. 40대 중반에 이른 이미숙 황신혜 같은 여배우들도 '아줌마' 스타일이 아닌, 탄탄하고 활기찬 젊은 모습으로 활동한다. 여자들이 젊어진 것은 일부 연예인만의 현상이 아니다. 13일 열린 J여고 총동문회에서는 사회자가 50대 총회장과 30대 기수회장을 '착각'하는 일이 일어났다. 50대가 마치 30대처럼 젊어보였기 때문이다.

요즘 중년들은 옷차림부터 다르다. 생머리를 길게 늘어뜨리고 10대, 20대 같은 스포티한 옷차림이 파마머리, 정장을 대신한다. 최근 1~2년 새 백화점에서는 '디자이너 부띠끄'들이 상당히 줄었다. 갤러리아백화점 추윤영 대리는 "소위 '마담 브랜드'라고 칭하던 매장들이 지금은 한 군데도 없다"고 전했다. 디자이너 서정기씨는 "이제는 나이에 따른 의상 구분이 의미가 없어졌다"고 말했다.

이처럼 여자들이 젊어지는 것은 무엇보다 여자들의 자기 관리 능력이 최근 매우 높아졌기 때문이라고 전문가들은 말한다. 사회학자 함인희 교수(이화여대)는 "사회적 경제력이 높아지면서 여자들이 자신에게 시간과 돈을 투자하기 시작한 결과"라고 지적한다. 서울 양재천이나 중랑천변 산책로는 파워워킹으로 양팔을 휘두르며 걷는 여성들로 언제나 만원이다. 평일 북한산이나 청계산도 여성들끼리 산에 오르는 팀으로 가득하다. 웰빙과 건강, 자기 성취에 대한 욕구가 어느 때보다 높다는 점도 작용한다. 이같은 '젊은 40대' 현상에 대해 미국 디자이너 도나 캐런은 "나이들이 섹시함을 잃는 게 아니라 세련돼가는 과정"이라고 짚었다. 젊게 사는 여자들은 세계적인 현상이다. 인터내셔널 헤럴드트리뷴은 최근 미국의 40대 여성들이 건강과 자아성취 등 자기만의 라이프 스타일로 마흔이란 나이를 새롭게 정의내린다고 보도했다. 대표적인 예가 한국에서도 인기있는 미TV드라마 '섹스앤더 시티'의 주인공 새라 제시카 파커와 슈퍼모델 출신 린다 에반젤리스타. 중국 여배우 궁리 등으로, 20대 못지않은 젊은 외모를 유지하며 활발한 활동을 펼친다는 것이다. 이 신문은 "40대 여성이란 말이 연상시키던 헤릿살, 촌스런 옷차림들이 헬스클럽과 웰빙 트렌드에 의해 사라져가고 있다"고 지적했다.

김윤덕기자 ▶로그인sion.chosun.com
이지연기자 ▶로그인achim.chosun.com

**자기관리능력 향상 등으로 10년이상 어려보여
'젊은 40代' 세계적 현상… 의상구분도 사라져**

궁리 41세 린다 41세 고현정 35세

　　다음의 글을 읽으면서 일반적으로 각종 디자인의 세계에서 말하는 '디자인의 개념'을 살펴봄으로써 어떤 힌트를 얻을 수 있을 것이라고 생각한다. 인터넷 사이트에서 찾은 '디자인 뷰'라는 곳의 글이다.10) 디자인 전문 사이트의 사이트 홍보용 설명이지만 원문을 인용함으로써 좀더 이해를 돕기로 한다. 웹사이트를 옮기기엔 복잡해서 편의상 텍스트만을 옮겼다.

---

10) http://www.designview.co.kr/definition1.htm

# 디자인의 의미

## 어원적 의미

 "인간생활의 목적에 합치하는 실용적이고 미적인 조형을 계획하고 그를 실현하는것, 즉 실용적이고 미적인 조형의 촉각적이며 가시적인 표현을 말한다."

 영어의 디자인(Design)이라는 것은 프랑스어의 데생(dessein), 이탈리아어의 디세뇨오(disegno), 라틴어의 데지그나레(designare)를 어원으로 몇천 년 전부터 사용되어 오던 용어다. 좀더 자세히 말하자면 디자인은 프랑스어의 이미 폐어가된 desseing이나 이탈리아어의 disegno와 같은 '목적한다(purpose)'의 의미였다. 그러던 것이 나중에 예술적 의미가 포함되어서, 프랑스어의 경우에는 짜임새가 바뀌어서 '목적'이라든가 '계획'의 의미는 dessein, 예술에 있어서의 design의 의미는 dessin으로 바뀌었고, 영어에서는 양자의 의미를 design으로 사용하고있다.

 이상은 명사로서의 design의 어의이지만, 동사의 design은 라틴어의 designare에서 유래한다. 이것은 '지시한다(to make out)'는 의미와, 상술한 명사의 두 가지 의미에서 유래하는 '계획을 세운다' 또는 '스케치를 한다'고 하는 세 가지 의미로 대별되어 있다. 이 어원의 뜻은 모든 조형활동에 대한 계획을 의미하며 의장, 도안, 밑그림, 의도적 계획 및 설계, 구상, 착상 등의 넓은 의미의 조형계획을 의미한다.

 첫째 의미로, '심적계획(a mental plan)'이라고 하는 의미로, 우리들 정신에서 배태하여 실현될 것을 지향하는 계획 내지는 설계를 말한다.

 두번째 의미로는 '예술에 있어서의 계획(a plan in art)'으로서, 특히 회화 제작에 있어서의 예비적인 스케치류를 가리킨다.

 이상의 어의나 어원의 설명에서 알 수 있듯이 디자인의 기본적인 의미는 '계획' 내지는 '설계'라고 할 수 있다. 즉 어떠한 일정의 목적을 마음속에 품고, 그실천을 위하여 세우는 일련의 행위 개념을 말하는 것이다.

 디자인은 인위적이고 합목적성을 지닌 창작행위를 말하며, 넓은 의미로는 심적계획으로 우리들 정신속에서 싹이 터서 실현으로 이끄는 계획 및 설계를 의미하며 좁은 의미로는, 보다 사용하기 쉽고 안전하며, 아름답고 쾌적한 생활환경을 창조하는 조형행위이며, 미술에 있어서의 계획으로 특히 회화 제작에 있어서의 예비적인 스케치류를 의미하기도 한다.

 디자인은 일상생활 속에서 행하는 행동 전체를 목적에 알맞게 조절하는 생각일수도 있고 기술자, 건축가, 기타 디자인 전문가들이 예술, 과학, 수학적 요소들을 조화시켜 특정한 목표를 달성하려는 복합적인 활동의 결과일 수도 있다.

## 디자인 과정

**욕구 과정** 우선 무엇 때문에 누구를 위하여, 또는 어떠한 용도로, 갖고 싶어서, 만들고 싶어서 등의 심리적 욕구가 생기는 단계.

조형 과정 욕구과정을 거친 다음에는 어떤 모양의 형태로 만들 것인가를 생각할 것이다. 그러면서 머릿속으로 그 형태를 구체화하려고 스케치 또는 작도를 하며, 더 구체적인 사용자재, 제작방법, 마감,색채, 재료 등 세밀한 계획을 가시적으로 작성하고 시각화를 통해 욕구에 형태를 부여하는 단계.

**재료 과정** 구체적으로 사용되는 재료의 성질, 특성 등의 지식이 필요한 단계로, 과학적인 광범위한 지식과 깊은 경험이 요구되는 단계.

기술 과정 선택한 소재에 총체적인 기술을 통하여 구체적인 형태을 주는 과정으로 현대에는 기계가 아니면 제작되지 않는 디자인이 통용되므로 재료의 질감, 생산의 신속, 형태의 규격화, 경제성 등을 얻을 수 있다. (중략)

처음에 편집은 디자인이 아니라고 했다. 옳다고 생각한다. 무슨무슨 디자인이라는 이름의 온갖 디자인 속에 편집이 들어설 자리는 없다고 본다. 몇 년 전 안상수 교수(홍익대)가 〈공간〉 잡지에 신문디자인이라는 항목으로 쓴 글을 본 적이 있다. 그러나 첫 느낌은 당시 편집기자들이 매일 접하는 신문지면과는 사뭇 달라 보였다는 것이 첫 소감이었다. 그러나 디자인 전문가가 그처럼 열심히 신문편집에 도전하고 있다는 것은 여러 모로 자극적인 일이라고 평가했다. 그때 한 가지 얼핏 들어온 감상은 안 교수에게 미안스런 이야기지만 그 지면들이 '죽어 있다'는 것이었다. 왜 그랬을까? 최근에야 그 의문에 대한 답을 찾은 듯해서 여기에 적어본다.

바로 편집기자는 살아 있는 재료들로 디자인하고 있구나 하는 것이었다. 정말 편집기자는 혼으로 편집한다. 어떤 뉴스든 간에 그 뉴스 속에 빠지고 생각하고 또 물어보고 되풀이해서 보고. 정말 혼으로 세상을 대하고 있다는 생각이 퍼뜩 떠오른 것이다. 이 말이 안교수에 대한 보충설명이 된다면 좋겠다. 이해가 되면 더 좋겠고.

편집은 분명 크게 보면 산업디자인 속에 포함될 것이다. 우리가 존경하는 여러 분야의 장인들이 있다. 그 장인의 작품을 우리가 모방할 수 있을까? 어떤 틀로써 그것을 모작할 수는 있지만 그분들의 생각이나 진짜 소리, 진짜 몸짓, 진짜 정신들은 모작할 수 없을 것이다.

그래서 난 편집 디자인이란 없다고 감히 이야기하고 싶은 것이다. 대량생산 시대에 대량으로 찍어내는 것이 신문지지만 똑같은 재료와 똑같은 정성과 똑같은 시간을 들인다 하더라도 똑같은 지면은 다시 나오지 않는다. 만약 컴퓨터 작업으로 자동편집기를 만들어 기사만 입력하면 자동으로 편집이 되는 날이 올 것이라는 희망은 결국 헛꿈이 될 공산이 크다는 것이 역시 내 생각이다. 비슷하게 만들어낼 수 있다 하더라도 그건 역시 '생명이 없는' 모조품이 될 게 뻔하다는 이야기다.

# 과학기술의 덫에 갇힌 언론

지난 11월 과학기술부는 황우석 교수에게 2005년에 265억 원을 지원하기로 했다. 이는 개별 과학자에게 지원하는 금액으로는 파격적인 것으로 역대 최대 규모다. 하지만 이런 과학기술부의 방침은 민주노동당 등으로부터 거센 반발을 샀다. 이런 파격적인 지원에 당연히 따라야 할 공식적인 선정 과정이 없었던 것이다. 더구나 이번 지원은 '이종간 장기이식', '인간배아 복제 연구' 등 첨예한 윤리적 논란의 중심에 있는 연구들을 대상으로 한 것이었다. 하지만 민주노동당의 이런 '정당한' 지원철회 요구는 언론과 정부로부터 묵살당했다.[1] 더 놀라운 사실도 있다. 민주노동당이 문제를 제기하는 과정에서, 무서운 것이 없어 보이던 민주노동당의 한 '스타 의원'도 황 교수에 대한 문제제기를 '자살골'에 비유하며 적극적으로 반대했다는 사실이다.

다른 일도 있다. 지난 11월 18일 국회 의원회관에서는 의원들이 길게 줄을 서는 모습을 보여줬다. 황우석 교수와 사진을 찍기 위해 기다리는 의원들이었다. 일부 의원들은 황 교수의 강연을 듣기 위해 보조석에 앉는 것도 마다하지 않았다. 평소 불편한 것은 참을 수 없어 하는 의원들의 모습을 염두에 두면 '진풍경'이었다. 그날 강연회에서 황 교수는 매우 흥분한 모습을 보였다. "연구에 쓰인 난자를 어떻게 얻었는지, 여성들은 어떤 경로를 통해 난자를 기증했는지"를 묻는 한 기자의 질문이 황 교수를 불편하게 한 것이다. 하지만 다음날 언론에서는 '과학기술과 우리나라의 미래'를 걱정하는 황 교수의 모습만이 보도되었다.[2]

잠시 살펴본 것처럼 2004년은 과학기술을 담당하는 기자들에게는 아주 '보람찬' 한 해였을 듯싶다. 진보, 보수 구분 없이 전 언론사 과학기술 담당기자들이 황우석 교수를 '스타 과학자'로 만드는 데 나섰고, 그 결과 그는 전 국민적 영웅으로 떠오를 수 있었

---

1) "'황우석 수백 억 지원' 놓고 과기부-민노당 격돌", 〈프레시안〉2004년 11월 16일.
2) "'난자' 질문에 분노하는 황 박사", 〈여성신문〉 인터넷판, 2004년 12월 1일.

다. 과학기술 담당기자들이 전 국민의 입에 오르내리는 이슈를 만드는 것이 드문 현실을 감안한다면 기자들로서는 뿌듯했을 법도 하다. 물론 인간배아 복제 실험이라는 감히 다른 나라에서는 엄두도 내지 못할 연구를 진행하고, 그 결과를 미국의 과학잡지 〈사이언스〉에 게재한 황 교수의 능력(?)이 그 바탕이 됐겠지만 말이다.

이렇게 모두가 한목소리로 황우석 교수와 생명공학 띄우기에 나설 때, 명색이 과학기술을 담당하는 기자로서 한없이 무기력할 수밖에 없었다. 황 교수나 생명공학에 대한 정당한 문제제기는 거의 주목을 받지 못했을 뿐만 아니라, 심지어 과학기술 발전의 발목을 잡는 '반(反)과학기술주의자'라는 비난까지 받았기 때문이다. 이렇게 1년 가까이 지내면서, 언론이 과학기술을 보도하는 것이 이 시점에서 도대체 어떤 의미를 갖는지 다시 한번 생각해보게 됐다. 이 글은 이런 개인적인 고민의 결과물이다.


## 과학기술 보도, 어디로 가는가


최근 들어 언론의 과학기술 관련 보도가 폭발적으로 늘었다. 과학기술이 삶에 주는 큰 영향력을 감안한다면 이런 관심의 증가는 반길 만한 일이다. 하지만 이런 관심의 증가와 함께 언론의 과학기술 관련 보도에 대한 문제점도 계속 제기되고 있다. 특히 과학기술 보도가 양적으로는 늘었지만 그 질은 여전히 낮다는 지적이 일반적이다.

과학기술 보도의 질에 대한 비판은 보통 '전문성의 결핍'에 대한 지적으로 모아진다. 과학기술자들 중에는 노골적으로 "기자를 만나는 일이 제일 싫다"며 언론과의 접촉을 기피하고 심지어 경멸하는 이들이 많은 것도 이런 인식 때문이다. 과학기술 보도에는 아주 높은 전문성이 요구되는데, 비전문가인 기자들이 과학기술 연구를 제대로 전달하지도 못할 뿐만 아니라 심지어 왜곡한다는 것이다.

이 때문에 과학기술 보도에 대한 비판적 논의에서는 흔히 언론의 과학기술에 대한 '전문성 강화'가 중요한 해결책으로 제시된다. 과학기술자들뿐만 아니라 언론 스스로도 이것에는 깊은 공감을 표시한다. 이 때문에 대부분의 언론에서는 과학기술 분야를 오래 담당해 온 기자들이 아예 '과학기술 전문기자'를 자칭하며 과학기술만 담당하는

게 큰 추세로 자리잡았다. 더 나아가 일부 언론에서는 전문인력을 기자로 채용하는 방안을 적극 모색하고 있다. 이미 〈동아일보〉의 경우 총 10여 명의 이공계 출신 석사 졸업 이상자를 과학기술 담당기자로 뽑아 잡지와 신문에 배치했고, 〈중앙일보〉와 〈한겨레〉에서는 의사를 공채해 의료분야를 전담하게 했다.

하지만 여기서 한번 근본적인 의문을 품어봄직하다. 도대체 과학기술 보도가 지향해야 할 가장 중요한 목적은 무엇인가? 대개 언론은 과학기술 시대에 과학기술(자)의 목소리를 잘 대변하는 것을 자신의 역할로 인식하고 있는 것으로 보인다. 20세기 초 미국에서 과학 기사의 배포를 위해 최초로 만들어진 통신사인 '사이언스 서비스'가 과학기술계의 목소리를 대변하는 것을 목적으로 한 이래 언론은 지속적으로 과학기술계의 목소리를 대중에게 전달하는 데 초점을 맞춰왔다.[3] 우리나라의 과학기술 보도가 지향하는 것도 이것과 일맥상통한다. 그렇다면 언론의 과학기술에 대한 관심이 증가할수록 과학기술(자)과 대중의 거리가 가까워졌는지를 따져볼 필요가 있다. 대중은 과연 과학기술과 과학기술자에 대해서 과거에 비해서 더 호의적인가? 이에 대해서 긍정적인 답을 내리는 것은 쉽지 않아 보인다.

우선 갈수록 현대 과학기술에 대한 대중의 불신이 커지고 있다. 그 불신의 정도를 정확히 가늠하는 것은 쉽지 않은 일이나, 최소한 그 추이를 짐작해보는 것은 가능하다. 그 한가지 방법으로서 대중들이 가장 많이 접하는 영화 속에서 과학기술이 어떤 식으로 비춰지는지 살펴보자. 영화 속에 비친 과학기술 이미지를 계속 추적해온 한 과학기술 학자는 "영화 속에 비춰지는 미래사회의 모습은 유토피아보다 디스토피아의 전망이 우세하며, 과학자의 이미지 역시 이타적이고 선하기보다는 사악하고 미친 과학자로 그려지는 경우가 대부분"이라고 지적한다.[4] 상업적인 영화들이 대중들의 정서를 크게 벗어나지 않는 방식으로 제작된다는 것을 염두에 둔다면, 이런 영화 속 과학기술 이미지는 대중이 과학기술의 발전에 근본적인 우려와 불신을 갖고 있다는 것을 말해 준다. 대중은 한편으로는 과학기술의 발전에 기대를 갖고 있으면서도, 다른 한편으로는 그것

---

3) 도로시 넬킨 〈과학과 언론보도〉,《대중과 과학기술》김명진 편저, 잉걸, 2001, 155쪽.

4) 김명진 〈영화 속에 나타난 과학기술 이미지〉, 2004년도 한국과학기술학회 후기 학술대회 '대중의 과학기술 이해' 자료집, 한국과학기술학회, 2004년 12월 4일; 〈대중영화 속의 과학기술 이미지〉,《대중과 과학기술》잉걸, 2001.

이 가져올 미래를 불안해하고 있는 것이다.

　과학기술자와 대중 사이의 거리를 가늠해 볼 수 있는 다음과 같은 지적도 살펴보자. 《코스모스》, 《콘택트》 등의 저자로 국내에도 많은 독자를 확보하고 있는 미국의 천문학자 칼 세이건은 평생을 '과학기술 대중화' 에 노력해온 사람이다. 하지만 그가 생전에 출간한 마지막 책인 《악령이 출몰하는 세상》은 미국에만 국한해 볼 때 '과학기술 대중화' 는 실패했다고 단언하고 있다.[5] 대중들이 현대 과학기술에 올바른 이해를 가지고 접근하기보다는 오히려 현대 과학기술이 부정하는 '사이비 과학' 이나 '반(反)과학' 에 더 경도되고 있다는 것이다.

　세이건의 완고한 '과학주의' 는 별도의 논의가 필요할 것이다. 다만 그의 지적을 언론의 과학기술 보도와 연관해 생각해 보면 흥미로운 결론을 이끌어낼 수 있다. 비록 세이건이 '과학기술 대중화' 가 실패한 한가지 원인으로 언론의 상업적 접근을 지적하고 있기는 하지만 미국의 언론은 훨씬 더 일찍 과학기술에 관심을 가졌고, 그 질도 상대적으로 높은 것으로 알려져 있다. 더구나 미국에서는 과학기술자의 성과를 언론 또는 대중에게 매개하는 세이건과 같은 훌륭한 과학 저술가들도 다수 활동하고 있다. 이런 미국에서도 과학기술자와 대중 사이의 거리가 가까워지기보다는 오히려 대중은 현대 과학기술이 주는 여러가지 '확신' 들에 반감을 갖고 '다른 것' 을 추구하고 있는 것이다.

　언론이 과학기술에 대한 관심을 더 높이고 있음에도 불구하고 과학기술자와 대중 사이의 거리는 가까워지기는커녕 오히려 더 멀어지고 있는 현실, 이 현실이 우리에게 말해주는 것은 무엇일까? 이런 상황에서 '전문성 강화' 라는 것이 과연 제대로 된 해법인가? 언론의 과학기술에 대한 전문성 강화가 언론과 과학기술자 사이의 거리를 가깝게 하는 데는 도움이 될지 몰라도, 대중과 과학기술자 사이의 거리는 오히려 더 멀게 하는 것은 아닐까?

---

5) 칼 세이건 《악령이 출몰하는 세상》 이상헌 옮김, 김영사, 2001.

## 과학기술 보도의 현실

이런 꼬리에 꼬리를 무는 의문들을 해결하기 위해서는 우선 언론의 과학기술 보도의 현실을 살펴볼 필요가 있다. 최근 한 언론사 과학기술 담당기자는 우리나라 과학기술 보도의 특징을 크게 다음과 같은 네 가지로 요약했다. '최초'의 힘, 경제적 관점, 애국주의, 재미있는 '이야기'.[6] 이 네 가지는 사실 우리나라 과학기술 보도뿐만 아니라 일반적인 과학기술 보도의 특징으로 봐도 무방할 것이다.

먼저 기자들은 그 속성상 끊임없이 '최초'를 좇는다. 특히 항상 새로운 발견과 발명이 주목을 받는 과학기술 영역의 경우 이 '최초'가 더욱더 힘을 발휘하는 분야이다. 기자들은 "이런저런 자연의 비밀이 국내에서 처음 규명됐다", "이런 구조의 물질이 개발되기는 이번이 세계 처음이다" 등의 의미를 과학기술 연구를 보도할 때 찾고자 한다. 황우석 교수의 연구가 특별히 주목받아 미국의 과학잡지 〈사이언스〉에 실린 것도 '세계 최초'로 인간배아 복제 줄기세포를 추출해냈기 때문이다.

한편 과학기술이야말로 현재와 미래의 경제성장 동력이라는 점을 특별히 강조하는 것도 과학기술 보도의 큰 특징이다. 보도내용 가운데는 "이것이 실용화 또는 상용화하면 수입 대체효과는 ○○○억 원에 이를 것으로 기대된다", "이 분야의 미래 세계시장은 ○○억 달러에 이를 전망이다" 등으로 연구결과를 경제가치로 환산하는 표현이 빈번히 등장한다. 황우석 교수의 연구에 대해서도 각 언론들이 빠뜨리지 않고 언급하는 것은 "10년 후 황우석 교수 연구가 우리나라를 먹여살린다"는 내용이었다.

세계 어느 나라보다도 민족주의가 힘을 발휘하는 우리나라에서 '애국주의'가 과학기술 보도의 중요한 특징으로 지적되는 것은 당연한 일이다. 미국, 유럽, 일본과 같은 과학기술 선진국에서 해내지 못한 일을 우리나라 과학기술자가 해냈다는 사실은 과학기술 연구 자체보다 더 대중의 관심을 끌기 마련이다. 황우석 교수에 대한 언론보도에서 "태극기를 꽂고 왔다"는 제목이 등장한 것은 과학기술 보도의 '애국주의'를 가장 선정적으로 보여주는 예라 할 수 있다.[7]

---

6) 특징은 이 글을 참고했다. 오철우〈과학과 언론의 소통 가능성〉, 2004년도 한국과학기술학회 후기 학술대회 '대중의 과학기술 이해' 자료집, 한국과학기술학회, 2004년 12월 4일.

과학기술은 재미있는 읽을거리로 보도되기도 한다. 최근 각 언론들이 경쟁적으로 도입하고 있는 과학기술면이나 국제면의 과학기술 기사에서 특히 이런 보도를 찾기 쉽다. 이 경우 새로운 과학기술이 등장하면서 도래할 장밋빛 미래가 은근히 제시되곤 한다. "황우석 교수의 인간배아 줄기세포 연구가 난치병을 정복할 길을 열었다"는 식의 보도 역시 이런 범주에 들어갈 것이다.

여기서 제시한 과학기술 보도의 네가지 특징은 과학기술이 언론에 의해 특정한 방식으로 재구성되고 있음을 말해 준다. 과학기술이야말로 진리에 다가갈 수 있는 유일한 수단이고, 그것을 발전시키는 것이 선진국으로 가는 유일한 길이라는 '과학주의' 가 그 바탕에 깔려 있는 것이다. 과학기술은 사회와 비교적 무관하게 발전하며 그 과학기술의 발전이 그 사회의 발전 방향을 결정한다는, '기술결정론' 으로 불리기도 하는 이런 통념이야말로 과학기술 보도를 재구성하는 기본적인 사고방식이다. 사실 이런 생각은 유럽의 근대 계몽주의 시대의 과학기술에 대한 인식과 크게 다를 바 없다. 적어도 과학기술에 대한 접근만을 놓고 봤을 때 언론은 아직 18세기에 머물러 있는 것이다.


## 현대 과학기술의 세 가지 특징

언론의 과학기술에 대한 인식이 여전히 계몽주의 시대의 과학주의 한계 안에 갇혀 있는 것과 달리, 정작 현대 과학기술은 하루가 다르게 변화하고 있다. 특히 지난 20세기 현대 과학기술은 그 성격이 근본적으로 변화했다. 현대 과학기술의 성격을 규명하고 그 특징을 전체적으로 조망하는 것은 이 글의 과제를 넘어서는 것이다. 하지만 다음과 같은 가장 중요한 특징 세가지를 포착할 수는 있다.

### (1) 자본의 힘
우선 과학기술에 대한 자본의 영향력이 갈수록 증대되고 있다. 물론 여전히 국가는

---

7) " '인간복제, 설계도' 황우석 교수, '미 생명공학기술 고지에 태극기 꽂고 왔다' ", 〈동아일보〉 2004.2.9

과학기술의 발전 방향을 결정하고, 그것과 관련한 자원을 배분하는 데 큰 영향을 미친다. 하지만 이미 과학기술에 대한 가장 중요한 행위자는 자본이지 국가가 아니다. 단적으로 2005년도 정부의 과학기술 연구개발(R&D) 예산은 7조 원 정도지만, 삼성의 연구개발 예산은 삼성전자 4조 8,000억 원을 포함해 총 7조 3,000억 원에 이를 전망이다. 여기에 다른 기업들의 연구개발 예산을 넣으면 자본이 주도하는 과학기술 연구개발 예산은 정부의 그것을 압도한다. 더구나 정부의 과학기술 연구개발 예산 7조 원의 상당 부분은 기업의 연구개발 예산이 쓰이는 분야를 보조하거나, 그것과 경쟁하는 용도로 쓰일 게 뻔하다. 과학기술 영역의 경우에는 국가와 자본의 시각차가 거의 없기 때문이다.

이렇게 과학기술에 자본의 영향력이 증대되면서 과학기술 연구 현장에서도 큰 변화가 나타나고 있다.[8] 미국의 경우 과학기술 연구에 있어 큰 비중을 차지하고 있는 대학은 기업의 막대한 후원에 의존하게 되면서 과거와 비교할 수 없는 변화된 상황에 직면하고 있다. 생명공학처럼 이윤추구에 기여할 수 있는 연구는 장려되는 반면 생태학적 접근을 시도하는 여러 분야들은 지역사회, 환경 등을 고려할 때 꼭 필요함에도 불구하고 존폐 위기를 맞고 있다. 심지어 유전자조작 작물(GMO)을 생산하는 초국적기업으로부터 지원을 받는 대학의 경우 GMO의 안전성에 대한 연구가 제약을 받게 됐다.

과학기술 연구와 관련된 정보를 공개하고 공유하는 관행이 사라진 것도 큰 문제다. 우선 기업들이 연구를 설정하는 데 깊숙이 개입하고 연구비를 지원하면서 과학기술자 사이에 연구 과정에서 얻은 여러가지 정보를 공개하는 전통적인 관행이 사실상 중단됐다. 대부분의 기업들이 연구와 관련된 비밀을 지킬 것을 과학기술자에게 요구하고, 이를 승낙할 때만 연구비를 후원하고 있기 때문이다. 정부로부터 연구비를 지원받는 상당수의 과학기술자들도 사정은 마찬가지다. 이들도 다른 실험실보다 더 빨리 가시적인 성과를 내, 기업을 통해 이윤을 추구하는 것을 최우선으로 하기 때문이다. 실제로 많은 과학자들은 현재의 과학기술 연구를 '전쟁'으로 인식한다. 이기면 막대한 '부'가 약속되는. 과학기술 연구를 전쟁으로 인식하는 한 정보를 공개하고 공유하는 관행이

---

8) 기업의 영향력이 커지면서 과학기술 연구 현장에서 관찰되는 여러가지 문제점을 미국 대학을 중심으로 인상적으로 서술한 다음 글을 참고. 에이얼 프레스 · 제니퍼 위시본〈닫힌 대학〉,《시민과학》통권 제29호, 참여연대 시민과학센터, 2001년 7월.

설 자리는 없다.

이렇게 기업이 깊숙이 개입한 과학기술 연구의 성과는 고스란히 기업의 것으로 귀결된다. 영국의 노벨상 수상 생물학자인 존 설스턴은 영국 쪽 책임자로 10여년이 넘게 참가한 '인간 유전체(게놈) 프로젝트'를 회고한 책에서 이런 현대 과학기술의 경향을 통렬히 고발한다.[9] 현대 과학의 최전선에서 연구를 수행한 그의 다음과 같은 얘기는 이 시대 자본이 주도하는 과학기술의 모습을 적나라하게 보여준다.

"지난 세기에는 과학과 인간성 사이에 균열이 있었다…더욱 좋지 않은 것은 개발과 탐구가 단기 이윤을 목적으로 이루어지고 있어 향후 4반세기의 이익을 위해 개인, 기업과 국가가 광적으로 성급하게 서로 경쟁하도록 몰아붙이고 있다는 것이다…거대한 초국적기업은 이제 국가보다 더 강력해졌다. 도처에서 그들의 힘을 확인할 수 있고 특히 부자 나라의 수도에서 집중적으로 로비를 하는 경우, 그 힘을 더욱 강하게 느낄 수 있다…우리는 지금 개인 소유권을 지나치게 신뢰하는 시대를 살고 있으면서 공공의 선을 파괴하는 방향으로 가고 있다."(《유전자 시대의 적들》 385, 400, 403쪽)

### (2) 무너지는 과학기술자

과학기술 연구가 그 기반부터 기업에 의해 잠식당하고 있는 현실에서 과학기술자 공동체는 어떻게 대응하고 있을까? 현실은 암담하다. 현대 과학기술의 두번째 특징은 과학기술자 공동체가 이미 '자기비판을 통한 쇄신'과 같은 '반성적 활동'을 할 수 있는 능력을 잃었다는 것이다.

우선 과학기술 활동이 분화되고 개별 분야의 전문성이 심화되면서 과학기술 연구에 대한 검증이 갈수록 어려워지고 있다. 한 가지 예를 들어보자. '초끈 이론'이라는 물리학의 최신 이론이 있다. 우습게도 우리가 접하는 이 '초끈 이론'은 최소한 두 단계의 중개 과정을 거친 것이다. '초끈 이론'에 대한 최고의 권위자들이 내놓은 논문을 이해할 수 있는 과학자가 극소수에 불과하기 때문이다. 즉 '초끈 이론'에 대한 최초 논문을 해설하는 2차 논문이 나온 뒤에야, 과학 저술가나 언론이 그 실체를 파악할 수 있다는

---

9) 존 설스턴 · 조지나 페리, 《유전자 시대의 적들》, 유은실 옮김, 사이언스북스, 2004.

것이다. 문제는 최초 논문의 똑같은 진술에 대해서 2차 논문들조차도 상이한 해석을 하는 경우가 종종 있다는 것이다. 이렇게 되면 이제 최초 논문의 진술을 어떻게 해석할 것인지를 놓고 과학자들끼리 논란을 벌이는 상황이 발생한다. 다소 극단적인 예를 들긴 했지만 현대 과학기술의 전분야에 걸쳐 이와 같은 검증의 어려움이 더욱더 심화되고 있다.

상황이 이렇다 보니 일부 과학기술자들은 의도적인 기만행위에 나서기도 한다. 연구결과에 대한 과학기술자 공동체 내의 검증이 어려워진 현실을 틈타 그 결과를 조작하거나, 다른 연구를 표절하는 일이 빈번하게 발생하고 있다. 가장 극적인 사례는 2002년 과학계에 큰 충격을 안겨주었던, 물리학자 얀 헨드릭 쇤의 논문조작 사건일 것이다. 독일 출신의 30대 초반의 물리학자인 쇤은 1997년 미국의 벨 연구소에 자리를 잡은 뒤 약 4년여에 걸쳐 약 100여 편의 논문을 쏟아내며 동료 물리학자들을 흥분으로 몰아넣었다. 하지만 4년여에 걸친 쇤의 연구는 모두 날조된 것으로 확인됐다. 아무리 애를 써도 쇤의 실험을 재연하는 데 실패한 몇몇 과학자들이 실험결과에 이의를 제기하면서 결국 쇤이 데이터를 날조하는 방법을 통해 연구결과를 조작해왔던 사실이 밝혀진 것이다. 특히 과학계는 수차례나 노벨상 수상자를 배출한 저명한 연구소에서 실험 관리가 허술하게 이루어졌다는 점, 〈네이처〉, 〈사이언스〉 같은 유명한 잡지에도 쇤의 조작된 연구가 25편이나 실렸다는 점 등을 큰 충격으로 받아들였다. 이들 연구소나 유명 과학잡지들이 대중들의 주목을 받고 기업으로부터 관심을 끌 수 있는 획기적인 연구성과에 목을 매면서 과학기술 연구의 검증을 소홀히 한 것이다.[10]

사실 이런 기만행위는 오히려 부분적인 문제이다. 이미 〈네이처〉나 〈사이언스〉같은 유명한 과학잡지들조차도 초국적기업의 압력에서 자유롭지 않다. 이를 단적으로 보여준 것이 2002년에 있었던 'GMO의 유전자 전이' 연구에 대한 〈네이처〉의 미심쩍은 태도일 것이다. 버클리대학의 대학원생이자 환경과학자인 데이비드 퀴스트와 그의 지도교수인 멕시코인 생물학자 이그나시오 차펠라는 멕시코의 유전자조작 옥수수의 유전자가 인근 농장에서 재배되는 토착 종자에 전이되었다는 사실을 발견했다.. 이 발

10) 쇤의 기만행위에 대한 더 자세한 정리는 다음 글을 참고. 김명진 〈과학계를 강타한 '역사상 최대' 기만행위 사건〉, 《시민과학》 통권 제41호, 참여연대 시민과학센터, 2002년 11월.

견은 2001년 11월에 〈네이처〉에 보고됐고, 2002년 4월에 〈네이처〉에 게재될 예정이었다. 만약 이 논문이 〈네이처〉에 발표된다면 그 파장은 매우 컸을 것이다. 하지만 〈네이처〉는 이 논문을 싣는 대신 그것을 반박하는 두편의 글을 게재했다. 〈네이처〉가 GMO를 생산하는 초국적기업의 압력 때문에 이런 무리수를 뒀다는 명확한 증거는 없다. 〈네이처〉에 실린 반박 글의 저자들이 모두 버클리대학에, GMO를 생산하는 초국적기업 노바티스의 막대한 지원금을 끌어오는 데 직접 관련된 인물이라는 사실만이 진실을 짐작케 할 뿐이다.[11] 〈사이언스〉 역시 만만치 않다. 〈사이언스〉는 2003년 1월에 생명공학 기업인 몬산토의 후원을 받고 있는 과학자 로저 비치가 쓴 GMO 지지 글을 게재해 큰 물의를 빚었기 때문이다.

앞에서 소개한 여러가지 사례를 통해 짐작할 수 있듯이 가장 심각한 문제는 기업과 과학기술자 사이에 일종의 유착관계가 형성되는 것이다. 기업들은 때로 자기 이해관계에 부합하는 연구의 가장 든든한 후원자를 자처한다. 쉘과 같은 석유 메이저들이 지구온난화의 위협을 과소평가하는 연구를 지속적으로 지원해온 것은 그 단적인 예다. 과학기술자들이 기업으로부터 연구비를 받는 것을 넘어 기업의 주식을 보유하는 경우도 이런 유착관계에 해당된다. 신약의 부작용을 연구하는 과학자가 주식을 갖고 있는 기업의 주가가 떨어질 것을 감수하면서 부정적인 연구결과를 발표하는 데는 큰 이해갈등이 따를 것이다.

### (3) 되돌릴 수 없는 현대 과학기술

앞에서 살펴본 현대 과학기술의 두가지 특징이 다분히 현상적인 것이라면, 지금부터 얘기하고 싶은 것은 그 본질에 관계된 것이라고 할 수 있겠다. 현대 과학기술은 사회에 대한 영향력이 과거와 비교할 수 없을 정도로 커졌고, 그 효과 자체가 되돌릴 수 없다는 큰 특징을 갖는다.

특히 최근 논란이 되고 있는 생명공학, 나노기술, 로봇공학, 또 이 세가지를 극적으

---

11) 이 사건에 대한 자세한 정리는 다음 글을 참고. 프레드 피어스 〈멕시코 옥수수 스캔들〉, 《시민과학》통권 제39호, 참여연대 시민과학센터, 2002년 8월.

로 결합시켜주는 정보통신(IT) 기술의 발달은 과학기술자 스스로도 그 결과를 가늠하지 못하는 상태에 이르렀다. 이런 과학기술자의 불안감을 가장 적나라하게 드러낸 것이 빌 조이의 〈미래에 우리는 왜 필요없는 존재가 될 것인가〉이다.[12] 2000년 4월에《와이어드》에 발표한 이 글은 4년이 지난 지금까지 지식인들 사이에서 큰 토론을 촉발시키고 있다. 'IT업계의 현자'로 칭송받는 과학기술자이자 선마이크로시스템스의 창립자인 그는 이 글에서 "생명공학, 나노기술, 로봇공학의 결합이 가져올 미래 과학기술이 결코 우리의 행복을 보장해주지 못한다"고 주장한다. 특히 그는 이 세가지 기술이 '인류의 절멸'에 이르는 되돌릴 수 없는 상황을 초래할 가능성을 묵시론적 목소리로 경고하고 있다. 그는 대신 과학을 인간을 위한 방향으로 돌리기 위해 달라이 라마의 "타자에 대한 사랑과 자비심"과 같은 강력한 윤리가 필요하다고 역설하고 있다.

빌 조이의 글이 현대 과학기술의 압도적 영향력과 그 돌이킬 수 없는 미래에 대한 과학기술자 내부의 불안감을 반영한 것이라면, 최근 국내외 지식인들에게서 볼 수 있는 과학기술에 대한 무비판적 태도는 현대 과학기술의 힘이 얼마나 압도적인지를 역설적으로 보여준다. 특히 〈한겨레〉에서 계속 연재하고 있는 '인문의 창으로 본 과학의 풍경'에서 보이는 인문·사회과학 지식인들의 모습은 그 전형적인 예이다. 많은 지식인들이 실망스러운 모습을 보였지만 '유전자 복제'를 놓고 황우석을 만난 뒤 글을 쓴 왕년의 '진보적 지식인' 이진경 교수는 단연 돋보인다.[13]

이진경 교수는 황우석 교수에게 끊임없이 "생명공학의 발달로 인간의 '인위적인 변이'가 가능해졌다면, 이제 인간을 넘어서는 '새로운 변이'의 가능성을 봐야 한다"는 식의 도발적인 주장을 펼친다. 심지어 주저하는 모습을 보이는 황우석 교수에게 실망했는지 "생물학 자체가 충분히 정치적인 것이 됐다"며 안타까움을 표시한다. 하지만 이진경이 몰랐을 뿐이지 현대 과학기술은 그 공공성 때문에 처음부터 충분히 정치적이었다. 현대 과학기술은 그 영향의 범위가 국지적이고 매우 포괄적이기 때문에 한 사회의 구성원들은 원하든 원하지 않든 그것의 영향을 받을 수밖에 없다. 황우석 교수의 인간배아 복제 연구와 같은 최신의 과학기술 연구는 처음부터 그 공공성 때문에 매우 정

---

12) 빌 조이〈미래에 우리는 왜 필요없는 존재가 될 것인가〉,《녹색평론》통권 제55호(2000년 11-12월호).
13) 이진경 "자연을 거슬러 자연을 꿈꾸다", 〈한겨레〉2004. 11. 15.

치적인 문제였던 것이다. 더구나 그동안 대부분의 현대 과학기술이 그 연구개발 재원을 시민들의 세금에 절대적으로 의존해 왔다는 점이나 공공성을 갖는 과학기술 연구에 기업의 영향력이 커지고 있는 현실을 고려한다면 오히려 과학기술 활동을 '탈정치화'하려는 시도들이야말로 큰 문제라고 할 수 있다. 당장 황우석 교수 역시, 글머리에 언급한 것처럼 2005년에 세금 265억원을 지원받을 예정이다.

이진경 교수가 과학소설(SF)에서도 찾아보기 어려운 주장을 늘어놓는 것은 이런 현대 과학기술 활동에 대한 기본적인 관심과 이해가 결여된 탓으로 보인다. 사실 이진경 교수뿐만 아니라 많은 지식인들의 글에서 과학주의의 흔적을 찾는 것은 어려운 일이 아니다. 과학기술에 대한 이런 무비판적 태도야말로 현대 과학기술의 발전 방향을 다르게 돌릴 수 있는 가능성을 봉쇄하는 가장 큰 원인이다. 지금 걱정해야 할 것은 '반(反)과학기술'이 아니라 과학기술에 대한 무관심과 비판적 성찰의 부재이다.


## 현대 과학기술에 포섭된 언론

앞에서 거칠게나마 현대 과학기술의 세가지 특징을 살펴보았다. 그렇다면 언론은 과학기술의 변화된 모습을 예의주시하고 이런 세가지 특징을 포착하기 위해 노력을 기울였는가? 변화된 과학기술의 모습을 공론화하고 이에 대한 사회의 대응능력을 기를 수 있도록 자극했는가? 오히려 현실은 정반대의 모습이었다.

한가지 두드러진 예를 살펴보자. 앞에서 물리학자 얀 헨드릭 쇤의 과학 기만행위를 소개했다. 그런데 이런 역사상 최대의 과학 기만행위가 국내 언론에서 거의 다루어지지 않은 것은 아주 흥미롭다. 황우석 교수의 예에서 볼 수 있듯이 평소 우리나라 언론들이 '맹신'하는〈네이처〉나〈사이언스〉는 2002년 10월 초 머릿기사로 쇤의 기만행위를 다루었다. 하지만 우리나라의 언론은 이를 거의 보도하지 않았다. 이 사건에 대해서는 의혹이 제기된 시점인 그해 6월에〈중앙일보〉에 한번 보도되었고, 기만행위에 대한 조사결과가 발표된 9월 말에〈동아일보〉에 짤막한 기사가 실렸을 뿐이다.〈연합뉴스〉가 〈뉴욕타임스〉를 인용해 꽤 긴 기사를 송고했지만 언론들이 이를 거의 보도하지 않은 것도 의아한 일이다. 언론들이 쉰의 기만행위를 몰랐을 리는 없다. 쉰의 기만행위를 다룬〈네이처〉에 같이 실린 말라리아 모기의 유전자 판독에 대한 기사는 거의 모든 언론에서 대서특필했기 때문이다. 한가지 짐작해 볼 수 있는 것은 쉰의 '조작된 연구'가 나노기술에 대한 환상을 품게 하는 데 크게 일조해 왔다는 점이다. 2002년 말은 우리나라가 나노기술개발촉진법을 제정하는 등 전세계적인 '나노기술 열풍'에 본격적으로 편승하던 때였다.

이처럼 오늘날 언론은 현대 과학기술의 변화된 모습을 확대재생산하는 데 핵심 역할을 담당하고 있다. 현재 과학기술 담당기자들은 정부, 기업, 외국의 과학기술 관련 잡지들에서 보도할 거리들을 찾는다. 이들 정부, 기업, 외국의 과학기술 관련 잡지들이야말로 앞에서 살펴본 현대 과학기술 활동의 변화를 선도하는 핵심 행위자들이다. 언론은 이들의 활동을 적극적으로 보도함으로써 이들의 활동을 공고화, 재생산하는 데 핵심적인 역할을 담당하고 있는 것이다. 예를 들어, 언론은 황우석 교수의 연구를 적극적으로 보도함으로써 현재 진행되는 생명공학 연구의 방향을 시민들이 수긍하게 만든다. 동시에 그 분야에 정부의 예산이 더 많이 투입되도록 한다. 또 언론은 기업의 연구개발 활동을 긍정적으로 보도해 비판적 접근을 차단한다. 물론 언론의 보도는 기업의 주가를 높이고 자본에 대한 과학기술의 예속을 더욱더 가속화한다. 언론을 통해 이런 과정이 반복될수록 기존 과학기술의 구조는 더욱더 단단해지고 발전 속도에는 가속도가 붙는다.

문제는 여기서 그치지 않는다. 이런 구조 속에서 언론은 기존 과학기술의 방향과 다른 흐름을 철저히 보도에서 배제한다. 지역사회, 인권, 환경 등을 고려한 과학기술은 그런 흐름을 찾아보기도 쉽지 않을 뿐더러, 소중한 성과들도 언론에서 배제돼 아예 사회적 공론화의 기회를 잃는다. 그 결과는 너무나 명백하다. 사회적 공론화를 통해 구성원들이 합의만 한다면 지금 현재 가지고 있는 과학기술 수준으로도 충분히 실현가능한 '사회적으로 유용한 과학기술'이 계속 포기된다. 이미 1960년대 말 영국 루카스 항공의 노동자들이 간파했던 것처럼 "소리의 속도보다 빨리 가는 비행기를 만들 수 있는 기술적 정교함을 가지고 있지만 혼자 살아가는 노인들을 체온저하로부터 보호할 수 있는 간단한 난방체계를 충분히 공급할 수 없는" 현대 과학기술 시대의 역설이 계속 반복되는 것이다.(1969년 루카스 항공 노동자들은 비용감축을 위해 일부 공장을 폐쇄하고 노동자를 정리해고하려는 경영진에 맞서 그때까지 없었던 전혀 새로운 시도를 계획하고 실행에 옮긴다. 이들은 지역사회의 주민들과 협력해 그때까지 그들이 만들었던 전투기 엔진이 아닌 150개의 혁신적 제품을 설계하고 그중 일부를 시제품으로 내놓았다. 여기에는 저렴한 의료기구, 저연료 엔진, 도로·철도 겸용 버스, 태양 집열장비 등 인권, 환경, 지역사회의 필요를 고려한 제품들이 다수 포함돼 있었다. 1970년대 10여년 동안 진행된 이 계획은 경영진에 의해 거부되었고, 결국 노동조합의 지도자들이 해고 당함으로써 실패로 끝나고 만다.)[14]

## '전문성 강화', 대안이 아니다

언론이 현대 과학기술 구조에서 맡고 있는 역할을 인식하면 앞에서 품었던 의문이 어느정도 해결된다. 왜 언론이 대중들에게 과학기술을 더 전달하기 위해 갖은 애를 쓰는데도 불구하고 대중과 과학기술(자) 사이의 거리는 가까워지지 않는가? 언론의 과학기술 보도가 대중들을 위한 것이 아니라 과학기술의 변화상을 대변하고 심화시키는 역할에만 머물고 있기 때문이다.

이런 구조 속에서는 언론의 과학기술 보도에 대한 대안으로 언급되는 '전문성 강화'가 결코 해법이 될 수 없다. 현 구조에서 언론이 과학기술에 대한 전문성을 강화한다는 것은 곧 정부, 기업, 과학기술자의 이해관계에 동일시할 수 있는 능력을 더 잘 갖춘다는 의미에 불과하다. 즉 정부, 기업, 과학기술자들이 생산하는 여러가지 기사거리들을 더 잘 받아쓰는 능력을 갖추는 것이 그 전문성의 정체인 것이다. 이 경우 언론은 전문성을 강화할수록 기존의 과학기술을 둘러싼 구조를 더 단단하게 하는 역할을 하게 된다.

이미 그런 징후가 나타나고 있다. 황우석 교수의 인간배아 복제 연구결과가 나온 이후 5월, 〈네이처〉는 '한국의 줄기세포 스타들, 윤리적 의혹에 시달리고 있다'라는 제

---

14) 마이클 쿨리, 〈루카스 항공에서의 협동계획〉, 《우리에게 기술이란 무엇인가》 송성수 편역, 녹두, 1995.

목으로 황우석 교수의 난자 획득 경위, 기관심사위원회(IRB)의 통과 문제, 청와대 정보과학기술보좌관이 공동저자로 포함된 경위에 대한 의문 등 여러가지 윤리적 의혹을 제기했다. 하지만 〈프레시안〉, 〈한겨레〉, 〈동아일보〉를 제외한 대부분의 언론들은 〈네이처〉가 제기한 윤리 문제의 내용을 제대로 알리지 않고, 짧은 설명을 붙인 후 바로 황우석 교수의 반발과 해명을 그대로 싣는 모습을 보였다. 심지어 〈네이처〉가 〈사이언스〉의 경쟁지이고 특종을 놓쳤기 때문에 황우석 교수의 연구성과를 훼손시키려 한다고 크게 보도했다. 〈프레시안〉을 제외한 전 언론이 식물학자인 청와대 정보과학기술보좌관이 논문의 공동저자로 포함된 것에 대해서 침묵으로 일관한 것도 의미심장하다. 정부에 흠집을 내는 기사라면 쌍심지를 켜고 달려들었던 일부 보수 언론들도 이 대목에서는 자제하는 모습을 보였다. 최소한 이번 건에 관한 한 언론들은 황우석 교수를 비롯한 과학기술계의 이해관계에 완전히 동일시한 셈이다.[15]

이것은 우리나라만의 특수한 현상이 아니다. 과학부에서 정치부로 옮긴〈뉴욕타임스〉의 한 기자는 다음과 같이 과학기술계와 거리두기의 어려움을 고백한다. "정치 관련 기사를 쓰니 예전에 과학기사를 쓰던 때보다 훨씬더 자유롭게 느껴지더군요. (과학부 기자가) 과학계로부터 거리를 두기란 매우 어렵죠. 지금은 내가 지닌 기자로서의 타고난 감각을 동원해서 대통령에 관해 기사를 쓸 수 있습니다. 과학부에 있을 때는 상상도 할 수 없었던 일이지요."[16] 황우석 교수 연구에 대한 시민·사회단체와 일부 언론의 조심스러운 문제제기가 나오자마자 일제히 "황우석 죽이기가 시작됐다"고 나선 과학기술 담당기자들 중에서 이런 고백에서 자유로울 사람이 몇이나 될까?

한가지 덧붙이자면 언론이 이렇게 과학기술 핵심 행위자들의 충실한 대변자로 자처할수록 장기적으로 과학기술 분야에서 언론의 입지는 좁아질 수밖에 없다. 대부분의 과학기술자들은 기자들이 '받아쓰기'도 제대로 못한다고 불평하는 게 현실이다. 이 때문에 최근에는 기자들보다도 훨씬 '전문적 능력'을 갖춘 과학기술의 대변자들이 등장하고 있다. 국내에서도 지난 10여년 사이 기자들보다도 훨씬더 정확하게 최신 과학기술 연구의 성과와 의미를 짚을 수 있는 '전문성'을 갖추면서도, 기자들보다 더 쉽게 대

---

15) "'황우석 교수 연구, 윤리적으로 문제 있다' 파문", 〈프레시안〉 2004년 5월 7일.
16) 넬킨, 같은 책, 165쪽.

중들에게 이것을 중개해주는 과학 저술가들이 다수 등장하고 있다. 이들의 숫자는 앞으로 더 늘어날 것이고 언론은 결국 그들의 목소리를 싣는 공간으로 전락할 가능성이 크다. 이미 그런 조짐이 보이고 있다. 상당수의 과학기술 담당기자들은 과학기술자들의 말을 받아쓰는 수준으로 전락했으니 말이다.

## '비판적 과학 저널리즘'의 조건

이제 긴 글의 결론을 맺을 때다. 지금은 언론의 과학기술 보도에 대한 근본적인 방향 선회가 필요한 때다. 과학기술 시대에 언론이 해야 할 일은 현대 과학기술 활동을 끊임없이 감시하고, 그것의 사회적 영향을 끊임없이 성찰하며, 그 감시와 성찰의 결과를 대중들과 공유하는 것이다. 이것이야말로 지금 언론이 지향해야 할 새로운 '비판적 과학 저널리즘'의 상이다.

언론이 이런 역할을 맡고 나설 때 오히려 요구되는 것은 과학기술자-정부-기업의 시각이 아닌 전혀 다른 전문성이다. 굳이 이름 붙이자면 '시민적 전문성'이 필요한 것이다. 과학기술과 관련된 지식을 습득하거나 과학기술과 관련된 기존의 행위자들(과학기술자, 관료, 기업가 등)의 문화를 공유하는 것이 아니라, 과학기술과 관련된 다양한 문제들을 사회와의 관계 속에서 조망하고 과학기술 보도가 도대체 누구를 위해 존재해야 하는가를 끊임없이 성찰하는 능력이 요구되는 것이다.

사회학자 넬킨은 이미 1990년에 미국 언론의 과학기술 보도를 분석한 후 그 구체적인 내용을 다음과 같이 요약했다. "(언론은) 과학 활동이 내포하는 사회적·정치적·경제적 함의들, 의사결정을 뒷받침하는 증거의 성격, 그리고 인간사에 적용되었을 때 과학이 보여주는 힘뿐만 아니라 그 한계까지를 시민들이 이해할 수 있도록 도와야 한다"고 지적했다.[17] 이것은 기자들이 항상 추구해야 할 사실에 대한 철저한 조사, 대담한 해석, 비판적 탐구의 연장선상에 놓여있다는 점에서 '이상적인 요구'라고 볼 수도

---

17) 넬킨, 같은 책, 166쪽.

없다.

녹색평론사가 주최하는 '21세기를 위한 사상강좌'의 첫번째 강연자로 나선 일본의 토다 키요시는 21세기를 살아가는 우리에게 꼭 필요한 교양으로 '역사에 대한 반성적 성찰'과 '현대 과학기술에 대한 비판적 교양', 두 가지를 강조했다.[18] 우리나라의 언론이 과학기술 시대를 살아가는 대중들이 과학기술에 대해 비판적 교양을 가지는 데 얼마나 도움을 주고 있는가? 바로 이것을 진지하게 자문해 봐야 한다. 계속해서 과학기술의 사제들(과학기술자, 관료, 기업가)의 시종이나 나팔수 역할만 한다면, 결국 성난 시민들이 몽둥이를 들이댈지 모를 일이다.

---

18) 토다 키요시 · 김종철 대담〈환경과 평화의 세기를 위하여〉, 《녹색평론》통권 제73호(2003년 11-12월호); "미국의 패권은 오래 못 간다", 〈프레시안〉 2003년 10월 1일.

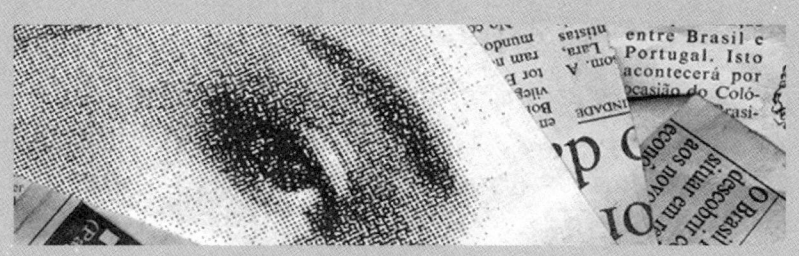

제3부

# 유비쿼터스

小國寡民 使有什伯之器 而不用 使民重死 而不遠徙 雖有舟車 無所乘之 雖有甲兵 無
所陳之 使民復結繩而用之 甘其食 美其服 安其居 樂其俗 國相望 鷄犬之音相聞 民至
老死 不相往來

작은 나라에 적은 백성들은 비록 편리한 기구가 있어도 쓰지 않을 것이며, 그들로 하여금 죽음
을 신중하게 생각하도록 하면 먼 곳으로 이사하는 일도 없을 것이며, 비록 배와 수레가 있어도
타지 않을 것이며, 비록 갑옷과 무기가 있어도 벌여놓은 일은 없을 것이다. 백성들로 하여금 노
끈을 맺어서 문자로 쓰던 소박했던 옛날로 되돌아가게 한다. 그들은 자신의 집에 편안히 살며
자신들의 습속을 즐긴다. 이웃나라가 서로 마주보면서 닭울음과 개 짓는 소리가 들려와도 백성
들이 늙어 죽을 때까지도 서로 가고오는 일은 없을 것이다.

노자《도덕경》〈하편〉80

# 새는 알을 까고 나온다. 그 세계는 가상현실이다.

유비쿼터스는 네트워크의 변화하는 모습이다. 편집에, 특히 신문에 어떻게 도입하고 적용할 것인가가 변화를 읽고 생각하는 중요한 단서라고 생각한다.

유비쿼터스 시스템 안에서 편집은 어떤 모습을 보일까 생각해 본다. 왜 활자는 영상화하거나 디지털 동영상으로는 변화하지 못할까?

고정관념은 신문, 특히 편집의 장애물이다. 과거는 버리자. 이제는 새로운 틀을 만드는 데 투자할 때다. 이 장에서는 그 가능성을 점검해 본다.

신세계는 어디에 있을까? 어떤 모습을 하고 있을까? 마음속에서 차원 이동을 하자. 가상공간을 가지자. 클릭하면 다기능의 세상이 우리 눈앞에 펼쳐질까? 함께 장님 코끼리 만지듯이 가보자.

지금 존재하는 4각의 정글은 모두 활용하고 있는가. 웹 공간의 영토는 어떻게 존재하는가. 활자를 영상화할 길은 없을까? 뉴테크놀로지에서 그 영역을 빌려오고 확대할 길은 또 없을까?

먼저 전문가들이 본 일반적인 유비쿼터스를 살펴보자. 다음은 그것과 관련된 논문들이다. 20세기 말에 나온 자료지만 초기의 구상 등 여러 가지 개념들을 엿볼 수 있는 자료들이라 골라 보았다.

# 유비쿼터스란?

라틴어로 '언제 어디서나 있는' 이라는 뜻으로 원래는 종교적인 의미였다.

사용자가 컴퓨터나 네트워크를 의식하지 않는 상태에서 장소에 구애받지 않고 자유롭게 네트워크에 접속할 수 있는 환경을 의미한다.

1998년 이 용어를 처음 사용한 미국 제록스 팰로앨토연구소의 마크 와이저 소장은 유비쿼터스 컴퓨팅이 메인프레임, PC에 이은 제3의 정보혁명의 물결을 이끌 것이라고 주장하고 유비쿼터스 네트워크를 구축하기 위해서는 정보기술(IT)의 고도화가 전제돼야 한다고 했다.

컨버전스 기술의 일반화·광대역화· IT 기기의 저가격화 등 없이는 모든 기기에 통신 능력을 부여하는 것이 어렵기 때문이라고 내다봤다.

유비쿼터스 시대가 열리게 되면 자동차, 가정, 실외 등의 다양한 공간에서의 IT 활용이 늘어나고 네트워크에 연결되는 컴퓨터 사용자의 수도 늘어나는 등 IT 산업의 규모와 범위는 더욱 커지게 될 것으로 전망된다.

AOL의 조사에 따르면 현재 PC 사용자의 43%는 통상적인 네트워크의 접근범위 내에 들어 있지 않은 상황이다.

유비쿼터스 네트워크를 위해서는 모든 전자기기에 컴퓨팅과 통신 기능이 부가돼야 한다.

이를 위해서는 각 전자기기가 고유한 주소를 가져야 하며 유선 혹은 무선을 통해 광대역 네트워크에 접속될 수 있어야 한다.

이 같은 문제는 최근 관심을 끌고 있는 IPv6기술이나 홈네트워크기술 등이 해결해 줄 것으로 기대된다.

IPv6는 인터넷의 주소 부족을 타개하기 위해 만들어진 새로운 인터넷 주소체계로 32비트의 주소체계로 이루어진 현재의 인터넷은 주소 고갈 상황에 직면했다. IPv6는 기존 주소 체계의 4배인 128비트로 주소를 구성하기 때문에 주소의 숫자가 사실상 무한대에 가깝기 때문에 지구상의 모든 기기에 독립적인 주소를 부여할 수 있도록 해준다.

# 세계 유수의 IT업체들이 시장 주도권 장악을 위해 세워 놓은 복안

마쓰시타는 홈네트워크의 구성을 통한 가정 내 유비쿼터스 구축에 주력하고 있으며, 히타치는 유비쿼터스의 관건이 정보보호라고 보고 시큐리티 기술 분야에 집중하고 있다.

소니는 각 기기간의 호환성 구축을 통한 자유로운 정보교환의 측면에서 관심을 보이고 있으며 MS는 가정용 정보단말기인 '미라' 라는 컨셉트를 들고 나와 유비쿼터스 컴퓨팅의 가능성을 타진하고 있다.

집 밖에서 손에 찬 시계를 이용해 인터넷에 접속해 날씨를 알아보고 집안에 있는 난방기의 온도를 원격 조절한다. 이 같은 일은 더 이상 공상과학영화에서나 접할 수 있는 환상이 아니다.

반도체와 이를 내장한 전자기기의 성능은 하루가 다르게 향상되는 반면 가격은 급격히 떨어지고 있는데다 무선 인터넷의 보급도 활성화되는 등 유비쿼터스 컴퓨팅 구현을 위한 환경이 점차 갖춰지고 있는 것이다.

유비쿼터스는 단순히 컴퓨팅 환경을 개선하는 것에만 그치는 것이 아니라 인류의 사회 문화까지 송두리째 바꿔놓을 것으로 예상된다.

일본의 트론(TRON) 프로젝트를 주도해 세계의 주목을 받은 바 있는 도쿄대 사카무라 켄 교수는 저서 《유비쿼터스 컴퓨팅 혁명》을 통해 '선진국의 경우 저성장 사회로의 이행이 가속화되고 있는데 유비쿼터스 컴퓨팅은 지속적 성장이 가능한 순환형 시스템의 정착을 가능하게 해줄 것' 이라고 전망하고 있다.

유비쿼터스 환경하에서는 정보습득과 활용이 최적화돼 소모성 자원의 효율적인 사용이 가능해진다는 것. 일례로 지능형 도로와 지능형 자동차간의 효율적인 정보교환이 이뤄지면 가솔린의 낭비를 최소화할 수 있을 것으로 기대하고 있다.

이밖에도 최적의 냉난방 및 조명 시스템 가동, 기능형 쓰레기통 등을 이용한 자원 재활용 및 폐기물의 최소화, 낭비적인 노동의 감소로 인한 경제활동의 효율성 제고 등을 예로 들 수 있다.

사카무라 교수는 또 유비쿼터스 컴퓨팅이 대량 생산의 획일적인 '하드와이어드' 사회를 개개인의 다양성에 적절하게 대응할 수 있는 '프로그래머블' 사회로 탈바꿈시켜줄 것이라고, 예를 들면 각 개인이 자신의 신체조건에 관한 정보를 담은 휴대기기나 ID카드를 소지하면 컴퓨터가 이를 인지해 최적의 정보와 환경을 제공하기 때문에 노약자, 장애인, 환자 등 신체적 약자들도 큰 불편 없이 사회생활을 영위할 수 있게 된다는 것이다.

# 투자와 연구

미국 등에 비해 IT분야에서 한발 늦은 일본은 정부차원에서 유비쿼터스를 역전의 지렛대로 활용한다는 복안을 세우고 있어 주목받고 있다.

미국의 경우도 AT&T, IBM, 마이크로소프트, 인텔, 액센추어, 제록스, 휴렛패커드 등 유수의 IT기업과 MIT 미디어랩 등과 같은 대학연구소들이 유비쿼터스 컴퓨팅기술개발에 적극 나서고 있다.

일본 총무성은 지난해 6월 민간과 대학, 정부 관련부처 전문가 등으로 구성된 유비쿼터스 네트워크 포럼을 발족시킨 데 이어 11월에는 올해 예산에 유비쿼터스 기반 기술 확보를 위한 예산을 포함시켰다. 총무성이 예산을 요청한 분야는 100억 개의 단말기를 연결할 수 있는 초소형 칩 네트워킹 프로젝트, 비접촉식 IC카드에 부착하면 어떤 PC나 단말기도 개인용으로 사용할 수 있도록 해주는 '무엇이든지 내 단말기 프로젝트', 건물 내외 어디에서든 네트워크에 연결되는 '어디서든 네트워킹 프로젝트' 등 세 가지로 일본 정부는 오는 2005년까지 관련 요소 기술을 확보한다는 목표다.

소니, 샤프, NEC, 히타치, NTT, NTT도코모 등 업체별 독자 프로젝트를 추진하고 있다.

일본 총무성 내 '유비쿼터스 네트워크 기술의 장래전망에 관한 조사연구회' 가 예측한 유비쿼터스 시장 규모는 파급효과를 포함해 오는 2005년까지 무려 30조 3000억 엔(약 303조 원)에 달한다. 분야별로는 네트워크 10조 5000억 엔, 전자상거래 7조 3000억 엔, 서비스 6조 2000억 엔, 단말기 5조 5000억 엔, 플랫폼 8000억 엔 등이다. 특히 연구회는 2010년에는 규모가 배 이상으로 늘어나 84조 3000억 엔(약 843조 원)에 이를 것으로 전망했으며 분야별로는 전자상거래 34조 4000억 엔, 서비스 24조 2000억 엔, 네트워크 14조 9000억 엔, 단말기 7조 8000억 엔, 플랫폼 3조 엔 등이다.

업계에서는 유비쿼터스 시대를 앞서가기 위해서는 기술 개발 이외에도 ITU 활동 등 표준화를 위한 정부차원의 적극적인 지원과 미국·유럽·아시아 각국 등과 연구개발 및 국제화 표준분야의 연계 등이 필요한 것으로 지적하고 있다.

유비쿼터스 컴퓨팅 사회의 실현을 위해서는 네트워크의 안정성이 우선적으로 확보돼야 하는 것으로 지적되고 있는데 인터넷 상용화 이후 크래킹, 바이러스 등 사이버 범죄가 확산되고 있다는 점이 걸림돌이다. 실제 미국의 경우 사이버 범죄 대응에 들어가는 경비가 연간 250억 달러에 달하는 것으로 추산된다.

# 유비쿼터스 시대

유비쿼터스 시대의 개막은 생각보다 가깝게 다가왔다.

SPOT(Smart Personal Object Technology)

세계 최대의 소프트웨어 업체인 마이크로소프트의 빌 게이츠 회장은 지난 11월 열린 컴덱스 기조연설에서 'SPOT'를 새로운 화두로 제시했다. SPOT의 스마트 오브젝트는 인터넷 기능을 구현해 언제 어디서나 온라인에 손쉽게 접속할 수 있도록 해주는 알람시계, 부엌용 전자기기, 스테레오 장비 등과 같은 소형 전자기기. 즉 유비쿼터스를 다르게 표현한 것으로 전세계 IT산업에 가장 큰 영향력을 행사하는 인물 중 하나인 게이츠가 유비쿼터스 시대의 본격적인 개막을 선언한 셈.

MS측은 SPOT가 구현된 제품이 내년 초부터 시장에 본격적으로 등장할 것이라면서 MS가 기본 소프트웨어를 제공하고 또 현재보다 에너지 효율이 뛰어난 프로세서와 각종 유무선 네트워킹 기술들이 스마트 오브젝트에 탑재될 것이라고 밝혔다. 실제 내셔널세미컨덕터의 회장 겸 CEO인 브라이언 할라도 같은 행사 기조연설에서 "향후 수년 내 대다수의 사람들이 반도체가 들어간 수백에서 수천 개의 전자기기를 소유하게 될 것"이라며 현재 개발중인 SPOT 기반 반도체를 소개했다. 그는 당시 "사실상 생각할 수 있는 모든 기기에 거의 돈을 들이지 않고 이 칩을 내장할 수 있을 것"이라고 강조했다.

SPOT는 수년 전 IT업체들 사이에 큰 관심을 모았으나 호응을 받지 못하고 사라진 인터넷 접속 단말기인 '인터넷 어플라이언스'와 유사한 개념이다. '99년 컴덱스에서 MS는 'MSN 웹 컴패니언'이라는 인터넷 서핑이 가능한 인터넷 어플라이언스를 공개했고 이어 컴팩컴퓨터를 비롯한 여러 PC업체들이 이 기기를 들고 나왔지만 몇 개월 만에 시장에서 사라지고 말았다.

업계에서는 SPOT의 경우 인터넷 어플라이언스가 주목을 받던 당시와는 시장 환경이 다른 상황에서 나온 것이어서 성공 가능성이 높은 것으로 분석하고 있다. PDA 등의 모바일 정보기기와 지능형 휴대폰, 디지털음악 분야의 발전 등이 시장 개화에 도움을 줄 것이라는 것이다. 더구나 와이파이 무선 네트워크 시장의 급격히 성장하고 있으며 TV나 스테레오 등을 생산하는 가전업체들이 USB포트와 PC 카드를 제품에 내장하기 시작했다는 점도 좋은 징후로 여겨지고 있다.

업계 전문가들은 MS가 비록 '스마트 오브젝트' 프로그램을 이끄는 주요 세력이지만 이 제품의 제조와 제품 디자인 그리고 브랜드 작업 등은 하드웨어 업체들에 맡겨 세력 확산에 나설 것이라고 전망했다.

http://acer.com.ne.kr/uvquatus.htm

# 제1장

# :: 변화의 밑그림

일본 IT 분야의 지적 리더이자 젊은이들 사이에서 인기 블로거로 통하는 우메다 모치오(梅田望夫)[1]는 그의 저서 《웹진화론》에서 '지금까지 보아온 그 무엇과도 닮지 않은' 완전히 새로운 인터넷 세상이 펼쳐질 것이라고 내다봤다. 그는 인터넷의 미래에 대한 낙관주의를 바탕으로, 앞으로의 10년을 바꿀 '힘의 싹'이 지금 자라고 있으며, 이 힘의 싹은 '정보기술'이 아닌 '정보 그 자체에 관한' 혁명적인 변화를 가져올 것이라고 말한다.

그러나 지금부터 시작될 이 '엄청난 변화'는 보이지 않는 곳에서 일어나는 것이기 때문에 보려는 의지가 없는 사람에게는 눈에 들어오지 않는다. 기술 혁신을 통해 오랜 시간에 걸쳐 서서히 일어나는 것이며 급속하고 단편적인 변화가 아닌 본질적인 변화이기 때문에 속도는 빠르지 않지만 사회를 근본적으로 바꿔 나갈 것이다.

---

1) 젊은 세대들에게 큰 지지를 얻고 있다. 《웹진화론》이 출판 6개월 만에 30만 부가 팔리면서 장기 베스트셀러에 진입, '베스트셀러 저자'라는 또 하나의 별칭을 갖게 되었다. 1960년생으로 게이오대학 공학부를 졸업하고 도쿄대 대학원 정보학과 석사과정을 수료한 그는 1997년 실리콘밸리에서 컨설팅회사 '뮤즈 어소시에이츠'를 창업했으며, 2000년에는 벤처 캐피털 '패시피커 펀드'를 설립했다. 버블 붕괴로 실리콘밸리 최악의 해이던 2002년 봄 'Japan Technology Professionals Association'이라는 비영리기구를 발족시켜 일본의 젊은이 1만 명을 실리콘밸

이 책의 차례를 살펴보면 다음과 같다. 결코 책의 소개를 하는 것은 아니다. 차례를 보노라면 우리가 사는 세상이 어떻게 변화하고 또 어떤 모습으로 다가오고 있는가를 어렴풋이 바라볼 수 있다고 생각해 여기에 소개하는 것이다. 사실 인터넷을 하는 사람들은 구글 검색창이 떠서 귀찮게 생각할 수도 있겠지만 실제로 어떤 용어를 입력한 다음 그 결과를 보면 엄청나다는 것을 실감했을 것이다.

---

리에 이주시키는 프로젝트를 현재까지 진행 중이다. '불특정 다수 무한대'의 사람들을 지나치게 신뢰하는 일본 인터넷 벤처기업 (주)하테나의 예측 불가능한 개성에 매력을 느껴 2005년 3월 이 회사 비상근 이사직을 맡았다. 블로그 'My Life Between Silicon Valley and Japan' (http://d.hatena.ne.jp/umedamochio/)을 통해서도 그와 만날 수 있다. (참고: 삼성연구소 이우광씨의 《웹진화론》 소개 인용)

3.구글의 본질은 '진정한 컴퓨터 제조업체'

정보발전소란 무엇일까 / 컴퓨터를 팔지 않는 컴퓨터 제조업체 / 구글은 오픈 소스의 최대 수혜자 / 박사가 '막일' 하는 기업 문화

4.애드센스, 새로운 부의 분배 메커니즘

구글이 만드는 가상 경제권 / 새로운 부의 분배 메커니즘

5.구글의 조직 매니지먼트

정보 공유야 말로 스피드와 파워의 원천이라는 신념 / 핵심 노하우는 채용과 기술 / '베스트 앤드 브라이티스트' 주의(主義) / 정보 스스로 도태된다 / 구글의 '20 대 80 규칙'

6.야후와 구글의 차이

구글,라쿠텐, 그리고 라이브도어 / 야후는 미디어, 구글은 기술

## 제3장 롱테일과 웹(Web)2.0

1. '롱테일 현상' 이란 무엇인가

꼬리가 긴 공룡 / 아마존닷컴과 롱테일 / '공룡의 머리' 와 '롱테일' 의 대립 / 구글은 롱테일을 추구하는 기업 / '배급(配給)' 아닌 '창조' 를 목표로 / 거대 조직 의 "그래,지금부터는 롱테일을 노려라"라는 착각

2. '아마존 섬' 에서 '아마존 경제권' 으로

아마존의 웹2.0화 / 아마존의 SEO 전략

3. 웹(Web) 2.0시대

웹2.0이란 무엇인가 / 인터넷 '저쪽 편' 에 API를 공개한다는 것의 의미 / 구글 맵의 API공개 / 낙담한 컴퓨터 업계의 장로 / 인터넷 업체의 두 얼굴

## 제4장 블로그와 총(總)표현 사회

1.블로그란 무엇인가

100명 중엔 적어도 한 명의 재미있는 사람이 있다 / 블로그의 옥석을 구분하는 기술 / 블로그 붐의 기술적 배경 / 미국인의 블로그는 자기주장을 위한 도구

2.총표현사회의 3층 구조

미디어 기득권층은 왜 블로그를 미워하는가 / '불특정 다수 무한대' 는 중우(衆愚)다? / 블로그의 영향력

《웹진화론》을 읽노라면 미래의 세계에 대한 경외심과 지식의 메마름을 느낀다. 인터넷으로 표현되는 현대기술의 가장자리에 신문이 있다는 느낌은 아마 疎外와 脫落의 아픔을 예견하고 있는 것은 아닌지 모르겠다. 일부 신문이 그 재력을 앞세워 이 부문에 대한 연구와 소망을 내비치고 있기는 하지만 아무래도 '당장 돈이 되는 사업'은 아니라는 판단인 것 같다. 그래서 우선순위에서 아래쪽으로 밀리고 있는 실정이다.

신문이 인터넷을 소유하고 운영하고 있다고 해서 인터넷의 영역에 접어들었다고 자부하는 것은 어리석다고 생각한다. 문제는 기존 멤버, 즉 기자나 기술팀에게 얼마나 공부할 기회와 개발의욕을 주느냐 하는 것이다. 특히 편집기자들에게는 그림의 떡이 아닐까? 아직까지 신문은 편집기자들을 지면 만드는 직공 정도로 취급하는 것은 아닌지 우려스럽다.

신문의 미래는 기자들에게 있다. "떡고물이나 먹고 배 두드리라"는 식의 관리는 편집기자들에게는 수치다. 편집기자들은 지면을 만드는 필요한 존재가 아니라 미래의 신문을 창출할 무한한 인재들인 셈이다.

그러나 편집기자들에게도 문제가 없는 것은 아니다. 지면을 제작하는 일은 고되고 머리를 많이 써야 하기 때문에 자신은 항상 피곤한 존재라고 생각한다. 책보기보다는 술 한 잔이 더 자신에게 활력을 준다. 술자리에서 안주삼아 떠드는 이야기는 선배나 부장씹기 정도의 화제가 대부분이라면 맞는 말이 될는지.

경영진이나 편집기자를 탓할 환경은 아니다. 결국 돈을 못 버는 신문 경영 구조 탓으로 돌릴 수밖에 없지 않은가. 신문 구독률은 갈수록 내리막길이다. 지금은 20%대로 뚝 떨어졌다. 물론 다른 미디어도 비슷한 환경이지만 시장은 좁고 미디어는 넘쳐나는 현실에도 문제는 있다. 그 화려한 시장의 개념은 신문을 비롯한 언론시장에서는 보이지 않는 손이 제대로 역할을 못 하고 있다는 반증이다. 하루에도 몇 개씩 중소기업이 도산하고 지금도 이어지고 있다. 그러나 아무리 작은 구멍가게 수준의 신문이라도 언론이라는 간판을 내걸면 이상하게도 명줄이 길다. 신문은 규모만 갖추면 누구나 창업할 수 있다. 그건 취재 시스템과 인쇄시설의 확보가 우선이지만 모양새를 갖추면 곧잘 새로운 신문이 나온다.

그러나 이건 여전히 공상소설이다. 과연 이러한 구상이 현실로 나타날 수 있을 것인가? 신문산업은 IT산업에서 신문제작 시스템과 인터넷사이트의 도입을 겨우 얻어냈을 정도다. 더구나 신문산업은 매력 없는 산업이다. 과도한 투자비용과 기술인력개발, 그리고 높은 인건비가 경제계의 시선에서 점점 멀어지게 하고 있다.

재계는 신문이란 홍보에 이용할 수 있는 도구쯤으로 생각하는 것 같다. 방송이 자체 투자력에서보다는 광고라는 거대한 자금을 끌어모아 2012년의 디지털방송시대를 기다리고 있다. 과거의 신문과 방송의 결합이라는 매스컴 시대는 다시 가능하지 않을까?

그것도 현 정치체제에서는 꿈이다. 아무리 정치세력이 음침한 짓을 했다 하더라도 뒤의 정치세력들은 그걸 되돌리는 짓은 하지 않을 것이라는 것이 그 이유다.

만약 현 노무현 정부체제에서 그러한 생각을 가능하게 한다면 아마 신문산업의 커다란 혁명이 될지도 모른다. 지엽적인 기자실 폐쇄 같은 일에 나설 것이 아니라 먼 미래의 거대한 언론플렉스를 구상하는 것도 한 방법일지도 모르겠다.

인터넷은 진화하는 괴물이다. 그 괴물이 진짜 괴물인지 정말 스마트한 피조물이 될지는 만드는 사람의 의지와 정신에 달려 있다.

우린 괴물을 원하지도 보고 싶지도 않다. 미국이 그들의 무한한 위성기술로 전세계의 정보를 끌어모으고 있다. 유럽은 지난 세기 말에 이미 미국의 에세른에 대한 반대운동을 시작한 바 있고 지금도 첩보영화에서도 액션

영화에서도 첨단기술로 무장한 '빅브라더'의 존재와 해악에 관한 소재가 종종 등장하고 있다. 우리의 유소사이어티(uSociety)에는 그런 괴물이 살지 않길 바란다.

# 제2장

# :: VR(가상현실) 편집의 가능성을 본다

유비쿼터스 시스템 안에서 편집은 어떤 모습을 보일까 하는 점을 생각해 본다. 왜 활자는 영상화하거나 디지털 동영상으로는 변화하지 못할까? 어째서 신문편집은 가상현실[2]의 세계를 지나치고 있는 것일까.

소년은 꿈을 꾼다. 그 꿈은 현재도 과거도 아닌 미래의 세계이다. 이 같은 소년의 꿈에 어른의 교활한 경험을 접목시키면 무엇인들 만들지 못하랴.

최근 비행기조종이나 운전시험, 그리고 원폭실험에 이르기까지 여러 분야에서 시뮬레이션화가 진행돼 어느 정도 현실화하고 있다. 가상현실의 시뮬레이션화다. 특히 영상부문에서는 컴퓨터그래픽의 도움을 받아 상당한 수준에 이르고 있음은 주목할 만하다. 미래를 소재로 한 영화를 보면 가상현실을 배경으로 한 장면들이 종종 등장한다. 헤드기어를 쓰고 입력이 되면 그때부터 헤드기어 속의 현실은 가상이 아닌 실제상황처럼 전개된다.

---

2) 가상현실(Virtual Reality)이라는 개념은 1970년 중반에 videoplace개념을 창안한 Myron Krueger 박사에 의하여 처음으로 탄생되어 미국 VPL Reserch사의 사장이었던 Jaron Lanier에 의하여 1989년에 가상현실이란 용어로 다시 표현되었는데 인공현실(Artificial Reality) 또는 인조 두뇌공간이라고도 한다. 가상현실에서는 모든 것들을 사용자가 원하는 방향대로 조작하거나 실행할 수 있다. 이러한 기술이 바로 '가상현실' 이다.

만약 이러한 시뮬레이션에다 텍스트를 넣을 수 있고 그것을 RAM(read & memory)화 할 수 있다면? 이러한 가상현실을 신문제작이나 신문 홈페이지에 원용할 길은 없을까. 결코 꿈은 아니라고 생각한다.

우리는 실패한 과학자들의 죽음에서 많은 아쉬움을 느낀다. 그 한 예가 FM의 영역을 개척한 에드윈 암스트롱(1890~1954)이다. 암스트롱은 FM방송국의 주파수대역을 놓고 당시 거대기업이던 RCA와 대립, 소송을 벌이다 결국 대자본의 힘 앞에 좌절하고 끝내 자살한 선견자였다. RCA는 이미 AM방송에 많은 시설투자를 한 상태라 새로운 방송수단인 FM으로의 전환은 기존 투자시설의 무용화를 의미하기 때문에 곤란하다는 판단을 내리고 암스트롱에 맞섰다. 만약 암스트롱이 이겼더라면 지금의 방송체재는 FM이 주류가 되었을지도 모른다는 생각을 해본다. 역시 가정이다. 당시의 RCA 입장이 지금 신문들이 처해 있는 상황과 비슷할지도 모른다. 신문은 어려운 상황에서도 인쇄기자재 등 많은 시설들에 투자하거나 또 투자중이다. 지금 전혀 새로운 신문체제로 전환할 여력이 그들에게는 있을 것 같지 않다. 그러나 그런 문제는 단시일에 해결되는 것이 아니고 적어도 가까운 미래의 '공상과학적인 투자'라는 데 그 결말이 나와 있을 테니까 현재 우려할 것은 아니라고 본다. 그러나 일단 가설에 접근은 해보기로 하자.

먼저 VR용 헤드기어를 쓰고 입력을 하면 편집과 제작국의 모든 상황을 볼 수 있는 공간이 펼쳐진다. 편집기자는 그곳에서 원맨쇼를 진행하는 것이다. 모든 것은 인터넷과 인트라넷으로 연결되어 언제 어디에 있든 접촉이 가능하다. 그야말로 가상편집국이 눈앞에 펼쳐지고 있다고 생각해 봐도 좋다. 제작 파트의 자기영역에 클릭하면 바로 자신의 담당지면이 나온다. 물론 그 초기지면은 백지상태다.

CCTV의 관리실을 상상해 보자. 가상공간엔 그와 같은 스크린들이 자세히 나타난다. 그 스크린 하나하나가 바로 정보의 저장창고다. 정치 · 경제 · 사회 · 문화 · 연예 · 국제 등 각각의 스크린에 담겨 있는 정보들은 바로 편집기자들이 뽑아쓸 수 있게 정리되어 있다. 그것들은 바로 드래그앤드롭으로 내 지면에 옮겨 올 수 있는 것이다. 각 정보 앞엔 취재부서에서 붙인 제목들이 그 기사의 중요성을 시사해 준다.

이제 편집기자가 손으로 해당지면의 기사와 사진자료 그리고 제목들을 클릭해 자신의 지면으로 옮긴다. 그리고 빠른 시간에 자신의 지면을 현실처럼 그려 나간다. 순식간에 그 가상공간엔 커다란 지면이 눈앞에 펼쳐진다. 검토 또 검토. 그 과정이 끝나면 인쇄 시스템에 지면을 넘긴다. 그런 과정을 통해 몇 개의 지면이 계속해서 인쇄 쪽에 넘겨지면 신문지면 전체가 일목요연하게 자리 잡는다. 지면검색은 편집국장을 비롯해 취재 데스크와 편집담당 부장 등이 할 수 있다. 오탈자나 제목수정 등이 모두 자유롭게 진행된다. 최종결정은 편집 데스크와 국장에 의해 이뤄진다. 그 다음 단계인 신문인쇄 또한 온라인으로 이뤄진다. 색도와 명도 그리고 인쇄상태가 일괄작업에 의해 진행되어 인쇄가 일단 시작되면 그 날짜 신문발행이 막을 올리는 순간이다.

여기에 필요한 소프트웨어와 기술지원은 무엇일까? 다음은 IT 뉴스를 다루는 한 인터넷포털뉴스의 한 기사이다.[3]

빌 게이츠 마이크로소프트(MS) 회장은 한 때 '모든 책상 위에 PC를' 이란 슬로건을 높이 내걸었다. 하지만 이제 그는 '책상 자체를 컴퓨터로 바꾸겠다' 는 또 다른 비전을 내놓았다. MS는 30일(현지시간) 월스트리저널 후원으로 미국 캘리포니아 칼스배드에서 열리고 있는 'D: All Things Digital' 이란 기술 컨퍼런스에서 '서피스 컴퓨팅(surface computing)' 개념을 공개했다. '마이크로소프트 서피스(Microsoft Surface)' 란 브랜드를 내건 서피스 컴퓨팅은 빌 게이츠 회장의 특별

---

3) inews24-20070601 'MS 서피스 공개 '에서 발췌.

지시로 6년 동안 준비한 끝에 내놓은 야심작. 이 제품은 마우스나 키보드 없이 그냥 테이블보처럼 생긴 컴퓨터를 누르기만 하면 자유자재로 작동시킬 수 있는 것이 특징이다. 레스토랑 같은 곳에 '서피스 컴퓨팅'을 설치할 경우엔 테이블 위에서 바로 주문할 수 있다고 MS 측은 강조했다. 테이블 자체가 컴퓨터나 리모콘 역할을 할 수 있다는 것이다. 이 제품은 또 휴대폰, 디지털 카메라 같은 것들도 인식할 수 있다. '마이크로소프트 서피스'는 30인치 아크릴 수평 디스플레이로 구성돼 있으며 책상보처럼 탁자 위

**그림 1 | 사진 = MS**

에 덮어놓고 사용할 수 있다. MS는 오는 11월 중 레스토랑, 호텔, 카지노 등에서 먼저 이 제품을 공개한다는 계획이다. 현재 이 제품 가격은 5천~1만 달러 수준이 될 것으로 예상되고 있다. 스티브 발머 MS 최고경영자(CEO)는 이날 행사에서 '마이크로소프트 서피스'를 상세하게 설명했다. 발머는 USA투데이와의 인터뷰에서 "우리는 서피스 컴퓨팅을 책상, 컴퓨터에서 현관 거울까지 폭넓게 보급하는 비전을 갖고 있다"라고 강조했다.

마이크로소프트사는 이미 홈오토메이션이라는 대장정에 들어가 여러 가지 지능형 컴퓨터에 대한 연구를 계속하고 있다.

가상현실의 세계는 현실에 구애받지 않고 상상의 세계를 현실과 같이 만들어 내며 인체의 모든 감각기관(눈, 귀, 피부, 코, 입)이 가상으로 창조된 시계에 몰입됨으로써 자신이 바로 그곳에 있는 것처럼 느낄 수 있는 사이버 공간이며 직접적인 체험을 할 수 있도록 그 안의 모든 것은 상호 작용적인 관계에 있다. 어떤 부동산업체는 CAD기법에 의해 이러한 사이버 공간에

직접 모델하우스를 만들어 입주희망자가 직접 그곳에 가지 않더라도 '내 집에 온 것처럼' VR공간에서 이를 체험할 수 있도록 하고 있기도 한다.

컴퓨터가 만들어낸 가상공간 또는 물체를 컴퓨터 또는 기타 전자장비를 이용해 몰입해 시각·청각·촉각·후각·미각 등의 감각체험으로 실시간 대화식 정보교환을 하여 실제 또는 아직 존재하지 않는 모든 사물들에 대한 이해와 분석을 가능하게 하는 시스템이 가상현실이다. 이때 피드백 시스템 없이는 가상현실의 특성을 느낄 수 없기 때문에 피드백 시스템에 대한 다양한 연구가 현재 진행중이다.

3D 애니메이션과의 차이점은 실시간으로 시연자가 스스로의 판단과 선택으로 3차원 가상공간에서의 이동과 사물의 작동 등을 제어할 수 있다는 것이다. 그러나 현재 시점에서 적용되는 가상현실은 3D모델 데이터를 실시간(Real time)으로 렌더링하는 것을 가리키는 경우가 일반적이며 연구분야에서도 시각에 의존적이던 경향이 청각·후각으로 확산되는 추세에 있는 등 아직 확대시켜야 할 분야가 많은 차세대 기술이다.

가상현실의 특성은 영상물의 실시간 렌더링이 가능하므로 원하는 위치의 원하는 모습을 즉시 생산해 낼 수 있기 때문에 설계자가 직접 그 공간상에 들어가 Real Time Walk-Through하면서 빠른 수정과 정확한 설계를 할 수 있다. 또 입체영상의 전달, 대화식의 물체 특성 또는 위치 변경, 3차원 입체 음향의 공간상 위치에 따른 구현 등의 작업을 사실감 있게 할 수 있다. 그리고 실제로 경험하기가 불가능하거나 불필요한 분야의 실험 또는 눈으로 볼 수 없는 분야의 가시화 그리고 교육 및 오락에 이르기까지 무한한 응용범위에서 체험학습의 도구로 사용할 수 있다.

3차원 세계는 끊임없이 변화하고 발전하고 있으며, 현재까지는 모든 문서나 매체의 전달은 2차원적인 공간에서 이루어져 왔다고 해도 과언이 아니다. 그러나 기술의 발달은 평범하고 단순한 매체전달 방법을 3차원적이고 상호작용적인 형태로 바꾸어놓고 있다.

가상현실은 관찰자가 직접 인공적으로 만들어진 세계에 들어가 체험을 할 수 있게 만들어진다. 그리고 그 안에 구성된 모든 물체들은 상호 작용이 가능하게 되어 있다.

가상현실 속에서는 실제로는 없는 물체이지만 이를 감지할 수도 있고 이들의 정보를 접할 수도 있고 이를 변형시킬 수도 있는 등 모든 상황을 자신의 의도대로 이끌어 갈 수 있다.

오늘날의 가상현실은 인공지능, 시뮬레이션 그리고 컴퓨터 그래픽스 등 여러 학문에서 활발히 연구중에 있으며, 그 중 인터넷과 관련된 연구가 특히 주목할 만한 성과를 거두고 있는 실정이다.

다음은 LG사이언스홈에 있는 내용이다. 미래의 가정에 대한 소개는 신문에서도 많이 다루었고 또 첨단과학 분야의 신년특집 단골 메뉴 가운데 하나로 자리잡고 있다.

2015년 어느 날 연우네 가족은 동물원에 다녀와 거실에 둘러앉는다. 아버지는 자신의 스마트 PDA로 그날 찍어온 영상을 대형TV에 띄우고 테이블 위에 동물원 지도를 펼친다. 연우가 자기 PDA로 지도를 보자 3차원 동물원이 나타난다. 지도 중앙에는 사자 마커가 있는데 이것을 각자 자기 PDA로 들여다본다. 연우는 자신의 PDA에서 실제 사자가 튀어나오는 것 같은 3차원 영상을 보며 정글탐험 게임을 한다. 아버지는 PDA에서 사자의 내장기관을 입체적으로 살펴보고, 어머니는 PDA에서 대형TV로 쏴주는 3D 영화 '마다가스카'를 즐긴다. 머지않은 미래에 구현될 수 있는 지능형 학습환경이다.

PDA 같은 휴대용 기기가 스스로 사용자의 경험, 취향, 배경지식, 능력, 기분 등을 똑똑하게 파악해 사용자에 따라 맞춤형 정보를 실감나게 제공한다는 내용이다. 이는 유비쿼터스 컴퓨팅 개념이 적용된 U-러닝의 세계. U-러닝은 최근 각광받는 온라인학습인 E-러닝이나 무선통신을 이용한 모바일학습 M-러닝보다 더 진보한 학습방식이다.

유비쿼터스 컴퓨팅은 사용자에게 원하는 정보나 서비스를 언제 어디서나 즉시 제공할 수 있는 기반 기술을 말한다. 컴퓨터와 유무선통신의 만남, 인공지능의 진화, 새로운 미디어의 확산, 사용자와 컴퓨터의 상호작용을 포함한 관련 기술의 발전 덕분에 유비쿼터스 컴퓨팅 시대가 점차 다가오고 있다. 현재 버스나 지하철에서 무선인터넷이 가능한 휴대전화나 PDA를 이용해 학습할 수 있다. 하지만 이런 장치는 저장용량이나 처리성능, 배터리 수명, 대역폭 등이 제한되기 때문에 양질의 교육콘텐츠를 즉시 제공하는 데는 한계가 있다. 아직 휴대용 기기의 인터페이스는 일반인에게 부담스럽고 교육 콘텐츠는 사용자의 차이를 제대로 반영하지 못한다. 최근 유비쿼터스 컴퓨팅 개념이나 유비쿼터스 가상현실(U-VR)의 개념이 적용된 U-러닝이 모바일학습의 한계를 극복할 수 있는 대안으로 주목받고 있다. 유비쿼터스 컴퓨팅 환경에서는 사용자의 휴대용 기기나 입는 컴퓨터가 스스로 주변 상황을 효율적으로 파악해 사용자에게 필요한 실감콘텐츠를 즉시 제공할 수 있다. 같은 장면을 보더라도 사람에 따라 학습콘텐츠가 자동으로 달라지는 것이다.

## 허공에 투영된 실감영상

미래의 U-러닝환경을 구현하기 위해서는 어떤 기술이 필요할까. 유비쿼터스 컴퓨팅이란 말을 처음 사용한 미국의 마크 와이저는 컴퓨터들이 생활공간 전반에 걸쳐 존재하는 미래세계를 상상했다. 유무선통신망을 통해 긴밀하게 연결된 컴퓨터들이 사용자가 필요한 정보나 서비스를 즉시 제공하는 환경을 구현하는 것이다. 소형 컴퓨터는 자동차나 가전제품뿐 아니라 화분이나 변기에도 들어갈 수 있다. 예를 들어 '지능형 손잡이'를 쥐면 사용자의 지문을 확인해 낯선 침입자를 막을 수 있고 '똑똑한 변기'에 앉아 용변을 보면 대소변을 분석해 사용자의 건강상태를 파악할 수 있다. 산소처럼 보이지 않게 사용자를 지원하는 셈이다.

그림 2 | 전자신문이나 전자책이 등장해도 저장용량이나 배터리 수명에 한계가 있다. 하지만 유비쿼터스 환경에서는 휴대용 기기가 스스로 상황을 파악해 사용자에게 필요한 실감콘텐츠를 즉시 제공할 수 있다.

그림 3 | 손으로 뻗어 닿을 만한 거리에 가상으로 세운 육각기둥들은 '공간센서'라 불린다. 이 센서를 만들기 위해서는 3대의 카메라를 찍어 사람만의 3차원 정보를 알아내는 과정이 필요하다(오른쪽 작은 사진들). 최종 영상에서 진한 회색일수록 가까운 거리에 있다는 뜻이다.

미래의 지능형 환경은 사람에게 거부감이나 불편함도 주지 않아야 한다. 사물에 숨어 있는 센서나 칩이 주변환경이나 사용자의 상황이나 맥락정보도 실시간으로 인식·추적한다. 주변온도나 밝기뿐 아니라 사람의 표정, 제스처, 음성, 신체변화 등을 파악하는 방식이다. 영화 〈마이너리티 리포트〉에는 도망다니는 남자주인공(톰 크루즈)이 '스마트' 광고판 앞을

지나갈 때 이 광고판은 주인공에게 난데없이 휴가상품을 선전해 댄다. 주인공의 처지를 조금이라도 이해했다면 이 같은 반응을 보이지 않았으리라.

또 증강현실(Augmented Reality) 기술이 제대로 구현되면 3차원 가상정보를 현실세계에 끌어와 실감나게 보여줄 수 있다. 영화 〈마이너리티 리포트〉의 주인공은 범죄현장의 영상을 찾을 때 손가락 끝에 센서를 달고 허공에 투영된 스크린에서 여러 영상파일을 손으로 클릭하거나 옮긴다. 증강현실 기술이 적용된 이 장면에서 허공에 뜬 영상이 실제처럼 생생하다. 물론 HMD(Head Mounted Display) 같은 장치를 뒤집어쓰고 가상공간에 들어가 실제 같은 가상현실을 경험하게 만드는 가상현실 기술과 다르다. 현재 U-러닝 관련 기술은 어느 정도 수

준일까. 광주과기원 U-VR연구실은 시각기반 인터페이스, 지능형 에이전트, 증강현실 기술 등을 연구하며 U-러닝 시스템의 가능성을 모색하고 있다. 시각기반 인터페이스란 카메라를 이용한 사용자 중심의 인터페이스다. 기존 컴퓨터에서는 키보드, 마우스 등을, 가상현실 시스템에서는 장갑, 안경, 헬멧 등을 인터페이스로 쓴다. 몰입감이 중요한 가상현실 시스템에서 몸에 부착하거나 착용해야 하는 인터페이스는 오히려 몰입감을 감소시켜 문제다. 하지만 시각기반 인터페이스는 사용자가 다른 사람과 대화하듯 표정, 몸짓 등의 정보를 입력신호로 활용할 수 있다. 연구실에서 개발한 가상검도 게임이 좋은 예다. 사람이 실제 검을 들고, 대형 화면에 등장하는 아바타와 대련하는 게임으로 '다시점 카메라'(multiview camera)라는 특수 카메라가 사람과 검의 움직임을 잡아내는 원리다. 실제 검은 일부가 가상공간에 보이고 사람이 흔드는 데 따라 움직여 몰입감을 높인다. 사람이 지르는 기합 소리도 마이크를 통해 가상공간에 전달돼 아바타가 반응한다.

# 제3장

# :: 신문아, 신문아 뭐하니?
## - 컴퓨터 세계로 가는 자 세계를 얻는다.

고정관념은 신문, 특히 편집의 장애물이다. 과거는 버리자. 이제는 새로운 틀을 만드는 데 투자할 때다. 이 장에서는 그 가능성을 점검해 본다.

물론 가상현실 시스템이 문제해결의 열쇠라고 보지는 않는다. 새로이 시작된 IPTV와 연계해서도 또 다른 해법이 있을 것이다. 아니면 PDA나 PMP 등 개인 휴대장치를 이용해 휴대인터넷 시스템을 사용하는 방법도 가능하다. 가상현실 시스템과 연결되면 그 효과는 거의 무한대일 것이다.

유비쿼터스 사회에서는 활자미디어도 빠질 수 없는 요소가 되어야 한다. 조사에 따르면 활자로 읽는 것과 귀로 듣거나 또는 보는 것은 활자를 읽는 것이 기억력이 거의 배가 된다는 것이다. 다음 그림의 입력장치를 살펴보면 그 가능성을 상상할 수 있다. 타이핑을 하거나 음성인식 시스템을 이용해 직접 입력하는 방법 등이 될 것이다.

현재 진행중인 연구는 디지털 미디어를 위한 기술동향이 대부분이다. 만약 신문부문이 자체 개발 내지 합동 수주 개발을 하거나 또는 정부의 지원을 받아 관·언 합작으로 연구에 박차를 가하는 것도 한 방법이다. 거듭 말하지만 신문분야의 투자가 정부측에 결코 마이너스 요인은 되지 않을 것이

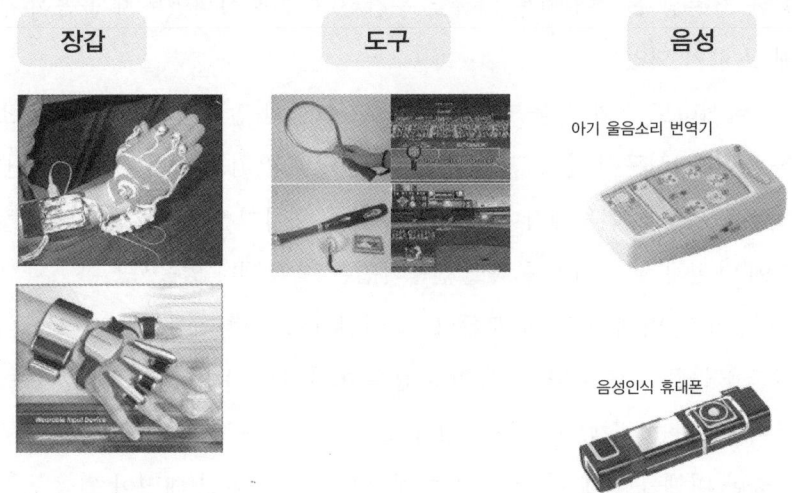

입력기술 : 정보를 어떻게 입력받을 것인가?

| 장갑 | 도구 | 음성 |

아기 울음소리 번역기

음성인식 휴대폰

그림 1 | 유비쿼터스 입력장치들. 다양한 입력장치들이 신문제작 시스템에 도입된다면 적절한 효과를 볼 수 있을 것으로 보인다.

라는 점을 고려사항에 넣어야 한다. 현재 연구개발 분야에 신문을 포함시키면 좀더 원활한 진행이 될 수 있다고 본다.

신문도 할 일이 많다. 기사를 취재하고 편집하는 것만이 주어진 일은 아니라고 생각한다. 미래를 향한 투자가 없다면 신문석기시대에 남을 것이고 가까운 미래에 '타임캡슐' 속의 '과거의 신문매체' 라는 장르로 남게 될지도 모른다는 위기감을 깊이 느껴야 한다.

활자매체는 현재 진행되고 있는 '個의 시대' 를 대비해야 한다. 위의 글에서 언급했지만 대량생산 체제 속에서 점차 확산되고 있는 '個의 움직임' 에 시선을 떼어서도 외면해서도 안 된다고 본다. 신문은 결국 대량생산으로 개인들에게 뿌려진다는 사실을 잘 알고 있을 것이다. 과거에도 신문은 개인들의 성향에 상당히 많은 투자를 해왔다. 독자들의 열독률 조사나 신문읽기 습관 연구 등을 꾸준히 해왔다는 것을 알고 있다. 그러나 그것은 사실 홍보용 성격이 강했고 나아가 '우리 신문이 최고'라는 자만심 속의 '불안한 자존심'을 자위하는 자료로 둔갑했던 것은 아니었는지 곰곰이 생각해 볼 때가 되었다.

지금이라도 IT와 손을 잡아라. 그리고 그들의 말에 귀를 기울이고 조언을 들어라. 신문이 갈 수 없는 길은 없다. 단지 가지 않으려는 것은 아닌가? 사람을 기르고 신문제작에는 당장 투입해 쓰이지 않을 것 같은 과제들을 앞에 나열해 놓고 머리를 싸맬 신문산업은 몇 군데나 있을까?

나는 IT산업에 대해 잘 모른다. 그러면서도 이런 이야기를 왜 쓰느냐는 핀잔을 들을 수도 있다. 공상영화 같은 이야기를 하면서 왜 귀중한 종이를 낭비하느냐는 질책도 있을 수 있다. 그러나 신문을 위해, 아니 언론 매체의 가능한 미래를 위해 이 글을 쓰는 것이라면 변명 아닌 해명이 될까 궁금하다. 정말 신문산업은 벼랑에 서 있다는 것을 느끼라고 말하고 싶다. 활자의 미래는 결코 실비명이 되어서도 안 된다.

종이에 관한 이야기를 하나 소개한다. '말하는 종이'이다. 스웨덴에서 개발했다고 영국의 BBC뉴스 인터넷판이 전했다.

---

**'말하는 종이' 등장**(2007.6.8 한국아이닷컴)

　　스웨덴 과학자들이 '말하는 종이(talking paper)'를 개발했다고 BBC뉴스 인터넷판이 보도했다. ①

　　미드스웨덴대학 연구진이 만든 인터랙티브 종이 광고판은 압력에 민감한 전도체 잉크와 인쇄된 스피커가 내장돼 사용자가 손을 대는 부위에 따라 각각 다른 내용을 담은 녹음된 소리가 난다.

　　연구진은 이 기술이 당장 광고용으로 사용될 수 있으며 장차 상품 포장용으로도 사용될 수 있을 것으로 전망하고 있다.

　　휴가 여행지를 나열한 시제품 광고판에 다가가 해변사진을 담은 엽서 부분에 손을 대면 잠깐 동안 이 해변에 관한 설명이 나온다. 이 제품의 핵심기술은 전자

---

① http://www.designdb.com/dnews/에서 전재.

회로가 내장된 디지털 종이.

전자회로 인쇄에 사용된 전도체 잉크는 압력을 받으면 녹음된 오디오 파일을 담은 마이크로 컴퓨터에 정보를 전달하게 되고 빈 공간에 인쇄된 스피커에서는 소리가 흘러나온다. 이런 '기능성 종이'를 초강력 판지와 광고판 디자인이 인쇄된 또 한 장의 종이 사이에 샌드위치처럼 끼워 넣으면 말하는 종이가 되는 것.

개발을 주도한 미카엘 굴릭손 박사는 이와 같은 종이 선전판이 장차 일반 상점이나 판촉 전시용으로 사용될 수 있을 것이라면서 아직은 생산 비용이 높지만 내용을 바꾸거나 교체하는 것이 쉽도록 비용을 낮추는 방안도 연구할 계획이라고 밝혔다.

그는 연구진의 다음 목표가 이런 기술을 상품 포장에 사용하는 것이라면서 "건강 경고 문구를 문자 아닌 음성으로 들려주는 담뱃갑 등 용도는 무궁무진할 것"이라고 말했다.

## 미래에 대한 우려

80년대에 일본에서 음악이 나오는 신문지면을 시험개발했다는 이야기를 앞에서 내비친 적이 있다. 소리가 나는 신문도 머지않은 것 같은 생각이 든다. 발명은 필요의 어머니라는 말이 있듯이 뜻이 있는 곳에 길이 있는 것이 아닐까. 가상현실로 신문을 만들고 그것을 독자에게 서비스하는 날이 과연 언제쯤일까.

유비쿼터스 기술 사회는 유토피아라고 생각하지는 않는다. 인간은 기술의 상당수를 자연을 이해하고 해체하고 해석함으로써 그 응용원리를 일깨워왔다. 그러나 기술의 발달은 그와 비례한 피드백장치는 마련하지 않음으로써 많은 재앙을 가져온 것은 틀림없는 사실이다. 투쟁은 인간의 본능 중의 하나이다. '싸울아비'를 기르고 전쟁에 내보내고 하는 것은 단지 게임의 논리를 위해서는 아니었다. 제어장치가 없는 기술은 폭주하는 기관차처럼 무수한 위험성을 가져온다. 유비쿼터스 기술이 진행되면 될수록 인간이 얼마나 제어통제기술도 개발할 수 있을지 궁금하다.

만약 가상현실 편집국이 가능해진다면 그에 수반된 각종 기술이 유출되고 남용될 소지가 많다. 우린 그 같은 불행을 막으면서 새로운 기술에 접근해야 한다. 물론 보안장치 기술이나 해킹방지 기술들도 한 연구방법이 되겠지만 완전치는 않을 것이라고 생각한다. 그리고 이러한 기술들이 성공한다 하더라도 그 생명은 얼마나 갈지도 불확실하다. 자연의 법칙에서 쓰레기는 폐기처분되는 것이듯 영구히 존속하는 기술은 없다.

그러나 우린 그 길로 갈 수밖에 없다. 컴퓨터인쇄 시스템이 지금 일반화되어 있는 상황이다. 조금만 더 깊이 들어가면 아마 가상현실 편집시스템도 가능할 것이다. 데이타저장장치는 용량이 커질수록 그 부피도 커진다. 최근 홀로그램도 가능한 저장장치가 될 수 있을 것이라는 이야기도 나오고 있다.[1]

〈과학향기〉의 내용을 소개하면서 이 장을 마칠까 한다. 데이터 저자의 문제는 다른 기술들도 연구중이라 이보다 더 낫고 고저장의 효율을 가진 것이 나올 것은 확실하다. 그중 하나가 다음 장에서 소개하는 칼럼의 바이오네트워크기술의 발달도 기대되는 부분이다.

끝으로 유명한 물리학자 파인만 교수의 말을 전하며 이글의 한 장을 막는다.

> 이론이 얼마나 거창한지는 별로 중요하지 않다. 얼마나 똑똑한지도 중요하지 않다. 만약 실험결과와 일치하지 않는다면 그건 틀린 거다.
>
> - Richard P. Feynman 리처드 파인만 -

---

## 차차세대 저장매체 '홀로그래피디스크' 궁금하지?

[제 604 호/2007-05-21]

처음 나왔을 때만 해도 DVD는 '꿈의 저장매체'였다. 당시 700MB가 한계인 CD를 사용하던 사람들에게 4.7GB의 저장용량은 경이로왔다. 그러나 멀티미디어

---

1) http://www.yeskisti.net/yesKISTI/Briefling/Trrends/

환경이 정착되고 저장해야할 정보가 급격하게 늘면서 순식간에 DVD의 용량도 부족해졌다. 최근에는 DVD보다 5배 큰 저장용량을 가진 '블루레이디스크' (Blue-ray Disc)와 HD-DVD가 등장했다.

문제는 이제까지 광디스크를 만든 방식으로 저장용량을 높이는데 한계에 다 다랐다는 점. DVD는 레이저로 디스크 표면에 저장하고자 하는 정보에 따라 미세한 홈을 만든다. 블루레이디스크나 HD-DVD도 레이저의 폭을 좁혀 용량을 높였지만 역시 같은 방식이다. 이를 위한 가장 유력한 대안은 DVD의 300배 용량을 가진 '홀로그래피디스크'다. 어떤 원리로 용량을 비약적으로 높였을까?

홀로그래피디스크는 이름대로 '홀로그래피'를 사용한다. 홀로그래피의 기초 이론은 이미 1947년 알려져 있었지만 당시 기술로는 레이저와 같은 '결맞음성 광원'을 만들 수 없었기 때문에 1960년대가 돼서야 실용화

됐다. 결맞음성 광원이란 일반 빛의 파동이 제각각인데 반해 빛의 파동 위상이 모두 일치하는 광원을 말한다. 결맞음성은 빛의 위상을 이용하는 홀로그래피에서 꼭 필요한 성질이다.

빛을 저장한다는 의미에서 홀로그래피는 사진과 같다. 그러나 사진이 빛의 세기, 즉 진폭만 기록하는 데 반해 홀로그래피는 빛의 세기와 함께 위상정보까지 저장한다. 따라서 사진은 3차원 물체를 2차원으로 밖에 기록할 수 없지만 홀로그래피는 3차원으로 상을 재현해 낼 수 있다. 상을 3차원으로 재생하기 위해 홀로그래피는 2개 이상의 빛이 만나 위상이 바뀌는 간섭현상을 이용한다. 홀로그래피디스크 역시 이 간섭현상을 사용해 용량을 비약적으로 높였다.

홀로그래피디스크는 광분리기를 이용해 두 개로 나누어진 레이저를 이용해 정보를 기록한다. 이때 하나는 정보를 담은 레이저(물체광)이고, 다른 하나는 기준이 되는 레이저(참조광)이다. 홀로그래피디스크에는 빛을 받으면 화학반응을 일으키는 고분자층이 있다. 물체광과 참조광이 만나 간섭현상을 일으키면 이를 고분자층에 기록하는 것이다.

여기서 물체광과 참조광의 각도가 0.001도만 달라져도 고분자층에 기록되는 양상이 달라진다. 즉 물체광과 참조광의 각도를 10도 변화시킨다면 한 지점에 1

만 개의 다른 정보를 기록할 수 있다는 뜻이다. 실제 '인페이즈 테크놀로지스' 사가 올해 출시할 홀로그래피디스크는 한 지점에 수백 각도로 레이저를 쏴 수백개의 간섭무늬를 저장할 수 있다.

기록된 정보를 읽을 때는 기록할 때 썼던 것과 동일한 참조광을 비추면 된다. 홀로그래피디스크가 여러 층이 겹쳐 있어도 기록할 때와 동일한 광선만이 간섭을 일으키고 나머지 광선은 다른 층으로 지나가 버린다. 이러한 성질 때문에 홀로그래피디스크는 여러 층을 쌓고 기록하는 체적 기록이 가능하다. 홀로그래피디스크의 이런 장점은 DVD와 동일한 저장 매체에 1테라바이트 이상의 용량을 담게 해 준다.

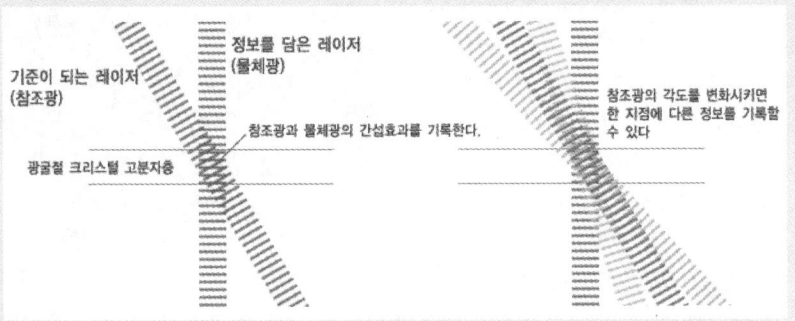

이러한 체적 저장이 가능하려면 여러 층을 지나도 광선은 일정하게 회절이 일어날 수 있어야 한다는 조건이 붙는다. 중첩된 층이 많아질수록 급격하게 회절효율이 떨어지는 것이 문제다. 홀로그래피디스크의 원리가 이미 오래 전에 알려졌음에도 불구하고 아직까지 실용화되지 못한 이유다. 철이 첨가된 '광굴절 크리스털'이나 '광폴리머'가 홀로그래피디스크의 재료로 개발되면서 실용화가 가속됐다.

**홀로그래피디스크가 주목받는 이유는 엄청난 저장용량 외에도 또 있다.** 렌즈의 일부가 깨져도 물체의 상을 맺을 수 있는 것과 같이 홀로그래피는 그 특성상 일부라도 있으면 전체에 대한 정보가 기록되어 있기 때문에 정보의 재생이 가능하다. 손상된 홀로그래피의 경우 다소 어두워질 뿐 전체 정보는 손실되지 않고 남아있는데, 이는 저장매체가 갖춰야 할 중요한 장점이다. 디스크 표면에 약간의 흠이 생겼다고 물리적인 에러가 발생했다면서 귀중한 파일을 날린 경험이 있는 사람은 이것이 얼마나 큰 장점인지 알 것이다. 곧 홀로그래피디스크 제품들이 출시하겠지만 단시일 내에 블루레이나 HD-DVD를 대체할 수 있을 것 같지는 않다. 아직까지 제품끼리 호환이 되지 않고, 정보를 읽기만 할 뿐 쓰기가 어려운 문제가 있다. 하지만 대용량의 동영상 정보를 저장하고 빠른 검색이 필요한 방송국, 병원, 연구소 등에서는 홀로그래피디스크가 좋은 대안이 될 수 있을 것이다.

(글 : 최원석 과학칼럼니스트)

뉴스의 비주얼화는 신문이 전파의 이점을 인식한 것이라고 언론학자들은 진단하고 있다. 미국 유에스투데이의 비주얼화는 바로 TV 화면을 연상시키는 것이라는 것은 알려진 이야기이다. 그것에 자극받아 한때 국내에서도 비주얼 지면에 대한 열풍이 불었다. 좋은 현상인 것만은 분명하다. 정말 움직이는 뉴스를 보여줄 수 있다면… 전자기술은 하루가 다르게 진화하고 있다. 누군가 움직이는 텍스트를 개발하는 날이 머지않아 올 것이라는 희망을 버리지는 말자. 가상 편집국에서의 신문제작, 가상제작국에서 찍어낸 전자종이신문… 그리고 결국 신문은 오히려 TV를 품에 안을 수도 있을 것이다. 그날을 기대한다.

# 제4장

# :: Info-Plex로 간다
### - 공간개념의 확대, 틀을 깨야 신세계가 보인다.

신세계는 어디에 있을까? 어떤 모습을 하고 있을까? 마음속에서 차원 이동을 하자. 가상공간을 가지자. 클릭하면 다기능의 세상이 우리 눈앞에 펼쳐질까? 함께 장님 코끼리 만지듯이 가보자.

지금 존재하는 4각의 정글은 모두 활용하고 있는가. 웹 공간의 영토는 어떻게 존재하고 있는가. 활자를 영상화할 길은 없을까? 뉴테크놀로지에서 그 영역을 빌려오고 확대할 길은 또 없을까?

2007년은 미디어에서 어떤 분기점을 기록한 해로 기록될지도 모른다. 이해에 열린 서울디지털포럼(SBS주최)은 미디어의 빅뱅이라는 주제로 여러가지 가능성을 제시하고, 특히 미디어의 변화를 예측하기도 했다. 그러나

그림 1 | 2007년5월29-31일 사흘간 열린 서울디지털포럼 모습.

한 가지 사실은 방송과 통신이 미디어와 만나는 장면만 있지 신문이 입장하는 모습은 보이질 않는다. 스스로 포기했나 아니면 아직 때가 아니라는 생각이었을까.

진화하는 세계에서 그 진화에 소외되는 것은 '문명의 몰락' 보다 더한 비극을 낳는다. 바로 그 존재가 사라져 박제화되는 것이기 때문이다. 소외문제를 처음 거론한 마르크스는 인간소외의 문제에서 '인간 실존에 붙박여 있는 근원적이고 존재론적인 현상으로 그리고 초역사적으로 일반화하려는 경향을 공격하는 것' 으로 보았다. 우리가 흔히 말하는 소외는 바로 주변과 격리되는 현상을 말한다. 그러나 '디지털 소외' 는 정보사회의 양극화 현상으로 설명할 수도 있으나 좀더 원칙적이고 근본문제를 들여다보면 '외면' 이라는 현상도 무시할 수 없을 것 같다. 자본의 큰 범위에서 바라보면 더 명확해진다. 신문과 방송은 태생의 시기와 성장의 시기는 서로 다르지만 토양의 관심의 영역은 닮았다. 신문은 역사적으로 오래된 문화이고 방송은 새로운 정보문화로 그 운영과 모양새 그리고 콘텐츠를 신문에서 배웠다. 신문이 좁은 골목길을 내달리는 자전거라면 방송은 넓은 들을 가로질러 달리는 자동차로 비유할 수 있다. 그리고 변화의 속도는 시간이 흐를수록 엄청난 차이를 보인다. 정보산업에서의 소외가 발생하는 것이다. 그리고 인터넷이 정보산업의 막내아들로 등장해 하늘을 나는 비행기 되었다. 신문, 방송, 인터넷. 이 매스미디어의 세 아들은 갈수록 '디지털 소외' 의 폭을 넓힐 것으로 보인다. 누가 매스미디어의 진정한 승자가 될까? 맏형인 신문은 결국 박제화되고 마는 것일까? 인류에게서 상속받은 지혜를 그냥 자신이 물려받은 '밭' 을 가는 데에만 몰두하고 만족할 것인가라는 질문이 이어진다. 여기 또 한 편의 논문이 있다. 함께 들어가 보자.

# 디지털 시대의 가상과 현실[①]

## 1. 문제제기 - 정보 외적 접근의 중요성

현대사회를 흔히 정보사회라고 말한다. 정보사회의 의미는 정확히 어떤 현상을 일러 말하는 것인지 불분명하지만, 비물질적 사회동력으로서 컴퓨터와 통신 그리고 뉴미디어의 영향이 강하게 미치고 있음을 간접적으로 시사한다. 정보사회는 과거에는 생각할 수 없었던 정도로 인간지식의 영역을 확장시켜 놓았으며, 전문가 집단에 의한 지식의 빗장을 열어 놓아 대중으로 하여금 지식의 공유를 가능케 하였다. 그리고 통신과 컴퓨터가 결합함으로써 대면적 관계가 아닌 비대면의 관계를 통한 정보교환이 가능하게 되었다. 또한 정보사회의 기술적 동력이 바로 디지털 기술이다. 그러나 디지털 기술은 기술로 그치는 것이 아니라 인류가 지켜온 삶의 양식을 송두리째 바꾸어 놓을 정도로 문명적 전환을 강요하고 있다. 디지털 기술의 의미는 어떤 정보를 분해하여 다른 방식으로 조립함으로써 새로운 정보를 산출하는데 있다. 결국 어떤 집단이 어떤 집단이 정보사회의 특성을 간단히 말해서 지식의 확장, 정보의 공유, 비대면성, 정보의 재구성으로 말할 수 있다.

문제는 현대 산업사회에서 어떤 집단이 이러한 정보의 특성을 가장 크게 자기의 이익으로 실현하고 있는가하는 점이다. 지식 전문가 집단인가, 예술가 집단인가, 아니면 국가기관인가? 현실은 이러한 집단보다 기업집단에서 정보의 특성을 가장 크게 활용하고 있는 것으로 판단된다. 특히 멀티미디어의 발전으로 인하여 상품의 소비영역을 넓힘으로써 정보의 특성이 곧 상업화의 전략으로서 손쉽게 도구화되었다. 인터넷을 통하여 비대면 광고의 극대화가 이루어지고 있으며, 지식의 지적 재산권을 가장 많이 누리고 있는 것이 바로 소프트웨어 관련 몇몇의 특정 국제기업들이다. 또한 최근 한글도메인확장과 관련하여 볼 수 있듯이 국제인터넷주소관리기구(ICANN)의 장기적 이윤창출은 기하급수적으로 팽창하고 있다.

과학과 산업화의 소산물인 컴퓨터는 영상매체와 통신 발전의 등에 업혀 복합 뉴미디어라는 새로운 상업주의의 칼자루를 만들어 놓았다. 그 칼자루를 누구든지 쥘 수 있을 것 같은 환상이 팽배해졌지만, 실제로 그 칼자루는 산업자본이 독점하고 있음을 알아야 한다. 그래서 현대산업사회에서 정보의 기능과 의의를 이해하기 위해서는 정보 내적인 문제만 다루어서는 안되며, 정보 외적인 사회/문

---

[①] 최종덕(상지대, 과학철학)

편집의 개념 변화가 곧 신문경영의 개념 변화가 될지도 모른다. 위의 글에서 제기한 가상현실이 신문편집에 적용된다면 사실상 세상의 모든 정보를 담을 수 있는 그릇이 마련될지도 모른다. 독자가 원하는 정보, 신문이 독자에게 권하는 정보, 유용하고 가치 있는 지적 정보 등이 한 그릇에 담길수 있다. 자칫하면 정말 빅브라더의 세계를 경험하게 되는 것이 아닌가 하는 우려감도 나올 수 있다. 그러나 우린 그 길로 갈 수밖에 없다.

실제로 IT 현장의 일선에서 일하고 있는 사람들의 생각은 어떠할까. 그들의 머릿속엔 과거 · 현재 · 미래가 뒤엉켜 있다. 또 나노테크놀로지를 비롯한 컴퓨터 관련 지식을 포함해 물리학, 유전공학 등 첨단학문에 대한 기초적인 개념이 차곡차곡 정리되어 있는 것 같다. 신문기자들 가운데 별도로 자신의 공부를 위해 대학원에 진학하고 유학을 가고 하는 사람들도 상당수가 있다. 그들은 어쩌면 미래의 전문기자로 크든지 아니면 그 전공학문으로 빠져들지 본인만이 알 일이다. 그러나 첨단과학 분야를 지원하고 공부하는 기자는 정말 드물다. 아니 적어도 과학에 관심을 가진 기자들도 손에 꼽힐 정도라면 놀랄 일이 아니다.

신문은 실용적인 공부를 한 사람들을 요구한다. 왜냐하면 어느 정도 훈련시켜 바로 현장에 투입해서 쓸 수 있기 때문이다. 그러나 대부분의 초년기자들이 원하는 것은 첫째 현장주의라 경찰취재를 제일로 꼽고, 어느 정도 기자의 맛을 본 다음은 잘 나가는 정치, 경제, 사회분야의 경찰외 출입처를 희망한다. 대부분 권위주의의 길을 찾는다고 하면 내가 욕먹을 말이 될까?

편집국 기자들은 내근부서를 우선 싫어한다. 어쩌면 사실이고 어쩌면 피치못할 선택이라는 생각을 할지도 모른다. 내근부서로 발령나면 일단 '물먹은 것'으로 치부하고 실망감을 감추지 못한다. 동료들 역시 '안됐다'는 동정(?)의 시선을 보낸다. 그래서 편집부나 국제부 같은 내근부서는 나름대로의 고집이 생긴다. 편집부는 '신문 만드는 부서'로, 국제부는 '외국어로 번역해 우리글로 기사 쓰는 특별취재팀'의 이름으로 그 긍지를 높인다.

하지만 편집부나 국제부 이외의 내근부서는 어떨까? 편집부나 국제부는 그 기능의 특수성 때문에 가고 싶어도 꺼려진다. 만약 편집국 기자들에게 자신이 희망하고 참여하고 싶은 부서를 지원하라고 하면 아마 정치부나 경제부는 전체 기자의 절반 이상을 흡수해 버릴 것이다. 한 번쯤 실험해 보면 어떨지….

다음에 소개하는 글은 시사하는 바가 크다. 신문사 밖의 잡지 기자가 얼마나 많은 생각을 하고 얼마나 깊이 공부하고 있는 지 가늠할 수 있는 좋은 자료이다. 또 '과학하는 기자'를 위한 읽을거리를 제공하고자 하는 생각이었는지도 모르겠다. 지면을 과감히 할애한 이유가 그것이다.

## IT 진화의 비밀 〈생물학 속에 있다〉[2]

안윤호 (아마추어 커널 해커)  2004/04/21

세상이 점차 복잡해지고 기술 문화의 패턴이 정착되기 시작한 1970년대를 지나면서 사람들은 점차 복잡성 과학에 눈을 뜨기 시작했다. 누가 지시한 것도 아닌데 물리학·생리학·생태학 그리고 컴퓨터 과학에서도 그 이전까지는 선형 모델만으로 해석했던 세계에서 비선형의 세계로 접어들었다.

비선형적 실험의 데이터와 가설들이 갑자기 주목받기 시작했다. 그 이전까지 세상을 해석하는 모델이 너무 단순했다는 사실이 명백해졌다. 세상에는 수학이나 물리학 책에 나오는 선형 모델을 따르지 않는 현상들이 나무나 많다는 것을

---

② 이 기사는 ZDNet Korea의 자매지인 마이크로소프트웨어에 게재된 내용이다.

갑자기 알게 된 것이다. 그럼에도 불구하고 사람들은 새로운 모델이 없었기 때문에 곤혹스러워 했다. 복잡계 또는 카오스라고 부르는 과학들은 사이비 과학과 혁신적이며 새로운 이론이라는 평가를 오갔다.

## 복잡성 과학

그 이전까지는 애매하게, 그리고 추측의 형태로 최고급의 물리학자들 사이에서 무언가 자연에는 자기조직적인 원리가 있을 것 같다거나 또는 있어야 할 것 같다는 식의 막연한 주장이 조심스럽게 제기되고 있었다. 양자역학의 대가였던 슈뢰딩거라든가 자크 모노 그리고 리차드 파인만 같은 사람들은 당시의 과학으로는 설명할 수 없는 어떤 '새로운 질서' 들이 있다는 것을 어렴풋이 알고 있었다. 그들은 명확한 근거없이 이를 주장할 수 없었으나, 용감한 편이었다. 앞으로는 물리학이 아니라 생물학에서 화두를 얻을 것이라는 생각을 주장하기 시작했다.

슈뢰딩거의 〈생명이란 무엇인가〉라는 제목의 강의는 많은 물리학자들의 관심을 생명과학으로 이동시키는 역할을 했고 분자생물학자인 자크 모노의 《우연과 필연》 같은 에세이 역시 작은 요소들의 조합이 더 큰 무엇인가를 만드는 신비로운 메커니즘이 존재한다는 사실에 대해 계속 언급했다. 두 책은 벌써 출판된 지가 30년이 넘었으나 많은 영향을 남긴 채 고전으로 남아 있다.

화학자인 일리아 프리고진 같은 사람 역시 일찍부터 이러한 자기조직화 현상에 주목했다. 노벨상 수상자이었던 학자들이 당시에 이러한 주장을 하는 데에도 상당한 용기가 필요했다. 얼마 후 이들이 조심스럽게 추측했던 내용들이 주목을 받게 되자 갑자기 많은 사람들은 복잡성 과학의 전문가임을 자처하고 나섰다.

1970년대가 되자 전혀 다른 분야에서 접근이 이루어졌다. 이른바 카오스라는 제목으로 무질서에서 질서가 생기는 현상을 다루기 시작했다(이 분야의 역사는 제임스 글릭의 《카오스》라는 책에 자세하게 나온다). 전혀 다른 분야의 전문가들이 유사한 결론에 도달한 것이다. 컴퓨터 분야에서도 《인공생명》이라든지 《카오스에서 인공지능으로》 같은 책들은 이러한 분야를 설명했다. 산타페(Santafe) 연구소의 멤버가 되는 사람들이 나타났는데 이들은 정말 다양한 분야에서 암중모색 끝에 같은 결론에 도달했다.

필자가 이전에 언급했던 다른 책들인 《링크》와 《Society of Mind》의 공통점은 이들이 단순한 인자에서 더욱 복잡한 체계를 만드는 과정을 설명한 것이다. 재작년부터 베스트셀러였던 《링크》는 네트워크에서의 복잡성 과학에 대해 적은 것이다. 사람들은 네트워크의 성장과 발전을 적은 저자 '바바라시' 의 글 솜씨에 빠져들었다.

네트워크는 개개의 노드들이 연결고리인 링크로 만들어진 것이고 이 링크라는 것은 점 대 점(point-to-point)으로 네트워크에 물린 요소들이 만드는 연결이다. 《Society of Mind》는 우리가 마음이나 정신이라고 부르는 것들은 실제로 마음이 없는 어떤 에이전트라고 부르는 작은 단위 요소로부터 만들어질 수 있다는 것을 설명한 마빈 민스키 교수의 역작이다.

이들의 공통점이라면 하나의 단위 분자들의 성격과 이들의 조합으로 만들어지는 조직체의 성격은 분명히 다르게 된다는 점이라고 할 수 있다. 이를테면 물분자와 소금은 거대한 해류와는 다르다. 요소들에 적용되는 단순한 법칙과 이들이 조합되는 간단한 조합의 법칙만으로도 예측할 수 없이 거대한 경우의 수가 나오는 것이다. 컴퓨터 세계에서도 만델브롯(《The Fractal Geometry of Nature》라는 기념비적인 책의 저자)의 프랙탈(fractal)이라든가 리커전(recursion) 같은 것들이 이 시기부터 각광을 받기 시작했다. 조합에 의해 일정 규모가 되면 하나의 단계적이고 계층적인 특성이 생기고 계층마다 서로 다른 특성이 있다.

- 266 페이지 전문수록

너무 전문적인 글이라고 할지도 모른다. 그러나 이 글의 필자는 쉽게 쓰려고 많은 애를 썼다. 바이오칩이 성공한다면 공상과학영화에 등장하는 휴매노이드 등 〈공각기동대〉가 현실로 나타날지도 모른다. 어쩌면 인간들이 바라 마지않던(?) 아인슈타인을 뛰어넘는 대천재가 탄생할 수도 있다. 황우석 박사에 이어 또 윤리적인 문제를 일으킬지도 모른다. 그러나 과학은 '가지 말라고 하면 신의 영역이라도 들어가고 싶어하는 것'이라고 정의한다면 나 역시 과학윤리 불감증일까.

난 종합 정보망을 인포플렉스란 용어를 만들어보았다. 잘 만든 것인지 아닌지 독자들의 지지를 받아야 판단이 서겠지만 일단 이 책의 성격상 그 용어가 마음에 든다.

뉴스는 각종 정보의 네트워크상에서 매개자의 역할을 한다. 뉴스는 발생에서 전달까지의 중간단계에 있는 것이라는 것이 내 생각이다. 사용되지 않는 뉴스는 그저 뉴스일 뿐이고, 보도되고 이용되어야 비로소 그 생명이 살아나는 것이라고 본다. 그래서 뉴스플렉스라는 용어는 고려했다가 가상 공간을 염두에 두고 제외했다.

활자와 전파는 뉴스의 전달 수단이다. 사용하는 방법이 다를 뿐이다. 전달방법의 차이와 개발자나 운영자들의 영토고집과 자존심이 오늘의 상황을 빚은 것이 아닌가 본다.

왜 처음부터 활자는 출판이라는 큰 영역을 가지고 있었고, 신문이 등장하면서 출판의 영역에 신문이 포함됐을 뿐이다. 구텐베르크의 활자인쇄술이 범용화한 시절에는 전파란 꿈도 꾸질 못했다. 그러나 라디오, TV 등 전파가 등장하면서 이러한 뉴스 전달 장치는 다양화하는 길을 걷기 시작한 것이다.

그리고 문화와 연결되면서 더욱 복잡하고 다양하게 정보는 분화되어 갔다. 정보의 길이 갈수록 그 길이 서로 멀어져 간 것이다. 각기 다른 방식의 뉴스 전달을 통해 지금은 전혀 다른 얼굴을 하고 있는 것이다.

광대역 통신망(BcN)은 방송과 통신을 모두 포함한 정보시스템이다. 2004년 정부가 구상한 'IT839'[1]라는 계획에 따르면 이 통신망이 유비쿼터스의 핵심 프로젝트에 속한다. 인터넷과 이동통신을 모두 수용한 종합정보시스템이라고 해야 할 것 같다.

이와 관련한 논문을 골라 여기에 소개한다. 개념을 이해하는 데 도움이 될 것이다.

---

1) IT839 전략은 정보통신부가 2004년 발표한, 대한민국의 국민소득을 2만 달러를 올리기 위해 IT 산업분야의 신성장 동력을 뒷받침하기 위한 전략이다. IT839에서 8은 '8대 신규 서비스', 3은 '3대 첨단 인프라', 그리고 9는 IT 부분의 9개 신성장 동력을 뜻한다. 첨부한 논문을 참조하길 바란다.

# IT839 기반기술 BcN의 배경과 발전

박진우
고려대 전자공학과 교수
jwpark@korea.ac.kr

김영부
ETRI BcN 사업단 책임연구원
ybkim@etri.re.kr

박경준
ETRI BcN 사업단 책임연구원
kjpark@etri.re.kr

## 1. 서론

 과거 약 100년 동안에 통신과 방송으로 크게 구분되어 왔던 통신 서비스 시장이 최근에 등장한 이동통신, 무선통신, 그리고 네트워크 서비스를 대변하는 인터넷 등이 통신기술 역사의 흐름을 크게 바꾸고 있는 것이 현실이다. 이에 따라 통신사업의 양상도 크게 바뀌고 있는데, 수십 년동안 세계 통신시장을 지배하면서 영원히 지속할 듯했던 미국과 유럽의 대표적인 통신회사들은 이미 역사의 뒤안길로 사라졌거나 그 존재가치가 매우 작아졌으며, 대신 그들의 자리에는 신기술과 서비스로 무장한 신규 사업자들이 통신시장에서 활개 펴고 동시에 또 다른 모습의 새로운 통신사업자들이 속속히 등장하고 있는 것이 작금의 상황이다.

 세계 글로벌화 추세는 가장 강력한 사회변화의 동인이 되고 있다. 한편 통신과 네트워크는 세계 글로벌화를 기술적으로 뒷받침하고 있고 그 활성화를 더욱 촉진하고 있다는 측면에서, 통신 및 네트워크 기술에서 국가가 보유한 기술 경쟁력은 바로 그 국가의 미래 경쟁력과 직결되어 있다고 할 수 있다. 따라서 그 분야에서 핵심적 기술을 선도적으로 확보하고, 동시에 미래를 책임질 인재와 환경을 구축하는 것이 국가의 미래를 결정할 것이란 것은 당연한 귀결이며, 세계 모든 국가가 이에 모든 힘을 기울이고 있는 것이다. 우리나라에서도 통신사업자들이 미래를 걸게 할 새로운 성장동력원으로 광대역 통합망(Broadband convergence Network: BcN)을 제시했다. 즉 통신·방송·인터넷을 융합하여 (converge) 품질보장형 광대역 멀티미디어 서비스를 제공할 수 있는 차세대 통합 네트워크, 그에 관련한 핵심 기술의 연구개발과 서비스 개발이 우리나라의 미래 통신사업 운명을 결정할 것이란 의미를 갖는다. 즉, 과거의 통신 기술과 서비스가 개별적으로 존재하고 진화하였다면, 앞으로의 시간에서는 통신 기술과 서비스의 모든 면에서 융합되어 새로운 모습의 통신사업으로 나타날 것이라는 예견을 전제로 하고 있는 것이다.

네트워크를 통한 각종 융합현상을 현재의 통신환경에 비추어 고찰하는 것은 미래의 변화를 집어볼 수 있는 근간이 될 수 있다. 첫째, 정보 서비스의 융합화 추세이다. 음성, 영상, 텍스트 등의 정보가 디지털화되면서 정보간 융합이 매우 쉽게 될 수 있으며, 또한 PC 등의 성능이 대폭 향상되면서 정보처리 전문가의 범위가 일반 이용자 수준으로 이전됐다. 이러한 현상은 현재에도 인터넷을 통한 화상채팅이나 인터넷게임 등에서 찾아볼 수 있으며 앞으로는 휴대인터넷, 디지털TV, 디지털 멀티미디어 방송(DMB), 대화형 TV, 주문형 비디오(VOD) 등의 광대역 멀티미디어 서비스가 보급되기 시작하면 더욱 가속화될 전망이다.

둘째, 음성과 데이터의 통합화이다. 미국에서는 이미 1998년 근대 통신 기술의 역사적 발원역할을 했던 음성통신 서비스(유선전화 서비스 등) 트래픽이 데이터 통신 트래픽에 의해 추월당하였다. 우리나라에서도 2000년에 드디어 컴퓨터 등에 의해 발생되는 데이터 트래픽 규모가 음성통신 트래픽을 압도하는 현상이 벌어졌고, 가까운 시기에 더욱 심화될 것이 확실하다. 특히, 음성정보를 데이터로 전송하는 VoIP 기술이 보편화되면 데이터를 중심으로 한 통신체제로의 변화는 더욱 가속화될 것이다. 통신사업의 형태 측면에서도 IP 중심의 데이터 서비스 사업으로 사업의 중심이 이동하면서 고품질 및 다양한 멀티미디어 서비스를 지향하는 통신사업으로 변환될 것이다.

셋째, 유무선 서비스의 통합화를 들 수 있다. 이제까지 큰 폭의 성장세를 보였던 유선 인터넷 서비스와 무선전화기에 의한 음성 서비스 증가율이 1996년에 12.2%와 165.9%에서 2002년에 0.76%와 4.51%로 각각 둔화되었다. 양쪽 사업 모두 가입자 수의 포화, 사업자간 수익 경쟁심화, 그리고 각각의 서비스 시스템이 제공할 수 있는 대역폭의 한계로 인해 새로운 서비스 도입에 실패한 때문일 것이다. 결과적으로, 대역폭이 향상된 무선 네트워크와 성능과 수익성을 개선한 유선 네트워크를 연동하기 위한 유·무선 연동 및 통합 서비스 개발이 유선과 무선, 두 개의 서비스 시장의 재성장을 결정하게 될 것이다.

넷째, 통신 서비스와 방송 서비스의 융합이다. 현재 통신 서비스와 방송 서비스가 법제도적으로 철저히 구분되어 있는 상황이다. 그동안 정보 콘텐츠의 제한을 갖고 있는 통신과 사업 범위의 제한을 갖는 방송은 각기 사업범위 확산을 자제하고 견제하는 양상이 지속되어 왔다. 그러나 새로운 서비스에 대한 요구와 국제적인 통신·방송 시장의 개방화 추세에서는 어떠한 이유로도 계속 분리되어 우리는 역시 이러한 프로젝트의 속엔 활자미디어가 포함되어 있지 않다는 것을 느꼈을 것이다. 궁금증이 생긴다. IT 전문가들이 활자는 손댈 수 없는 분야라서 제외한 것일까. 아니면 활자매체의 영역성과 선점의식 때문이었을까. 어느 쪽이었든 간에 이젠 활자도 이 프로젝트에 뛰어들어야 한다는 생각이다.

현재 전자북(eBook)이라는 형태의 책들이 독자들에게 큰 호응을 얻고 있다. 우선 이것을 온라인상에서 풀어줘야 한다. 물론 지금의 공급 상황도 온라인이라고 주장하겠지만 텍스트 기반의 온라인은 아니다. 여전히 영세한 공급시장일 뿐이다. 그리고 파일보기도 통합되어 있지 않다. 상용이라는 규제 속에 독자들을 묶어 놓고 장사를 하는 것이다. 거기엔 신문사 서비스도 마찬가지다. PDF파일로 지면을 만들고 또 잘게 쪼개서 각 기사의 PDF 파일을 또 만들어 '장사' 한다. 그건 독자건 일반인이건 무차별이다. 이 역시 개방해야 한다. 즉 독자에게는 자유스럽게 이용할 권리를 주어야 한다고 생각한다. PDF건 eBook이건 그건 출판사(신문도 출판사의 한 부분이다)의 영리에 부합되어야 하겠지만 지금은 개척기이다. 그런 의미에서 지적재산권의 개념도 어느 부분에선 유보되어야 하고 원활한 시장구조가 되면 그때 새로운 규제를 만들어도 된다. 최근 들려온 전자북의 소식은 많은 뉘앙스를 풍긴다.

## 전자책, 전자잉크 기술로 책에 가까워졌다

전자잉크 디스플레이를 탑재한 전자책(e-book) 전용 단말기들이 속속 출시되고 있다. 이에 따라 전자책 시장이 크게 확대될 것이란 기대가 고조되고 있다. 국내 업체인 네오럭스가 7월 중 '누트(NUUT)'를 출시할 계획이며, 디지나루의 '소리북(Soribook)'도 조만간 모습을 드러낼 예정이다. 레인콤 역시 시제품 단계에서 검토를 거듭하고 있다. 일본에서는 소니가 지난 2004년에 '리더(Reader)'를 출시했다.

### ◆ LCD 패널보다 가독성-전력소비 탁월

전자잉크는 전기적 충격을 받으면 색을 내는 마이크로캡슐로 구성돼 있다. 전자잉크 디스플레이는 수백만 개의 전자잉크를 전극판 사이에 넣고 전기적 충격을 가하면 같은 색의 연료들끼리 몰려 문자를 조합하는 방식이다. 전자잉크 디스플레이가 관심을 모으는 것은 기존 LCD 디스플레이에 비해 가독성과 전력 소비 측면에서 엄청난 강점을 갖고 있기 때문이다. 무엇보다 전자잉크 디스플레이는 사용할 때만 전력을 소비하기 때문에 지속적으로 빛을 내는 LCD 디스플레이에 비해 전력소모가 적은 것이 특징이다. 눈의 피로 역시 LCD에 비해 덜하다. 화면전환 속도도 개선돼 비즈플렉스 기술을 적용한 최신 전자잉크 디스플레이는 0.7초만에 화면 전환이 가능하다. 기존 제품들은 화면 전환에 보통 1.2초 가량 소요됐다.

누트(NUUT) 사진=네오럭스

### ◆ 다양한 기능, 파일 포맷 지원

다재다능한 전자책 단말기 디지나루의 소리북은 '학습용'을 표방하면서 출시됐다. HTML · PDF · CHM · TXT · DOC · PPT · XLS · RTF 등 다양한 전자책 파일 포맷을 지원하며, 책을 읽으면서 모르는 단어는 내장된 전자사전에서 바로 찾아볼 수 있도록 했다. 또 텍스트를 기기에서 읽어주는 TTS(Text to Speach) 서비스를 제공, 어학용 기기를 수요를 반영했다. 7월 말 출시되는 네오럭스의 누트는 국내 주요 전자책 공급사가 채용하고 있는 전자책 문서표기 기준인 XML을 채택했다. 이에 따라 이 제품은 텍스트 뿐 아니라 표, 사진, 음성 등 다양한 형식의 멀티미디어를 볼 수 있다. 특히 텍스트와 MP3 파일을 동시에 볼 수 있어 토익교

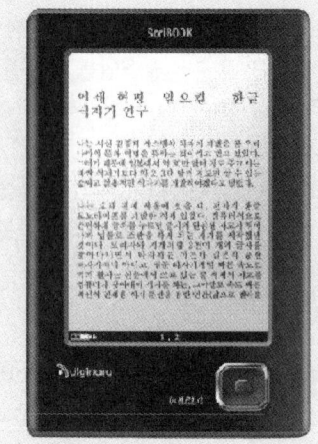

소리북(SoriBook) 사진=디지나루

재를 비롯한 어학용 콘텐츠를 효과적으로 제공할 수 있다.또 도서본문 검색 기능을 제공, 책속 내용을 키워드별로 검색할 수도 있다.

전자책 콘텐츠 제공 업체들은 전용 단말기 출시로 전자책 시장이 활기를 띨 것으로 기대하고 있다. 그 동안 노트북 · PC · PDA · PMP등 범용 단말기로 제공되던 전자책들은 가독성이 떨어지고 눈의 피로가 심해 큰 인기를 누리지 못했다. 하지만 전용 단말기가 출시되면 가독성과 휴대성 문제를 해결하고, 관련 콘텐츠 시장 확대에도 일조할 것이라는 전망이다.지난 해 825억 원 정도였던 전자책 콘텐츠 시장은 2009년에는 3천억 원 수준으로 늘어날 것으로 예상된다. 이렇게 될 경우 2009년에는 전체 종이책 시장의 10% 수준에 이르게 된다.


◆가격 장벽 넘어야 시장 확대에 기여

물론 전자책 전용 단말기 시장에 긍정적인 요인만 있는 것은 아니다. 무엇보다 20만~30만 원대에 이르는 비싼 가격이 단말기 대중화를 막는 요인으로 지적되고 있다. 게다가 전자잉크 디스플레이 가격 때문에 단말기 가격을 내리는 것도 수월하지 않다. 이 같은 문제를 극복하기 위해 단말기 제조사와 콘텐츠 제공업체들이 공동 프로모션 행사를 준비하고 있다.네오럭스의 제휴업체인 '북토피아'는 전용 단말기 출시에 맞춰 일정액 이상의 전자책 콘텐츠를 구매할 경우엔 단말기를 무료 제공하는 프로모션을 계획하고 있다고 밝혔다. 디지나루와 제휴한 교보문고의 전자책 사이트 '제노마드' 역시 얼리어덥터들을 겨냥한 이벤트를 검토하고 있다. 북토피아의 이상수 대외사업국 팀장은 "단말기 가격이 일반 소

신문은 신문을 팔아서 장사가 되지 않는다. 계산상으로는 발행부수가 많으면 그만큼 이익이 많아져 흑자를 낼 것이라고 생각하는 많은 독자들이 "신문사의 경영은 왜 적자죠?"라고 물어온다. 글쎄 그건 모를 일이다. 아마 신문사도 경영규모와 관계없이 많은 투자를 하고 있고 또 그에 따른 부대비용이 엄청나서일 것이다. 인건비만 해도 전체 지출의 많게는 30%에 육박하는 곳도 많다. 규모가 낮을수록 그 비율은 커진다.

신문의 주수입원은 지대와 광고이다. 잘 나가는 신문은 지대의 모자라는 부분을 광고에서 보충한다. 그리고 신문 관련 문화사업이나 별 관련 없는 리조트 사업 등에 투자한다. 돈 되는 사업들에 투자하는 것이다.

신문 산업이 자본주의의 개념에 흠뻑 빠져들면 들수록 신문 본래의 모습은 점점 더 엷어진다. 그렇다고 경영인들이 잘 나가는 일반 기업의 경영기법에 통달했다고 볼 수는 없다. 심하게 말하면 어슴푸레한 경영기법으로 몸집만 기업의 흉내를 내고 있다면 너무 깎아내리는 것일까?

기자들은 경영에 약하다. 아마 우리 언론의 정신적 지주로 버텨온 '선비정신'의 결과가 아닌가 하는 우려도 나온다. 선비정신은 일제시대의 '志士論'과 일맥상통한다. 그러나 선비와 지사가 밥을 먹여주는 것은 아니잖느냐는 푸념이 기사들의 입에서 솔솔 나온 것은 90년대의 일이다. 보통신문들의 기자들은 잘 나가는 '메이저 그룹'이 막대한 자금력으로 신문시장을 휘저으면서 곳곳에서 배달다툼을 벌이는 모습을 보면서 그런 느낌을 받았는지도 모르겠다. 아무튼 지금은 그 메이저들의 세상이 아닌가.

신문의 힘은 독자에게서 나온다. 그리고 그 독자들은 '정보의 힘'으로 신문을 선택한다. 결국 정보의 힘이 오늘의 메이저신문들을 탄생시킨 것이다. 그 메이저들의 공통점은 하나같이 현실에 민감했다는 것이다. 그리고 그 현실을 뼈저리게 느끼고 그것을 신문제작과 경영에 잘 적용했다는 사실이다. 그들은 선비와 지사를 찾지 않는다. 이렇게 말하면 결국 선비와 지사가 보통신문들을 쇠퇴의 길로 이끌었다는 이야기로 들릴 테지만 사실 두 이상론이 그런 역할을 음적으로 도왔다는 생각은 지워버릴 수 없을 것 같다. '正論紙 正論紙' 하고 외치면서도 시대가 요구할 때 그 역할을 못 했다는 것은 결국 '생각만의 선비와 지사' 론이었다는 것을 의미하며 심하게 비아냥거리면 '정론이 밥먹여 주냐' 는 말도 들릴 법하다. 그러나 정론은 신문산업이 버릴 수 없는 지고한 가치이며 언론의 등불이라는 점은 두말할 나위도 없다. 그 정신을 뒷받침하고 발전시켜야 할 책무를 신문은 스스로 포기하지 않았느냐는 소리도 들릴지도 모른다. "못되면 조상 탓"이거나 "잘되면 내 탓"이라는 소리는 나오지 않길 바란다.

정보의 수집 그리고 가공기술은 신문의 큰 부분이다. 무엇이 뉴스가 되고 어떻게 맛깔스럽게 그것을 가공하는가 하는 문제는 결국 정보산업의 과제인 것이다. 독자들은 정보를 찾는다. 우리가 구글서비스를 선호하는 가장 큰 매력은 바로 검색의 범위가 거의 인터넷 전반에 걸쳐 있다는 사실이다. 여전히 구글은 일반검색에서는 돈을 받고 있지는 않다. 그러면서도 구글은 지금 대기업으로 성장했다. 과연 무엇이 구글을 오늘의 위치로 끌어올렸을지 생각해 보는 것도 흥미있는 주제가 될 것이다.

여기에 또 하나의 논문을 소개한다. 〈문화정책〉 창간호에 실린 "21세기 한국 : 지식사회냐 정보사회냐[2]는 제목으로 두 학자가 쓴 글이다. 바로 지식의 문제를 잘 짚어내고 있다고 생각되어 여기에 싣는다. 논문에서 제시

---

2) 문화정책〉 창간호 두 분 사회학자에게 감사와 양해를 보낸다. 이하 다음의 주석들은 원문에 나온 것이다.

된 자료는 이 글을 쓸 당시의 자료라는 점을 염두에 두길 바란다.

## 21세기 한국사회 : 지식사회냐 정보사회냐

임현진 (서울대 사회학과 교수)
서이종 (서울대 사회학과 교수)

1. 문제제기
2. 한국사회에서 정보사회론과 지식사회론
    1) 정보사회론과 그 특징
    2) 지식사회론과 그 특징
3. 지식사회론과 정보사회론의 쟁점들
    1) 지식의 정보화
    2) 정보의 지식화
4. 맺는 말 : 통합패러다임으로서 지식정보사회 개념

## 1. 문제제기

20세기 말 현대사회는 21세기로의 문명사적 대전환의 소용돌이에 휩싸여 있는 듯하다. 독일통일과 소련동구라파의 사회주의 붕괴이후 지구촌 곳곳이 자본주의적 시장경제로 급속하게 재편되고 또한 인터넷 등 정보매체를 통해 커뮤니케이션이 지구촌화되면서, 사이버증권투자나 모험투기자본(해지펀드) 등 국제금융자본이 엄청난 량으로 범세계적 공간을 유동하여 하루가 다르게 경제환경이 급변하고 있다. 이러한 변화는 확실히 지역적이면서 동시에 전국적이고 또한 전세계적 차원이 공존하며 정치적, 경제적, 사회문화적 변화가 착종되어 거대한 힘으로 개인에게 엄습하여 오기 때문에 '세기말'인지 '신세기'인지 불안과 희망이 교차되는 속에서 변화의 물줄기에 내던져져 있다.

이러한 복합적인 현대사회의 대변화는 21세기를 코앞에 둔 우리에게는 IMF체제라는 시련을 통해 혹독하게 각인되고 있다. 그러나 외환부족과 거품경제 등 단기적인 현안문제에 억매여 21세기를 지향해야 할 경제구조와 산업 및 사회환경을 조정하고 이해득실을 계산하고 있어, 훨씬 더 장기적이고 종합적인 관점하에서 대응하지 않으면 더 큰 우를 범할 수 있는 형국이다. 확실히 IMF체제는 토인비가 지적한 것처럼 외부의 큰 도전인바 우리의 합당한 응전과 올바른 정책방향을 지닌다면 전화위복의 좋은 기회로 활용할 수 있기 때문이다. 특히 서구 근대사회 200년의 사회변화를 압축적으로 경험한 우리 사회는 전근대, 근대 그리고 후기근대적인 변동이 공존하는 복합사회인바, 서구중심의 세계사를 넘어 새로운 패러다임을 창출하지 않으면 주체적인 사회발전을 도모하기 어렵다는 점에서, 과거의 근대사회사적 변화를 성찰하고(현재의 변화가 지속된다면 발현될) 미래의 사회변동을 예견하는 즉 종합적인 시각이 필요하다 하겠다. 즉 세번째 밀레니움을 제대로 맞이하기 위해서는 적어도 과거 100년, 미래 100년을 현재의 시점에서 적확히 파악하고 이해할 수 있어야 한다. 이러한 시각에서 21세기 사회변화를 개념화하는 노력이 유의미하다 할 것이다.[1]

우리 사회는 특히 1990년 이후 컴퓨터 등 정보기술기반이 급속하게 보급되고 벤처기업, 패션산업 등 지식산업이 발달하면서 후기 산업사회적 현상이 두드러지게 나타났으며 이러한 현실변화의 배경하에서 후기산업사회론, 후기자본주의사회론, 정보사회론, 지식사회론 등 다양한 현대사회개념이 등장하였다. 특히 그 중에서도 정보사회론은 가장 중요한 현대사회개념으로 자리매김되었으며 이에 이어 비교적 최근에는 지식사회론이 경제학과 경영학을 중심으로 주요한 개념으로 등장하고 있다. 따라서 본논문에서는 정보사회론과 지식사회론의 전파과정과 쟁점들을 살펴보고 몇가지 중요한 통합 또는 지향의 단서를 찾아내고자 한다. 그러한 노력속에서 지식사회와 정보사회의 통합패러다임으로 지식정보사회론을 제기하고자 한다.


## 2. 한국사회의 정보사회론과 지식사회론

### 1) 정보사회론과 그 특징

#### (1) 정보사회론의 도입과 전파

'정보사회'라는 용어는 이미 1973년 다니엘 벨(Daniel Bell)에 의해 '후기산업사회'라는 개념으로 사용되었다.[2] 그러한 초기 개념은 이후 이 분야의 다양한 경험적 연구가 축적되면서 학문적 개념으로 자리잡았으나 직접적으로 정보사회개념은 1980년 요세 마즈다(Yosei Masuda)에 의해서 정보설비를 이용하여 정보활동을 고도화하는 것으로서 "정보화"개념이 체계화된 것에서 시발된다. 하지만 1990년 이전의 많은 정보사회론은 실제 미국 등 선진국에서 정보사회현상이 아

---

[1] 확실히 미래 담론은 더블린(Dublin)이 주장하듯이 과학과 도덕의 외피를 쓴 선전,거짓,사기일 수 있다는 점이 간과되어서는 안 된다. 왜냐하면 미래예언은 미래를 선취하여 지배하려는 것이기 때문이다.

[2] 정보사회라는 단어는 1960년대 이미 우메사오 타다오(梅棹忠夫), 하야시 유지로(林雄二郞) 등 일본학자에 의해 사용되었으나 학문적 개념정의를 결여하고 있다.

직 경험적으로 맹아적 형태에 불과하였기 때문에 탐색적인 성격을 띠고 있었으며 맥루한(McLuhan, 1962), 베니거(Beniger, 1986) 등 몇몇 선구적인 책을 제외하고는 이데올로기 비판적인 성격이 강하였다.

한국사회에서 정보사회론을 둘러싼 논의도 이와 비슷한 양상을 보였다. 한국사회에서 현실의 변화를 바탕으로 정보사회에 대한 논의가 시작된 것은 1980년대 중반부터이다. 여기에 직접적인 영향을 미친 것은 당시 정보기술 및 정보산업의 발전에 관한 정부의 정책적 강조를 들 수 있다. 제 5공화국 정부는 1983년을 '정보산업의 해'로 선포하였고, 1985년에는 정보화사회의 조기촉진과 그 기반 조성을 위해 '국가기간전산망 기본계획'을 수립, 확정하여 행정, 금융, 교육, 국방, 공안 등 5대 국가기간전산망사업을 추진하였다. 이러한 과정에서 서울대와 부산대 사회과학연구소가 정보통신분야 중점연구소로 지정되면서 정보화의 사회변화에 관한 연구가 추진되었다. 정보화사회에 대한 우리나라 최초의 소개 연구서인 《정보화사회》(1986)는 1985년 서울대 사회과학연구소(소장 김경동)에서 발행하는 〈사회과학과 정책연구〉에서 특집으로 다룬 '정보화사회의 도전과 대응'을 책자화한 것으로, 체신부와 한국통신의 전신인 한국전기통신공사의 재정지원 아래 이루어진 연구결과였다.[3] 이런 추세를 이어받아 한국사회학회에서는 '정보사회의 사회문화적 환경'(1987년), '정보화사회의 사회변동'(1990년) 등을 주제로 한 학술대회 등을 통해 '정보사회', 또는 '정보화사회' 개념을 적극적으로 사용하기 시작했다. 이러한 일련의 연구들을 계기로[4] 종래 후기공업사회론이나 탈산업사회론이라는 '거대담론'의 수준에서 이론적으로 소개되던 차원에 머물렀던 정보사회론이 시론적인 성격이 강하다하더라도 한국사회라는 보다 구체적인 차원에서 분석, 평가되기 시작했다.

그러나, 정보사회론의 1차 물결은 좀더 폭넓은 사회적, 이론적 반향을 일으키지 못한 채 일부의 관심을 끄는 데 그치고 말았다. 이는 한편으로 초기 학계의 연구가 본격적인 사회연구라기 보다는 정보사회론의 소개와 몇가지 사회적 함의를 도출하는 데 그친 소극적인 연구이거나 이데올로기 비판의 성격이 강했다는 점[5]과, 다른 한편으로 '1980년대와 1990년대 초 당시 한국의 사회상황과 정

---

[3] 이후 서울대 사회과학연구소는 1988년 '뉴미디어 수용전망에 대한 연구', 1989년 '뉴미디어 이용과 충족에 관한 연구', '행정전산망 구축에 따른 사회적 함의에 관한 조사연구', '정보화 사회와 사회변동' 등 일련의 연구보고서를 내놓았다

[4] 이 시기의 연구결과물은 김일철(1988), 강희경 외 (1991) 등이며 이후 신기술이 노동에 미치는 영향을 중심으로 발전되었다. 그러나 탈숙련화, 유연화 등 포스트포드주의라는 명제에 한정되어 정보기술의 영향을 도구화하는 경향 을 보였다.

보사회론에 제시되는 사회상이 아직 여러 면에서 부합하지 않고 있었다'(홍성태, 1998: 1)는 점에 기인한다. 하지만 신문방송학에서는 지속적으로 뉴미디어의 출현이라는 문제의식하에서 연구되어 국제정보질서, 정보지배구조, 뉴미디어의 성격 등 다양한 연구영역을 개척하였다.[6]

정보사회론의 1차 물결이 별다른 반향을 불러 일으키지 못하고 침잠하고 있는 사이, 1990년대 중반 정보사회론에 대한 본격적인 연구를 의미하는 2차물결이 시작되었다. 1차물결과의 차이점은 그 사이에 한국사회와 나아가 세계적인 차원에서 벌어진 변화일 것이다. 흔히 탈냉전으로 지칭되는 세계사적 변화는 그동안의 이데올로기적 대립을 해소시킨 동시에, 전지구적 수준에서의 무한경쟁시대를 열었다. 각국의 정부와 기업들은 전세계적 경제전쟁에서 승리해야 하는 절박한 처지에 놓였고, 이를 계기로 1970년대 이후 지속적으로 발전하던 반도체, 컴퓨터 등의 극소전자기술을 앞다투어 도입하기 시작했다. 특히 1990년대 초 인터넷의 확산과 상용화는 이러한 흐름을 한순간에 전세계적 물결로 바꾸어놓았다.

한국사회에서도 1990년대 들면서 개인용 컴퓨터의 보급이 급증하는 등 발전된 정보통신기술이 직장과 가정 등 일상생활을 파고들기 시작했다. 그동안 기업체나 정부기관에 주로 사용되었던 개인용 컴퓨터(PC)가 90년대 들면서 가정에 집중적으로 보급되었다. 1990년 1,000명당 16대에 불과하던 PC보급률은 1996년 41대로 2.6배 증가하였고, PC통신 사용자도 급증해서 1988년 1,185명에 불과하던 PC통신가입자는 1995년에는 1,906,182명에 이르러 불과 7년 사이에 1000배에 가까운 놀라운 증가세를 보여주었다.

이러한 현실변화에 따라 많은 연구자들이 정보사회적 현상에 대해 관심을 기울이고 여러 가지 측면에 대한 연구성과들을 내놓기 시작했다. 이를 반영하듯 여러 학술지나 학술행사가 앞다투어 정보사회론을 주제로 다루기 시작했다. 바야흐로 정보사회론의 홍수시대라 할 만하다. 1990년대 들어 정보사회론은 학계의 중심연구주제로 급부상한 것이다. 즉 〈계간 사상〉의 1995년 가을호, 〈문화과학〉의 9호와 10호, 〈동향과 전망〉의 1997년 봄호에 특집으로 다루었으며 한국사회문화연구소의 공개토론회(1997년 12월)에 이어 한국언론학회와 한국사회학회는 "정보화시대의 매체정책과 문화정책"(1998년 4월)를 주제로 하는 공동세미나를 개최하였다[7]. 이러한 성과를 바탕으로 권태환/조형제의 《정보사회의 이해》(1997)와 정보사회학회 편 《정보사회의 이해》(1998)라는 같은 제목의 개설서가

---

[5] 이러한 대표적인 연구로는 성균관대학교 사회과학연구소(1990)과 김환석(1991) 등이 있다.

[6] 그러한 결과, 신문방송학에서는 사회학에 앞서 전석호 (1993)과 강상현 (1995)의 정보사회 개설서가 발간될 수 있었다 하겠다.

나란히 출간되어 이러한 관심을 실감케 했다.

그러나, 정보사회론의 2차 물결에도 불구하고, 한국사회의 정보사회론 연구는 아직 많은 부족함을 안고 있다. "고백컨대 우리나라는 정보사회에 관한 이론과 지식을 달러와 원자재만큼이나 외국에 의존하고 있다. 정보사회에 대해서는 최근에야 본격적인 사회학적 성찰을 시작하였지만, 아직도 그 성과는 일천하기 짝이 없다"는 김경동(1998: 7-8)의 지적은 이를 잘 보여준다. 따라서 양적 연구의 성과만큼이나, 연구의 폭과 깊이를 넓히는 질적인 심화가 이루어져야 할 것이다.[8]

　　　　　　　　　　　　　　　　　　　　　　　　-304페이지 전문수록

우선 당장은 여러 지식의 공유가 선결과제이다. 우리는 '빨리빨리' 근성이 강하다. 보릿고개를 넘기고 개발의 고속도로에 편승하면서 이 근성은 좋은 결과도 낳았고 또 정착되려는 경향도 가지고 있어 부정적인 측면도 빚고 있다. 개화기 이래의 1세기 동안 우리는 가난한 국가이자 피원조국의 그늘에서 살아왔다. 위의 논문에서도 왜 지식정보사회냐는 문제의 해결책을 찾으려는 흔적이 보인다. 나는 바로 '인포플렉스'의 세계에서 그 해답을 얻고 싶다. 나누고 공유하고 베푸는 정보지식의 사회인 것이다.

이런 의미에서 '서울디지털포럼'은 신문에게도 많은 시사점을 주었다고 생각한다. 방송사 이벤트의 들러리로서 기사를 취재하는 정도의 수고를 많이 했겠지만 그 알맹이의 전달을 얼마나 했는지는 모르겠다. 유명 해외 인사들이 많이 참석해 '제목거리가 되고 화제가 되는' 오랜만의 IT산업 행사 정도로 치부하고 넘어간 것은 아닌지 생각해 볼 일이다.

이 디지털포럼을 주관한 SBS의 이벤트 홈피에 다음과 같이 개막 인사말이 눈에 들어온다. "디지털 기술의 발달이 이종산업 간의 경쟁과 합종연횡을 촉발시키는" 미디어 빅뱅이 진행되고 있다는 것을 강조하고 있다. 그것

---

⑦ 〈동향과 전망〉의 1997년 봄호는 "정보사회, 그 허상과 실제 해부"(한국사회과학연구소)를 특집으로 다루었고 한국사회문화연구원에서도 '정보화사회 : 전망과 대응'이라는 주제로 공개토론회 (1997년 12월)를 개최하였다.

⑧ 1990년대 이후 한국사회의 정보사회론 연구사에 대한 검토는 홍성태(1998)를 참조.

을 미디어혁명이라고 말했다.

오늘날 미디어 산업은 '미디어 빅뱅'이라고 일컬어질 만한 혁명기에 놓여 있습니다. 통신과 인터넷 등 디지털 기술의 발달로 거대 기업들은 기존의 사업 영역을 넘나들며 새로운 미디어 산업에 진입해 전통적인 미디어 기업들의 아성에 도전하고 있습니다. 또한 디지털 기술의 발달은 기존의 산업 구분을 무의미하게 만들며 이종 산업 간의 경쟁과 합종연횡을 촉발시키고 있습니다.

이러한 미디어 변혁의 중심엔 소비자들이 있습니다. 소비자들은 이제 단순히 제품이나 서비스를 소비하는 것이 아니라 새로운 제품과 서비스를 생산하는 프로슈머로 진화하며 미디어 산업의 주체로 떠오르고 있습니다. 이에 따라 미디어 세계를 바라보는 방식도 기존의 공급자 중심에서 수요자 중심으로 변화할 것을 요구받고 있습니다.

역사적으로 미디어 패러다임의 변화는 사회의 구조적 변화를 초래해 왔습니다. 이번 서울디지털포럼 2007은, 디지털 기술의 발달로 미디어가 어떻게 새롭게 정의되고 진화하는지, 이러한 미디어 혁명이 정치,경제, 문화 등 사회 전반에 어떠한 영향을 주는지 살펴보고 그 시사점을 토론하는 자리가 되었습니다.

물론 그 자리는 'IT 산업을 이끌고 있는 거대기업이나 인터넷 강자들의 모임이었다는 분석도 나오고 있지만 ' 장차 '다보스포럼'에 필적할 세계 일류의 수준 높은 담론의 장, '스토리텔링 플랫폼'이 될 것이라는 낙관적인 평도 나왔다. 그러나 지금 IT 세계를 지배하고 이끌어가고 있는 미국의 관심이 포럼의 분위기를 좌우했다는 것도 또다른 평이었다. 이 행사를 주최한 하금열 SBS 사장은 개막사를 통해 "방송사는 더 이상 불특정다수에게 방송 프로그램을 뿌리는 형태로는 살아남을 수 없는 시대"라며 "무소부재의 발행자, 유비쿼터스 퍼블리셔(ubiquitous publisher)로 변신해야 한다"고 말했다. 하 사장은 또 "시청자 역시 미디어가 뿌려준 씨앗을 그냥 수동적으로 받는 존재가 아니라 거기서 열매를 맺는 능동적 존재로 바뀌고 있다"고 UCC(사용자창조 콘텐츠)의 확산을 강조하기도 했다.

하 사장의 개막사에서 보았듯 방송도 유비쿼터스 시대에 대한 매력과 투자를 생각하고 있음을 짐작할 수 있다. 유비쿼터스 퍼블리셔라는 단어도 사용했다. 그런 반면에 톰 컬리 AP통신 사장은 "신문들의 발행부수가 줄고 있다고 하지만 콘텐츠 시장은 오히려 더 성장하고 있다. 구 미디어, 신규 미디어가 공존하고 협조할 수 있는 장이 새롭게 만들어질 것"이라고 말하기도 했다.

컬리 사장은 포럼의 개막축하연설을 통해 "뉴스를 고객에 맞춰 세분화하고 패키지화하는 것이 중요하다"고 전제하면서 "모든 뉴스를 받아보는 것보다 중요한 비디오 하나를 거실에서 보는 것이 중요할 수 있다. 뉴스를 잘게 쪼개 분류하는 개인화가 미디어의 나갈 길"이라고 강조해 UCC의 중요성을 거론했다.

그는 이어 "21세기는 정보관리 쪽으로 나가고 있다. AP는 디지털 메타데이터를 마련하고, 뉴스 카테고리를 만들어 주요 인사 · 장소 · 사물을 태그화하고 있다. 사용자들이 태그와 링크를 쉽게 접근할 수 있어야" 한다고 전제하면서 "콘텐츠를 스스로 관리하지 않으면 남들이 도용할 수 있다. 콘텐츠 관리 측면에서 메타데이터와 플랫폼을 마련하고, 비즈니스 측면에선 타깃화 광고와 매니지먼트 시스템, 강력한 검색엔진을 마련해야 한다"며 보안 시스템의 개발도 중요함을 일깨웠다.

다시 컬리 사장은 "구글 · 야후 같은 새로운 인터넷 강자와 좋은 관계를 맺는 것이 중요"하다고 말하고 "기술은 언론인의 일하는 방식을 바꿀지언정 언론의 역할은 바꾸지 못한다. 역사적 진실을 말하고 권력을 감시하는 것은 불변하는 언론의 가치"라면서 신문과 통신의 언론정신을 다시 한 번 강조하기도 했다. 이 포럼 기간에 신문에 대한 언급은 그가 처음이었다. 이 행사가 끝난 뒤 인터넷에 여러 반응들이 실렸다. nissweb이라는 사이트엔 신문의 변화에 대한 코멘트가 등장한다. 역시 UCC를 채용하고 있는 신문들을 선호한다는 의미로 들렸다. 그러나 겨우 이제 공간의 한 부분을 채워가고 있을 뿐이라는 느낌도 지워버릴 수는 없었지만. 첫술이지만 곧 배부를 것이 분명했다면 필자만의 생각일까?

> 신문도 인터넷 시대에 맞게 변신하고 있다. 기존의 글만 있는 신문에서 동영상이 있는 신문으로 조금씩 바뀌고 있다. 글만 있을 때와 동영상이 있을 때는 독자들의 반응이 다르다고 한다.
> 그래서인지 신문회사에서 UCC서비스를 제공 하고 있다. 이는 참여의 장을 여러 사람들에게 만들어주겠다는 취지와 인터넷 시대에 맞춰 나가는 서비스라고 할 수 있다. http://nissweb.net

가상 편집국도 꿈은 아니라는 생각이 이번 디지털포럼에서 강하게 느꼈다. 만약 신문 산업도 돈벌이가 확실히 된다면 어느 자본인가 뛰어들 수도 있겠다. 그러나 일반 기자들은 아마 재벌의 개입을 무척 꺼림칙하게 생각할 것이기에 결국 '마인드의 혁명'을 기대할 도리밖에 없는 셈인가?

세계는 무섭게 진화하고 있다. 그 속도는 짐작도 못할 정도다. 켈리 AP사장의 말대로 우선 시작은 유명한 신흥 검색회사와 제휴할 수도 있다. 에릭 슈미트 구글 회장도 "한국은 거대한 실험실"이라고 했다. 왜냐하면 "(한국은) IT 기술 수준이 높고 참신한 아이디어가 나오기 때문에 중요하다. 지금 한국에 선보인 업무는 시작에 불과하다"고 설명했다.

구글은 이미 한국 업체와 광고 등에서 제휴를 맺고 있다. 구글은 "현재 SK, 다음, LG와 제휴한 상태이고, 다른 한국기업과의 제휴를 확대할 것"이라고 슈미트 회장은 설명하면서 "한국의 제휴사나 광고주는 이를 통해 쉽게 해외로 진출, 글로벌기업으로 성장할 수 있다"고 덧붙였다. 그의 말에 비추어보면 준비가 되어 있다면 한국의 언론매체 특히 신문산업도 제휴가가능하리라는 생각이 든다. 한 신문이 칼럼을 통해 "한국의 방송과 신문은 각각 자기 이해관계에 매몰된 채 최근의 미디어 현상을 바라보고 있음을 이번 포럼에서 여실히 드러낸 셈"이라고 지적한 것은 좋은 예로 들린다.

그러나 인터넷 검색시장의 강자인 슈미트 회장과 한 한국 정치인[3]의 문답은 의미가 깊다고 생각해 여기에 옮긴다.

Q: 한국의 정치인입니다. 발표한 내용중에 사용자 지향의 개인화된 광고를 이야기 했는데 개인을 지향하는 것이고 개인이 다양한 혜택을 가질 수 있는 것입니다. 동시에 개인정보 보호 이외에도 민주주의적인 측면을 생각해 봐야 합니다. 미래를 생각해 보면 부시에 의해 지배되는 것인지, 에릭 슈미트에 의해 지배되는지가 궁금하며 정보의 접근이 구글을 포함하는 포탈을 통해서만 접근이 가능하게 되므로 지배되는 것으로 인해서 미래의 민주주의 모습이 왜곡되는 것인 아닌지 궁금합니다. 조지 오웰의 소설에서 나오는 현상이 일어나게 되는 것은 아닌지 궁금합니다.

A: 부시와 같이 언급되는 것은 처음입니다. 많은 비판론자는 부정적인 측면을 이야기합니다. 모든 도구들이 현명한 사람이 이용하고 더 나아질 것이라 생각합니다. 더 많은 사람들이 일거수일투족을 보고 정치인으로써 더 투명하게 될 것입니다. 지금 무엇을 하고 있으며, 왜 하고 있는지를 알게 될 것입니다. 예를 들면, 미국이 이라크에서 전쟁하고 있는 것에 대한 정보가 공개되었더라면 그러한 결정을 하지 않았을 것입니다. 인터넷이 견제와 균형이 제공될 것이며, 정치인으로서 정보를 다 받고 살펴봐야 하는 의무가 부과됩니다. 인터넷을 악하게 사용하고 있는 측면이 있으나 좋은 결과를 원하는 것이 더 많기 때문에 더 좋은 것을 얻을 수 있습니다.

진정한 미디어빅뱅은 시작되었는지도 모르겠다. 그런 의미에서 2007년은 우선 언론의 마인드에 새로운 바람을 불어넣는 계기를 만들었다고 보겠다. 변화는 단숨에 일어나는 것은 아니다. 서서히 야금야금 진행되다가 어느 날 갑자기 '돌발적으로' 발생한다고 한다. 또 하나의 칼럼을 읽어보자.[4]

---

3) 손학규 전 경기도지사.
4) http://mediatoday.co.kr 2007-06-08 최진순 한경 미디어연구소 기자/ 중앙대 겸임교수.

# 진정한 미디어 빅뱅은 지금부터

[포럼 참관기] 최진순 한경 미디어연구소 기자/ 중앙대 겸임교수

지난달 29일부터 사흘간 SBS가 개최한 '서울디지털포럼(SDF) 2007'에는 내로라 하는 세계적 미디어 기업가들이 한자리에 모였다는 점에서 이목을 끌었다. 연사로 나선 구글 에릭 슈미트 회장을 비롯 앤 스위니 디즈니-ABC 그룹 사장, AP 톰 컬리 사장 등은 "소비자에 맞춘 콘텐츠 생산과 배급"이라는 '미디어 빅뱅시대'의 생존전략을 재확인하는 자리로 삼았다. 이들은 한 목소리로 '소비자-개인화'에 초점을 맞췄다. 지금까지의 미디어간 융합은 기존 산업구조를 해체하는 변화로 그쳤지만 이제는 시장과 소비자에 대한 맞춤 접근에서 그 성패가 결정될 것임이 명백해졌기 때문이다.

콘텐츠 소비자가 곧 생산자가 되는 UCC는 대표적이다. 소비자들이 제작한 콘텐츠가 네트워크로 쏟아져 나오고 있는데다가 장비의 진화는 계속되고 있다. 콘텐츠 생산과 유통에 있어 미디어 기업의 새로운 역할이 요구되는 대목이다.

이에 따라 미디어 기업은 M&A를 통한 외연 확장은 물론이고 콘텐츠에 대한 새로운 접근과 방법을 모색하기 시작했다. '스토리'나 '배급'은 가장 획기적으로 개선되고 있는 부분이다. 멀티미디어 콘텐츠를 찾는 소비자들을 위해 최우선적으로 생산 시스템이 바뀌고 있다.

AP는 2008년을 목표로 검색과 링크가 가능하도록 메타데이터를 마련한다. 로이터는 기자들간 철저한 분업으로 입체적인 콘텐츠를 생산하고 있다. 이렇게 만들어진 콘텐츠는 원소스멀티유즈의 인프라를 거쳐 다양한 디바이스로 공급되고 있다. 영국의 경우 320만 명이 ABC의 인기 드라마 〈로스트〉를 TV가 아닌 휴대전화로 시청했다.

디즈니-ABC 그룹은 2005년부터 아이튠즈에 프로그램을 공급하는 한편 웹사이트로 '다시보기 서비스'를 확대했다. 지난해 UCC의 메카 유튜브를 인수한 구글은 소비자들이 광고도 정보로 받아들일 수 있도록 개인 성향을 고려한 맞춤 검색을 기반으로 하는 광고나 지도와 사진의 결합 정보 서비스인 '스트리트 뷰' 런칭을 마무리했다.

이 모든 것은 콘텐츠 생산과 유통의 주역인 소비자들과 가까워지기 위해서다. 포럼에서도 이제 미디어 빅뱅은 소비자들에게 언제, 어디서, 어떻게 보는지에 대한 더 많은 콘텐츠 결정권이 있음을 확인했다. 또 공유, 참여, 분산, 집단지성 등 시장의 새로운 트렌드는 미디어 기업간 파트너십의 확대로 나타나고 있다.

뉴미디어와 올드미디어가 서로 손을 잡는 일이 빈번해지고 있다. 미국 야후와

14개 신문사의 결합은 어제의 적이 오늘의 동지가 돼야 함을 보여주는 사례로 인용됐다. 구글은 지난해 AP에 이어 최근 AFP와 전재계약을 맺었다. 로이터도 야후, 플리커와 함께 UCC 채널을 강화하는 한편 최근 캐나다 금융정보 업체인 톰슨 간의 인수합병을 추진했다.

로이터미디어 크리스 에이헌 사장은 "더 많은 소비자에게 정보를 제공하기 위해서 상당한 재원 확보가 필요하다"면서 "올드미디어는 현재 디지털 뉴스의 생산과 배포방식의 정착과 함께 저널리즘 가치의 수호라는 문제에 직면하고 있다"고 설명했다. 이에 대해 크리스 앤더슨 와이어드 편집국장이 "블로거들과 경쟁하는 만큼 미디어는 소비자들과 더 많이 소통해야 한다"고 주문한 것은 아무리 강조해도 지나치지 않는 대목이다.

뉴스룸 내부의 통제(문화)를 풀어야 하고 언론인들이 커뮤니티에 폭넓게 참여할 수 있도록 권장해야 하는 것은 그것이 브랜드의 로열티를 높여 새로운 시장을 열기 때문이다. 특히 "디지털기술이 오히려 TV시청을 확대시킨다"고 발표한 닐슨 애널리틱스 래리 게브란트 수석부사장의 견해는 새겨둘 필요가 있다.

그는 "많은 사람들이 퇴물이 될 것으로 예측하는 TV가 광대역(BcN)에 연결될 때 정교한 검색기능을 갖춘다면 광고와 시청자가 조화되면서 오히려 새로운 기회를 갖게 될 것"이라고 자신했다. 그 어느 때보다 올드미디어의 가능성과 역할이 부상하면서 '혁신'의 중요성이 재확인됐다. 혁신이 더욱 일어나야 하고 그것이야말로 진정한 미디어 빅뱅을 의미한다는 것이다. 우리의 소비자가 누구인가를 정확히 파악하고, 그 소비자가 무엇을 원하는지를 확인하고, 그 소비자를 위한 접점을 늘려야 하는 과제는 아직도, 그리고 앞으로도 유효하다.

한미FTA 등 시장 개방과 컨버전스의 파고를 겪고 있는 국내시장의 경우도 마찬가지다. 140조 원의 시가총액을 자랑하는 구글의 오너까지 참석한 서울디지털포럼의 전체 스토리가 '원론적'이지 않았느냐는 지적도 있지만, 소비자와 콘텐츠라는 화두를 한국의 미디어 기업에게 다시 전파하는 계기가 된다면 그만한 성찬도 없지 않을까 한다.

최초입력 : 2007-06-08 10:26:41

슈미트 구글 회장은 "검색은 완성된 것이 아니라 더욱 세분화되면서 발전할 것"이라고 전제하면서 "사람들은 '개인화'를 통해 더 나은 삶을 누릴 수 있다"고 강조했다. 특히 개인정보 보호와 관련해 "비판도 있지만 '아이

구글' 같은 개인화 서비스는 더 나은 결과와 경험을 안겨준다. 이런 개인의 경험은 PC나 블랙베리 핸드폰에서도 이뤄져야 한다. 광고는 모든 미디어에서 중요한 만큼, 미래에는 타깃팅되고 개인화된 광고가 필요하다."고 덧붙였다.

개인화와 관련해 지난 2003년에 등장한 '세컨드 라이프(Second Life)' 라는 게임이 있다. 완전히 일상생활을 게임화해 인터넷 가상공간에서의 생활을 연출하는 것이다. 세컨드라이프는 미국 샌프란시스코에 위치하고 있는 린든 랩이 개발했다,

일반적인 온라인 게임과는 달리 '퀘스트' 같은, 즉 어떠한 목표도 없고 승자, 패자 구분, 레벨 등급도 없다. 사용자는 그저 가상 세계에서 자동차를 타고 드라이브를 하거나, 다른 사람들과 파티를 즐기는 등 일상생활처럼 행동할 수 있다. 이러한 이유 때문에 게임이라고 하는 것보다도 사실상 시뮬레이터로 보는 시각이 많다. 세컨드라이프는 교육적인 목적으로 이용하는 이들도 많다.

게임 형식의 가상공간이 여기까지 왔다. 다음은 신문이 그걸 할 차례가 되질 않았나 하는 생각이 든다. 결국 가상현실의 주요 포인트는 관리에 있는 것 같다. 결코 '빅브라더' 를 불러들일 수는 없는 것이다. 그래서 신문과 같은 정통언론이 필요한 것인지도 모르겠다. 컬리 AP회장의 말이 다시 떠오른다.

기술은 언론인의 일하는 방식을 바꿀지언정 언론의 역할은 바꾸지 못한다. 역사적 진실을 말하고 권력을 감시하는 것은 불변하는 언론의 가치이다.

# 디지털 시대의 가상과 현실

## 1. 문제제기 - 정보 외적 접근의 중요성*

현대사회를 흔히 정보사회라고 말한다. 정보사회의 의미는 정확히 어떤 현상을 일러 말하는 것인지 불분명하지만, 비물질적 사회동력으로서 컴퓨터와 통신 그리고 뉴미디어의 영향이 강하게 미치고 있음을 간접적으로 시사한다. 정보사회는 과거에는 생각할 수 없었던 정도로 인간지식의 영역을 확장시켜 놓았으며, 전문가 집단에 의한 지식의 빗장을 열어놓아 대중으로 하여금 지식의 공유를 가능케 하였다. 그리고 통신과 컴퓨터가 결합함으로써 대면적 관계가 아닌 비대면의 관계를 통한 정보교환이 가능하게 되었다. 또한 정보사회의 기술적 동력이 바로 디지털 기술이다. 그러나 디지털 기술은 기술로 그치는 것이 아니라 인류가 지켜온 삶의 양식을 송두리째 바꾸어 놓을 정도로 문명적 전환을 강요하고 있다. 디지털 기술의 의미는 어떤 정보를 분해하여 다른 방식으로 조립함으로써 새로운 정보를 산출하는데 있다. 결국 어떤 집단이 어떤 집단이 정보사회의 특성을 간단히 말해서 지식의 확장, 정보의 공유, 비대면성, 정보의 재구성으로 말할 수 있다.

문제는 현대 산업사회에서 어떤 집단이 이러한 정보의 특성을 가장 크게 자기의 이익으로 실현하고 있는가하는 점이다. 지식 전문가 집단인가, 예술가 집단인가, 아니면 국가기관인가? 현실은 이러한 집단보다 기업집단에서 정보의 특성을 가장 크게 활용하고 있는 것으로 판단된다. 특히 멀티미디어의 발전으로 인하여 상품의 소비영역을 넓힘으로써 정보의 특성이 곧 상업화의 전략으로서 손쉽게 도구화되었다. 인터넷을 통하여 비대면 광고의 극대화가 이루어지고 있으며, 지식의 지적 재산권을 가장 많이

---

★ 최종덕(상지대, 과학철학)

누리고 있는 것이 바로 소프트웨어 관련 몇몇의 특정 국제기업들이다. 또한 최근 한글도메인확장과 관련하여 볼 수 있듯이 국제인터넷주소관리기구(ICANN)의 장기적 이윤창출은 기하급수적으로 팽창하고 있다.

과학과 산업화의 소산물인 컴퓨터는 영상매체와 통신 발전의 등에 업혀 복합 뉴미디어라는 새로운 상업주의의 칼자루를 만들어 놓았다. 그 칼자루를 누구든지 쥘 수 있을 것 같은 환상이 팽배해졌지만, 실제로 그 칼자루는 산업자본이 독점하고 있음을 알아야 한다. 그래서 현대산업사회에서 정보의 기능과 의의를 이해하기 위해서는 정보 내적인 문제만 다루어서는 안되며, 정보 외적인 사회/문화/과학/철학/정치의 총체적 안목을 가져야 한다. 불행히도 우리의 현실은 정보시대랍시고 멀티미디어나 컴퓨터산업 혹은 영상산업만을 화제의 대상으로 놓을 뿐, 사회문화적 접근은 아주 미미한 편이다.


## 2. 정보사회의 상업주의 전략

현대적인 의미에서 정보는 지식 그 자체가 아니라 지식의 수합방식을 뜻할 때가 더 많다. 급격한 산업화가 낳은 인구 과밀화와 통신의 발전으로 인해서 지식의 양산이 이루어지고 그 많은 지식을 개인의 관심에 따라 어떻게 분류하고 어떻게 종합하는가가 문제되었다. 그러나 현대에 들어와서 정말로 변화한 것은 지식의 의미나 지식의 양상에 그치는 것이 아니라 본질적인 문화양태의 변화이다. 우선 지식의 문화양태의 변화를 살펴본다.

이제 지식은 종이 안에 갇혀 있을 필요가 없게 되었다. 지식은 이제 특정 집단의 소유물이 아니라, 공중을(air) 통해서 만인이 누릴 수 있는 공중성을(publicity) 갖게 되었다. 전화줄을 통해서 혹은 위성전파를 통해서 지식은 일상생활에 필요한 지식에서부터 전문적 지식에 이르기까지 누구든지 공유할 수 있게 되었다. 이제 지식은 높은 진리만을 위해 있는 것이 아니라 상식을 넓히고 문제해결의 열쇠를 준다는 점에서 마땅히 정보라고 불려질 만하다. 그리고 이러한 지식의 개념을 전통적 개념과 구분하여 용도지식이라고 부르겠다.

물론 정보는 그 자체로 용도지식이 될 수 없다. 어떤 용도에서, 누구를 위하여, 어떤 관점에서(scope), 그리고 그 취합의 방식에 따라서 지식이 될 수도 있고, 사장될 수도 있다. 그래서 정보가 지식으로 되기에는 정보생산자와 정보수용자에게 있을 수 있는 두 번의 질곡이 숨어 있을 수 있다. 첫째 정보는 정보를 생산한 정보생산자의 의도가 들어 있다. 둘째 정보수용자가 정보를 취합하는 과정에서 대상정보에 주관의 옷을 (shift change)입힐 수 있다. 즉 같은 정보라도 수용자1과 수용자2에게 전혀 서로 다른 용도지식으로 취합될 수 있다는 말이다. 첫째 문제는 정보에 대한 사회정치적 연관성과 관계된다. 그리고 둘째 문제는 정보에 대한 문화적 연관성과 관계된다.

우선 첫째의 사회적 연관성에서 볼 때, 정보의 공공성이라는 것이 얼마나 잘못된 오해와 주입된 선입관이라는 사실을 정확히 보아야 한다. 예를 들어 인터넷의 소유자는 없다고 쉽게 말한다. 분명 인터넷은 폐쇄된 통신망과 달리 특정한 주관 시행자는 없다. 유형 재화와 달리 무형의 인터넷은 소유의 개념이 다르다. 그러나 그 내면에는 기업자본의 상혼이 이미 깊게 들어와 있다. 과거의 정보개념과 달리 멀티미디어 시대의 정보는 정보의 내용과 함께 그 내용을 담는 정보의 틀이 매우 중요한 변수를 낳는다. 우리는 정보의 내용만을 문제삼아 왔기 때문에 인터넷과 같은 시스템을 주인 없는 정보의 구름처럼 생각한 것이며, 어느 누구도 그것의 오해를 바로잡아주지 않았다. 우리는 정보의 틀을 같이 보아야 하며, 그럴 경우에만 비로소 정보의 틀을 만드는 거대 소프트웨어 기업의 막대한 횡포를 볼 수 있다. 물론 정보의 내용만을 보더라도 기업의 상업주의 명제가 공공화되는 현상을 눈여겨보아야 한다. 예를 들어 하드웨어와 소프트웨어의 대표적인 기업인 아이비엠과 마이크로소프트사는 80년대까지 불법복제를 눈감고 있다가 90년대 들어와 갑자기 지적 재산권 주장을 강하게 들고 나와 불법복제에 대한 법적 대응을 강도있게 시행하였다. 10년간이나 불법복제를 눈감았던 그들의 고도 전략의 결과는 이미 특정기업의 개인 컴퓨터와 프로그램이 전세계를 지배하는 상업화의 극치로 연결되었다.

둘째 문화적 연관성에서 볼 때, 정보의 공유성을 인간의 공유성으로 착각하고 있다는 점을 비판해야 한다. 공중(air)을 통한 정보의 공유성이 더하면 더할 수록 인간의 개인화는 더 심화된다. 그리고 개인마다 다른 주관의 옷은 더 많이 입혀지면서 동시에 정보의 공유성이 아니라 정보 수용의 획일화 현상이 두드러지는 획일화와 개인주의가 묘한 조화로 호황을 누리게 된다. 초기 산업사회로 들어서면서 인간소외의 문제가 커다란 문명위기로 등장된 것을 우리는 알고 있다. 후기 산업사회의 특징은 기계에 의한 소외가 아닌 정보에 의한 소외가 두드러지게 나타날 수 있다는 것이며, 이는 더 큰 문명위기를 초래할 수 있다. 결국 첫째가 정보제국주의의 신호라면 둘째는 그 정보제국주의에 길들이기 훈련인 것이다.

## 3. 디지털이란 무엇인가

정보는 정보를 구성하는 조합방식에 따라 의미가 달라진다고 앞서 말했다. 특히 정보기술시대에서 정보의 조합방식은 디지털이라고 하는 연산처리 방식에 의해 획기적으로 변화하였다. 다시 말해서 정보의 다양한 구성을 가능케 하는 것은 현대과학기술의 산물인 전산기기의 기본셈본인 디지털 방식의 구성력이다. 디지털 방식의 정보 구성력은 전기신호의 디지털 단위들이 어떻게 조합하느냐에 따라 정보의 의미가 새롭게 산출되는 것을 포함한다. 그리고 전자기술에 의해 모든 방식의 정보가 전기신호인 디지털 단위로 환원될 수 잇다는 것을 전제한다. 이러한 환원가능성을 정보의 디지털 환원주의라고 부른다.

디지털에 의한 정보의 환원성은 다음의 의미를 갖는다.

1) 정보 원자주의 : 전기신호와 같은 분해된 단위는 모든 정보에 공통적이며, 환원가능한 원자적 요소를 지닌다.

2) 노이즈 배제주의 : 전기신호 0과 1 사이의 존재가능한 중간 미세정보들은 0과 1의 디지털 단위로 편입된다. 따라서 중간 미세정보 때문에 발생하는 노이즈의 문제, 그리고 전달의 어려움의 문제 등이 해소된다.

3) 정보 편집가능성 : 서로 다른 정보 의미체 사이의 의미교환이 가능하며, 의미체 구성자는 그 의미를 구성자의 의도에 따라 편집 조립할 수 있다.

4) 정보 가상주의 : 현실계와 가상계가 공통적인 디지털 단위로 환원될 수 있기 때문에 그 두 세계 사이의 경계가 불분명해진다. 그리고 가상세계의 가능수는 무한할

수 있다.

정보 원자론은 이미 누구에게나 수긍이 가는 현대 과학기술의 현실이다. 이진법 전기신호로 모든 정보가 분해될 수 있다는 것이 21세기 과학의 최대변수일 것이라는 예측을 누구나 할 수 있다. 정보 의미체에 대한 분해와 조립의 기술적 가능성은 기존의 정보전달 과정에서 생기는 노이즈 발생 문제를 해결하는 데 결정적인 공헌을 하였다.

색깔의 예를 들어보자. 빛깔의 스펙트럼에서 색깔은 빨주노초파남보의 7가지로만 있는 것이 아니다. 원래 빛깔은 연속적이었으며 따라서 색깔은 무한정하다. 그러나 인간은 연속의 무한성에다 색깔의 이름을 다 붙일 수 없으며 결국 불연속적인 색깔의 이름을 만들어서, 색깔의 이름과 이름 사이에 있는 색깔은 앞뒤의 색깔로 이름을 대신하는 것이다. 이름과 이름 사이에 있는 색깔은 이때 색깔의 노이즈가 된다. 색깔의 이름이 없거나 무한한 색깔에 이름을 붙이려고 한다면 우리는 색깔의 노이즈로 말미암아 색의 혼동을 일으키고 만다. 그러나 일정한 스펙트럼의 간격으로 색깔의 이름을 적당히 붙임으로써 우리는 색깔의 노이즈로부터 벗어날 수가 있었다.

마찬가지로 전화기의 소리도 그렇다. 아날로그 방식의 전화 송출방식은 전기신호로 환원된 사람의 소리가 연속적이어서 송출하는 전기에너지와 일대일 대응되기가 어렵다. 그래서 우리는 전화 통화할 때 잡음을 경험하게 된다. 그러나 디지털 방식의 송출은 연속적인 소리의 전기신호를 불연속적인 단위로 끊어주어 한 단위 한 단위로 송출하게 되어 이를 받는 수신기는 단위 전기신호를 다시 소리로 바꿔주면 되기 때문에 잡음이 없어진다.

이렇게 디지털 전환은 전기신호 0과 1 사이의 존재가능한 중간 미세정보들을 0과 1의 디지털 단위로 편입시킴으로써, 중간 미세정보 때문에 발생하는 정보 전달과정의 노이즈의 문제를 획기적으로 해결하였다. 그러나 디지털 인공신호는 원래의 자연신호와 차이를 발생한다. 연속을 불연속으로 바꾸는 과정에서 불연속의 단위로 편입된 연속의 많은 것들이 사라진 이유 때문이다. 결국 우리는 디지털 휴대전화를 사용하면서 미세한 차이의 가상성을 향유하고 있는 셈이다. 그러나 그 작은 미세한 차이는 엄청난 변화를 초래할 가상계의 미래를 그 안에 품고 있다.

디지털 방식의 구성체인 가상성과 현실성 사이의 차이는 디지털 특성과 아날로그 특성의 차이를 비교함으로써 드러날 수 있다. 디지털 정보는 불연속의 분해단위의 정보 조합이라고 했다. 반면에 아날로그 정보는 연속적인 어떤 하나이다. 예를 들어 물이라고 하는 정보의 전달과정을 보자. 내 물병의 물을 다른 사람의 물병으로 옮기려고 할 때, 물잔을 갖고 한 잔, 두 잔, 세 잔으로 세어서 물을 옮기면 물의 손실이 없을 것이다. 이것이 디지털 방식의 물 전달 효과이다. 이러한 전달 과정에서 물의 노이즈는 발생하지 않는다. 반면에 나의 물병을 들고 물잔 없이 다른 사람의 물병으로 직접 부으려고 한다면 옆으로 새고 흘리는 물이 있을 수 있다. 이를 물 전달의 노이즈라고 한다. 그리고 이점을 은유하여 아날로그 방식의 물 전달 방식이라고 할 수 있다. 물잔으로 세어서 옮겨진 물은 전달의 효과는 클지 몰라도 상대방이 원하는 만큼의 물을 전달하는 것이 아니라 물잔수에 맞춰진 강요된 물의 양을 상대방이 전달받아야 한다. 그러나 물병 채 옮겨지는 물은 비록 물을 흘릴 수는 있지만 상대방이 원하는 양만큼 부어서 물잔 수와 다음 물잔 수 사이의 적절한 양에서 옮기기를 그칠 수 있다. 결과는 디지털 방식의 물 옮기기는 정확한 양이 문제인 반면 상대방 사람의 의도와 어긋날 수 있으며, 아날로그 방식의 물 옮기기는 물은 흘릴 수 있지만 그 사람이 원하는 양을 줄 수 있다. 디지털과 아날로그의 이러한 수사적 비유는 결국 가상세계와 현실세계의 차이에 대한 수사적 비유이기도 하다.


## 4. 가상세계의 조건

디지털 신호에 의한 정보의 편집가능성은 서로 다른 정보 의미체가 상호 교체 가능하다는 사실을 말한다. 정보를 구성하는 사람은 그 사람의 의도에 따라 정보를 새로이 편집하거나 조립할 수 있게 되었다. 이 사실은 소리나 색깔의 개별 정보 차원을 떠나 모든 매체 양식의 정보들이 하나로 결합되고 다시 해체될 수 있다는 뜻을 포함한다. 이미 기존의 정보 매체였던 문자와 언어, 그림과 소리, 영상과 음악 등이 하나의 정보 매체로 용융되고 있는 것이 현실이다. 다양한 매체들이 상호 편집되어 새로운 세계를 형성하기도 한다. 이렇게 디지털 방식으로 새롭게 편집된 정보 복합매체의 세계는 인간이 갖는 지각세계와 일대일 대응을 완벽히 수행할 때 우리는 그러한 세계를 가상세계라고 부른다.

가상세계는 스스로 현실세계와 일대 일 대응하는 정보 체계의 일관성이 있어야 한다. 그뿐만이 아니라, 지각하고 반응하는 인간의 지각 구조에 대응하기도 한다. 다시 말해서 가상세계는 가상세계 안의 지각주체의 행동-심리 반응과 현실세계 안의 지각주체의 행동-심리 반응이 서로 같아야 한다는 조건이 만족되어야 한다. 이를 지각 대응성이라고 한다. 그래서 이 두 가지 조건 즉 체계 일관성과 지각 대응성의 조건을 만족시킬 수만 있다면 가상세계의 가능수는 무한에 가깝게 된다. 그리고 가상세계 안에서 지각 대응성이 만족된다는 것은 현실계와 가상계 사이의 경계가 불분명해진다는 것을 뜻한다. 경계는 분명하지만 그 경계를 지각하는 분별력이 불분명하다는 뜻일 것이다. 예를 들어 가상세계1과 가상세계2의 경계는 그 경계 안에 들어와 있는 세계 내 지각자에게는 전혀 식별 불가능하게 된다.

디지털에 의한 정보 가상세계에서 중요한 것은 가상세계와 현실세계 사이의 현실성 비교문제이다. 무엇이 과연 현실인가 하는 문제이다. 데카르트는 나의 존재에 대한 최후 근거로서 분명하고 확실한(clear and distinct) 거점에까지 끝까지 질문하고 회의하는 반성적 자아를 내세웠다. 그러나 첨단과학이 주도하는 가상세계 기술은 현재 내가 속해 있는 가상세계에 대한 회의와 반성조차 막아놓는 완벽한 일관성과 지각 대응성을 갖는 것이 문제이다. 더욱이 가상세계의 동일한 틀인 환각제 혹은 마약에 의한 가상세계 그리고 알콜중독의 가상성과 달리 정보사회에서의 가상세계는 윤리적인 제약조차 받지 않고 있는 것이 더더욱 문제일 수 있다.


## 5. 디지털 기술의 현실

벤처기업의 성장신화가 채 피기도 전에 자본의 허구가 드러나게 된 뉴스가 요즘 정치권을 뒤흔들고 있다. 어쨌든 벤처기업의 핵은 바로 인터넷 정보산업이었고, 정보산업의 영업성 평가는 결국 전자상거래의 기술평가로 이어지고 있다. 문제는 전자상거래의 기술력이 바로 포르노 산업의 한 결과라는 점이다. 즉 인터넷상의 포르노 전자상거래가 전자결재 기술을 이끌고 있다는 것이 현실이다. 또한 인터넷의 가상세계를 주도하고 있는 것은 게임산업과 역시 포르노산업인 것이 전세계 인터넷 시장의 경향이다. 게임산업은 정말 가공할 정도로 성장을 하고 있으며 포르노산업 역시 사이버섹스의 영화 같은 이야기를 얼마 멀지 않은 미래에 실현할 수도 있다는 가능성을 비추고 있다. 그리고 이 두 정보산업이 인터넷 시장의 가장 큰 규모를 자랑하고 있다는 점이다.

이러한 정보산업은 결국 디지털 기술에 의존하고 있다는 점이다. 그렇게 된 이유는 결국 디지털의 편집기능 덕분이다. 대중가수들도 카메라만 잘 받을 수 있는 사람이라면 얼마든지 목소리를 디지털 편집하여 좋은 목소리의 가수를 조작해 낼 수 있는 기술을 갖고 있다. 일본 고에이사의 대표적인 게임인 〈대항해시대2〉를 하다 보면 한국사람들조차도 일본인의 우위성을 인정하고 마는 대일본 제국주의에 대한 의식교육의 교과서라고 여겨질 정도이다. 내가 원하는 섹스 대상자로서의 이상형의 체형을 온라인상으로 입력하여 나온 출력된 이성과 섹스를 할 날이 영화 속에만 있는 것이 아니다. 사이버 섹스는 한낱 비대면 섹스로 그치는 것이 아니라 인류가 지켜 온 가정이라는 인류학적 틀이 붕괴되는 위협을 줄 수도 있다.

2000년 여름 독일 프랑크푸르트의 전자정보기술협회(VDE;Verband der Elektrotechnik)는 정보기술 관련 전문가 300명을 대상으로 한 앙케이트 조사를 하였다. 이 조사결과에 의하면 컴퓨터의 성능이 10년 후에는 500배 정도 향상될 것이라고 한다. 실제로 중앙집적회로를 병렬로 처리할 수 있다면 500배 정도의 성능향상은 거뜬할 것이다. 그렇게 된다면 위에서 든 미래의 가상세계의 사례들은 첨단의 나노테크닉을 통하여 손쉽게 실현 가능해진다.

다양한 유사지각을 동원한 디지털 시뮬레이션은 가상현실(virtual reality)의 실현성을 높게 해준다. 1994년도 미해군성은 시뮬레이션 항공기 모의훈련에 대한 신뢰도 평가를 절하하였다. 시뮬레이션 모의훈련은 막대한 훈련비 절감효과가 있었지만 이라크 전쟁에서의 임상결과에서 좋은 평가를 받지 못했기 때문이다. 이 문제는 어렵게 말할 필요 없이 채팅하는 사람들이 갑자기 뛰쳐나와 번개팅을 하는 것과 같은 마음일 것이다. 이런 점에서 디지털 가상계는 현실계를 따라오지 못할 영원한 제약을 지니고 있다고 어떤 이들은 말할 수 있다. 그러나 현실적으로는 정보가상세계와 유사한 가상조건을 지닌 마약이나 알코올중독 혹은 자폐증 이상의 인류학적 이상기류가 형성될 것이며 벌써 많은 정보 가상세계에 의한 증후군이 나타나고 있다.

불행하게도 이에 대하여 적절한 사회적 대처와 인간학적 대안은 묘연하다. 디지털 사회는 궁극적으로 기계성과 인간성의 대립을 양산할 것이다. 디지털의 장밋빛 희망을 나열하는 사람들은 대부분 자본재의 재생산성이라는 데에만 초점을 두고 있을 뿐, 인간성의 상실 그리고 인간소외의 문제를 도외시하고 있는 것이 분명한 현실이다. 우리는 도구로서의 디지털 기술을 부정할 수 없게 되었고 또한 그럴 필요도 없다. 그러나 자본의 망령아래 도구와 주체를 혼동하거나 역전시키는 일에 대하여 끝없는 행동저항을 다각도로 해야 한다. 그 행동저항의 방법은 그렇게 어렵지 않다. 인간의 만남을 기계적인 것에서 인간적인 것으로 유지시키면 된다. 그 인간적인 것은 인간에게 이미 부여된 것으로 누구나 알고 있다. 단지 실천이 어렵다는 평계를 우리는 자주 듣고 있다.

# IT 진화의 비밀 〈생물학 속에 있다〉★

안윤호 (아마추어 커널 해커)  2004/04/21

　세상이 점차 복잡해지고 기술 문화의 패턴이 정착되기 시작한 1970년대를 지나면서 사람들은 점차 복잡성 과학에 눈을 뜨기 시작했다. 누가 지시한 것도 아닌데 물리학, 생리학, 생태학 그리고 컴퓨터 과학에서도 그 이전까지는 선형 모델만으로 해석했던 세계에서 비선형의 세계로 접어들었다.

　비선형적 실험의 데이터와 가설들이 갑자기 주목받기 시작했다. 그 이전까지 세상을 해석하는 모델이 너무 단순했다는 사실이 명백해졌다. 세상에는 수학이나 물리학 책에 나오는 선형 모델을 따르지 않는 현상들이 나무나 많다는 것을 갑자기 알게 된 것이다. 그럼에도 불구하고 사람들은 새로운 모델이 없었기 때문에 곤혹스러워했다. 복잡계 또는 카오스라고 부르는 과학들은 사이비 과학과 혁신적이며 새로운 이론이라는 평가를 오갔다.

## 복잡성 과학

　그 이전까지는 애매하게, 그리고 추측의 형태로 최고급의 물리학자들 사이에서 무언가 자연에는 자기조직적인 원리가 있을 것 같다거나 또는 있어야 할 것 같다는 식의 막연한 주장이 조심스럽게 제기되고 있었다. 양자역학의 대가였던 슈뢰딩거라든가 자크 모노 그리고 리차드 파인만 같은 사람들은 당시의 과학으로는 설명할 수 없는 어떤 '새로운 질서'들이 있다는 것을 어렴풋이 알고 있었다. 그들은 명확한 근거없이 이를 주장할 수 없었으나, 용감한 편이었다. 앞으로는 물리학이 아니라 생물학에서 화두를 얻을 것이라는 생각을 주장하기 시작했다.

　슈뢰딩거의 《생명이란 무엇인가》라는 제목의 강의는 많은 물리학자들의 관심을 생

---

★ 이 기사는 ZDNet Korea의 자매지인 마이크로소프트웨어에 게재된 내용이다.

명과학으로 이동시키는 역할을 했고 분자생물학자인 자크 모노의 《우연과 필연》 같은 에세이 역시 작은 요소들의 조합이 더 큰 무엇인가를 만드는 신비로운 메커니즘이 존재한다는 사실에 대해 계속 언급했다. 두 책은 벌써 출판된 지가 30년이 넘었으나 많은 영향을 남긴 채 고전으로 남아 있다.

화학자인 일리아 프리고진 같은 사람 역시 일찍부터 이러한 자기조직화 현상에 주목했다. 노벨상 수상자이었던 학자들이 당시에 이러한 주장을 하는 데에도 상당한 용기가 필요했다. 얼마 후 이들이 조심스럽게 추측했던 내용들이 주목을 받게 되자 갑자기 많은 사람들은 복잡성 과학의 전문가임을 자처하고 나섰다.

1970년대가 되자 전혀 다른 분야에서 접근이 이루어졌다. 이른바 카오스라는 제목으로 무질서에서 질서가 생기는 현상을 다루기 시작했다(이 분야의 역사는 제임스 클릭의 「카오스」라는 책에 자세하게 나온다). 전혀 다른 분야의 전문가들이 유사한 결론에 도달한 것이다. 컴퓨터 분야에서도 《인공생명》이라든가 《카오스에서 인공지능으로》 같은 책들은 이러한 분야를 설명했다. 산타페(Santafe)연구소의 멤버가 되는 사람들이 나타났는데 이들은 정말 다양한 분야에서 암중모색 끝에 같은 결론에 도달했다.

필자가 이전에 언급했던 다른 책들인 《링크》와 《Society of Mind》의 공통점은 이들이 단순한 인자에서 더욱 복잡한 체계를 만드는 과정을 설명한 것이다. 재작년부터 베스트셀러였던 《링크》는 네트워크에서의 복잡성 과학에 대해 적은 것이다. 사람들은 네트워크의 성장과 발전을 적은 저자 '바바라시'의 글 솜씨에 빠져들었다.

네트워크는 개개의 노드들이 연결고리인 링크로 만들어진 것이고 이 링크라는 것은 점대점(point-to-point)으로 네트워크에 물린 요소들이 만드는 연결이다. 《Society of Mind》는 우리가 마음이나 정신이라고 부르는 것들은 실제로 마음이 없는 어떤 에이전트라고 부르는 작은 단위 요소로부터 만들어질 수 있다는 것을 설명한 마빈 민스키 교수의 역작이다.

이들의 공통점이라면 하나의 단위 분자들의 성격과 이들의 조합으로 만들어지는 조직체의 성격은 분명히 다르게 된다는 점이라고 할 수 있다. 이를테면 물분자와 소금은 거대한 해류와는 다르다. 요소들에 적용되는 단순한 법칙과 이들이 조합되는 간단한 조합의 법칙만으로도 예측할 수 없이 거대한 경우의 수가 나오는 것이다. 컴퓨터 세계에서도 만델브롯(《The Fractal Geometry of Nature》라는 기념비적인 책의 저자)의 프랙탈(fractal)이라든가 리커전(recursion) 같은 것들이 이 시기부터 각광을 받기 시작했다. 조합에 의해 일정 규모가 되면 하나의 단계적이고 계층적인 특성이 생기고 계층마다 서로 다른 특성이 있다.

과학이 그전까지는 별로 복잡하지 않은 것들을 다루었으나 점차 복잡한 것들을 다루게 되면서, 작은 요소의 합은 새로운 기능성을 도출해 낸다는 생물학에서의 접근방법과 유사한 사고방식이 사람들 머리 속에 어느 때부터인가 자리 잡게 되었고 사람들이 그렇게 생각하게 되면서 또 세상은 다르게 보이고 달라질 수 있게 되었다. 그렇게 인정하게 되자 사람들의 사고방식 속에서 많은 것들이 태어날 수 있는 새로운 가능성의 장이 열리게 되었다. 중국의 노신이 말했듯이 어떤 곳이 원래는 숲이었으나 사람들이 다니게 되면 길이 된다는 비유가 맞아 떨어지는 경우일 것이다.

하나의 단위 요소들은 자세히 연구될 수 있지만 이들의 연결과 그 결과에 관한 관찰은 다른 시각을 필요로 하게 되고 점차 공학에서도 이러한 관점을 따르게 된다면 생물학이나 사회학을 닮아가게 될 것이다. 어쩌면 그래서 최고의 인공지능 학자가 쓴 책의 제목도 사회(society)로 시작하게 되었을 것이다. 조직과 조직화에는 무언가 신비한 것이 있다. 분자생물학의 발전에 방아쇠를 당겼다고 하는 슈뢰딩거의 《생명이란 무엇인가》에서는 생명체를 분자레벨이나 양자레벨에서 연구하다 보면 어느 순간 생명이라고 하는 것이 손가락 사이로 빠져 나간다고 푸념을 한 적이 있다.

하지만 그 반대로 작은 것들의 합이 훨씬 복잡한 무엇인가를 만들어 내는 것을 어느 사이엔가 사람들이 알게 된 것이다. 그 반대의 접근법도 가능했다. 작은 요소들을 조합하다 보면 알 수 없을 만큼 커다랗고 복잡한 결과물이 나온다는 것이다. 생물학에서 그랬듯이 분자 레벨이나 작은 중합체의 합성 수준에서 시작된 연구가 요즘은 게놈 지도를 만들고 새로운 단백질을 연구실 레벨에서 척척 만들게 되는 수준까지 온 것이다. 물론 최종적인 결과라는 것은 예측하기 힘들지만.

## 네트워크의 발전
컴퓨터 역사에서도 객체지향의 개념의 틀은 생물학에서 영향 받은 것이며 네트워크의 발전은 사회학과 닮은 점이 있다. 어떤 '숨겨진 질서' 같은 것이 네트워크 뒤에 있고 새로운 발전은 이런 사회화, 집단화에서 찾아야 할지도 모른다. 예측이 항상 맞지 않는다는 것이 하나의 법칙이긴 했지만, 집단화의 화두는 너무나 집요해서 앞으로의 발전은 사람들이 막연히 생각하는 집단적 룰에 의해 지배될지도 모른다.

네트워크의 확대는 이러한 경향을 더 촉발시킬 것이다. 이미 무수히 많은 집단적 변화를 보아 왔으나 더 본질적인 변화가 있을지도 모르는 일이다. 인터넷 같은 네트워크 속에서 일어난 변화들은 아직까지는 뭐라고 말하기 힘들다. 본격적인 변화의 시기가 얼마 안 되기 때문이다. 그 짧은 기간 동안에도 웹과 같은 단절적인 기술을 포함하여 많은 변화가 있었다. 과거의 경험에 의하면 이러한 프레임워크가 생기면 무언가 본질적인 변화의 단서가 있을 수 있다.

컴퓨터는 이진수를 사용하는 간단하고 정확한 기계이지만 컴퓨터가 서로 통신하고 사람들이 참여하면 이진수와 알고리즘만으로는 해결할 수 없는 문제가 생긴다. 인터넷상에 존재하는 카페라든가 회사나 조직 같은 것을 하나의 집단으로 인정하고 그 구성원들이 활발히 참여한다면 분명히 사회적인 변화가 오게 되고 주위 사람들의 삶은 변화가 오게 될 것이다.

10년 전까지만 해도 반신반의할 일이고 20년 전에는 몽상에 가까웠던 일들이 요즘은 너무나 당연하게 생각되는 이런 변화들은 신경계의 발달로 생물이 바뀌는 것처럼 본질적이고 근본적인 변화를 몰고 오면서 10년 전의 사회와 지금 사회는 다른 것이 아니라 단절적으로 다르게 보인다.

오랫동안 사람들의 머리 속에만 있던 하나의 아이디어인 인터넷과 하이퍼텍스트를 구체화한 통신방법인 웹과 다른 통신방법들이 현실화되자 경제와 소비생활 자체가 바뀌었다. 그전까지는 이것들은 배느바 부시나 더글라스 엥겔바트 그리고 로버트 테일러 같은 몽상가들의 머리 속에만 있던 작은 '밈'이라고 볼 수 있었다.

이런 몽상가들의 꿈이 현실로 바뀌자 현실이 다시 바뀌기 시작한 것이다. 아예 변화의 속도와 적용되는 룰마저 바뀌는 듯이 보인다. 이러한 변화가 점차 가시화되고 있다. 이렇게 되면 하나만 바뀌는 것이 아니다. 신경계가 바뀌면 생각뿐만 아니라 골격도 바꿔고 몸을 지탱하는 다른 모든 부분이 바뀐다. 결국은 모든 것이 다 바뀌게 된다. 애벌레와 번데기 그리고 성충이 다른 것처럼.

이런 것들이 우리가 만들어 내는 일종의 집단적 지능이 아닐까 하는 막연한 불안감이 함께 가시화되고 있다. 개미나 곤충 같은 사회적 동물의 사회가 만드는 집단적 지능은 결국 하나의 존엄한 곤충을 사회적 신경계의 한 세포처럼 사용함으로써 얻어진다. 곤충은 거대한 곤충지능의 한 신경세포이다. 독자들이 베르베르의 《개미》나 《뇌》를 읽고 나서 느끼는 무엇인가 찜찜한 느낌은 집단적 지능에 대한 애증의 표현일 것이다(베르베르의 소설마저도 필자의 생각으로는 에드워드 윌슨의 사회생물학의 한 절을 소설화한 것으로 보였다). 당연하면서도 생각하기에는 너무나 싫은, 그러나 원래 자연스럽고 본질적인 그런 것이다. 신경세포는 뇌라는 것을 모르고 뇌 역시 신경세포의 존재를 인식하지 못하지만 당연히 뇌는 신경세포로 만들어진다.

얼마 전 팀 오랄리는 '웹은 그 자체가 하나의 컴퓨터이다' 라고 말한 적이 있다. 자바 컨퍼런스의 기조 강연에서 오랄리는 프로그래밍이 API 중심에서 프로토콜 중심으로 진행하고 있으며, 이들 프로토콜의 약한 결합으로도 거대한 시스템이 문제없이 돌아갈 수 있다며 인터넷을 그 예로 들었다.

결국 새로운 모델에 맞는 다른 규모의, API와 프로토콜을 넘어서는 더 큰 차원의 생각이 필요할지도 모른다. 이러한 새로운 규모에서 생각하는 것만으로도 조금 무기력해지고 식상해진 컴퓨터 산업의 새로운 돌파구가 보일지 누가 알겠는가. 그러나 사람들이 자신이 사는 세계의 가치관에서 자유로워지는 것은 어려운 일이다. 불과 20년 전만 해도 네트워크의 영향력에 관한 논의는 SF 소설에 대해 이야기하는 것과 별반 차이가 없는 일이었다.

### 집단화

반도체에 '무어의 법칙' 이 있다면 네트워크에는 '멧칼프(Bob Metcalfe)의 법칙' 이 있다. 멧칼프는 제록스 PARC의 연구원 시절 오늘날의 네트워크의 하드웨어적 기반인 이더넷(ethernet)을 만들었고 PARC를 나와 네트워크 장비회사인 3Com을 창업했다. 그의 법칙이란 네트워크의 효용가치(V)는 네트워크의 노드와 사람들의 합(N)의 제곱에 비례해서 증가한다는 다소 주관적인 법칙이었다. 공식은 V = N2이다. 인터넷에 사람들이 갈수록 몰려드는 이유는 이러한 사람들이 몰려들지 않을 수 없을 만큼 커다란 총체적인 가치가 있었기 때문이다.

사람들이 폭발적으로 몰려들기 시작하던 1990년대 중반 인터넷의 컨텐츠는 100일마다 2배씩 증가했다고 전해진다. 인터넷은 가속적인 폭발을 경험했다(멧칼프는 90년대 후반에 인터넷 트래픽의 대붕괴를 예측하기도 했지만 몇 가지 트래픽을 조절하는 트릭이 적용되어 아직까지 인터넷은 붕괴되지 않았다). 아무튼 인터넷의 중요한 토대를 만든 개척자에 따르면 노드의 수가 늘면 네트워크의 가치는 기하급수적으로 증가한다는 것이다.

사람들이 대도시에 모여 사는 이유도 어쩌면 신비로운 현상일 것이다. 과거에는 생계를 이어가기 위해 불과 얼마 전까지만 해도 인구의 반 이상은 농사를 지으면서 시골에 발이 묶였다. 농업과 산업이 발달하자 사람들은 누구의 명령을 받은 것도 아닌데 도시로 몰려들었다. 어쩌면 군집본능이 사람들을 서로 모이게 하는 것일까? 오늘날처럼 치안이나 위생이 발달하지 않았을 때에도 사람들은 기회만 되면 도시나 읍으로 몰려들었다. 수천만이 모여 있는 대도시는 언제나 위험한 곳이며 많은 자극이 있기도 하지만 그 자체의 위험도 많은 곳이다.

사실 커다란 군집에 산다는 것은 그 군집 자체로서 위험이며 많은 에너지 소모가 있다. 어떤 동물학자들은 새의 군집에 대해 연구하면서 이러한 군집의 이유를 정보 때문이라고 결론지었다. 새들의 군집을 연구한 조류학자들은 새들이 서로 다른 새를 보며 모방 학습을 하며 다른 개체들의 인식에 의존하여 바깥세상을 인식한다는 것을 발견했다.

군집이 크면 클수록 더 많은 교감과 정보의 교환이 일어나고 먹이의 위치나 다른 위험에 대해 더욱 빈번하게 정보를 교환했다. 개체가 많다보니 주위에서 먹이의 소진이 빠르게 일어나는 대군집에서도 새들은 정보를 서로 교환함으로서 그 전보다 훨씬 멀리 떨어진 장소까지 날아가 먹이를 구하면서 그럭저럭 군집을 유지하며 살 수 있다.

학자들이 결론짓기를 이러한 새들의 둥지는 거대한 신경절(neural node)과 같은 하나의 신경중추라는 것이다. 둥지에 모여 그날의 정보를 교환함으로서 더 큰 집단인식에 도달하는 하나의 컴퓨터와도 같은 것이라고 했다. 신경세포 역시 몇 개가 모이면서 서로 영향을 주면 신경절이 되고 자체적인 신호의 처리능력이 생긴다. 커다란 응집 (cluster)은 거대한 증폭 작용이 있는 강력한 펄스를 만들어 내며 자체적인 처리의 리듬마저 만들어 낸다. 사람들의 '밈'의 교환은 이러한 신경절들의 군집의 작용이다. 지식이 네트워크로 되는 법은 바로 밈이 전파하는 방법으로 많은 부분은 새들처럼 모방 학습에 의존한다.

필자가 지난 호에 적었던《루시퍼 원리》의 저자인 하워드 블룸의 다른 책은《집단정신의 진화(원제목은 글로벌 브레인(Global Brain)으로 파스칼 북스에서 출판되었다)》라는 책인데《루시퍼 원리》가 폭력과 증오를 집단이 조각칼의 칼날처럼 사용하는 이야기를 쓴 것이라면, 「집단정신의 진화」는 집단적 지능과 질서가 생기는 과정을 다루었다.

필자는 개인적으로 이 두 권의 책을 모두 재미있게 읽었다. 저자의 주장이 원색적이기도 하지만 이만한 예들을 끄집어내 사람들에게 설명하려면 상당한 재능과 많은 내공이 필요한 것이다. 책의 레퍼런스는 상당히 다양해서 저자가 많은 사람의 아이디어에서 영향을 받은 것이 역력하다. 루이스 멈포드의《역사 속의 도시》같은 책에서부터 분자생물학과 컴퓨터 분야까지 다양했다.

### 집단정신

집단정신(mass mind)은 집단적 학습장치의 구조와 작동원리를 반영한다.《집단정신의 진화》에 따르면 저자가 생각한 이러한 집단정신을 만드는 원리는 5가지라고 한다. 저자는 박테리아의 군집부터 사람의 집단까지 이러한 예들을 예시했다. 간단히 말하면 집단이 어떻게 그 자체가 학습장치가 될 수 있는가를 설명한 것인데 신경망(뉴럴 네트워크)의 학습과정과 비슷한 것으로 볼 수도 있으며 우리에게 친숙하다. 초등학교 때부터 독자들이 죽 보아온 현상들을 글로 옮겨 놓은 것이라고 말할 수 있다.

- 동조 집행자
- 다양성 생성자
- 내부 심판관

- 자원 이동자

- 집단간 토너먼트

## 동조 집행자

동조 집행자(conformity enforcer)는 가장 흔한 요소로 구성원들에게 동질성을 부여하는 역할을 한다. 동조 집행자는 구성원들에게 동질성을 부여하고 같은 언어와 사고 방식 그리고 협력을 강조한다. 같은 집단끼리는 서로 비슷하게 만들고 서로 모방한다. 한 구성원이 흥미를 보이면 다른 구성원도 흥미를 보이고 서로 흉내 내기를 한다. 가치 있는 모방이라면 더 오래 지속되는 이유가 될 수 있고 이러한 모방의 연속에서 통일된 신호들이 나타난다. 들개들이 사냥할 때 보이는 사냥의 신호라든가, 집단을 이끄는 통일된 순간 전략 신호들이 나타난다. 한 마리의 들개는 미약하지만 동조된 신호에 맞추어 움직이는 들개는 공포에 쌓인 먹이 감을 쉽게 해치울 수 있다.

동조 집행자가 오랜 기간 동안 작용하다 보면 한 집단은 다른 집단과 확연하게 다르며 내부적으로는 더 비슷해진다. 집단적인 획일화라고 볼 수도 있고 또 이러한 경향을 강조하는 동조 집행자는 도처에서 눈에 띈다. 같은 언어와 같은 교육을 받으며 공통적인 매체에 매일 노출되는 현대인들은 동조집행을 당하기도 하며, 그 자신도 동조 집행자이다. 다른 사람이 하는 일들을 무의식중에 모방하며 서로 비슷해지며 교감하는 동조 집행자들이다. 다른 집단과 스스로를 격리시키는 하위문화의 독특함이나 다른 부족과 다른 치장과 문신을 하는 부족 집단의 모습도 동조 집행자이다.

컴퓨터 세계의 예를 든다면 표준을 만들고 표준을 따르게 하는 동조 집행자들의 모습을 생각하면 될 것이다. IEEE라든가 ISO, RFC 같은 규격 역시 컴퓨터 하위문화의 동조신호이다. 유닉스나 윈도우 같은 환경도 하나의 동조신호라고 볼 수 있다. 컴퓨터 환경의 하위문화 선택은 이들 중 하나를 선택하면서 일어난다. 어쩌면 부족의 상징과도 같은 것이다.

동조집행자는 집단의 기본적인 유지를 위해 자신들과 가장 유사한 문화신호를 강요한다. 때로는 동조 경찰로 불리기도 하는 이 집행자는 조직의 신호와는 다른 신호를 갖는 개체들을 탄압한다. 저자인 하워드 블룸에 의하면 조직의 지도자 역할을 맡는 집행자들은 조직 내의 무언가 다르게 보이는 개체들을 무자비하게 탄압하는 경향이 있다고 한다.

### 다양성 생성자

다양성 생성자는 불안정성에서 비롯된다. 동조 집행자와는 다른 기능인데 일정 수준에서 둘은 공존한다. 동조가 집단의 안정성을 제공한다면 다양성은 의외의 가능성을 발견하는 방법이다. 군집에서 집단에 동조하지 않는 무리들은 험난한 탐험 여행을 감수해야 한다. 상황이 바뀌어 기존의 동조 집행자들의 체계가 대안을 내어놓지 못하는 경우 하위집단인 다양성 생성자 집단에서 우세가 이루어지고 이들이 조직의 문화를 만들어 나가게 된다.

만일 동조 집행자만으로 이루어진 획일적인 집단이 있다면 조직은 변화를 견디어 내지 못할 것이다. 집단에는 다수의 동조 집행자와 소수지만 여러 종류의 다양성 생성자가 균형을 이루고 있어서 어려운 시기에는 다양성 생성자가 우세를 점하는 경우가 있다. 조직은 다시 다양성 생성자의 손에 이끌려 변화에 적응하고 이들이 나중에 동조 집행자로 변하기도 한다.

환경이 어려워지거나 적대적으로 변하면 평상시에는 친화적이고 동조적이었던 개체들도 불안정해지면서 일관적이던 문화체계의 원심분리가 시작된다. 대표적인 다양성 생성자의 예는 우리 몸의 면역체계이다. 평상시에는 주류도 아니며 불필요하게 보이는 대안적인 항체들을 없애지 않고 먹여 살린다. 이들 중에서 비상시에 대안의 역할을 할 답이 나온다는 것이다.

### 내부 심판관

내부 심판관이라는 시스템은 개체 내부의 생물학적인 장치이다. 지속적으로 생물체의 상태를 파악해서 다른 개체들의 관심과 호응을 얻으면 에너지를 더하고 개체들이 필요가 없다고 느껴지면 자체적인 파괴 사이클에 들어간다. 실제로 조직이나 동물들의 사회에서 흔히 볼 수 있는 현상이다. 고립된 신경세포의 죽음이라든가 무리에서 배척받은 동물들이 아무런 이유 없이 면역이 저하되고 둔해지면서 병들어 죽어가는 현상에서 흔히 볼 수 있는 중요한 메커니즘이다.

반대로 다른 세포와 연결이 강화되고 중추적인 세포가 된다면 세포의 대사도 왕성해지고 그 전과는 완전히 다른 모습의 세포로 변모한다. 조직의 내부에서 저절로 개체가 왕성해지거나 죽어 없어지면서 새로운 모습의 판짜기가 나타나게 된다. 간단히 요약하면 주위의 인정과 주목을 받으면 개체는 스스로 많은 힘을 얻게 되고 인정을 받지 못하면 조직에서 사라지는 것이다.

### 자원 이동자

자원 이동자는 하나의 메커니즘이다. 주목을 받고 성공적인 개체에게는 여러 가지 방법으로 자원을 분배하지만 문제 해결에 성공적이지 못한 개체들은 무시를 당하며 자원의 분배를 줄여 이들을 빈털터리로 만든다. 이 책의 저자는 예수를 인용하여 "무릇 있는 자는 받아 풍족하게 되고 없는 자는 그 있는 것까지 빼앗기리라" 라는 말로 자원 이동자의 작용 규칙을 설명하면서 "주목은 주목을 낳는다" 라는 광고학의 상투적인 문구도 같이 인용했다.

### 집단간 토너먼트

집단간 토너먼트는 하나의 생물체나 마찬가지인 비슷한 집단들이 생존경쟁이나 경쟁을 벌이는 현상을 설명한 것이다. 집단이 경쟁에서 지는 경우에는 소멸만이 기다리고 있기에 거의 모든 창조성을 동원한다. 작은 실험접시 위에서 서로 커져가는 군집의 세균집단은 조만간 충돌할 수밖에 없다.

저자에 의하면 박테리아의 군집은 이런 원리들을 이용하여 자신의 유전지도인 게놈까지 변화시켜 급변한 환경에 적응하는 수직도약을 이루어낸다고 한다. 시행착오에 의한 확률보다 훨씬 높은 전략적 진행과정을 밟는다는 것이다. 벌들의 군집은 벌들을 자신의 신경계의 이동식 신경세포처럼 사용한다고 한다. 이른바 사회적인 시냅스(신경연결)라고 부르는 과정이다.

사람들의 사회 역시 집단적 지능은 개인을 무력화시킬 만큼 강력하다. 사람들은 강력한 동조 집행자들의 영향으로 실제로 듣고 보는 일을 왜곡시킬 정도의 영향을 받는다. 저자는 '현실은 공유된 환각이다' 라는 장에서 사람들이 얼마나 동조 집행자에 의해 강하게 지배받으며 통일된 집단의 일부가 되는가에 대해서 적고 있다. 누가 계획한 것도 아닌데 집단 속에서 사람들은 감각마저 통제받는다.

유전자 알고리즘(Genetic Algorithm)을 만든 존 홀란드는 그의 저서 《숨겨진 질서》에서 CAS(Comple Adative System)라는 개념을 들고 나왔다. CAS에서 어떤 일을 하는 행위자(agent)의 첫번째 기본 요소도 집단화(aggrega tion)이었다. 집단이 갖는 창발성과 적응 능력은 집단을 더욱 높은 수준의 메타 행위자(meta agent)로 작용할 수 있는 요건을 갖게 하지만 첫 번째 조건은 집단화가 성공적으로 일어나야 한다는 것이다.

책에서 홀란드는 이러한 집단화의 능력과 성격을 다루기 위한 예로 더글러스 호프스태터가 쓴 〈개미의 푸가〉라는 글을 예로 들었다. 이 글은 《괴델, 에셔, 바흐》라는 책에 나오는 유명한 글로 독자들도 이 글을 몇 번 읽다 보면 무언가 이해한 것 같은 느낌이 들지도 모른다(이 글의 다른 번역은 《아니 이게 바로 나야》라는 책의 김동광 씨의 번역으로 들어 있다. 같은 글을 번역해도 느낌은 번역자마다 다르다).


## 화두

필자는 이전의 기사에서 사람들의 정신능력을 확장하려고 시도했던 몽상가들에 대한 글을 쓴 적이 있다. 메멕스를 구상한 배느바 부시에게 영향을 받은 엥겔바트는 최초의 마우스와 인터랙티브 컴퓨터 환경을 구현한 후 70년대 후반부터는 피터 드러커에게 끌렸다. 드러커는 하나의 조직으로서 지식집단과 지식집단이 하나의 권력을 갖는다는 사실을 간파했다. 드러커에 의하면 과거에 복잡하고 어려웠던 일들이 하나의 지식집단에 의해 일상적인 작업으로 변할 때마다 사회가 변화한다고 했다. 엥겔바트는 드러커를 만난 후 집단을 위한 애플리케이션인 그룹웨어와 컴퓨터를 통한 공동작업에 빠져들게 되었다.

메멕스는 결국 팀 버너스리에 의해 월드 와이드 웹으로 구현된다. 하이퍼텍스트의 최초 구현은 아니지만 결국 메멕스의 이상에 비슷하면서 대중적인 애플리케이션이 인터넷에서 구현되었다. 그 다음은 별로 사용자가 많다고 할 수 없던 인터넷의 대폭발이 일어났다. 인터넷의 사용은 컴퓨터를 켜고 끄는 것처럼 일상적인 일이 되었다. 서로 영향을 주며 모방하고 교감하면서 기억력의 일부를 검색엔진에 의존하면서 점차 사는 방법이 달라졌다.

인터넷에 연결된 수많은 사람들의 정신 활동을 집단정신이라고 부를 수 있는가? 또는 집단지능이라고 부를 수 있겠는가? 아마 사람들마다 견해 차이가 있을 것이다. 조직화나 집단이라는 화두는 곤충이나 박테리아의 생존과 진화에 힘을 심어주었고 숫자가 자꾸 늘어나는 컴퓨터 세계에서도 무언가 중요한 역할을 할지 모른다. 웹이나 인터넷은 변화의 프레임워크를 제공하기 시작한 단계일 뿐이어서 시간이 더 지나면 정말로 '웹은 그 자체가 거대한 지능이다'라고 말하게 될지도 모른다. 노드의 숫자가 증가하는 것만으로도 네트워크는 변하는 것이다.

객체지향의 개념이 생물학적인 개념인 세포의 아이디어에서 나온 것처럼 세포들의 자기조직에 관한 아이디어에서 네트워크를 통찰하는 무언가 새로운 아이디어가 나오지 말라는 법은 없다. 사실 필자도 언젠가 그런 통찰을 갖고 싶다.

# IT839 기반기술 BcN의 배경과 발전

## 1. 서론

과거 약 100년 동안에 통신과 방송으로 크게 구분되어 왔던 통신 서비스 시장이 최근에 등장한 이동통신, 무선통신, 그리고 네트워크 서비스를 대변하는 인터넷 등이 통신기술 역사의 흐름을 크게 바꾸고 있는 것이 현실이다. 이에 따라 통신사업의 양상도 크게 바뀌고 있는데, 수십 년 동안 세계 통신시장을 지배하면서 영원히 지속할 듯했던 미국과 유럽의 대표적인 통신회사들은 이미 역사의 뒤안길로 사라졌거나 그 존재가치가 매우 작아졌으며, 대신 그들의 자리에는 신기술과 서비스로 무장한 신규 사업자들이 통신시장에서 활개 펴고 동시에 또 다른 모습의 새로운 통신사업자들이 속속히 등장하고 있는 것이 작금의 상황이다.

세계 글로벌화 추세는 가장 강력한 사회변화의 동인이 되고 있다. 한편 통신과 네트워크는 세계 글로벌화를 기술적으로 뒷받침하고 있고 그 활성화를 더욱 촉진하고 있다는 측면에서, 통신 및 네트워크 기술에서 국가가 보유한 기술 경쟁력은 바로 그 국가의 미래 경쟁력과 직결되어 있다고 할 수 있다. 따라서 그 분야에서 핵심적 기술을 선도적으로 확보하고, 동시에 미래를 책임질 인재와 환경을 구축하는 것이 국가의 미래를 결정할 것이란 것은 당연한 귀결이며, 세계 모든 국가가 이에 모든 힘을 기울이고 있는 것이다. 우리나라에서도 통신사업자들이 미래를 걸게 할 새로운 성장동력원으로 광대역 통합망(Broadband convergence Network: BcN)을 제시했다. 즉 통신 · 방송 · 인터넷을 융합하여(converge) 품질보장형 광대역 멀티미디어 서비스를 제공할 수 있는 차세대 통합 네트워크, 그에 관련한 핵심 기술의 연구개발과 서비스 개발이 우리나라의 미래 통신사업 운명을 결정할 것이란 의미를 갖는다. 즉, 과거의 통신 기술과 서비스가 개별적으로 존재하고 진화하였다면, 앞으로의 시간에서는 통신 기술과 서비스의 모든 면에서 융합되어 새로운 모습의 통신사업으로 나타날 것이라는 예견을 전제로 하고 있는 것이다.

네트워크를 통한 각종 융합현상을 현재의 통신환경에 비추어 고찰하는 것은 미래의 변화를 짚어볼 수 있는 근간이 될 수 있다. 첫째, 정보 서비스의 융합화 추세이다. 음성, 영상, 텍스트 등의 정보가 디지털화되면서 정보간 융합이 매우 쉽게 될 수 있으며, 또한 PC 등의 성능이 대폭 향상되면서 정보처리 전문가의 범위가 일반 이용자 수준으로 이전됐다. 이러한 현상은 현재에도 인터넷을 통한 화상채팅이나 인터넷게임 등에서 찾아볼 수 있으며 앞으로는 휴대인터넷, 디지털TV, 디지털 멀티미디어 방송(DMB), 대화형 TV, 주문형 비디오(VoD) 등의 광대역 멀티미디어 서비스가 보급되기 시작하면 더욱 가속화될 전망이다.

둘째, 음성과 데이터의 통합화이다. 미국에서는 이미 1998년 근대 통신 기술의 역사적 발원역할을 했던 음성통신 서비스(유선전화 서비스 등) 트래픽이 데이터 통신 트래픽에 의해 추월당하였다. 우리나라에서도 2000년에 드디어 컴퓨터 등에 의해 발생되는 데이터 트래픽 규모가 음성통신 트래픽을 압도하는 현상이 벌어졌고, 가까운 시기에 더욱 심화될 것이 확실하다. 특히, 음성정보를 데이터로 전송하는 VoIP 기술이 보편화되면 데이터를 중심으로 한 통신체제로의 변화는 더욱 가속화될 것이다. 통신사업의 형태 측면에서도 IP 중심의 데이터 서비스 사업으로 사업의 중심이 이동하면서 고품질 및 다양한 멀티미디어 서비스를 지향하는 통신사업으로 변환될 것이다.

셋째, 유무선 서비스의 통합화를 들 수 있다. 이제까지 큰 폭의 성장세를 보였던 유선 인터넷 서비스와 무선전화기에 의한 음성 서비스 증가율이 1996년에 12.2%와 165.9%에서 2002년에 0.76%와 4.51%로 각각 둔화되었다. 양쪽 사업 모두 가입자 수의 포화, 사업자간 수익 경쟁심화, 그리고 각각의 서비스 시스템이 제공할 수 있는 대역폭의 한계로 인해 새로운 서비스 도입에 실패한 때문일 것이다. 결과적으로, 대역폭이 향상된 무선 네트워크와 성능과 수익성을 개선한 유선 네트워크를 연동하기 위한 유·무선 연동 및 통합 서비스 개발이 유선과 무선, 두 개의 서비스 시장의 재성장을 결정하게 될 것이다.

넷째, 통신 서비스와 방송 서비스의 융합이다. 현재 통신 서비스와 방송 서비스가 법제도적으로 철저히 구분되어 있는 상황이다. 그동안 정보 콘텐츠의 제한을 갖고 있는 통신과 사업 범위의 제한을 갖는 방송은 각기 사업범위 확산을 자제하고 견제하는 양상이 지속되어 왔다. 그러나 새로운 서비스에 대한 요구와 국제적인 통신·방송 시장의 개방화 추세에서는 어떠한 이유로도 계속 분리되어 있을 수만은 없는 것이다. 특히, 위성 및 지상파 DMB가 상용화되고, VoD, 데이터 방송, 광대역 무선통신, 디지털 광대역 케이블 방송 시장이 눈앞에 보이는 현재 시점에서, 통신·방송 융합 서비스 시대는 더욱 빨리 다가올 것이다.

고도 지식정보사회의 기반이 되는 BcN이 특히 우리나라에서 발전될 사회 환경적 가능성은 매우 높다고 할 수 있다. 어느 나라보다도 빠르게, 그리고 넓게 초고속 인터넷 서비스가 보편화되어 있고, 무선 통신 서비스의 실질적인 보급률에 있어서도 세계 최고의 수준인 상황이다. 세계 최고 수준의 정보 인프라를 갖춘 국가이며, 무엇보다도 중요한 것은 고도로 정보화된 국민의 국가인 것이다. 이로써 다른 나라보다 새로운 미래의 정보통신 서비스를 쉽게 수용할 수 있는 국가적인 기반과 특성을 가지고 있다는 사실은 매우 중요한 의미를 갖고 있으며, 이런 사실이 BcN의 성공적인 발전을 충분히 기대할 수 있는 조건이 되고 있다. 요즘에 BcN과 여타 미래 선도적 사업들의 기술적 연구개발 상황과 추진과정, 그리고 상용화 과정이 해외국가의 벤치마킹 대상이 되거나 기술탐색을 위한 전초기지를 국내에 설치하고 있는 사실들이 이를 대변하고 있다.

본 고의 다음 절에서 BcN을 여타 정보통신기술의 기반으로서 설정하게 된 환경과 기술적 배경, BcN 개념, 구성 기술, 기술과 서비스의 진화과정 등에 대하여 상세히 기술하기로 한다.

### 가. 국내 초고속 정보통신망 구축 현황

우리나라는 선진국이 ISDN 등 중·저속 인터넷 보급에 주력할 때, ADSL, 케이블 모뎀 등 다양한 신 기술을 활용하여 초고속 인터넷 보급 확산에 주력하였다. 그 결과 초고속 인터넷 보급률 세계 1위를 기록하고 2002년에는 서비스 개시 4년 만에 1,000만 가입자를 돌파하였으며, 전국 144개 주요 도시를 광케이블로 연결하여 모든 주요 읍·면 지역까지 초고속 정보통신망 보급을 확대하여 전국적인 초고속 정보통신망 구축을 완료하였다. 또한 세계 최초로 전국 모든 초·중·고등학교를 초고속 인터넷으로 연결하여 1만 여 개 초·중·고등학교에서 초고속 인터넷을 활용한 행정, 교육이 가능하여 학교정보화 촉진 및 디지털 교육의 기반을 마련하였다.

초고속 정보통신망 인프라 구축은 정부·기업·개인의 정보화를 획기적으로 촉진하여 생산성 증대 및 국민의 정보활용 능력과 정보격차 해소 등 우리나라 사회 전반의 디지털화에 결정적인 역할을 하였을 뿐 아니라 대규모 IT 시장 창출로 국내 IT 산업이 국가 경제의 주요 성장동력원으로서 경제성장의 견인차 역할을 하는데 크게 기여하였다. 초고속 인터넷 보급률 세계 1위, 인터넷 이용률 2위(ITU, Internet Reports 2004)로 전세계가 부러워하는 최고 수준의 정보 인프라를 보유한 나라로 발돋움하여 OECD, ITU 및 해외 유수 언론 등으로부터 "한국은 앞으로 펼쳐질 디지털 세상에서 미국을 제치고 가장 막강한 영향력을 행사할 것(포춘지, 2004. 9.)"이라는 극찬을 받는 등 명실상부한 IT 최강국으로 발전하였다.

### 나. 새로운 정보 인프라의 필요성

최근 정보통신 환경은 디지털 기술의 발전으로 음성·데이터·영상·멀티미디어 등 모든 형태의 정보를 디지털로 통합하고 통신·방송기기 및 컴퓨터를 하나의 네트워크로 연결하여 통신·방송·인터넷을 대통합하는 디지털 융합(Digital Convergence) 시대로 발전하고 있으며, 네트워크 기술 및 성능의 획기적 발전으로 그 적용범위도 가전, 자동차, 영상, 콘텐츠, 센서 등 거의 모든 분야로 확대되고 있다. 그러나 현재의 개별적인 통신망(PSTN, IP, ATM, CDMA, CATV 등)은 폐쇄형 통신망 구조로 특정 서비스마다 개별적인 통신망과 서비스 제어 솔루션을 구축·운용해야 하므로 유·무선 및 통신·방송이 융합된 다양한 서비스 창출이 곤란하며, 서비스 이용의 제약 및 서비스 간 이용이 단절되는 등 이용자가 요구하는 다양한 서비스를 보다 유연하게 제공하는데 한계가 있다. 통신 사업자들 또한 이용자 중심의 서비스 환경 요구와 기존 핵심 사업의 성장이 정체됨에 따라 새로운 수익 모델 발굴 및 운영 효율성 제고를 위해 이를 통합 수용할 수 있는 BcN 구축을 필요로 하고 있다.

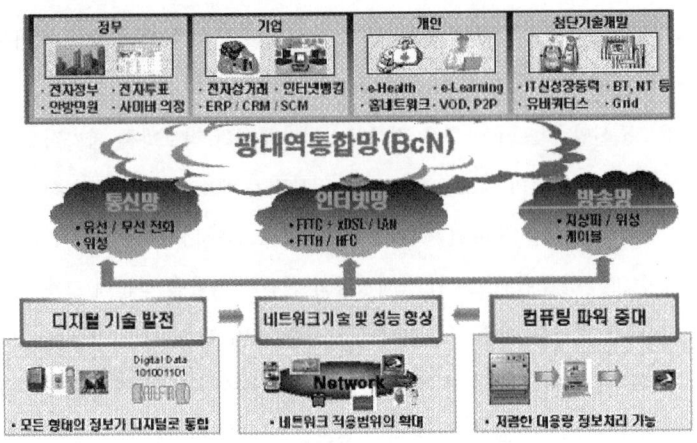

그림 1 통신 · 방송 · 인터넷의 대통합

BcN에서는 IP를 중심으로 통합망을 구성하고 전달망을 서비스 제어와 분리시켜 보다 유연한 서비스 제공 인프라를 제공할 수 있어 현재의 특정 서비스, 독자 기술 방식, 재사용 불가 솔루션의 비효율성을 제거할 수 있으며, 가입자망 및 전달망의 대역폭 확충으로 광대역 멀티미디어 서비스의 실시간 전송이 가능하고, 서비스별 QoS 보장으로 서비스 품질 차별화와 체계적인 망 · 트래픽 관리가 가능하다.

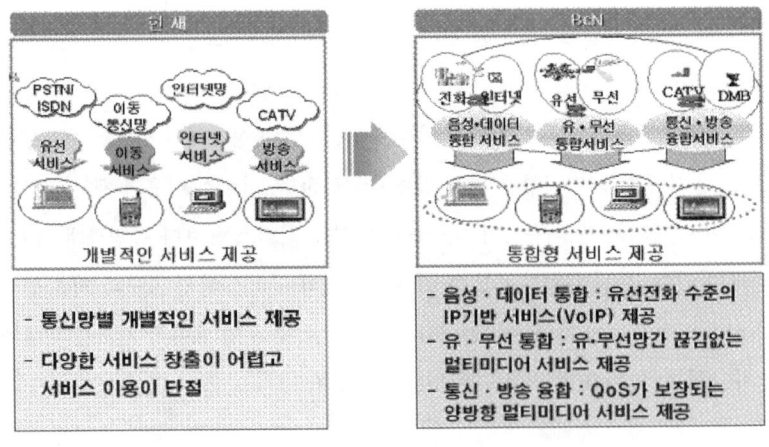

그림 2 통합 서비스망 구축

## 2. BcN의 개념 및 구성

### 가. BcN의 개념

BcN은 현재의 개별적인 망들이 갖고 있는 한계들을 극복하고 미래에 나타날 유·무선의 다양한 접속환경에서 고품질의 음성, 데이터 및 방송이 융합된 광대역 멀티미디어 서비스를 언제 어디서나 이용할 수 있도록 하는 차세대 통합 네트워크이다. BcN은 "통신·방송·인터넷이 융합된 품질보장형 광대역 멀티미디어 서비스를 언제 어디서나 끊김 없이 안전하게 광대역으로 이용할 수 있는 차세대 통합 네트워크"로 정의하고 있으며 다음과 같은 특성을 갖고 있다.

- 음성과 데이터 통합에 의해 IP 기반으로 유선전화 또는 그 이상의 품질을 가진 음성 서비스 및 멀티미디어 서비스를 경제적으로 제공한다.
- 유선과 무선의 통합으로 단일 식별번호, 인증 및 통합 단말 등을 통하여 유·무선 망간 최적의 접속 조건으로 끊김이 없는 광대역 멀티미디어 서비스 제공이 가능하다.
- 통신과 방송의 융합에 의해 차세대 광대역 통신망(FTTH, 4G 등)을 기반으로 개인화 및 주문화된 고품질 양방향 방송 서비스를 제공할 수 있다.
- End-to-End 고품질 서비스가 제공 가능하도록 QoS가 보장되고 SLA에 따른 고객의 서비스 품질 차별화가 가능해지며, 네트워크 전체 계층에서 Security가 보장된다.
- 표준 Open API 도입에 의하여 망을 소유하지 않은 제3자라도 손쉽게 새로운 서비스를 창출·제공할 수 있는 개방된 망이면서 품질이 보장된 광대역 멀티미디어 서비스를 안심하고 사용할 수 있도록 한다.
- 홈네트워크, 정보가전 등의 광범위한 IP 주소 수요를 충족하기 위해 가입자 이용환경부터 통합 전달망에 이르기까지 네트워크 전체에 IPv6가 적용된다.
- 특정 네트워크나 단말 종류에 종속되지 않고 다양한 접속환경에서 다기능 통합 단말 등을 통해 시간과 공간의 제약을 받지않고 언제 어디서나 안심하고 사용할 수 있는 유비쿼터스 서비스 환경을 지원한다.

(그림 3) BcN 개념도에서 예시한 바와 같이 논리적으로는 서비스 계층, 가입자망 계층, 전달망 계층, 홈 · 단말 계층으로 구분하여 정의하고 있다. 서비스 계층은 다양한 서비스를 생산 · 관리하는 것으로 OSS/BSS와 같은 망관리 시스템, Open API 플랫폼, 소프트스위치 등 응용 서비스 생성과 서비스 제어 · 관리 등의 역할을 수행하는 서버 등으로 구성되며, 정보를 교환 · 전송해 주는 전달망 계층은 라우터, ATM, 게이트웨이 등의 교환장비와 WDM, OXC, SDH와 같은 광전송장비 및 보안장비 등 대용량 전달장치로 구성된다. 가입자의 유 · 무선 접속 처리를 지원하는 가입자 망과 홈단말 계층은 유선(xDSL, Ethernet, FTTx), 무선(이동통신, 휴대인터넷, WLAN), 방송(HFC, DMB), 홈네트워크(홈G/W), u-센서 네트워크(UWB, 스마트태그), 통합단말(Access Mediator) 등 다양한 형태의 가입자 접속장치로 구성된다.

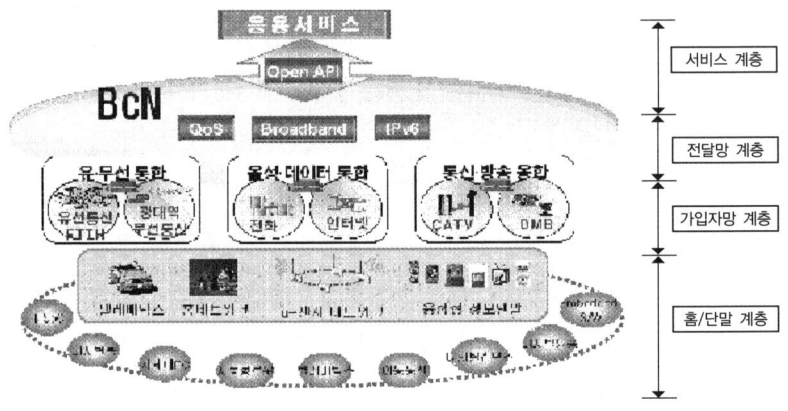

그림 3 BcN 개념도

## 나. IT839 기반으로서의 BcN 개념

2004년부터 정부주도하에 수출 1,100억 달러를 달성, 국민소득 2만 달러 달성을 목표로 IT산업을 '인프라-부품(기기)-IT신성장동력 분야' 를 하나로 엮는 IT839전략을 수립하고 이와 관련된 기술개발을 추진 중에 있다. 2.3GHz 휴대인터넷, 위성/지상파 DMB(이동멀티미디어 방송), 홈네트워크 서비스, 텔레매틱스, 전자태그(RFID), 통신용 와이드 CDMA(W-CDMA) 서비스, 지상파 디지털TV, 인터넷 전화 등의 8대 IT 서비스를 도입중에 있고, 이동통신 분야, 텔레매틱스 분야, 차세대PC 분야, 디지털 홈 분야, 지능형 로봇 분야, IT SoC 분야, 임베디드 S/W 분야, 디지털 방송 분야, 디지털 콘텐츠 분야 등 IT 분야의 근간이 될 수 있는 9대 부품(기기) 분야를 선정하여 9대 IT신성장 동력 사업으로 추진 중에 있다. 한편으로는 이러한 부품 및 기기를 바탕으로 한 9대 신성장 동력 사업과 8대 서비스 분야를 엮어줄 수 있는 인프라로써 IPv6, 유비쿼터스 센서 네트워크, BcN 사업이 제시되었다.

기반 기술로서의 BcN은 현재보다 50배 빠른 네트워크로 구성되는데, QoS 보장이 가능한 IPv6기반 네트워크이다. 이러한 네트워크는 통신 · 방송 · 인터넷이 융합된 품질보장형 광대역 멀티미디어 서비스를 아무런 제한 없이 제공하는 것을 목표로 하고 있다. 더욱이 Open API를 갖도록 예정된 BcN은 미래의 다양한 디지털 콘텐츠를 무난하게 수용할 능력을 갖추게 된다.

사용자의 편익을 위한 이동통신, 텔레매틱스, 차세대PC, 디지털 방송 등은 BcN이 제공하는 음성/데이터 통합, 유무선 통합, 통신 · 방송 융합 서비스 제공환경 위에서 이루어질 것으로 예정되어 있으며, RFID 전자태그를 기반으로 한 USN, 디지털 홈네트워크 등은 BcN에 접속되어 미래의 가입자 BcN 정보통신망 환경을 실현하게 될 것이다. 즉, 미래 IT 기술과 서비스는 BcN이 제공하는 품질보장 광대역 멀티미디어 네트워크 위에서 구현되고 개별적인 서비스의 모습을 실현하게 될 것이며, 이러한 구도를 통해서 국민 개개인에게 유비쿼터스 정보통신 환경을 제공하여 최대의 편익을 보장하고 동시에 이를 통한 국가 기술 경쟁력은 국민소득 2만 달러 시대를 넘어서 우리나라의 미래 산업기반 잠재력을 제공하게 될 것이다.

2010년의 BcN 완성 시점에 도달하기 전에, 9대 신성장 동력 사업과 8대 서비스 산업 등에서 생성되는 결과물은 단계별로 BcN에 도입되어 BcN 시범사업과 BcN연구개발망 사업 등에서 그 역할을 검증할 수 있으며, 여기서 검증된 기술/제품들은 실제로 BcN으로 수용되거나 접속되어 그 역할을 본격적으로 수행하게 될 예정이다. 따라서 BcN은 9대 신성장 동력 사업과 8대 서비스 산업에서의 R&D 허브 역할을 차지하고 있으며, IT839 전략의 성공적인 결과 도출과 방송 · 통신 · 인터넷 융합 서비스가 대국민 보편적 서비스로 제공되도록 하는 핵심 인프라로서의 역할을 담당하게 된다.

## 다. BcN의 단계별 진화

BcN은 2010년 완성을 목표로 표준모델에서 제시하는 단계별 진화전략에 따라 크게 3 단계에 걸쳐 발전될 것으로 전망된다. 1단계에서는 유 · 무선 사업자별로 각각의 네트 워크들이 IP 통합망으로 진화된다. 유선의 경우 회선 기반 음성 네트워크를 점차 IP 기 반 네트워크로 전환하고, 이동통신 네트워크도 3G를 진화시켜 데이터망과 분리 구축된 셀룰러 전화망을 All-IP 개념에 의해 단일 IP 네트워크로 전환될 것이다. 2단계에서는 개 별적인 IP 망들이 유 · 무선 통합 네트워크로 전환되고, 유 · 무선 통합은 물론 통신과 방 송의 초기 통합 현상도 진전을 보여, 휴대인터넷 등 광대역 무선 접속 서비스가 실현된 다. 3단계에서는 모든 통신 및 방송 네트워크들이 IP 기반 단일 통합망으로 완성되어 유 · 무선 및 통신 · 방송 융합이 완성되는 단계로 End-to-End QoS 및 보안의 보장, 최대 100Mbps를 지원하는 고도화된 광대역 통신 · 방송 · 인터넷 통합망이 완성되어 서비스 를 제공하게 되고 유비쿼터스 센서 네트워크가 본격 구축될 것으로 전망한다.

## 3. BcN 기술의 구성

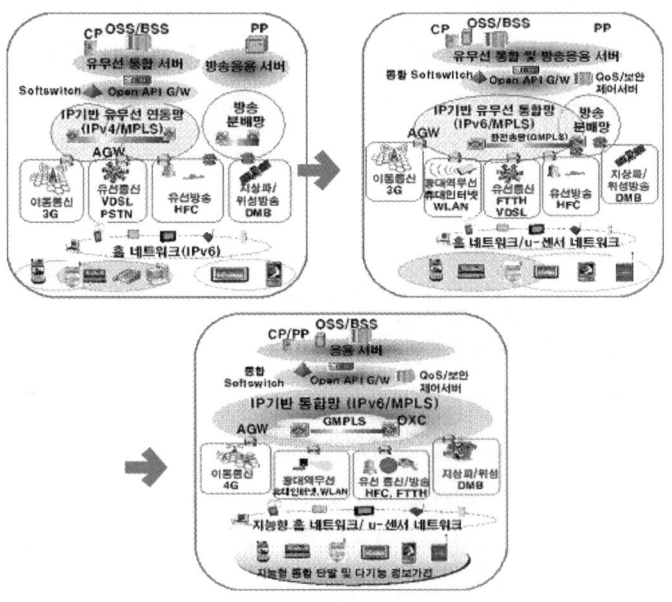

그림 4 BcN의 단계별 발전 전략

## 가. 서비스 및 제어 기술

서비스 제어 계층에는 다양한 융합 서비스를 독립적으로 개발 수용하여 개방형 네트워크 진화를 주도할 기술들이 적용된다. 중점 기술로는 Open API 플랫폼, 통합망관리 시스템(OSS/BSS)과 개방형 멀티미디어 호를 제어하고 게이트웨이와 망관리 시스템과 상호 연동되는 소프트스위치가 있다.

### (1) Open API 기술

Open API 표준화 및 플랫폼의 주요 기술로는 유ㆍ무선 및 통신 방송 융합을 위한 API 표준화 기술 및 상호운용성 기술과 XML 기반의 웹 서비스 기술, 네트워크와의 연동을 위한 시그널링 프로토콜 매핑 기술 등이 있다. 통합 망관리 시스템인 OSS/BSS의 주요 기술로는 망관리 서비스 및 인터페이스 기술과 사업자간 연동을 위한 망관리 기술, 관리구조 프레임워크 정의 기술 등이 있다.

### (2) 소프트스위치 기술

유ㆍ무선 통합형 소프트스위치는 IP 기반 통합망에서 다양한 유무선 액세스 망간 호/연결을 제어하고 IP 기반의 멀티미디어 서비스를 제공하는 BcN의 핵심 장비이다. 음성과 멀티미디어 호처리 및 게이트웨이 제어를 관할하는 소프트스위치에서는 개방형 프로토콜 및 유ㆍ무선 통합 호제어 기술, 개방형 서비스 게이트웨이와의 연동 기술, 망관리 시스템과의 연동 기술, 신호 게이트웨이 제어 기술 등이 있다.

| 구분 | 중점 기술 | 주요기술 |
|------|-----------|----------|
| 서비스 및 제어 기술 | Open API 플랫폼 | - XML 기반의 웹 서비스 기술<br>- 네트워크와의 연동을 위한 신호 프로토콜 매핑 기술 |
| | CSS/BSS | - 유무선 통합 및 통신ㆍ방송 융합 API표준화 기술 및 상호운용성 기술<br>- 관리 구조및 프레임워크 정의 기술<br>- 망관리 서비스및 인터페이스 기술<br>- 시스템 및 소프트웨어 기술<br>- 사업자간 연동 망관리 기술 |
| | Softswitch | - 개방형 프로토콜 및 호 제어 기술<br>- 망관리 시스템과의 연동 기술<br>- 개방형 서비스 게이트웨이와의 연동 기술<br>- 신호 게이트웨이 제어 기술 |

〈표1〉 서비스 및 제어기술의 구성

## 나. 전달망 기술

### (1) 교환 기술

교환 기술에서는 이동성 연동 기술 및 VPN 서비스 등을 위한 IPv6 라우터 기반 기술과 End-to-End QoS 보장을 위한 ATM-MPLS 기술, 고품질 서비스를 위한 DSP 기술 및 고품질 초대용량 게이트웨이 시스템 기술, 40G 광트랜스폰더 및 광수신 모듈 기술, Digital Wrapper 기술 등이 있다.

### (2) 전송 기술

전송 기술 분야에서는 광 전송 기술의 핵심인 송수신 모듈 패키징 기술, 수십 테라급 WDM 기반의 광통신 기술과 패킷 기반 전용선과 고품질의 음성 및 IP 서비스를 제공할 수 있는 NG-SDH 기반의 패킷, TDM 통합 스위치 등의 기술이 있다.

### (3) 정보보호 기술

정보보호 기술 분야에서는 트래픽을 고속으로 감지, 종합 분석하여 실시간 대응이 가능한 통합 네트워크 정보보호 시스템 분야와 BcN 주요 구성 장비에 대한 보안 강화 기술 및 가입자망간 통합 인증 기술이 있다.

### (4) 광대역 통합 전달 기술

광대역 통합 전달 기술에서는 VideoCast, 실시간 사설 방송 등 새로운 BcN 융합 서비스를 제공할 수 있는 End-to-End 맞춤형 품질 네트워크 안전성을 보장하며, 차세대 인터넷 구조 진화 개념을 도입한 고유의 네트워크 구조와 프로토콜 및 스위칭 방식에 기반한 통합 미디어 전달 기술이 있다.

| 구분 | 핵심 기술 | 주요기술 |
|---|---|---|
| 전달망 기술 | 교환기술<br>(IPv6/ATM-MFLS/GW) | - 이동선 연동 기술 및 VPN 서비스 등을 IPV6라우터 기반 기술<br>- End-to-End QoS 보장을 위한 ATM -MFLS 기술 및 고품질 대용량 게이트웨이 기술 |
| | 전송기술<br>(40G/WDM/NG-SDH전송기술) | - 대용량 고속 트래픽 전송을 위한 40Gtdm 광전송 기술<br>- 고품질 음성 및 IP 서비스를 제공할 수 있는 NG-SDH 기반의 패킷 TDM 통합 스위칭 기술<br>- 테라급 WDM 전송 기술 |
| | 광대역통합전달기술<br>(광대력 통합 전달망 장비<br>/Access Mediator) | - 망관리 서비스및 인터페이스 기술<br>- Global VPN 기술<br>- 개인 네트워크 자동 재구성 기술, 서비스 콘텐츠 인식 및 사용자 트로피일 기술 |
| | 정보보호기술<br>(고성능 통합정보보호/<br>BcN 장비보안/통합인증 기술) | - 실시간 통합 네트워크 정뽀호 서비스 기술<br>- BcN 주요 구성장비 보안 강화 기술<br>- 가입자망간 통합 인증 기술 |

〈표2〉 전달망 기술의 구성

## 다. 유선 가입자망 기술

가입자에게 100Mbps급 광대역 멀티미디어 서비스를 보장할 수 있는 BcN 가입자망의 핵심 기술인 FTTH 기술, 구내망을 위한 10G Ethernet 기술, VDSL 핵심 칩셋, 광대역 케이블 모뎀 칩셋 등의 유선 가입자망 기술이다.

| 구분 | 핵심 기술 | 주요기술 |
|------|-----------|----------|
| 유선 가입자망 기술 | 10G Ethernet | - 320급 백본 스위치 기술<br>- 40G 이더넷 스위치 기술<br>- 10G급 네트워크 프로세서 칩 기술 |
| | FTTH | - 고품질 광분배망 기술<br>- FTTH 핵심칩 기술<br>- E -PCN 기술<br>- WDM-PCN 기술 |
| | xDSL | - 데이터 변조 및 전송 관련 칩셋 기술<br>- QAM 및 DMT 칩셋 기술 |
| | HFC | - 광대역 케이블 모뎀 칩셋 기술 |

〈표3〉 유선 가입자망 기술의 구성

## 4. BcN 기술 및 표준화 동향

우리나라를 비롯한 미국, 일본, 유럽 등 주요 국가에서는 패킷 기반의 NGN, 소프트스위치, Open API, 고속 라우터, IPv6, FTTH, 통합단말 등 멀티미디어 서비스를 쉽게 수용하고 품질이 보장되는 광대역 네트워크 구축을 위해 관련 기술을 적극 개발중이며, ITU, ETSI, IETF 등에서는 관련 표준화를 진행하고 있다.

차세대통합 네트워크 기술에 대한 표준화는 ETSI, ITU, IETF 등을 중심으로 추진하고 있다. ETSI는 2001년 11월 NGN 표준화에 대한 결의안을 채택하고 이를 구현하기 위한 NGN Implementation Group을 구성하였다. NGN 기술 도입을 위해 차세대 네트워크 구조 및 프로토콜, 종단간 서비스 품질(End-to-End QoS), 서비스 플랫폼, 망관리, Lawful interception, 보안 기술 등의 신규 표준화 작업에 착수하였다.

IETF에서는 NGN 관련 다양한 관련 표준을 종합적으로 추진하고 있으며, MMUSIC(Multiparty Multimedia Session Control), SIP, MEGACO, ENUM, IPv6, Mobile

IP, MPLS, GMPLS에 대한 표준화 작업을 진행하고 있다.

3GPP는 IMT-2000 비동기 방식(DS+GSM MAP) 표준화를 위해 유럽과 일본을 중심으로 결성되어 Release 6 표준화를 추진중에 있다. 한편 국내에서는 NGcN 포럼이 2002년 말 결성되어 광대역 통합망 이슈에 대한 국내 표준화 추진 및 ITU-T, IETF 등에 참여하여 국제 활동을 수행하고 있다.

ITU의 SG13에서는 2002년 1월 회의에서 'NGN 2004 프로젝트'라는 새로운 ITU-T 연구주제를 진행할 것을 결의하였으며, 11월 정기회의에서는 SG13이 본 프로젝트를 담당하여 본격적으로 수행하기로 결정되었다. SG13에서는 NGN을 위한 국제표준 연구를 신속히 진행하기 위해 2003년 9월 말 NGN에 대한 JRG(Joint Rapporteur Group)라는 임시 조직을 결성하여 독일 뮌헨에서 첫 회의를 개최하고 이후 2건의 기본 권고안 등을 승인 받은 후 2004년 6월 SG13 임시회의에서 Focus Group on NGN으로 발전적인 해체를 하였다. 정식 NGN SG 구성이 2004년 10월 결의되어 2005년에서 2008년까지 운용하기로 하였으며, ITU 사무총장 산하에 NGN Focus Group를 결성하여 2005년 중순까지 5회에 걸친 회의를 통해 표준화를 추진하기로 협의하였다. 현재 NGN FG에서는 Y.2001(General overview of NGN), Y.2011(General principles and general reference model for NGN) 등 2건의 권고안을 개발 완료하였으며, 7개의 WG에서는 NGN 서비스 능력 및 일반 요구 사항, NGN 요구 사항과 구조, 종단간 QoS 요구 사항 및 Framework, NGN Security Framework 등의 주요 이슈에 대해 표준화 작업을 진행하고 있다.


## 5. BcN에 의한 정보통신 사회

미래사회는 주5일 근무제 등에 따른 여가시간의 확대, 삶의 질을 중시하는 사회·문화적 욕구가 급증하여 시간·장소 및 이용수단에 구애받지 않고 지식과 정보를 생산·공유할 수 있는 서비스 환경을 요구하고 있다. BcN이 구축되면 교육(e-Learning), 문화(e-Culture), 건강(e-Health) 등 삶의 질과 관계되는 서비스가 실질적으로 확산될 것이다. 즉, 시·공간적 제약이 없는 e-Work 및 e-Life 시대가 도래하여 온라인 근무, 이동 근무 환경이 조성되어 가상 사무실 환경이 실현될 것이며, HD급 고품질 영상전화, 디지털 방송, 고품질 VoD, 실감 통신을 활용한 온라인 쇼핑, 게임 등 실생활 수준의 정보통신 서비스가 가능해질 것이다. 의료, 문화 등 국민복지와 관련된 분야에 BcN을 활용한 원격검진, 원격수술, 원격처치 등 고품질 의료정보 서비스가 확산되고, 실감통신을 적용한 문화예술 분야 온라인 콘텐츠의 질적 향상 및 상품성 제고로 사이버 관광, 공연 관람, 박물관 견학 등이 가능해질 것이다. 언제, 어디서나, 누구나 접근 가능한 e-Learning 체제가 구축되어 PC, PDA, DTV 등 다양한 수단을 통해 학교, 가정간 디지털 학습체제가 구축되고, 모든 지식 정보를 유·무선·방송 등의 매체를 통해 시·공간적 제약없이 이용 가능한 평생학습체제가 마련되어 교육의 질적 수준이 획기적으로 향상 될 것이다.

## 6. 결언

BcN 사업은 현재의 네트워크를 고도화, 광대역화, 통합화함으로써 QoS, Security, IPv6 등 고품질의 기능이 지원되는 첨단 정보 인프라를 구축하기 위해 정부에서 전략적으로 추진하고 있는 프로젝트이다. BcN이 구축되면 금융거래, 전자상거래, 고화질 TV(HDTV)급 방송 등이 가능하게 되며, 고도의 통신망관리 및 보안기능을 갖춘 안전한 IT 서비스 제공이 가능하게 된다. 아울러 정보 기술(IT), 바이오 기술(BT), 극미세 기술 (NT), 환경 기술(ET), 문화산업(CT) 등 이른바 5T 산업과 M-Gov, T-Gov, u-Gov 등 다양한 형태로 제공되는 전자정부 서비스, 포스트PC, 이동통신, 텔레매틱스, 홈네트워크 등의 9대 신성장 동력의 핵심 인프라 역할을 할 것으로 분석된다. 따라서 BcN이 성공리에 추진될 경우 BcN이 창출할 수 있는 부가가치와 파급효과는 실로 엄청날 것으로 예상되며 이를 통한 관련 기술의 상호 융합 수준 및 활용 능력에 따라 국가, 기업, 개인의 경쟁력 또한 크게 좌우될 것이다.

〈참 고 문 헌〉

[1] 광대역 통합망 구축 기본계획, 정보통신부, 2004. 2.
[2] IT 전략품목 보고서, 정보통신연구진흥원(IITA), 2004
[3] 양재우, 서홍석, "광대역 통합망(BcN) 구축 추진방향," 정보과학회지, 2003. 10.
[4] 주성순, 박권철, "BcN과 연계한 기술개발 계획," BcN 기술 및 전략세미나, 2003. 11.
[5] 강병용, 김정삼, 박권철, "BcN 구성의 핵심 요소 기술 분석," 정보과학회지, 2003. 8.
[6] 김상기, 박권철, "BcN 표준모델," 텔레콤지, 2003. 6.
[7] 김형수, "BcN 기술 및 표준화 동향," TTA 저널 제96호
[8] 박진우, 통·방·인터넷 융합 U사회 기반기술, 다지털타임즈, 2004.9.13.

# 21세기 한국사회 : 지식사회냐 정보사회냐

임현진 (서울대 사회학과 교수)
서이종 (서울대 사회학과 교수)

## 1. 문제제기

20세기말 현대사회는 21세기로의 문명사적 대전환의 소용돌이에 휩싸여 있는 듯하다. 독일통일과 소련동구라파의 사회주의 붕괴 이후 지구촌 곳곳이 자본주의적 시장경제로 급속하게 재편되고 또한 인터넷 등 정보매체를 통해 커뮤니케이션이 지구촌화되면서, 사이버증권투자나 모험투기자본(해지펀드) 등 국제금융자본이 엄청난 량으로 범세계적 공간을 유동하여 하루가 다르게 경제환경이 급변하고 있다. 이러한 변화는 확실히 지역적이면서 동시에 전국적이고 또한 전세계적 차원이 공존하며 정치적, 경제적, 사회문화적 변화가 착종되어 거대한 힘으로 개인에게 엄습하여 오기 때문에 '세기말' 인지 '신세기' 인지 불안과 희망이 교차되는 속에서 변화의 물줄기에 내던져져 있다.

이러한 복합적인 현대사회의 대변화는 21세기를 코앞에 둔 우리에게는 IMF체제라는 시련을 통해 혹독하게 각인되고 있다. 그러나 외환부족과 거품경제 등 단기적인 현안문제에 억매여 21세기를 지향해야 할 경제구조와 산업 및 사회환경을 조정하고 이해득실을 계산하고 있어, 훨씬 더 장기적이고 종합적인 관점하에서 대응하지 않으면 더큰 우를 범할 수 있는 형국이다. 확실히 IMF체제는 토인비가 지적한 것처럼 외부의 큰도전인바 우리의 합당한 응전과 올바른 정책방향을 지닌다면 전화위복의 좋은 기회로활용할 수 있기 때문이다. 특히 서구 근대사회 200년의 사회변화를 압축적으로 경험한우리 사회는 전근대, 근대 그리고 후기근대적인 변동이 공존하는 복합사회인바, 서구중심의 세계사를 넘어 새로운 패러다임을 창출하지 않으면 주체적인 사회발전을 도모하기 어렵다는 점에서, 과거의 근대사회사적 변화를 성찰하고 (현재의 변화가 지속된다면 발현될) 미래의 사회변동을 예견하는 즉 종합적인 시각이 필요하다 하겠다. 즉 세번째 밀레니움을 제대로 맞이하기 위해서는 적어도 과거 100년, 미래 100년을 현재의시점에서 적확히 파악하고 이해할 수 있어야 한다. 이러한 시각에서 21세기 사회변화를 개념화하는 노력이 유의미하다 할 것이다.[1]

우리 사회는 특히 1990년 이후 컴퓨터 등 정보기술기반이 급속하게 보급되고 벤처기업, 패션산업 등 지식산업이 발달하면서 후기 산업사회적 현상이 두드러지게 나타났으며 이러한 현실변화의 배경하에서 후기산업사회론, 후기자본주의사회론, 정보사회론, 지식사회론 등 다양한 현대사회개념이 등장하였다. 특히 그 중에서도 정보사회론은 가장 중요한 현대사회개념으로 자리매김되었으며 이에 이어 비교적 최근에는 지식사회론이 경제학과 경영학을 중심으로 주요한 개념으로 등장하고 있다. 따라서 본논문에서는 정보사회론과 지식사회론의 전파과정과 쟁점들을 살펴보고 몇가지 중요한통합 또는 지향의 단서를 찾아내고자 한다. 그러한 노력속에서 지식사회와 정보사회의 통합패러다임으로 지식정보사회론을 제기하고자 한다.

---

1) 확실히 미래담론은 더블린(Dublin)이 주장하듯이 과학과 도덕의 외피를 쓴 선전, 거짓, 사기일 수 있다는 점이 간과되어서는 안된다. 왜냐하면 미래예언은 미래를 선취하여 지배하려는 것이기 때문이다.

## 2. 한국사회의 정보사회론과 지식사회론

### 1) 정보사회론과 그 특징

#### (1) 정보사회론의 도입과 전파

'정보사회'라는 용어는 이미 1973년 다니엘 벨(Daniel Bell)에 의해 '후기산업사회'라는 개념으로 사용되었다.[2] 그러한 초기 개념은 이후 이 분야의 다양한 경험적 연구가 축적되면서 학문적 개념으로 자리잡았으나 직접적으로 정보사회개념은 1980년 요세마쯔다(Yosei Masuda)에 의해서 정보설비를 이용하여 정보활동을 고도화하는 것으로서 '정보화'개념이 체계화된 것에서 시발된다. 하지만 1990년 이전의 많은 정보사회론은 실제 미국 등 선진국에서 정보사회현상이 아직 경험적으로 맹아적 형태에 불과하였기 때문에 탐색적인 성격을 띠고 있었으며 맥루한(McLuhan, 1962), 베니거(Beniger, 1986) 등 몇몇 선구적인 책을 제외하고는 이데올로기 비판적인 성격이 강하였다.

한국사회에서 정보사회론을 둘러싼 논의도 이와 비슷한 양상을 보였다. 한국사회에서 현실의 변화를 바탕으로 정보사회에 대한 논의가 시작된 것은 1980년대 중반부터이다. 여기에 직접적인 영향을 미친 것은 당시 정보기술 및 정보산업의 발전에 관한 정부의 정책적 강조를 들 수 있다. 제5공화국 정부는 1983년을 '정보산업의 해'로 선포하였고, 1985년에는 정보화사회의 조기촉진과 그 기반 조성을 위해 '국가기간전산망기본계획'을 수립, 확정하여 행정, 금융, 교육, 국방, 공안 등 5대 국가기간전산망사업을 추진하였다. 이러한 과정에서 서울대와 부산대 사회과학연구소가 정보통신분야 중점연구소로 지정되면서 정보화의 사회변화에 관한 연구가 추진되었다. 정보화사회에 대한 우리나라 최초의 소개연구서인《정보화사회》(1986)는 1985년 서울대 사회과학연구소(소장 김경동)에서 발행하는 〈사회과학과 정책연구〉에서 특집으로 다룬 '정보화사회의 도전과 대응'을 책자화한 것으로, 체신부와 한국통신의 전신인 한국전기통신공사의 재정지원 아래 이루어진 연구결과였다.[3] 이런 추세를 이어받아 한국사회학회에서는 '정보사회의 사회문화적 환경'(1987년), '정보화사회의 사회변동'(1990년) 등

---

2) 정보사회라는 단어는 1960년대 이미 우메사오 타다오(梅棹忠夫), 하야시 유지로(林雄二郎) 등 일본학자에 의해 사용되었으나 학문적 개념정의를 결여하고 있다.

을 주제로 한 학술대회 등을 통해 '정보사회', 또는 '정보화사회' 개념을 적극적으로 사용하기 시작했다. 이러한 일련의 연구들을 계기로[4] 종래 후기공업사회론이나 탈산업사회론이라는 '거대담론'의 수준에서 이론적으로 소개되던 차원에 머물렀던 정보사회론이 시론적인 성격이 강하다하더라도 한국사회라는 보다 구체적인 차원에서 분석, 평가되기 시작했다.

그러나, 정보사회론의 1차 물결은 좀더 폭넓은 사회적, 이론적 반향을 일으키지 못한 채 일부의 관심을 끄는데 그치고 말았다. 이는 한편으로 초기 학계의 연구가 본격적인 사회연구라기 보다는 정보사회론의 소개와 몇 가지 사회적 함의를 도출하는 데 그친 소극적인 연구이거나 이데올로기 비판의 성격이 강했다는 점과[5] 다른 한편으로 '1980년대와 1990년대 초 당시 한국의 사회상황과 정보사회론에 제시되는 사회상이 아직 여러 면에서 부합하지 않고 있었다' (홍성태, 1998: 1)는 점에 기인한다. 하지만 신문방송학에서는 지속적으로 뉴미디어의 출현이라는 문제의식하에서 연구되어 국제정보질서, 정보지배구조, 뉴미디어의 성격 등 다양한 연구영역을 개척하였다.[6]

정보사회론의 1차 물결이 별다른 반향을 불러 일으키지 못하고 침잠하고 있는 사이, 1990년대 중반 정보사회론에 대한 본격적인 연구를 의미하는 2차물결이 시작되었다. 1차물결과의 차이점은 그 사이에 한국사회와 나아가 세계적인 차원에서 벌어진 변화일 것이다. 흔히 탈냉전으로 지칭되는 세계사적 변화는 그동안의 이데올로기적 대립을 해소시킨 동시에, 전지구적 수준에서의 무한경쟁시대를 열었다. 각국의 정부와 기업들은 전세계적 경제전쟁에서 승리해야 하는 절박한 처지에 놓였고, 이를 계기로 1970년대 이후 지속적으로 발전하던 반도체, 컴퓨터 등의 극소전자기술을 앞다투

---

3) 이후 서울대 사회과학연구소는 1988년 '뉴미디어 수용전망에 대한 연구', 1989년 '뉴미디어 이용과 충족에 관한 연구', '행정전산망 구축에 따른 사회적 함의에 관한 조사연구', '정보화 사회와 사회변동' 등 일련의 연구보고서를 내놓았다.

4) 이 시기의 연구결과물은 김일철 (1988), 강희경 외 (1991) 등이며 이후 신기술이 노동에 미치는 영향을 중심으로 발전되었다. 그러나 탈숙련화, 유연화 등 포스트포드주의라는 명제에 한정되어 정보기술의 영향을 도구화하는 경향을 보였다.

5) 이러한 대표적인 연구로는 성균관대학교 사회과학연구소(1990)과 김환석(1991) 등이 있다.

6) 그러한 결과, 신문방송학에서는 사회학에 앞서 전석호 (1993)과 강상현 (1995)의 정보사회 개설서가 발간될 수 있었다 하겠다

어 도입하기 시작했다. 특히 1990년대 초 인터넷의 확산과 상용화는 이러한 흐름을 한 순간에 전세계적 물결로 바꾸어놓았다.

한국사회에서도 1990년대 들면서 개인용 컴퓨터의 보급이 급증하는 등 발전된 정보통신기술이 직장과 가정 등 일상생활을 파고들기 시작했다. 그동안 기업체나 정부기관에 주로 사용되었던 개인용 컴퓨터(PC)가 90년대 들면서 가정에 집중적으로 보급되었다. 1990년 1,000명당 16대에 불과하던 PC보급률은 1996년 41대로 2.6배 증가하였고, PC통신 사용자도 급증해서 1988년 1,185명에 불과하던 PC통신 가입자는 1995년에는 1,906,182명에 이르러 불과 7년 사이에 1000배에 가까운 놀라운 증가세를 보여주었다.

이러한 현실변화에 따라 많은 연구자들이 정보사회적 현상에 대해 관심을 기울이고 여러 가지 측면에 대한 연구성과들을 내놓기 시작했다. 이를 반영하듯 여러 학술지나 학술행사가 앞다투어 정보사회론을 주제로 다루기 시작했다. 바야흐로 정보사회론의 홍수시대라 할 만하다. 1990년대 들어 정보사회론은 학계의 중심연구주제로 급부상한 것이다. 즉 〈계간 사상〉의 1995년 가을호, 〈문화과학〉의 9호와 10호, 〈동향과 전망〉의 1997년 봄호에 특집으로 다루었으며 한국사회문화연구소의 공개토론회(1997년 12월)에 이어 한국언론학회와 한국사회학회는 "정보화시대의 매체정책과 문화정책"(1998년 4월)를 주제로 하는 공동세미나를 개최하였다.[7] 이러한 성과를 바탕으로 권태환/조형제의 '정보사회의 이해'(1997)와 정보사회학회 편 '정보사회의 이해'(1998)라는 같은 제목의 개설서가 나란히 출간되어 이러한 관심을 실감케 했다.

그러나, 정보사회론의 2차 물결에도 불구하고, 한국사회의 정보사회론 연구는 아직 많은 부족함을 안고 있다. "고백컨대 우리나라는 정보사회에 관한 이론과 지식을 달러와 원자재만큼이나 외국에 의존하고 있다. 정보사회에 대해서는 최근에야 본격적인 사회학적 성찰을 시작하였지만, 아직도 그 성과는 일천하기 짝이 없다"는 김경동 (1998: 7-8)의 지적은 이를 잘 보여준다. 따라서 양적 연구의 성과만큼이나, 연구의 폭과 깊이를 넓히는 질적인 심화가 이루어져야 할 것이다.[8]

---

7) 〈동향과 전망〉의 1997년 봄호는 '정보사회, 그 허상과 실제 해부' (한국사회과학연구소)를 특집으로 다루었고 한국사회문화연구원에서도 '정보화사회 : 전망과 대응' 라는 주제로 공개토론회 (1997년 12월)를 개최하였다.
8) 1990년대 이후 한국사회의 정보사회론 연구사에 대한 검토는 홍성태(1998)를 참조.

## (2) 정보사회의 개념규정

20세기 후반 이후의 새로운 사회변동을 이해하고 분석하기 위한 정보사회론의 발전은 개념사적으로 많은 우여곡절을 겪었다. 모든 연구자들이 개념을 엄밀하게 사용한 것은 아니지만 자신의 분석대상의 외연과 내연을 명확히 하는 것이 분석력을 높이는 첫걸음이라 할 때 개념의 변천사는 매우 중요한 의미를 지닌다. 정보통신기술의 혁신으로부터 연유하는 사회형태를 분석하기 위하여 사용되는 개념은 대체로 '정보사회', 또는 '정보화사회'(informatization society), '고도정보사회', '성숙정보사회', '정보시대'(information age) 등 매우 다양하지만 대체로 '정보화사회'/'고도정보화사회'/'성숙정보화사회'(서울대 사회과학연구소, 1986 등)과 '정보사회'(권태환 외, 1997; 김경동 외, 1998)라는 개념으로 대별할 수 있다.

대체로 '정보화사회'의 개념은 정보사회의 출현을 일련의 '과정'으로 보고, 다양한 정보화과정과 각 시기별 또는 국가별 상이한 정보화정도를 이해하려는 유연한 개념이다. 따라서 정보화사회론은 산업사회와 정보사회를 엄밀하게 구분하는 것을 거부하고 산업사회도 어느 정도 정보화된 사회로 보고 그러한 산업사회적 정보화단계에서부터 정보화가 고도화되는 또는 성숙되는 단계와 기준을 설정한다. 일본학자들이 '고도정보화사회'를 선호하는 것은 그러한 뜻을 잘 나타낸다(濱口惠俊, 1986). 그럼에도 불구하고 정보화과정을 판별하는 기준은 매우 다양하다. 정보기술기반의 변화에 따라 정보화사회를 전산화, 네트워크화, 사이버화(김문조, 1998) 또는 초기 전산화단계, 온라인 네트워크 단계, 인터넷 등의 범세계정보네트워크 단계 등으로 나누거나, 각종 정보화지표나 지수를 설정하고 이에 따라 각 시기별, 국가별로 비교하기도 하고(한국전산원, 1996, 1997, 1998) 이를 포함한 사회적 변화에 폭넓게 고려하기도 한다(자세한 것은 정보화의 내용에서 논함).

이에 비해, '정보사회'는 여러 다른 사회변동요인을 배제하고 단지 정보기술의 혁신으로부터 연유하는 사회변동을 사회구성체 수준에서 이념형적으로 보다 추상화한 개념이라고 할 수 있다. 따라서, 사회변동의 다양한 양상들로부터 일정한 경향을 찾아내고 이를 이전 산업사회의 특징과 상이한 사회변동의 특징적 양상과 새로운 사회구성체의 내용을 탐색한다. 따라서, 정보사회론에서는 정보사회가 산업사회나 이전 자본주의와 구별되고 대립되는 사회현상을 부각시키고 그 질적 변화를 중요주제로 삼는다. 반면 '정보시대' (Dizard, 1982; Castells, 1996, 1998) 개념은 정보화사회나 정보사회 개념과 달리, 특정한 시대적 상황을 파악하는 좀더 불명확한 개념이지만 범세계적 금융자본, 국제분업질서 등 타 사회변동요인과의 연관성을 고려한다는 점에서 위 두 개념에 비해 훨씬 열린 개념이다.

한국사회의 경우 정보사회론의 1차물결 당시에는 대체로 정보화(사회)라는 개념이 주로 많이 쓰였다. 이는 당시의 변화수준이 이를 하나의 추상적 개념으로 파악하기 보다는 일련의 변화과정으로 파악하는 것이 적절했기 때문이다. 최근에 와서는 '정보사회' 라는 개념이 더 많이 사용되는데, 이는 그간의 변화가 어느 정도 추상화될 수 있는 이념적 수준에 도달했다고 보거나, 그 변동이 더 이상 되돌이킬 수 없으며 변화의 방향이 명료해졌다는 인식을 반영하는 것이라고 할 수 있다.

### (3) 정보화의 내용

정보는 정보사회론의 핵심개념임에도 불구하고, 정보가 무엇인가에 대해서는 이론가의 수만큼 다른 대답이 있다고 할 만큼 그 정의가 다양하다. 이는 정보라는 개념을 정의하는 일이 쉽지 않다는 것을 의미한다. 바로 그러한 이유로 다른 것과 구별되는 정보의 고유한 특성이 무엇인지를 밝히는 작업은 정보사회연구의 중요한 과제라 할 것이다. 왜냐하면 정보화가 무엇을 의미하는가 하는 물음은 결국 정보사회가 어떤 특징을 가지고 있는가라는 질문과 별개의 것이 아니기 때문이다. 여기서는 이에 대한 대답을 정보의 개념적 특성에 기반한 정보화론, 기술기반론, 경제구조론으로 나누어 살펴 보겠다.

무엇보다도 먼저 정보통신기술보다는 우선 정보자체의 내적 특성에 기초해서 정보사회를 논하려는 연구로는 방석현(1985), 김주환(1996), 권오혁(1995)을 들 수 있다. 이들은 정보화의 가장 중요한 특징은 바로 정보 그 자체가 고유한 특징을 갖고 있기 때문이라고 주장한다는 점에서 공통점을 갖고 있지만, 주장의 내용은 각각 다르다.

방석현은 '정보를 물질, 에너지 등에 대응하여 제 3의 요소로 인식하여 그 생성, 가공, 전달, 축적, 이용을 의식적으로 행하게 되는 활동'을 총칭해서 정보화라고 정의한다(33). 이는 정보를 물질, 에너지와 함께 물리적 세계의 본질적인 요소로 파악한다는 점에서 사이버네틱스의 정보개념에 기초한 것이다. 이 정의에 따르면 정보화의 범위는 인류학적 시간대로 확장되고, 정보사회의 기원은 인간이 최초로 언어를 사용한 시점까지도 거슬러 올라간다(홍성태, 1998: 6). 그런 점에서 가장 넓은 의미의 정보사회 개념이라고 할 수 있다.

한편, 김주환은 정보를 '역동적 과정'으로 파악한다. 그에 따르면 정보가 존재하기 위해서는 지각의 물질적 기반, 물질에 대한 인간의 행위, 행위에 의한 생산물이라는 세 가지 조건이 필수적으로 필요하다. 정보란 이 세 가지 필수조건의 산물이며, 지속적으로 '이루어져 가는 것'(in-formation)이다. 따라서 정보는 고정적 실체가 아니라 과정 속에서 존재하는 것이며, 운동과의 항상적인 피드백 과정을 통해 파악할 수 있는 것이다. 이러한 정보의 특성에 기초해서 그는 정보의 생산-교환-소비양식의 변화가 결국 사회적 실체의 구성 자체에 일정한 변화를 초래할 것이라고 본다(1996: 34).

권오혁은 정보화란 정보라는 특수한 현상이 사회경제적으로 확대됨으로써 인간의 활동에 전반적인 변화를 가져오는 복합적인 현상이라고 보았다. 그가 보기에 정보는 "가장 포괄적인 개념으로서 '사물에 대한 인지적 사실'"이다. 세계에 존재하거나 존재하지 않는 삼라만상에 대하여 인지된 총체적 상태 혹은 결과들이 모두 정보이다. 그러므로, 정보는 통상의 이해와 같이 자료(data)와 지식(knowledge)의 중간형태(권태환 외, 1997: 35)가 아니라, 이 모두를 포함하는 최상위개념이 된다. 이를 '실체로서의 정보' 개념이라고 한다. 그는 정보를 존재적 특성과 가치적 특성으로 나눈다. '존재하는 현상으로서의' 정보는 형식적 특성과 내용적 특성으로 나뉘는데, 전자는 표상성, 기호의존성, 개념의존성, 매체의존성, 복제성, 비소모성의 성격을 가지며, 후자는 창조성, 조합성, 다양성과 전문화 경향, 품질성의 성격을 갖는다. 한편 가치적 특성은 정보의 투입성, 독점성, 선택성, 경쟁성 혹은 대체성으로 파악된다.

이런 점에서 정보화는 결코 통신이나 의사소통활동의 증대 등으로 파악될 수 없다. 또한, 경제적 산출물로서 정보의 비중 증대로서 파악할 수 없는 것도 마찬가지이다. 그는 정보화를 설명하는 적절한 지표로 '활동(노동)의 정보화'를 제시한다. 즉 정보화란

'정보를 산출, 이동하는 기능의 중요성과 정보관련인력의 수적 증대를 의미할 뿐 아니라, 인간활동 특성의 전반적인 전환을 포함하는 복합적인 현상' 이라고 할 수 있다.

그러나, 정보의 개념적 특성에 기반한 이러한 논의들은 대체로 정보를 지나치게 포괄적이고 추상적인 것으로 파악하거나 주관적인 것으로만 바라봄으로써, 최근의 정보통신기술의 발달과 이에 따른 정보화현상의 변화를 분석해 내는 데 한계를 지니고 있다.

이러한 의미에서 둘째로 기술기반론이 중요한 의미를 지닌다. 기술기반론은 '정보화'를 기본적으로 정보기술기반과 그 활용의 고도화라는 시각에서 본다(권태환 외, 1997; 김경동 외, 1998). 이것은 정보화에 대한 가장 일반적인 관점인데, 정보화란 역사발생사적으로 '정보'라는 새로운 현상이 탄생하거나 사회적으로 새로이 자리매김한 것에서 연유하는 것이 아니라는 점에 근거하고 있다. 정보 그 자체나 '많은' 정보는 역사적으로 이미 산업사회에서 팽창하고 있었기 때문이다. 따라서 최근의 변화는 정보기술 또는 정보매체의 새로운 발전이며, 그러한 매체의 급격한 기술혁신에서 정보화라는 질적 변화가 이루어졌다는 것이다. 따라서 정보화를 정보기술의 혁신이라는 기술적 기초 위에서 정보매체의 사회적 응용과 활용의 고도화로 간주한다. 즉 정보기술매체에 의해 정보전달과 저장, 가공, 편집의 속도와 양이 비약적으로 증가하였으며 또한 그 질이 고도화된다는 점이다. 이용자에게 편리한 접근기술과 정보검색 및 모니터링 소프트웨어의 개발과 응용은 정보이용자의 욕구에 상응하는 다양한 정보검색과 저장, 가공, 편집을 가능케 하고 고부가가치를 생산하는데 필요하거나 그 기초가 되는 정보검색과 저장, 가공, 편집을 쉽게 한다는 점에서 정보화의 중요한 기반이다. 텍스트형 운영체제인 도스(DOS)에서 그래픽형 운영체제인 윈도(Windows)으로의 발전은 컴퓨터 이용자의 편의를 도모함으로써 개인용 컴퓨터의 대중화에 기여했고, 1993년 윈도용 웹브라우저 모자익(Mosaic)의 개발이 월드와이드웹은 물론 인터넷의 폭발적 팽창에 큰 기여를 했음은 주지의 사실이다.

정보화를 정보매체활용의 고도화로 특징짓는다고 할 때, 향후 발전될 정보기술적 기반이 더욱 중요한 의미를 지닌다. 20세기 중반이후 급격하게 발전한 정보기술혁신과 그에 따른 정보매체의 발전이 오늘날 정보화의 기술기반이듯이, 현재 정보매체로서 가장 중요한 개인용 컴퓨터의 중앙처리장치(CPU)용량은 매년 기하급수적으로 팽창하고 있고, 또한 컴퓨터들의 네트워크화도 급진전되어 인터넷화되고 있다. 인터넷에 연결된 네트워크수는 1988년 217개에 불과했지만, 1991년 3,086개, 1995년 50,766개로 급속하게 증가하여 인터넷은 범세계적 네트워크로 확장되었다. 이에 따라 질적 변화도 수반하였다. 이는 단위 단말기의 처리용량의 증가뿐만 아니라, 네트워크 전송장치 능력의 급속한 증가를 배경으로 한다. 그간 기간네트워크망이 동케이블에서 광케이블로 교체되었고, 전송용량도 킬로바이트급에서 T1(1.5Mbps)로 그리고 T3(45Mbps)로 증가하였다. 전송 모뎀도 14.4Kbps, 28.8Kbps에서 64Kbps, 128Kbps로 혁신되고 더 나아가 고성능 쌍방향 모뎀(ADSL)으로 혁신되었다.

기술기반론은 이렇듯 정보기술적 가능성과 기술궤적(trajectory)이 실제 정보매체의 사회적 활용과 형성에 앞서 정보화의 틀과 조건을 형성한다는 점을 강조한다. 특히 정보화의 보다 소프트하고 좀더 문화적인 내용의 성격도 정보기술이 '담아낼 수 있는/소통될 수 있는' 정보에 의해 규정될 가능성이 매우 높다. 하지만, 다른 한편으로 사회문화적 조건이 기술적 가능성이나 발전궤적 자체를 저지하기도 하며, 그 활용과 이용을 저지하거나 촉진한다는 점도 간과할 수 없다. 이러한 점에서 정보기술 인프라의 구축은 컨텐츠산업 등 문화경제적 고려 뿐만 아니라, 훨씬 다양한 사회문화적인 지식정보 영역과 그 변화에 상응하고 조응되어야 할 것이다.

반면 셋째로 경제구조론을 들 수 있는데, 기술기반론이 기술결정론적 성격을 지닌다면, 정보화를 사회적 측면에서, 특히 경제구조의 변동에서 찾으려는 시도는 경제구조론에서 잘 드러난다. 이들은 정보화를 정보관련산업 및 노동자의 비중증대와 고도화로 간주한다. 마흐럽(Machlup, 1962)은 당시 미국 경제에서 교육, 연구개발, 미디어와 커뮤니케이션 활동, 정보기기, 정보서비스 부문 등의 지식의 생산과 유포에 관련된 산업을 '지식산업'으로 규정하고, 이러한 지식산업이 GNP 등에서 빠른 성장을 하고 있다고 주장했다. 포라(Porat, 1977)는 1967년 이미 미국 경제에서 정보부문의 생산규모가 전체 GNP의 46.1%에 달하며, 노동력의 절반이 이 부문에 종사하고 있고, 노동력 구성에서나 평균 소득 수준에 있어 다른 경제부문을 앞지르고 있다고 주장했다. 그는 이를 '정보경제'라고 부르고, 이를 근거로 당시 이미 미국 경제가 정보사회로 진입했다는 주장을 폈다. OECD(1981)도 인력구조 측면에서 정보생산자, 정보처리자, 정보기반 종사자 등 정보노동자의 규모를 중심으로 정보산업추이를 연구하였다. 이러한 일련의 실증적인 연구들은 이후 정보사회론자들이 정보사회로의 이행이라는 주장을 정당화하는 효과적인 근거로 사용되었다(강상현, 1996: 100).

그러나, 한편에서는 경제구조론이 '정보사회'의 경제적, 산업적 측면만을 강조함으로써 사회문화적 함의를 간과하고 있다는 비판했고, 다른 한편에서는 이런 시도가 '정보부문'을 지나치게 넓은 의미로 해석한다고 주장하고 '과연 정보부분과 무관한 분야가 있는가'라고 반문했다(정건화, 1998: 45).

이에 따라 '정보부문'을 새롭게 정의하고 그 추세를 파악하려는 시도들이 나타나고 있다. 과거 하나의 범주로 묶었던 서비스부문을 전통적 서비스업과 근대적 서비스업으로 구분하였다. 분석 결과 미국의 경우 1980년대 이후 사업 서비스, 영상 서비스, 오락 및 레크리에이션, 전문 서비스 등 근대적 서비스 부문의 성장이 소매업이나 숙박업과 같은 전통적 서비스 부문에 비해 상대적으로 빠르게 성장하고 있고, 서비스 부문 취업자의 구성에 있어서도 근대적 서비스업 취업자의 비율이 증대하고 있는 것으로 나타났다(정건화, 1998: 46). 이러한 추세에도 불구하고 전통적 서비스업이 차지하는 비율이 여전히 30%에 이르고, 정보기술이 서비스 부문뿐만 아니라 1, 2차산업에서도 활용된다는 사실은 정보부문을 단순히 서비스부문과 등치시키는 것이 여전히 문제가 있음을 보여준다.

이런 점에서 미국 상무서 보고서 〈디지털 경제의 출현〉(The Emerging Digital Economy, 1998)는 전자상거래 등 새로운 경제체제의 성립/발전이라는 관점에서 정보경제에 접근한다. 이에 따르면, 1990년대 미국경제의 성장의 중요한 원동력은 인터넷으로 촉발된 정보기술(IT)산업의 발전이다. 이는 지표로도 나타나는데 1977년 미국 국내총생산(GDP)에서 정보기술산업이 차지하는 몫은 4.2%였으나, 1998년에는 8.2%를 기록하여 두 배로 늘었다. 또한 정보기술산업은 인플레이션의 억제에도 크게 기여했다. 비슷한 질과 성능을 놓고 봤을 때 여타 산업부문에서는 가격이 인상되는 데 비해 정보기술산업은 가격이 하락한다는 것이다. 무어의 법칙으로도 알려졌듯이, 매 18개월마다 컴퓨터 칩의 가격은 절반으로 하락하는 데 비해, 처리속도는 두 배로 향상되었다는 것이다. 그 결과 1996년에서 1997년 사이 정보기술산업의 가격하락은 미국 전체 인플레이션을 1% 포인트 끌어내리는 역할을 했다고 추정했다.

이러한 정보기술산업의 발달은 나아가 산업전반에까지 영향을 미치고 있다. 인터넷의 팽창으로 인해 컴퓨터, 소프트웨어, 서비스 및 커뮤니케이션 분야의 투자가 늘고, 전자 네트워크를 통해 재화와 서비스를 생산, 유통, 판매하는 전자상거래(electronic commerce)가 보편화되면서 생산성과 수익이 크게 증가할 것으로 기대되고 있다. 더 나아가 이러한 발전이 향후 25년 사이에 현재의 경제체제를 전혀 새로운 경지에 올려 놓으리는 낙관적 전망도 나오고 있다. 여기서 주목할 점은 이러한 분석이 정보경제를 파악하는데 있어서 기존의 산업구분에 얽매이지 않는다는 점이다. 따라서 정보기술산업의 발전은 단순히 서비스산업의 팽창이라는 결과로 이어지는 것이 아니라, 새로운 경제체제의 성립이라는 보다 총체적인 결과로 이어지고 본다.

그러나 현실은 낙관적 예측에 부합하지는 않는다. 실제 미국 노동부의 조사에 따르면[9] 정보노동자의 비율이 2005년 정보통신분야에서는 3.5-10% 이상 증대되며, 전분야에 걸쳐 증가할 것으로 예상되었다(OTP, 1997: 8). 그러나, 주의할 점은 정보노동자의 비율이 대부분 3-4%에 한정되며, 2005년에도 많은 산업에서 1-3%에 한정된다는 사실이다. 이는 사회변동에 있어서 정보화가 차지하는 의미를 분명히 할 필요가 있다. 그런 점에서 정보화의 성격을 올바로 파악하기 위해서는 서비스부문의 성장이나 정보노동자의 증가라는 식의 전통적인 산업구분에 얽매이는 것을 넘어설 필요가 있음을 알 수 있다. 이러한 접근은 정건화 (1997)의 연구에서 잘 보인다.

한편 정보화의 경제구조변동적 측면은 또한 전자상거래 등 새로운 경제체제의 성립/발전으로 특징지워진다(미상무성, 1998). 인터넷 상거래 등 전자사업의 증대를 가장 큰 특징으로 지적한다.

### (4) 역사적 발생과정과 정보사회의 성격

정보사회가 역사적으로 어떤 위치를 차지하는가는 정보사회론의 핵심 주제이다. 이

---

9) 미 노동성 기술정책국(Office of Technology Policy)에서 세분류산업별로 컴퓨터 과학자/기술자, 시스템 분석가와 컴퓨터 프로그래머 등 산업의 '정보기술노동자'의 밀도(Industry IT Worker Intensity)를 조사한 것에 의한다.

는 정보사회가 근대 자본주의와 어떤 관계를 갖고 있는냐는 질문과 연결된다. 이에 대해 크게 자본주의와의 단절성의 강조하는 입장과 연속성을 강조하는 입장이 대두하고 있다. 물론 어떤 경우에도 정보화라는 현실적인 변화를 부정하지 않는 한, 정보사회가 산업사회와는 구별된다는 점에서는 의견이 모아진다.

정보화가 사회구조 전반의 질적인 변화를 가져옴으로써 정보사회는 이전 사회와 구별되는 특성을 갖게 된다는 주장은 벨의 후기산업사회론으로 대표된다. 1960년대부터 이루어진 마흐럽, 포라, 존서 등의 정보경제 분석에 기반한 그의 주장은 고용의 지배적 형태에 따른 인류 역사의 유형화를 특징으로 한다. 농업노동이 주류를 차지한 전산업 사회에서 공장노동이 주류를 차지한 산업사회로 넘어오면서 부의 생산은 노동과 자본의 결합을 통한 재화생산에 주로 의존했다. 그러나, 정보통신기술의 발달로 인해 사회가 후기산업사회로 넘어가면 부의 창출은 재화생산에서 서비스 판매로 이동하고, 이에 따라 지식과 정보의 역할이 중요해진다. 탈산업사회는 제조업중심에서 서비스업 중심으로, 산업노동자에서 정보노동자로 그 중심이 이동한다는 점에서 산업사회의 사회구조와 단절적 성격을 갖는다고 할 수 있다. 토플러(Toffler, 1990)의 '제3의 물결', 나이스벳(Naisbitt)의 '메가트렌드', 디자드(Dizzard)의 '정보시대'도 이러한 단절적인 변화를 주장하는 개념이다.

이에 비해 정보화로 인한 현실적 변화를 부분적으로 수긍하면서도 정보사회로의 사회변화가 기본적으로 자본주의사회의 기본특성을 공유할 뿐만 아니라, 나아가 자본주의 사회의 재구조화에 기여하고 있다는 주장도 만만찮게 제기된다. 셰멘트(Schement, 1989)는 정보통신기술이 본래 효율적인 관리체계의 확립을 위해 보다 많은 정보를 수집, 처리, 분배하고자 하는 기업의 욕구를 충족시키고자 개발되었다고 주장한다. 쉴러(Schiller, 1983)도 정보화를 자본주의의 자본축적과정의 구조적인 변동이라고 보고, 새로운 정보통신기술은 다국적 기업들의 세계시장 지배를 목표로 하고 있다고 주장했다. 로빈과 웹스터(Robins/Webster, 1988)는 정보통신기술의 발전을 상당히 의미있는 것이라고 보면서도 기본적으로 이것이 지금까지의 포드주의적 사회관계를 사회적으로 확대시킴으로써 사회적 포드주의로 확장되는 결과를 낳고 있다고 주장한다. 결국 정보사회에서도 상품화, 잉여이윤추구, 자본축적이라는 자본주의의 고유논리는 똑같이 관철되며, 따라서 정보사회는 기껏해야 자본주의 내의 한 단계에 불과하다는 것이 비판론자들의 주장이다.

　물론 정보사회론이 단절론과 연속론이라는 선을 통해서 완벽하게 구획될 수 있는 것은 아니다. 특히 사회변동에서 기술이 차지하는 역할을 어떻게 볼 것인가는 또 하나의 중요한 기준이 된다. 정보사회의 단절성을 부각하는 입장은 대체로 기술발전이 사회변동의 제 1의 원동력이라고 본다. 반면 반대 입장은 대개 기술이 그 자체로 사회변동을 이끌어낼 수는 없으며, 오히려 사회가 기술의 발전에 지대한 영향력을 미친다고 주장한다. 산업자본주의와의 단절성/연속성과 사회-기술간의 관계설정을 기준으로 다

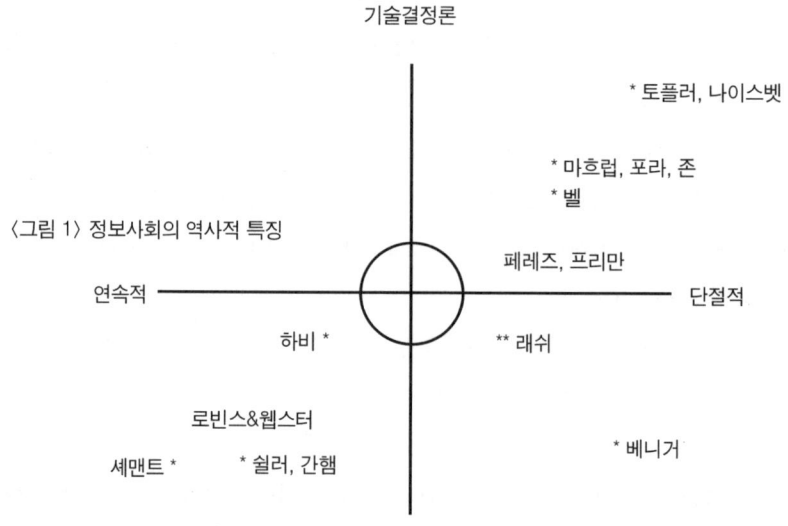

〈그림 1〉 정보사회의 역사적 특징

음과 같은 정보사회론의 지형을 그릴 수 있다.

　한편 베니거(Beniger, 1986)의 통제혁명론은 사회구조변화의 1차적 원인은 체제의 통제위기에 있으며, 정보통신기술은 이미 2차대전 이전부터 존재하고 있었던 통제위기를 탈출하기 위해 개발되었다고 주장하는 점에서 사회결정론이라는 대부분의 연속론과 맥을 같이 하지만, 새로운 통제기술을 통해 형성된 사회가 과거의 사회와는 단절적이라고 주장한다는 점에서 단절론으로 구분된다.

## 2) 지식사회론과 그 특징

### (1) 지식사회론의 도입과 전파

넓은 의미에서의 지식사회론이 도입, 전파된 것은 크게 경영학과 경제학 분야를 통해서이다. 경제학 분야에서는 마흐럽(Machlup)의 지식경제 및 기술경제론이 도입되면서 유입되었다. 이러한 기술경제론은 특히 과학기술정책관리연구소(STEPI)와 과학기술원(KAIST) 등을 중심으로 정책연구의 중요한 기반이었다. 이 분야의 연구는 주로 신흥공업국인 한국경제에서의 기술습득과 경쟁력 강화의 연관관계에 대한 관심에 초점을 맞춰졌다. 김인수 교수의 〈모방에서 혁신으로〉(Imitation to Innovation, 1997)는 이 분야의 가장 중요한 연구성과이다.

한편, 경영학에서는 지식사회론이 기술경영학과 더불어 도입되었는데, 특히 《후기자본주의사회》(1992) 등 피터 드러커(Peter Drucker)의 저작이 번역, 소개되면서 본격적으로 전파되기 시작했다. 강철규(1994)·하인호(1998) 등은 이러한 서구의 논의를 바탕으로 21세기 한국사회의 나아갈 바로서 지력사회 혹은 지식사회론을 본격적으로 주장했으며, 그 일환으로 기업에서의 지식경영의 중요성을 역설했다.

지식사회론과 관련해서 최근 특기할 만한 일은 지식경제에 관심을 갖는 학자들을 주축으로 한 매일경제신문사의 '지식포럼' 출범이다. 이 포럼은 산업경쟁력을 분석한 〈부즈 앨런 & 해밀턴 한국보고서〉 및 〈맥캔지보고서〉 등의 발간과 '비전코리아'(Vision Korea)라는 홍보전략을 통해 IMF 체제하에서 새로운 한국경제의 발전비전으로서 지식경영의 중요성을 부각시켰다. 그들은 경제현장과 경제정책이 보다 실질적인 부가가치의 창출을 목표로 해야 한다고 전제하고, 이를 위해서는 "우리 사회의 개인, 기업, 정부 모두가 지식으로 무장"해야 한다고 역설한다(매일경제 지식프로젝트 팀, 1998).

### (2) 지식사회 개념 규정

지식사회라는 개념은 사회학에서보다[10] 지식경제나 지식경영의 형태로 제기되었다. 마흐럽(Machlup)의 지식경제(knowledge economy)에서부터 출발하며 과학기술이 경제성장에 미치는 영향을 탐색하는 과정에서 '지식기반경제'(knowledge-based economy)라는 개념이 만들어졌다. OECD(1996)의 '지식기반경제'는 무엇보다도 과학기술이 산업기반과 부가가치생산에서 더욱 중시되고 있다는 사실에 근거하고 있다는 점에서 혁신경제를 뜻한다. 이러한 인식에 기반하여 경제성장을 위한 지식의 창출, 확산, 이용을 고도화하고 네트워크화하기 위한 국가혁신체제의 필요성을 제기하고 있다. 하지만 지식기반경제는 정보경제를 포괄하고 있지 않다. 정보통신기술이 지식기반경제의 성장과 발전에 중심적이라는 사실은 인식하고 있으나 이는 정보통신산업의 성장을 의미할 뿐 정보통신기술의 광범한 사회적 활용과 그를 통한 재구조화를 의미하는 것이 아니기 때문이다.

한편 경영학 분야에서는 피터 드러커(Peter Drucker)의 지식경영학에 의해 지식사회론이 본격적으로 보편화되었다. 드러커는 지식의 의미변환을 역사적으로 고찰하면서 기술혁신 뿐만 아니라 특히 다양한 사회영역에서 "지식의 지식에의 적용"을 중시하였다. 그는 제2차 세계대전 후 지식이 기업경영에 본격적으로 응용되어 조직혁신이 이루어지는 소위 '경영혁명'을 중시하였다(Drucker, 1992).[11] 지식을 적용하여 조직 자체의 혁신을 추구하는 경영을 지식경영이라 할 때, 이는 노동에 기초한 생산방식이 아니라 지식에 기초한 생산방식으로서, 지식노동과 그 담당자로서 지식노동자(knowledge worker)에 새로운 의미를 부여한다 할 것이다.

이러한 영향속에서 강철규(1994)는 '지력사회'라는 개념을 제시하였다. 여기서 지력은 지식과 구별되는 개념인데, "지식은 인적 자원이 보유한 지적 능력을 말하고, 지력(knowledge power)은 생산력화된 지식을 말한다. …. 지식은 인적 자원이 보유한 지적능력을 말하고 지력은 국민경제나 지역경제 혹은 기업이나 산업이 보유하고 있는

---

10) 사회학에서는 로버트 레인(Robert Lane, 1966)이 지식사회개념을 사용하여 경험, 지식, 문화 등 인식과 믿음 형태의 특정한 방향에 초점을 맞추어 지식과 지식담당자(men of knowledge)의 사회적 역할을 중시한 바 있으나 아직까지도 다듬어져 있지 않다(Stehr, 1992).

11) 드러커는 지식의 의미변화의 역사적 계기로서 테일러리즘에서 시발되는 경영혁신과 경영학의 발생을 중요하게 바라보지만, 지식의 응용화라는 역사적 계기에서보면 금속산업, 전기산업, 화학산업 등 기술산업과 공학(공과대학)의 발생이 역사적으로 선행하며 그러한 역사적 계기의 연장선에서 경영혁신과 경영학의 발생이 의미를 지님을 간과하고 있다.

생산력화한 지적 능력을 말한다"(강철규, 1994 : 48-50). 그러나 그의 논의는 비록 지력사회라는 개념을 사용했지만, 부가가치의 원천, 고용구조의 변화, 기업경영의 방식 등에 문제에서 피터 드러커류의 지식경영론과 거의 다를 바가 없으며, 지력이라는 개념 또한 노나카 이쿠지로의 지식창조프로세스(SECI)모델을 통해 더욱 구체화된 것이기 때문에 특별한 의의를 찾기는 힘들다.

이에 비해 하인호(1998)는 보다 포괄적이고 구체적인 논의를 제공한다. 그는 향후 21세기를 움직이는 세 개의 수레바퀴를 정보화사회, 학습사회, 지식사회로 규정하고, 그러나 이 세 수레바퀴는 동등한 수준이 아니라 연속적인 발전단계라고 주장한다. 즉 정보화사회에서 학습사회를 거쳐 지식사회로 발전한다는 것이다. 여기서 특기할 만한 점은 그가 정보화사회와 지식사회를 구분한다는 점이다. 그는 정보화단계를 셋으로 구분한다. 첫 번째 단계는 명시적으로 지적하고 있지는 않지만 정보화 시설투자의 단계이다. 그런데 이 단계에서는 기존의 서류중심의 경영과 컴퓨터 중심의 경영이 병존함으로써 이중지출로 인한 손실이 발생한다. 따라서 이러한 손실을 극복하기 위해 체제통합, 체제개발, 체제운영을 통해 정보화사회의 효과를 수확해야 하며 나아가 정보화의 마지막 단계에서는 정보망을 통하여 정보를 교환하고 검색, 가공하는 학습활동을 구축해야 한다. 이것이 곧 학습사회로 넘어가는 계기가 되며, 이렇게 정보화사회를 기반으로 한 학습사회는 지식사회의 기반이 된다는 것이다. 그는 현재 유럽과 미국은 정보화사회의 단점을 극복하고 학습사회를 기반으로 지식사회를 구축하는데 전력을 다하고 있지만, 한국사회는 아직도 정보화초기단계에 머물고 있다고 지적한다(하인호, 1998 : 31-33). 그의 논의는 매일경제 지식프로젝트의 〈지식혁명보고서〉와 몇 가지 공통점을 발견할 수 있는데, 지식사회를 정보(화)사회보다 높은 단계로 설정하고 학습사회의 필요성을 주장하고 있다는 점이다.

### (2) 지식화의 내용

지식사회론은 지식의 재생산 메카니즘인 '지식화'의 내용에 따라 서로 구분된다. 대체로 지식화의 내용은 조직적 지식화론, 혁신체제론, 사회문화적 조건론으로 구분될 수 있다.

무엇보다도 먼저 지식경영론 또는 조직적 지식화론을 들 수 있다. 경영학 분야에서의 지식사회론은 대체로 지식경영의 개념을 중심으로 한다. 하지만 지식경영의 필요성을 산업사회(혹은 정보화사회)에서 지식사회로의 이행이라는 사회변동에서 찾는다는 점에서 지식사회 개념은 지식경영 개념과 밀접한 관계를 갖는다.

가장 대표적인 지식경영론은 드러커의 지식화론이다. 그는 지식사회는 조직사회(Drucker, 1992: 315; 1995: 98)라고 주장하여 지식사회에서 조직의 역할을 강조했다. 조직내 각 분야의 전문가들의 전문적 지식을 결합하고 조직화하여 하나의 지식으로 융합하여 생산품을 만들어낼 때 지식의 생산성이 들어나기 때문이다(Drucker, 1992: 88-89). 그러나 그의 지식화론이 기업과 같은 조직의 내부를 대상으로 하며 전산화가 조직내적 수준에서 이루어진, 상대적으로 전통적 조직유형에 근거한다는 점에 특징이 있다. 왜냐하면 오늘날 지식의 생산성이나 부가가치 창출은 조직내 지식조합이나 융합에 기초할 뿐만 아니라 인터넷 등 정보기술의 발달에 따라 더 폭넓은 조직밖의 인적 자원을 포함한 광범위한 네트워크형 지식조합과 융합에 달려 있기 때문이다. 이런 의미에서 드러커의 지식화개념은 정보기술기반의 잠재력을 충분히 반영하지 않은 '조직적 지식화' 론이라 할 수 있다.

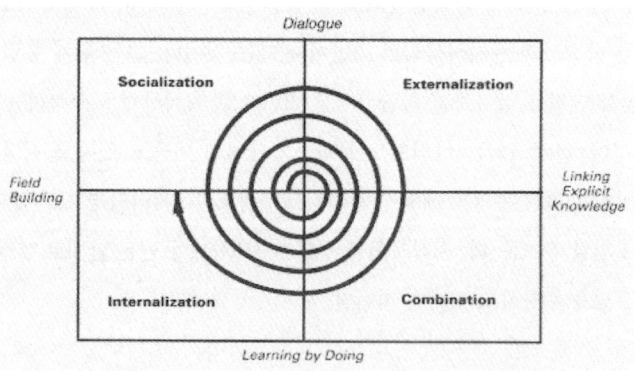

〈그림 2〉 조직사회형 지식화론

이러한 조직적 지식화론은 전후 일본기업의 현장기술학습과 제품개발을 설명하고 이를 모델화한 노나카/다케우치에서도 잘 나타난다(Nonaka/Takeuchi, 1995). 이들은 마이클 폴라니(Michael Polanyi)의 구분에 따라 지식을 '표출적 지식' (explicit knowledge)와 '암묵적 지식'(tacit knowledge)으로 나누고, 그 가운데 암묵적 지식에 강조점을 둔다. 일본기업이 성공할 수 있었던 것은 암묵적 지식에 기반한 지식화에 성공했기 때문이라고 주장한다. 그들의 지식화 모델은 다음의 〈그림2〉로 설명할 수 있다.

조직적 지식창조의 출발점은 암묵적 지식을 조직구성원 서로가 공유하는 사회화(socialization)이다. 여기서 암묵적 지식이란 비공식적이고 정의하기 어려운 '기술적 차원'(technical dimension)에서 연유하는 형태와 정신적 모델, 신념, 당연시된 인식 등의 '인식적 차원'(cognitive dimension)에서 연유하는 형태로 구분된다. 이런 암묵적 지식을 획득하고 축적하고 타인에게 전수함으로써 최초의 암묵적 지식은 표출적 지식이 된다. 이것이 외부화(externalization)이다. 각기 다른 배경, 관점, 동기를 가진 구성원들로 이루어진 프로젝트 팀은 그들 사이에 공유된 암묵적 지식을 기반으로 표출적 지식을 만들어낸다. 이렇게 생산현장에서 만들어진 여러 가지의 표출적 지식은 기업 내 제품개발팀 등을 통해 하나로 조합된다. 이것이 조합화(combination) 단계이다. 제품개발팀은 연구개발인력만으로 구성되지 않는다. 현장영역과의 긴밀한 상호작용을 위해 생산, 판매, 계획 등 각 분야의 전문인력이 참여한다. 일단 이렇게 조합된 지식은 가치체계나 기술적 노하우의 공유 등을 통해 조직구성원 개개인에게 체화됨으로써 새로운 암묵적 지식의 원천이 된다. 이것이 내면화(internalization)단계이다. 이와 같은 암묵적 지식과 표출적 지식간의 지속적 변환을 통해 조직은 지속적으로 새로운 지식을 창조한다는 것이 이들의 지식창조 프로세스(SECI) 모델의 핵심이다.

그러나 조직적 지식화론은 지식의 개념폭을 넓혀 지식생산의 동적 기제를 밝힐 수 있는 반면 사회적 지식기반과의 관련성은 경시하는 한계를 지닌다. 대학의 기초연구 등 과학적 기술이 기술개발 및 지식생산에 미치는 역할을 경시하며 또한 정부연구소 등 다양한 사회적 지식기반의 잠재력을 무시했다는 점에서 기업중심주의적 지식생산론이라고 할 수 있다. 뿐만 아니라 면접형 프로젝트팀이나 기업조직을 모델로 한 모델일 뿐, 오늘날 인터넷 대표되는 정보기술의 잠재력이 결합된 지식창조모델이 아니다. 또한 조직적 지식화의 기반인 조직내의 강력한 가치공유는 상상력이나 창조성의 발현을 저해할 가능성이 있으며, 연속적 지식발전이라는 나선형 모델은 '기술의 불연속적 발전'이라는 기술혁신의 가능성을 간과하고 있다. 따라서 이러한 지식창조는 성숙기

기술의 응용이나 변형에 있어서 유용할 지 모르지만, 여명기 기술의 개발에 있어서는 취약하다는 한계를 가진다(서이종, 1998: 354-355).

둘째로 혁신체제론을 들 수 있다. 전통적 주류경제학은 기술이나 혁신을 주어진 외생변수로 취급하는 경향을 보여왔다. 이렇게 된 까닭으로는 과학기술과 혁신에 대한 연구 부족으로 인한 지식자체의 부족, 실증적 통계자료의 부족, 1930년대 대공황 이후 주로 경기변동과 실업에만 관심을 집중해온 저간의 사정 등을 들 수 있다(이근 외, 1997: 5). 그러나, 이러한 경향은 슘페터(J. Schumpeter)의 혁신이론을 통해 변화하였다. 그는 혁신을 "새로운 조합들을 수행하는 것"으로 폭넓게 재규정하고, 기술개발은

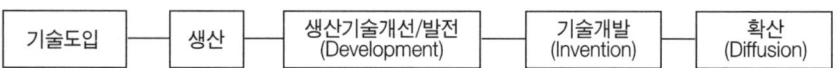

경제사회적인 수용과 활용으로 나아가지 않으면 의미가 없다고 하여 기술개발 뿐만 아니라 그 이후 경제적, 사회적 변화까지를 중요하게 여겼다(Schumpter, 1935). 또한 바네트(Barnett)는 혁신을 기술개발 뿐만 아니라, "생각, 행위 또는 사물"을 포함한 질적으로 새로운 것의 발생과 그에 대한 재조직화라고 규정하였다(Barnett, 1953: 7-9). 따라서 이후 혁신론은 다음과 같은 기술혁신사이클을 기초로 하였다.

기술혁신론은 일본기업의 개선(카이젠)전략에 근거하여 특히 기술발전단계를 중시함으로써, 누적적 발전(continuous development)과 학습조직론을 발전시켰다. 이러한 연장선상에서 노나카/다케우치의 지식창조기업론이 태동하였으나, 혁신론은 훨씬 더 복합적이고 체계적인 혁신체제론으로 발전하였다.

최근 기술혁신사이클과 같이 기술혁신을 선형적인 것으로 인식하던 이해방식에 급격한 변화가 나타나고 있다. 이제 지속적인 상호작용과 피드백(feedback)을 혁신과정의 특징으로 파악하고 있다. 이 모델은 혁신설계의 중심적 역할, 하류부문(downstream)과 상류부문(upstream) 사이의 상호작용, 혁신과정 매 단계에서의 기술 및 혁신활동들간의 상호작용을 강조한다. 이를 '연쇄모델', 혹은 '상호작용모델'이라고 한다(OECD, 1995: 23). OECD(1995)는 이러한 관점하에서 기술변화와 경제성장사이의 연관고리를 새롭게 설정하려는 시도이다.

기본적인 주장은 ① '기술변화는 과정'이라는 관점이다. 기술변화는 개발과 응용에 있어서 하나의 사건이 아니라 과정이며, 따라서 동태적으로 파악해야 한다. 또한 기술변화는 경제시스템의 외부에서 발생하는 것이 아니라, 기업의 조직 및 관리형태, 기업들 사이의 협약, 인적 자원의 투자규모와 효율성, 공공통신 네트워크 및 인프라의 질 등 제반의 사회적 제도에 뿌리박고 있다. ② 위 관점을 혁신과정의 상호작용모델과 결합하면, 혁신과정에서 중요한 역할을 차지하는 것은 연구소와 대학의 장기적 과학연구와 정부당국의 지원이다. 지식의 성격도 기초지식과 경제·사회적 필요에 의해 제기되는 구체적인 문제해결책을 연결시키는 매개과학(transfer science)이 중요해지며 따라서 산학협동의 중요성이 높아진다. ③ 기술과 학습과정은 '누적적 성격'을 가진다. 혁신은 그 자체로 새로운 것이지만, 동시에 학습되고 축적된 경험과 노하우를 반영한다. 학습역시 부분적으로는 평범한 일상생활에서 발생한다. ④ 기술의 확산과정에서 중요한 것은 기업의 흡수능력(absorptive capability)이다. 외부에서 실질적인 투자과정을 통해 개발된 기술을 얼마나 배워서 사용할 수 있는 능력을 가졌느냐가 혁신의 관건이된다. 그만큼 새로운 학습을 흡수할 수 있는 노동력의 능력이 강조된다. ⑤ 혁신을 성장(growth)으로 이어가기 위해서는 유·무형의 투자가 중요하다. 물질적 투자 뿐만 아니라 무형투자가 혁신의 창조와 확산 및 새로운 기술을 경제성장으로 변환시키는데 있어서 핵심적인 매개역할을 한다.

김인수(1997)는 이와 유사한 관점을 한국경제의 성장과정에 적용하여, 경제성장과 기술학습의 상관관계를 분석하였다. 그는 성공적인 기술학습은 한 두가지 요소로 설명될 수 없으며, 효율적인 국가혁신체제, 다시 말해 한 국민국가의 상황적, 문화적 맥락속에서 상호작용하고, 사회적으로 뿌리박은 다양한 공식적, 비공식적 제도들의 복합적 과정을 통해 이루어진다고 주장한다(Kim, 1997: 218-219). 그는 한국경제의 급속한 성장을 가능케 한 가장 중요한 요소는 기술이라고 전제하고, 특히 기존의 기술을 이해, 사용, 채택, 변화시키는 노력속에서 기술적 지식들을 효과적으로 사용하는 능력인 기술능력(technological capability)의 축적이라고 보았다(Kim, 1997 : 4-6). 그럼 왜 어떻게 한국경제가 이러한 기술능력의 축적, 즉 동적인 측면에서 보면 기술학습(technological learning)을 급속하게 달성할 수 있었는가? 이에 대해 그는 ① 재벌에 대한 지도와 자원의 선택적 할당을 통해 조기에 높은 성장목표를 달성도록 하는 조정자로서의 역할과 기업의 연구개발(R&D) 비용을 낮춰주는 조력자로의 역할을 수행한 정부, ② 다국적기업들의 지분참여가 제한된 상태에서 자유롭게 발휘된 기업가들의 진취적 기업가정신, ③ 기술학습을 위한 자원을 동원하는데 유리한 재벌구조, ④ 학습할 의지를 가진 잘 훈련받고 열심히 일하는 인력, ⑤ 학습을 용이하게 하기 위해 공식적/비공식적 기제를 통해 지속적으로 유입된 해외기술, ⑥ 수출시장으로부터의 경쟁적 자극, ⑦ 민간부분에서의 R&D투자 증대, ⑧ 정부나 최고경영진이 의도적으로 부과한 위기(imposed-crises). 예를 들어, 도전할 목표의 제시 등을 제시한다.

우리의 그동안의 급속한 기술학습은 이러한 다수의 사회적 제도들 간의 복잡한 과정을 통해 이루어졌다 할 것이다. 그러나 경제환경의 변화에 따라 이제는 강한 국가의 리더쉽만큼이나 교육제도의 개혁, R&D 활동의 강화, 기술기반 중소기업의 성장을 위한 여건조성, 기술지원네트워크 강화, 변화된 환경에 부응하는 연구기관들의 분화, 권력분산과 같은 정치사회적 변화, 사회문화적 요소 등을 강조하는 것이 필요하다고 지적한다(Kim, 1997 : 235-236). 이근 외(1997)도 이러한 관점의 연장선상에서 신흥공업국로서 한국의 기술능력과 기술혁신체제를 국제경쟁력이라는 기준에 따라 주요산업별로 분석 · 평가하였다.

주로 혁신의 과학기술적인 측면에 집중했다는 점에서 이러한 연구들은 앞서의 경영학적인 흐름의 지식사회론과는 맥을 달리한다. 이런 점에서 OECD가 추진중인 〈지식기반경제 프로젝트〉(일명 Blue Sky Project)의 일환으로 나온 〈지식기반경제〉(Knowledge-based Economy, 1996) 보고서는 이 두 흐름의 연결을 시도한다.[12]

이런 점에서 지식기반경제는 정보기술 사용의 증가에 의해 영향을 받긴 하지만, 정보사회에 대한 동의어는 아니며, 부호화된 정보와 이 정보를 사용할 수 있는 능력 모두를 지속적으로 학습해야 하는 경제이다. 학습(learning)이 중요한 이유는 정보기술을 통해 부호화된 지식으로부터 최대의 이익을 얻어내기 위해 필요한 암묵적 지식의 축적이 오직 학습을 통해서만 이루어지기 때문이다. 따라서 학습은 공교육 이상을 의미한

---

12) OECD 뿐만 아니라, 최근 세계은행(1998)도 발전문제를 새롭게 지식이라는 관점에서 접근하고 있다.

다. 오히려 실행을 통한 학습(learning-by-doing)이 가장 중요하다. 학습의 과정은 암묵적 지식이 부호화된 지식으로 전환하고 이것이 다시 새로운 종류의 암묵적 지식을 개발할 실행으로 되돌아오는 것이다. 이런 점에서 노나카/다케우치의 지식창조모델과 유사하다. 그러나 노나카 등의 모델이 기업내부에 국한된 것과 달리, 이 모델은 경제전반, 나아가 사회전반으로 확대된다.

지식기반경제의 혁신모델은 OECD(1995)에서 제시된 상호작용적 혁신모형, 혹은 연쇄모형이다. 정보와 지식의 창출만큼이나 확산(diffusion)과 이용(use)을 중시하는 이러한 모형에 따라 만들어지는 것은 혁신의 네트워크로 이루어진 사회이다. 이것이 구체화된 형태가 '국가혁신체제'(National Innovation System)(Nelson, 1993)이다. 이 체제의 핵심요소는 '지식배분력'(knowledge distribution power)이다. 즉 혁신하려는 사람이나 기업이 관련지식에 적절한 시간에 접근할 수 있게끔 보장해주는 능력이야말로 지식기반경제의 진정한 국가경쟁력이 되는 것이다(OECD, 1995 : 13-16).

이상에서 살펴보았듯이 혁신과정론에 기반한 혁신체제론은 기업내부에만 시야를 집중시키는 조직적 지식화론에 한계점을 벗어나 사회전체를 분석단위로 본다는 점이 가장 큰 특징이다. 그러나, 이 이론은 기본적으로 국가경쟁력 분석의 일환이며, 혁신체제의 정비를 통해 국가간 지식경쟁력의 차이, 지식격차를 줄이는 신경제성장정책의 성격을 지닌다. 따라서, 결코 국가사회 내부의 계층간 지식격차를 문제삼지 않는다는 문제점을 갖고 있다.

셋째로 사회문화적 지식화론을 들 수 있다. 사회문화적 지식화론은 지식화시스템에서 인간의 역할이 가장 중요하다는 인식을 근거로 한다. 아무리 많은 돈을 투자하더라도 시스템을 잘 갖춘다하더라도 지식노동자의 머리에 떠오르지 않는 때 기술개발이나 제품개발이 불가능하기 때문이다.

지식화는 지식배분과 지식창조에 초점을 맞추었을 때 두가지 요소로 구성된다. 자원으로서 지식정보 즉 복합적이고 다양한 지식집합의 측면과 지식정보를 생산하고 흡수하고 소화할 수 있는 인간적 능력 또는 바탕이라는 측면이 있다. 지식정보자원은 눈에 띠고 들어난, 이미 만들어진 지식이라면 후자는 만들 수 있고 생산할 수 있는 토양이다 할 것이다. 특히 후자는 사회문화적으로 매우 중요하다. 이러한 지식생산능력은 특히 지식을 흡수하고 소화할 수 있는 능력 및 바탕일 뿐만 아니라 훨씬 폭넓은 의미의 지식인 문화 자체의 수용능력이며 문화적 감수성으로 표현될 수 있다. 따라서 지식화는 사회문화적으로 자원으로서 지식정보를 지식흡수/생산능력을 통해 변형하고 활용하고 새로운 아이디어에 따라 새롭게 해석해서 새로운 지식을 만들어 내는 것을 의미한다(서이종, 1998).

지식화는 무엇보다도 기존의 다양한 지식정보에 새로운 의미를 부여하고 배열, 종합하는 것이다. 따라서 지식생산에서 그 핵심적 과제는 새로운 인적 의미(meaning)부여이며 이는 인간의 창의성에 기반한다. 기계와 기술이 중심적인 정보화와 달리 인간과 인간행위가 중심적 위치를 차지한다. 그러나 그러한 인간의 의미부여방식은 다양하다.

세계은행의 지식생산싸이클에서 보면 지식의 획득(aquiring knowledge)과 지식의 흡수(absorbing knowledge)뿐만 아니라 지식의 소통(communicating knowledge)(World Bank, 1998)에서 지식 자체뿐만 아니라 그러한 능력 및 토양은 매우 중요한 역할을 한다. 또한 기업의 지식창조 과정에서도 외부적 지식기반의 내부화, 자체 성원간의 사회화(지식전달) 및 의사소통(지식조합) 그리고 내적으로 축적된 암묵지에서 새로운 아이디어와 제품개념을 끌어내는 것 등에서(Nonaka/Takeuchi, 1995) 지식 흡수 및 소화능력이라는 점에서 그리고 지식창조능력이라는 점에서 매우 중요하다.

특히 현대사회에서 지식생산이 단순한 제조노하우 등 몸에 밴 숙련의 형태를 넘어 더욱 더 기초과학 및 응용과학적 연구 등 과학적 처리과정이 중요하다는 점에서(OECD, 1996) 과학적 사고와 과학적 지식생산에토스나 하비투스는 지식생산의 관건이 된다. 또한 그러한 과학화에도 불구하고 지식에 의한 혁신이란 "지식의 부가가치"에 있기 때문에 지식전문인이 지식내용 뿐만 아니라 그러한 지식의 경제적 가치를 인식하고 체화할 수 있어야 지식생산은 훨씬 더 부가가치가 높은 지식의 창조로 연결될 수 있다는 점에서 산업적 지식생산에토스나 하비투스가 필요하다(Suh, 1996: 120).

따라서 지식화가 단위 지식의 변형과 생산 뿐만 아니라 지식화능력을 핵심적인 영역이며 가치증식이 지식창조에 있다할 때 인간의 개성과 창조성은 훨씬 더 중요한 의미를 지닌다. 그럼에도 불구하고 지식생산에서 핵심적인 에토스/하비투스는 그를 가능케 하는 사회문화적 환경과 혁신지향적인 제도적 장치에 의해 지원된다는 점이 무시되지 않되며 이러한 점에서 보상체제, 연구평가체제, 기업내 동기부여시스템 등 혁신체제는 중요하다. 문제는 그러한 혁신체제가 사회문화적 내용을 통해 개인의 창조적 지식생산에 영향을 미친다는 점 즉 사회문화적 내용을 매개로 혁신체제가 지식화에 영향을 미친다는 점이다. 특히 우리나라의 많은 혁신인력관련 제도는 의식 등 사회문화적 내용과 괴리되어 있기 때문에 제도의 단순한 존재나 구축을 넘어 사회문화적 내용과의 복합적인 관계를 살펴보아야 한다. 이러한 점에서 지식화에 영향을 미치는 지식관 등 우리의 사회문화적 내용은 매우 중요한 의미를 지닌다(서이종, 1998).

### (4) 지식사회의 역사적 발생과정과 성격

지식사회가 탄생하게 된 역사적 계기가 무엇인지에 대한 기존 지식사회론의 설명은 불분명하다. 지식경영론이나 혁신체제론 모두가 지식사회론의 역사적 위상에 대한 고찰보다는 현실적 목표나 유용성에 더 비중을 둔다는 점도 하나의 원인이 될 수 있다. 그러나, "새로운 기술은 세상을 바꾼다. 그러나 이제 정보통신혁명은 시대적 소명을 다했다. 이미 우리 생활의 일부로 스며들었고 일상화됐기 때문이다. 지식혁명은 인류의 삶을 또다시 변화시킬 것이다. 그것은 농경사회, 산업사회, 글로벌산업사회, 정보화사회에 이어 인류사회의 패러다임을 바꾸어 놓을 '제5의 물결'이라 할 것이다"(매일경제 지식프로젝트팀, 1998: 32-36)는 주장은 정보사회라는 기준을 통해 지식사회론에서 주장하는 지식사회의 역사적 위치를 파악할 수 있는 단서를 제공한다. 하인호(1998)의 정보화사회, 학습사회, 지식사회로의 이행이라는 주장이나, OECD(1996)의 지식구분에서 정보사회를 know-what, know-why에 대한 부호화단계로 보고, know-how와 know-who를 지식사회의 핵심적인 요소로 보는 주장에서도 모두 지식사회가 정보사회보다 고도의 발전단계라는 생각을 엿볼 수 있다.

그러나, 과연 정보화로 인한 사회변화가 이들의 주장처럼 유행처럼 지나가는 것이나 이미 어느 정도 달성된 것 혹은 지식사회로 가는 중간적 단계인지에 대해서는 의심의 여지가 있다. 오히려 정보화는 우리의 삶 속에서 녹아서 구조화되었다는 점에서, 즉 일상생활화되어 우리의 사회구조를 변화시켰다는 점에서 오히려 중요한 사회적 특징을 가지고 있다. 그러한 의미에서 정보사회는 여전히 유효하고 타당한 사회규정이라고 할 것이다. 그런 의미에서 지식사회와 정보사회의 현실 사회변동의 어떤 측면을 강조하고 있는지를 구별해 보는 것은 유의미하다.

지식사회를 정보사회와 비교해 보면 정보사회에서는 지식이 인간적 전유에서 벗어나 기계적 형태(정보)로 가공 또는 유통, 저장되는데 초점이 있다. 따라서 정보기술의 능력, 즉 정보를 생산, 유통, 저장하는 기술적 능력을 중요시한다. 반면, 지식사회에서는 정보로 전이될 수 없는 지식의 성격, 즉 인간의 의미적 성격 또는 창조적 성격에 그 핵심이 있으며, 그러한 지식의 창조에 가치증대의 원천이 있다. 산업사회에서의 상품생산은 개인보다 조직(적 협동)이 중요하였지만, 지식사회에서는 지식생산이 핵심이며, 따라서 조직보다 개인이 중요하며 개인의 창조성이 핵심능력이다. 그러한 의미에서 지식사회에서 지식생산의 담당자인 '지식전문가'(knowledge specialist)가 중요한 역할을 담당한다. 따라서 정보사회론과 지식사회론을 개괄해보면 다음과 같이 정리될 수 있다.


## 3. 지식사회론과 정보사회론의 쟁점들

### 1) 지식의 정보화

#### (1) 지식의 성격변화

정보화는 지식의 성격을 변화시킨다. 지식은 역사적으로 1) 종교적 지식독점으로부터 근대적 지식의 태동, 2) 근대지식의 과학화, 3) 지식의 응용화라는 단계변화를 통해 그 의미가 변해왔다. 20세기 중반 이후 정보통신기술의 발달은 또 한번 지식의 의미를 변화시키고 있다(서이종, 1998).

최근의 정보화는 디지털화, 네트워크화, 하이퍼텍스트화로 요약할 수 있다. 디지털 기술의 발달은 문자는 물론이고 음성이나 영상정보까지를 모두 컴퓨터를 통해 처리할 수 있도록 만들고 있다. 모든 정보를 0과 1의 2진법의 조합으로 표현하기 때문에 일단 디지털화된 정보들은 원래 모양의 차이와 상관없이 동질성을 갖는다. 따라서 디지털화된 정보는 그것이 문자이든, 음성이든, 영상이든 상관없이 전화선이나 광섬유 등의 단일 통로를 통해 전송될 수 있다. 이러한 정보의 표준화와 상호호환성의 극대화는 정보의 통합적 처리를 가능하게 하는 동시에 검색능력을 증대시킨다.

네트워크 기술의 발달과 인터넷으로 대표되는 전지구적 네트워크의 출현은 인간의 커뮤니케이션에 있어서 새로운 차원을 열어놓았다. 과거 단순한 음성만을 전하던 통신기술이 이제는 문서는 물론 영상정보까지 실시간으로 세계 어느 곳으로든 전달하는 수단으로 급속히 발전했다. 이러한 통신기술의 발달은 시간과 공간을 압축함으로써 커뮤니케이션의 양과 속도, 그리고 범위를 비약적으로 증대시키고 있다.

넬슨(T. Nelson)이 Literary Machines 93.1(1992)에서 처음 만든 하이퍼텍스트 (hypertext)라는 개념은 '비연속적 글(쓰기)' (nonsequential writing)를 의미한다. 흔히 월드와이드웹(World Wide Web)에서 쉽게 찾아 볼 수 있는 하이퍼텍스트는 수많은 링크들로 구성된다. 이 링크는 다른 텍스트와 연결되는 결절점(nodal point)이다. 어느 링크를 클릭하느냐에 따라 이용자들은 하나의 텍스트속에서 서로 다른 무수한 텍스트로 옮겨 갈 수 있다. 따라서 텍스트의 구조는 비선형적 구조를 가지며, 이용자는 자신의 목적과 이해도에 따라서 서로 다른 텍스트를 접하고 이해하는 것이다.

로버트 파울러(Robert M. Fowler, 1994)에 따르면 하이퍼텍스트는 1) 적극적 독자를 전제한다 2) 고정적이거나 단일하지 않고 유동적, 중층적이다 3) 시작과 끝, 중심과 주변, 안과 바깥이 없다 4) 다중심적이고 한없이 재중심화할 수 있다 5) 망을 이루는 텍스트이다 6) 협동적이다 7) 반위계적이고 민주적이라는 특징을 가진다(강내희, 1996: 77-80).

이에 따라 정보화는 지식의 성격에 많은 변화를 가져오고 있다. 첫째, 지식에 대한 접근도가 증가할 것이다. 정보의 가공과 저장면에서 지식창조자들이 쉽게 접근하여, 이용할 수 있는 거대한 "지식정보저장창고"(knowledge-information storage)가 형성된다. 이는 지식정보의 사회적 활용도를 전반적으로 높아질 가능성이 생긴다. 둘째, 디지털화는 지식과 정보를 신속하고 편리하게 가공, 조합, 저장하는 것을 가능케한다. 지식정보는 보다 쉽게 데이터베이스화될 수 있을 뿐만 아니라, 데이터베이스화된 지식정보의 검색도 보다 신속해지고 정교해진다. 셋째, 정보와 지식의 습득이 편리해지고 신속해진 만큼, 다량의 정보와 지식을 어떻게 이용할 수 있는 활용능력이 더 중요성을 갖게 된다. 넷째, 전통적인 지식이 논리적으로 통합된 하나의 큰 덩어리(corpus)였다. 따라서 고도의 지적훈련을 받은 소수의 지식인들만이 이를 수용할 수 있었던데 비해, 정보화는 지식의 재해석과 지식간의 연결을 매우 쉽게 함으로써 지식의 유연성을 증대시킨다. 다섯째, 정보통신기반을 이용한 시뮬레이션(simulation)과 가상실험은 지식생산과정을 훨씬 더 고도화한다.

### (2) 지식생산체제의 변화

이러한 지식의 성격변화는 지식생산체제에서도 커다란 변화를 가져온다. 첫째, 고도화된 지식생산체제는 시간과 공간을 압축하고, 지역과 국경이라는 기존의 경계를 뛰어넘는다. 정보의 신속한 대량전달은 지식생산자들의 긴밀한 소통을 범세계적인 수준에서 가능케 한다. 이러한 네트워크화된 지식생산체제는 시간적으로 상이한 지역을 매개로 24시간 지식창조작업을 지속할 수 있게 된다.

"미국 오하이오에 있는 한 소프트웨어 회사에서 만들기 시작한 소프트웨어는 저녁 무렵 하와이 지사로 전송되어 6시간동안 추가작업이 이루어진다. 하와이에 해가 지면, 인도 방갈로르 지사에서 마무리 작업을 해서 완성품이 다음날 아침 오하이오의 본사에 전송된다"(Wilson, 1998: 41).

둘째, 지식생산체제의 대중화가 이루어진다. 지식정보의 접근도가 증가하고 구조가 유연화됨으로써 시민사회의 다양한 비전문가들도 상이한 형태의 '원초적인' 지식생산에 참여할 수 있게 된다. 그 결과 전통적인 지식전문가들의 독점적 지위는 점차 개방화되고 상호영향을 받게 됨으로써 지식창조에의 경쟁압력은 증가한다. 또한 기업, 대학, 연구소 등 뿐만 아니라, 자발적 결사나 사회운동 등도 지식생산체제에서 비중있는 위치를 점하게 된다. 셋째, 지식생산체제가 거대화, 고도화된다. 지식생산과 생산된 지식의 활용사이의 시간격차가 급속히 좁혀짐에 따라 시간기반하에서 지식생산이 이뤄지지 않으면 그 부가가치는 급격하게 저하된다. 따라서 지식생산체제는 범세계적인 네트워크형태로 거대화되고 최신의 정보통신기술에 기반하여 고도화된다.

반면 동시에 많은 부작용도 예상된다. 지식의 정보화로 인한 지식생산체제의 변화는 한편으로 여러 가지 문제점을 가질 수 있다. 첫째, 지식의 정보화는 지식의 분절화를 가져옴으로써 의미맥락의 상실을 낳을 수 있다. 지식은 쉽게 코드화될 수 없는 많은 의미를 함축하고 있다. 그런데, 지식이 정보로 저장, 가공, 편집, 전송되는 과정에서 '단절적인' 정보형태로 변환되면서 정보의 수신자와 송신자의 상이한 의미맥락으로 인하여 애초의 의미가 잘못 해석될 수 있다. 둘째, 지식생산의 기계화와 자동화는 지식 생산량의 폭증에도 불구하고, 파편화된 지식의 변형과 무분별한 조합만을 가중시킬 가능성도 높다. 지식정보의 양이 폭증한다고 해서 그것이 바로 질의 고도화를 의미하지는 않는다. 지식의 전체적인 중복복사, 의미맥락이 전혀 다른 조합의 현상적 조합은 인간의 내적 의미부여를 왜소화시키고 지식생산능력을 박탈시키면서 궁극적으로 몰의미 또는 의미상실로 몰고 갈 수 있다.

셋째, 이러한 문제점은 기존의 지식위계나 진리보증체제의 해체로 인해 더욱 심화될 것이다. 전통적인 지식생산체제에서는 어떤 지식이 다른 것보다 우월하다든지 보다 현실설명력이 높다는 사실이 다양한 형식으로 표출되었다. 그래서 권위있는 상이 있고, 전통있는 신문이 있고, 인정받는 저널이 있었다. 하지만, 지식의 정보화와 지식정

| 정보화 | 지식의 성격변화 | 지식생산체제의 변화 | 예상되는 문제점 |
|---|---|---|---|
| 디지털화<br>네트워크화<br>하이퍼<br>텍스트화 | 접근도와 활용도의<br>증가<br>데이터베이스화<br>검색능력의 확대<br>지식체계의 유연화<br>지식생산의 고도화 | 네트워크화<br>시공간 압축, 탈경계화<br>비동시성<br>대중화 거대화 고도화 | 정보화될 수 없는 지식의 존재 분절화와 의미맥락의 상실,<br>지식생산의 기계화, 자동화<br>지식생산의 파편화,<br>맥도널드화<br>지식위계(보증체제)의 해체 |

〈 그림 3 〉 지식의 정보화

보의 폭증, 지식정보의 대중화는 이러한 위계를 무력화시킬 수 있다. 이는 한편으로 지식생산체제의 대중화라는 점에서 새로운 기회인 동시에, 지식정보라는 이름의 쓰레기 속에 파묻혀버릴 수 있는 도전이기도 하다.

끝으로 지식의 정보화에 불구하고 애초부터 쉽게 정보화되기 힘든, 즉 의미맥락을 벗어나 코드화될 수 없는 지식이 존재한다는 사실은 지식의 정보화의 한계로 여전히

남아있다.

## 2) 정보의 지식화

### (1) 정보의 지식화과정

정보사회는 지식이 인간적 전유에서 벗어나 기계적 형태(정보)로 전이되며 기계적
으로 가공, 유통, 저장되는 것을 특징으로 한다. 따라서 정보기술의 능력, 즉 정보의 생
산, 유통, 저장하는 기술적 능력이 강조된다. 그 결과 지금까지의 정보사회 개념에서
생산, 유통, 저장되는 정보의 질적 수준을 결정하는 지식 생산 또는 정보의 지식화에
대한 관심은 상대적으로 적었다. 지식화는 지식정보의 질을 높이는 것이며 이용자의
욕구에 상응하는 지식, 부가가치가 높은 지식, 그리고 보다 인간의 삶의 질 향상을 위
한 지식을 창출하는 것이다. 정보화는 수단이지 그 자체가 목적은 아니며, 중요한 것은
그것을 활용하여 해결해야할 사회적 과제 및 경제적 부가가치 창출이다.

정보의 지식화에 있어서 핵심적인 것은 무엇보다도 기존이 다양한 지식정보에 새로
운 의미를 부여하고 배열, 종합하는 것이다. 따라서 지식생산의 핵심과제는 새로운 인
적 의미(meaning)을 부여하는 것이며, 이는 인간의 창의성에 기반한다. 기계와 기술이
중심적인 정보화와는 달리 인간과 인간행위가 중심적 위치를 차지하게 된다. 인간 개
개인이나 조직의 경험, 체화된 숙련, 표출되지 않은 암묵적 지식 등이 의미부여에 있어
서 중요한 역할을 차지한다.

그러나 다른 한편으로 인간의 의미부여방식은 의식의 존재구속성에 기반한다. 개인
에 체화된 경험과 의식뿐만 아니라 개인의 사회경제적 조건이 개인별 지식생산과 창조
의 성격을 규정한다. 생산된 지식과 개인의 이해관계 및 이해관심 사이의 지식사회학
적 관계는 지식이 훨씬 더 체계적인 속성을 지님으로서 일대일 대응되지 않는 면을 가
진다. 무엇보다도 근대지식이 과학이라는 정치(精緻)한 방법론에 의해 체계적으로 형
성된다는 점, 그리고 현대사회에 들어서면서 점차 지식정보생산이 개인과 집단에 의해
이미 생산된 다양하고 이질적인 사회적 지식정보(창고)를 기반으로 (추가)작업한다는
성격이 강하다는 점 등으로 인해 현대의 지식생산은 개인이나 집단의 인적 속성을 넘

어 체계(system)적 속성을 띠게 된다.

### (2) 지식의 가치화과정

이러한 관점에서 봤을 때, 지식정보가 사회적으로 의미있는 가치를 창출하기 위해서는 산출된 지식정보를 흡수하고 소통할 수 있는 사회체제가 밑거름이 되어야 한다. 그러므로 지식생산 사이클에서 보면 지식획득 만큼이나 지식흡수와 지식의 소통(World Bank, 1998)이 중요한 역할을 하게 된다.

이런 점에서 흡수와 소통의 사회적 기반 네트워크를 갖추는 것이 의미를 가진다. 복합적이고 체계적인 지식배분과 지식창조의 환경을 조성하고 관리하는 "국가적 지식기반"이 중요하다. 특히 기술혁신 뿐만 아니라 사회적 혁신을 포함한 국가혁신체제는 그핵심이라 할 것이다. 국가혁신체제는 경제적 환경(시장환경 등 국내외 기업환경, 협회/조합의 정보교류, 기술금융 등), 정치사회적 여건(정부정책, 기술보호제도, 연구기관간 연계구조), 사회문화적 여건 등으로 구성되어 있으며, 이는 혁신을 촉진하는 복잡한사회적 제도를 필요로 한다. 경제적으로 시장경쟁체제를 유지하고 기업의 연구개발을지원하며 개발과 판매체계를 연계하여 제품의 개선을 촉진할 뿐만 아니라 지적 재산권을 체계적으로 관리하고 필요한 부분에는 전략적 기술도입을 이루어야 한다. 또한 정치사회적으로는 학문/과학의 혁신지향적 제도화를 촉진하고 대학개혁 및 산학관계를고도화하여 지식생산의 원활한 흐름을 가능케 해야 한다.

### (3) 지식화와 사회문화적 능력

지식의 흡수나 소통이 중요해질수록 더욱 큰 의미를 갖게 되는 것은 사회 · 문화적토양과 능력이다. 이러한 토양과 능력은 지식의 흡수하고 소화할 수 있는 바탕일 뿐만아니라 훨씬 폭넓은 의미의 지식인 문화자체의 수용능력이며 문화적 감수성으로 표현될 수 있다. 이런 의미에서 하비투스, 정신, 에토스가 다시금 강조된다.

특히 현대사회에서 지식생산이 단순한 제조 노하우 등 몸에 밴 숙련의 형태를 넘어더욱더 기초과학 및 응용과학적 연구 등 과학적 처리과정이 중요하다는 점에서 (OECD, 1996) 과학적 사고와 과학적 지식생산 에토스나 하비투스는 지식생산의 관건이 된다. 또한 그러한 과학화에도 불구하고 지식에 의한 혁신이란 "지식의 부가가치"에 있기 때문에 지식전문이 지식내용 뿐만 아니라 그러한 지식의 경제적 가치를 인식하고 체화할 수 있어야 지식생산이 훨씬 더 부가가치가 높은 지식의 창조로 연결될 수 있다는 점에서 산업적 지식생산 에토스나 하비투스가 필요하다.

이러한 지식생산 에토스나 하비투스의 복합성은 에토스나 하비투스 형성의 산학관계라 할 것이다. 즉 교육현장에서는 과학적 에토스의 내면화에 초점이 맞춰져 있기 때문에 과학적 지식의 재생산능력이 핵심적이다. 그러나 점차 응용학문이 발달하면서 경제적 가치를 인식하고 통찰할 수 있는 "경영/경제학화"가 이루어진다. 그러한 교육현장의 에토스 형성을 기반으로 산업현장에서 독특한 해당 기업문화와 기업이윤추구의 특수한 목적에 상응하여 자신의 지식을 조직화하고 응용하는 능력을 습득하게 된다. 뿐만 아니라 기업조직에 널려 있는 여러 현장지식을 배우게 된다.

여기서 과학적 에토스와 산업적 에토스의 균형은 대단히 중요하다. 대학의 영향력이 강하여 과학화의 가치는 강하게 내면화된 반면 산업화의 가치가 약하면 독일처럼 기업의 목적에 상응하는 지식조직화나 지식창조가 어렵게 된다. 이와 반대로 과학화가

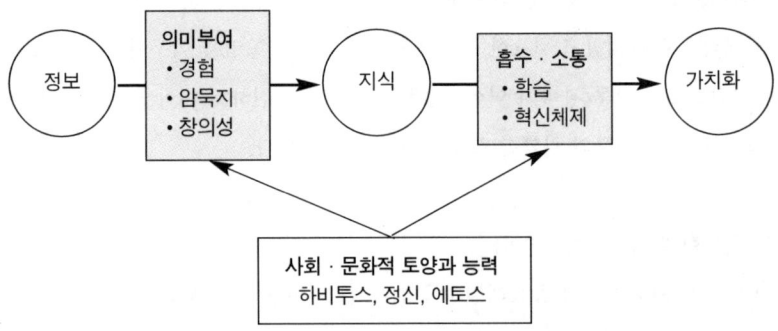

〈 그림 4 〉 정보의 지식화

약하고 산업화가 강하게 내면화될 때에는 일본처럼 기업의 목적에 상응한 다양한 지식조합에는 능하나 자기분야의 전문가 의식이 약하고 전문적인 지식축적이 이루어지지 않기 때문에 깊이있는 연구와 안목을 결여하게 된다(Suh, 1996). 결국 지식화가 단위

지식의 변형과 생산 뿐만 아니라 지식화 능력의 배양과 가치증식을 목적으로 한다고 할 때, 사회·문화적 토양의 마련과 균형잡힌 에토스의 창출은 정보의 지식화의 모든 과정에서 핵심요소라고 할 것이다.

## 4. 맺는 말 : 통합패러다임으로서 지식정보사회 개념

지식사회는 앞서에 살펴보았듯이, 피터 드러커에 의해 테일러주의 등 지식을 적용하여 경영혁명이 이루어지는 역사적 계기가 중시되었으나, 역사적으로 19세기 후반 공과대학의 발달을 통해 과학기술지식의 산업화가 이루어진 "제2차 산업혁명"에서 시발되어 지식생산이 경제사회적으로 부가가치의 원천이 되는 사회이다. 그러한 지식산업사회는 지식을 공유하고 흡수하며 동시에 생산하는 능력을 통해 지식자원을 활용하여 새로운 지식을 창조하는 지식화과정을 기반으로 한다. 그러나 20세기 중반이후 급격한 정보기술혁명은 지식의 정보화를 촉진하여 지식의 의미를 변화시킬 뿐만 아니라 지식생산의 전과정을 새롭게 변형한다는 점에서 지식과 정보를 통합적으로 바라보는 새로운 패러다임으로 확산되어야 할 필요가 있다.

반면 정보사회는 정보기술시스템의 발달에 따라 정보의 전달, 가공, 저장이 고도화되고 그에 따라 사회혁신이 급속도로 이루어지는 사회이다. 그러나 정보매체활용의 고도화는 지식정보의 생산을 문제시하지 않으면 점차 정보의 질이 낮아져 질낮은 쓰레기정보만이 유통하게 되는 문제를 안고 있다. 이에 따라 지식정보생산이 정보시스템의 고도화에 따라 더욱 중요한 사회영역이 된다. 즉 지식화가 정보가치의 잠재력을 활용하는 계기가 되지만 또한 정보화는 지식생산방식을 근본적으로 뿌리로부터 변화시키기 때문이다.

따라서 정보사회에서는 정보의 전달/가공/저장하는 기술기반 위에서 어떻게 좀더 질높은, 부가가치지향의 지식을 생산하고 창조하는가 하는 '지식기반의 정보사회'로의 사회변화가 필요하며 또한 지식사회는 정보기술시스템의 잠재력을 충분히 활용하여 지식화를 도모하는 '정보기반의 지식사회'로의 사회변화가 필요하다. 또한 장기적으로는 '지식의 정보화'와 '정보의 지식화'를 기반으로 '정보기반의 지식사회'와 '지식기반의 정보사회'가 통합되는 '지식정보사회'(knowledge-information-society) 개념이 유용하다.

또한 역사적으로도 선진국에서는 이미 산업사회에서부터 지식산업이 중요한 영역을 차지하며 이에 따라 사회적으로 고도화된 지식생산체제를 가지고 있으며 이를 기초로 정보화인프라가 구축되고 따라서 고도화된 지식생산을 토대로 정보가 대량으로 신속하게 확산되고 저장, 가공된다는 특징을 지닌다. 그러므로 미국 등 선진국에서는 지식(사회)이라는 용어를 사용하지 않고도 쉽게 정보사회라는 개념을 통해 역사적 계기를 단일화할 수 있다.

그러나 지식도입과 흡수를 기반으로 대량생산체제를 운영하여 지식생산체제를 갖추지 못한 우리와 같은 후발산업사회에서는 범세계화속에서 정보시스템을 구축하여 정보매체활용을 고도화하면서 동시에 지식생산체제를 구축하여 고도화하지 않으면 안된다. 따라서 정보화와 지식화라는 비동시적 과제가 동시적 과제로 다가온다는 점에서 그 특징이 있으며 이러한 점에서 특히 정보사회보다는 지식정보사회라는 개념의 적절성이 있다 하겠다.

여기서는 무엇보다도 개념화작업에 한정되었다. 그럼에도 불구하고 연구사를 되돌아 보고 우리 사회여건에 상응한 지식정보화를 새롭게 자리매김하기 위해서는 보다 다양한 경험적 연구 등 향후 더 많은 연구가 필요하다.

〈 참고문헌 〉

강상현, 1995, 정보통신혁명과 한국사회, 한나래
과학기술정책관리연구소, 1998, 한국의 국가혁신체제
권태환 외, 1997, 정보사회의 이해, 미래디자인사
김경동, 1993, 한국사회변동론, 나남출판사
김경동 외, 1998, 정보사회의 이해, 나남출판사
김영식 편, 1986, 중국 전통문화와 과학, 창작과비평사

김일철, 1988, "정보화시대의 사회구조변화: 서론적 접근", 한국사회와 재구조화과정, 서울대출판부

박형준, 1997, "정보사회론의 쟁점들" 동향과 전망 (한국사회과학연구소) 33, 1997년 봄

서이종, 1999, 지식·정보사회학 : 이론과 실제, 서울대학교 출판부

임현진, 1997, 지구시대 세계의 변화와 한국의 발전, 서울대학교 출판부

전석호, 1993, 정보사회론, 나남

정건화, 1998, 정보화의 진전이 노동시장에 미치는 영향, 정보통신학술연구과제 지연97-09

매경 지식프로젝트팀, 1998, 지식혁명 보고서, 매일경제신문사

홍성태, 1998, "정보화와 정보사회론의 전개 - 1980년대 중반이후 한국에서의 논의를 중심으로" 산업사회학회 등 비판사회학대회 발표문

濱口惠俊 編著, 1986, 高度情報社會と日本のゆくえ, 東京: 日本放送出版協會

Bell, Daniel, 1973, *The Coming of Post-Industrial Society: A Venture in Social Forecasting*, New York : Basic Books

Bell, D., 1980, *The Winding Passage : Essays and Sociological Journeys 1960-1980*, (정보화사회와 문화의 미래, 서규환 옮김), 디자인하우스, 1992

Benedikt, Michael (ed.), 1991, *CyberSapce : First Steps*, The MIT Press

Castells, Manuel, 1996, *The Rise of the Network Society*, London/New York:Blackwell

Castells, Manuel, 1998, *End of Millennium*, London/New York : Blackwell

Dizard, Wilson P., 1982, *The Coming Information Age. An Overview of Technology, Economics and Politics*, New York/London : Longman

Drucker, Peter, 1992, *Post-Capitalist Society*, New York: HarperCollins

Etzkowitz, Henry/A. Webster, 1995, "Science as Intellectual Property", in: Jasanoff, S. etal(eds.) *Handbook of Science and Technology Studies*, London: Sage Publications

Feeney, Mary/M. Grieves (eds.), 1994, *The Value and Impact of Information*, London:Bowker-Sauer

Harrison, Teresa M./Timothy Stephen (eds.), 1996, *Computer Networking and Scholarly Communication in the Twenty-First-Century University*, New York : SUNY Press

Holsapple, Clyde W./A.B. Winston, 1988, *The Information Jungle : A Quasi-Novel Approach To Managing Corporate Knowledge*, Illinois : Dow Jones-Irwin

Irwin, Alan, 1995, *Citizen Science : A Study of People, Expertise and Sustainable Development*, London: Routledge

Kim, Jinsu, 1997, *Immitation To Innovation*, Harvard Business School Press

Kroker, Arthur/M.A. Weinstein, 1994, *Data Trash : the theory of the virtual class*, New York : St. Martin's Press

Landow, George P./P. Delany (eds.) 1993, *The Digital World. Text-Based Computing in the Humanities*, The MIT Press

Lane, Robert E., 1966, "The Decline of Politics and Ideology in a Knowledgeable Society", in: *American Sociological Review* 31 (5)

Machlup, Fritz, 1964, *The Economics of Information and Human Capital*, Princeton Univ. Press

MacLuhan, Marshall, 1964, *Understanding Media : The Extensions of Man*, Cambridge Mass./The MIT Press

Masuda, Y., 1980, *The Information Society as Post-industrial Society*, Institute for the Information Society

Mansell, Robin/U. Wehn (eds.), 1998, *Knowledge Societies : Information Technology for Sustainable Development*, Oxford University Press

Nelson, R. (ed.), 1993, *National Innovation System*, Oxford University Press

Nonaka, Ikujiro/H. Takeuchi, 1995, *The Knowledge-creating Company: How Japanese Companies Create the Dynamics of Innovation*, Oxford University Press

OECD, 1996, *The Knowledge-Based Economy*, Paris

OTP(Office of Technology Policy, Department of Commerce), 1997, *America's New Deficit : The Shortage of Information Technology Workers*, Washington, D.C.

Pfeffer, Jeffrey, 1998, *The Human Equation: Building Profits By Putting People First*, Boston, Mass.: Harvard University Press

Poster, Mark, 1990, *The Competitive Advantage of Nations*, New York : The Free Press

Rogers, Laura, 1997, "Book Review: Bill Gates' The Road Ahead", in: *Technological Forecasting and Social Change* 56

Schutz, Alfred, 1964, "The Well-informed Citizen: An Essay on the Social Distribution of Knowledge", in: *Collected Papers*, Bd. 2, the Hague : Martinus Nijhoff

de Solla Price, Derek J., 1963, "Prologue to a Science of Science", in: *Little Science, Big Science - and Beyond*, New York : Columbia University Press

Stehr, Nico, 1994, *Knowledge Societies*, London : Sage Publications

Suh, Yi-Jong, 1996, *Technikgenese und technischer Habitus von Ingenieuren : Japan und Deutschland im Vergleich*, Dissertationspapier von Freier Univeristat Berlin

Young, Michael F.D. (ed.), 1971, *Knowledge and Control. New Directions for the Sociology of Education*, London: Collier-Macmillan

World Bank, 1998, *Knowledge for Development*, Washington, D.C.

# 글쓰기를 마치면서

필요는 발명의 어머니라고 한다. 우리 신문은 지금 무엇을 필요로 하고 있을까? 돈, 권력, 명예 등 각자가 가슴에 품고 있는 소망은 사람수만큼 될 것이라고 생각한다. 그러나 나는 신문의 장래를, 빛나는 미래를 보고 싶다. 가상현실에서의 신문제작을 꿈꾸는 소년 같은 마음이 어느 세월에 현실로 나타나길 희망한다.

언젠가 신문과 방송에서 읽은 글이 떠오른다.[1] 그글의 일부를 소개한다.

## "신문을 TV에서 볼 수 있다"

내 유년의 기억 중 인상적인 것의 하나가 1970년 여름 아버지와 가졌던 대화이다. 케이블TV라는 새로운 부문에 관심을 가진 그는 직장을 그만뒀다. 왜 직업을 바꾸는지에 대해 물었을 때, 그는 놀라운 이야기를 했다. "언젠가 너는 신문을 TV에서 읽을 수 있게 될 것이다." 나는 깜짝 놀라서 그를 쳐다보며 누구도 그런 이상한 짓을 하지 않을 것이라고 말했다.

지난 8년간 뉴미디어 분야에서 일해 온 나는 최근에 신문으로의 복귀에 대해 생각해보았다. 그러나 기자란 무엇인가에 대한 나의 정의가 크게 바뀌었음을 깨달았다. 과거에 신문사에서의 나의 일은 좋은 기삿거리를 찾아서 인터뷰와 조사를 하고 마감 시간에 맞춰 기사와 칼럼을 쓰는 것을 의미했다. 이러한 일들은 핵심으로 남아 있지만, 수많은 새로운 요소들이 추가됐다. 이제 나는 오디오, 비디오를 함께 만들기를 원한다. 내가 쓰는 모든 글에 이메일 주소를 붙이고, 채팅과 토론방에 참여하기를 원한다. 기사에 깊이를 더해줄 수 있는, 웹 같은 매체에서 사용 가능한 새로운 도구를 원한다. 또한 내 기사가 독자들에게 어떤 형태로든 가능한 한 빨리 전달되기를 원한다.

21세기에 진입함에 따라 디지털 출판은 더 이상 웹사이트에 콘텐츠를 쏟아붓는 것을 의미하지 않는다. 언제나 그래왔듯이 우리는 기술이 저널리즘을 변화시키는 미래에 직면해 있다. 전화가 기자를 보도 현장에 오래 머무를 수 있게 하

---

1) 〈신문과 방송〉, 2001.05 : 제31호 : p4-7 / 톰 리간(Tom Regan), 니만 리포트(Nieman Report) 2000년 겨울호

고, TV가 동영상을 통해 뉴스를 전달할 수 있게 했듯이, 새로운 매체는 이미 기자로서 일하는 방식을 변화시키고 있다. 정직, 공정, 정확성 등 저널리즘의 기본적인 원리는 그대로 남을 것이다. 그러나 기사가 독자에게 전달되는 방법, 기자가 사용하는 도구, 기사에 접근하는 사람들과 갖는 관계의 성격, 그리고 누가 경쟁자가 될 것인지 등 그 밖의 거의 모든 것은 변화할 것이다.

기자들이 명심해야 할 중요한 사실은 미래가 웹에 달려 있는 것이 아니라는 사실이다. 왜냐하면 전달도구로서 웹의 시대는 지나갔기 때문이다. 이것은 너무 비관적인 견해일지도 모른다. 그러나 미디어의 전달도구로 웹에만 초점을 맞춘다면 너무 편협하고 뒤떨어지게 된다. 웹은 뉴스를 원하는 사람에게 전달하는 많은 방법 중의 하나에 불과하기 때문이다. 다른 방법에는 전자책(ebooks), 무선 휴대전화, 팜 파일럿(Palm Pilots)과 같은 휴대용 개인정보 단말기(PDA), 그리고 우리가 아직 인식하지 못하는 여러 방법이 있을 것이다. 이런 다양한 전달 방법을 원하는 대중들의 욕구와 매체에 대한 비용 절감은 10년 안에 이 같은 변화를 이끌 것이다.

톰 리간의 아버지는 선견지명이 뛰어난 언론인이었던 같다. 신문이 TV 속으로 들어가는 것이 아니라 가상현실 속으로 들어가는 것과 같다는 발상을 이미 30여 년 전에 했으니 참 놀라운 분이다. 당시의 기술수준으로 봐서는 꿈도 꾸지 못할 일을 말하고 있지 않은가.

그러나 인터넷이 모든 것의 해결사는 아닐 것이다. 오직 문제의 답을 찾는 길이 된다고 본다. 정치가들의 자기도취적인 발언들이나 기업가들의 야무진 기회주의적인 행보들은 그들만의 게임이 될 뿐이다. 자본주의는 인간탐욕의 설계도이고 사회주의는 공상적 유토피아의 밑그림이다. 그리고 둘다 최근엔 '인간의 얼굴을 한' 모습을 보이겠다고 선언하고 있다. 그러나 자연이 인류에게 남겨준 '유한의 자원'을 제멋대로 낭비하고 거침없이 소비하면서 그러한 문제를 과학이 해결해 줄 것이라고 믿고 있다. 그들의 생각대로 인간이 쓰다 버린 '엔트로피'를 과학이 연금술로 풀어 줄 것이라고 생각하는 것은 참으로 어리석은 일이 아닐 수가 없다.

매스미디어의 시대에서 개(介 · 個 · 箇=a piece; a unit; an item)의 시대

로 세상은 변하고 있다고 앞에서 거론한 바 있다. 바로 여기에 해답이 있을 거라고 생각은 안 해보았는가. 대중을 우롱하고 이리저리 끌고 다니던 시대는 지나가고 있다. 한 사람, 한 유닛, 한 아이템이 중요한 시대가 되고 있다. 그래서 일반 사람들은 UCC에 열광하고 있고 또 나도 주연이라는 소박한 꿈에 빠지고 있다. 뉴스는 결국 그들이 만들고 그들이 즐기는 것이다. 이제 당당히 이 UCC는 포털들의 주목을 끌면서 개인 커뮤니케이션의 한 영역을 차지하기 시작한 것이다. 다음은 〈이데일리〉의 기사이다.

## 'UCC의 힘, UCC대전에 인터넷포털 CEO 대거 참석

인터넷포털 네이버를 운영하는 NHN(035420)과 다음커뮤니케이션, 싸이월드를 운영하는 SK커뮤니케이션, 프리챌 등 국내 주요 인터넷포털 CEO들이 한자리에 모였다.

29일 서울 코엑스에서 열린 제1회 대한민국 UCC대전에 국내 내로라 하는 포털운영업체 CEO들이 모였다.

이 행사에서는 그동안 각계 의견을 수렴해 건전한 UCC(손수저작물)문화를 만들기 위한 UCC 이용자 제작 가이드라인이 처음으로 선포됐다.

참석한 포털측 인사는 최휘영 NHN 사장, 이규웅 SM온라인 사장, 손창욱 프리챌 사장, 신동헌 엠군미디어 사장이다. 다음은 이재웅 사장과 석종훈 사장을 대신해 김철균 부사장이, KTH에서는 권은희 상무, SK컴즈는 오영규 이사가 각각 참석했다.

이 밖에 노준형 정통부장관과 오명 건국대 총장 , 황중연 한국정보보호진흥원장과 영어 스타 강사로 이름을 날렸던 민병철 중앙대 교수 겸 선플달기국민운동본부장 등 인사들도 참석했다.

인터넷포털 사장들은 국내 동영상 UCC 서비스를 주도적으로 제공하고 있다. UCC 가이드라인이 확정 발표된 만큼, 이들 포털만큼은 가이드라인을 충실히 지키겠다며 직접 서명까지 했다.

이날 참석한 한 포털업체 사장은 "UCC가이드라인 발표로 업체들도 노력하겠지만, 네티즌들도 윤리의식을 갖춰야할 때가 됐다"며 네티즌의 책임의식을 강조했다.

UCC 가이드라인은 크게 ▲UCC 이용자 행동원칙 ▲ UCC 법률가이드 ▲건전한 UCC문화를 위한 체크리스트 3가지로 구성돼 있다. 이 가이드라인은 그동안 UCC에 대한 사회적 기준이 제시되지 못해 최근 야후코리아에서 촉발된 불법동영상음란물 사태와 각 동영상 포털들의 학원폭력 동영상, 저작권 침해 논란 등 큰 사회적 파장을 일으켰던 것을 막기 위해 마련됐다.

정통부가 올해 초 학계와 업계 관계자로 연구반을 꾸려 5차례에 걸친 전체 회의와 워크숍을 거쳐 UCC가이드라인안을 마련했고, 2차례의 공청회를 거쳐 이날 공식 확정 발표됐다.

한편 국내 최대 동영상 포털업체 판도라TV는 UCC 가이드라인이 과도한 규제 측면이 있다는 입장을 고수, 이날 행사에 초대받았으나 공식행사에 불참했다.

[이데일리 2007-06-29]

태양은 50억 년 뒤엔 백색거성으로 변할 것이라고 예측된다. 현재 인류가 그때까지 살아 있을 사람은 아무도 없다. 그러나 대를 이어가는 인간은 살아남을 것이다. 어쩌면 인간의 종말이 공룡의 경우처럼 어느 날 갑자기 들이닥칠 것이라고 믿는 사람은 현재로는 점칠 수 없을 것이다.

그러나 신문은 지금 자신의 운명이 어떻게 될지 궁금해하거나 우려하는 사람들이 많다. 매스미디어의 맏형으로서의 긍지로 그걸 극복해 갈지도 의심스럽다. 암울한 활자미디어의 종언을 바라지 않는다. 그래서 변화하고 변신하라고 독촉하는 것이다. 그것은 신문 안에 살고 있는 사람들의 몫이다. 미래를 점칠 수는 없지만 예상할 수는 있다. 그 예상이 신문을 살릴 수 있다면 얼마나 좋을까.

경영인들은 도토리 키 재듯 서로 괄목하지 말고 기자들은 하루살이처럼 살지 말고 새로운 세계를 공부하자. "뜻이 있는 곳에 길이 있다." 우리 문제는 결국 우리가 해결해야 하지 않겠는가.

참으로 건방진 소리를 결론으로 말해 놓고는 나도 어안이벙벙하다. 내가 감히 이런 이야기를 할 수 있는 사람인가? 아니다. 난 태생적으로 편집기자일 뿐이다. 신문을 사랑하고 위하는 마음은 아마 여러분과 같을 것이다. 좋은 미래가 있다면 함께 가고 싶다.

## 편집은 오케스트라이다

마지막 장맛비에 축대 쪽에서 스며 나오는 습기가 좁은 방안으로 몰려들어와 코를 자극한다. 그리고 선율이 흐른다. 痴耳가 되어버린 내 귀에 선율이 흐른다. 어렵사리 뚫린 귀에 들리는 베토벤의 운명이 마음의 심연까지 파고든다.

내 기억은 지금 30여 년의 세월을 거슬러 올라가 그곳에 선다. 운명이라고 했던가… 그 기억 속에 잔잔하게 떠오르는 한 개 지면이 나를 떨리게 한다. 오랫동안 보물처럼 간직해 오다 몇 번의 이삿길에 쓰레기더미에 사라져간 내 첫 보물이었던 조그만 지면이다. 지금 보면 깨알 같은 6호활자(포인트로 치면 8p정도일까)로 괴발개발처럼 그려진 지면이었다. 그러나 그건 아직도 내 마음의 보물1호다.

당시 지방판은 8면 체재였던 관계로 맨 마지막에 스포츠와 함께 크게 잡아야 3분의 1면 정도였고 게다가 8면의 특성상 광고가 밀고 올라오면 정말 손바닥보다 작은 지면이 바로 지방판이었다. 그러나 내 보물 1호는 그렇게 지금 협소한 내 서재 겸 침실만큼이나 되는 공간에서 창조됐다. 그것을 처음 대장이라는 것에 잉크를 묻혀 찍어본 감상은 아마 편집기자가 아니면 모르는 것이다.

그리고 30여 년 뒤에 난 다시 그 지면을 떠올린다. 첫 신문을 만들고 집에 돌아와 누우면 천정에서 너울너울 춤추던 지면이었다. 그 작은 지면이 크게 확장되면서 바둑판 같은 세계를 내 앞에 펼친다. 나는 그 위에 다시 그림을 그리고 활자를 집어넣고… 아마 그 첫날밤은 수백 장의 레이아웃을, 아니 수천 장의 레이아웃을 펼쳐보였는지도 모르겠다.

그리고 그 30여 년 뒤 다시 편집을 생각한다. 현업도 그만두고 자신에게 과분한 대학 강단에 선 지금, 과연 편집이란 무엇이었을까 하는 감상에 젖어든다.

꽉 막혀버린 내 귀에 지금 운명의 선율이 무자비하게 파고든다. 편집은 정말 운명처럼 다가와선 운명처럼 나를 변화시켰다. 장엄한 오케스트라의 전경이 눈앞에 펼쳐지면서 그 앞에 내가 서 있다. 나는 지휘자인 것이다. 지금은 뚫려 있는 내 귀에 오보에의 춤추는 듯한 가락이 들려오고 바이올린의 섬세한 호소가 가슴을 헤집는다. 첼로는 앞에서 툴툴거리듯 옷자락을 잡아끌면서 트럼펫의 장쾌한 목소리를 감싸안는다.

내 지면 속의 온갖 기사들이 그들과 어우른다. 희로애락이 하나의 음률이 되어 거대한 오케스트라의 공간을 메운다.

"짜잔 짜잔 짜잔 짠─"

지휘봉을 쥔 내 손이 마음을 따라 허공을 나른다. 거기엔 또 다른 운명이 있다. 있을 곳에 있을 기사가 있고 머물 데에 머무는 기사가 있다. 생이 날개를 펴고 멋지게, 아니 비참한 삶을 애원하듯 슬픈 얼굴을 하고 있다. 그리고 기사마다 사람들이 있다. 각양각색의 사람들이 거기서 자신들의 삶을 살고 있었다. 단지 한 문장의 이야기로 된 기사든지 아니면 내일 또 계속 써야 할 시리즈든지 그들의 모습 속에서 난 지휘봉을 힘껏 휘두른다. 오케스트라의 무대가, 아니 편집의 지면이 클라이맥스를 넘어 점차 피날레로 달려갈 때쯤이면 그 기사들도 자신의 자리를 찾아 살며시 내려앉는다.

편집은 무엇인가. 나는 어떤 곡을 연주할 것인가. 그래 편집은 오케스트라이다. 장엄하든 실내협주악이든 음악의 공간은 바로 지면이 있는 곳이다.

"짜짜짜 짠- 짜짜짜 짜안-"

시작처럼 피날레도 우리의 심금을 흔든다. 편집기자들이여, 자신만의 오케스트라를 만들자. 그리고 세상을 담자. 그대들이 그랬지. 세상을 편집하자고. 그래 우리 함께 세상을 편집하자.


끝으로 노자의 《도덕경》을 한 편 인용하면서 이 글을 마감한다.


知人者智 自知者明
勝人者有力 自勝者强
知足者富 强行者有志
不失其所者久 死而不亡者壽

남을 아는 사람은 슬기롭지만 자신을 아는 사람은 더욱 현명하다.

타인을 이기는 사람은 힘이 있지만, 자기 자신을 극복할 수 있는 사람은 더욱 강한 사람이다.

만족할 줄 아는 사람은 언제나 넉넉하고, 끊임없이 노력하는 이는 뜻이 있는 사람이다.

자신의 위치를 잃지 않은 사람은 오래갈 수 있고, 죽을힘을 다하여 생명의 길을 찾는 노고를 사양치 않는 이는 장수할 수 있을 것이다.

노자 《도덕경》〈상편〉 33

# 내가 읽고 삶 속에 녹아든 책들

《マルチメデイア新聞》, 和田哲郎 日本經濟新聞社 1995.

《제6의 멸종(The Sixth Extinction)》, 리처드 리키 · 로저 르윈 공저, 황 현숙 역, 세종서적

《카오스》, 제임스 글리트, 박배식 · 성하운 역, 동문사, 1993.

《왜 디자이너는 생각하지 못하는가》, M. Bieruit · W. BDrnttel 등 3인 공저, 정글, 1997.

《혼돈 속의 질서》, 일리아 프리고진 · 이사벨 스텐저스 공저, 유기풍 역, 민음사, 1990.

《한국재벌》, 조동성, 매일경제신문사, 1997.

《웹진화론》,우메다 모치오, 이우광 역, 재인, 2006.

《숨겨진 차원》, 에드워드 T. 홀, 김지명 역, 정음사, 1984.

《숫자꺼리 1,2》, 박영수 저, 삶과함께, 1993.

《현대언론사상사》, 허버트 알 철, 양승목 역, 나남신서279, 1990.

《新聞編輯》, 한국편집기자협회

《신문, 세상을 편집하라》, 한국편집기자협회, 2006.

《좋은 신문 멋진 편집》, 맹태균, 한울, 2003.

《디자인의 법칙》, 지상현 저, 지호, 2007.

《マルチメデイア時代の人間と社會》, 高木晴夫 외 7인 공저, 日科技連 出版社, 1995.

《두 경제학 이야기》, 이정전, 한길사, 1994 3쇄.